本书获得浙江省社会科学基金（编号：12YD55YB ）资助

本书获得浙江海洋学院学术著作出版基金资助

走向社会建构的公共行政

Toward the Public Administration of Social Construction

高　猛　陈　炳　等著

浙江大学出版社

目　录

导　论

一

人类社会正在被一场从"现代"步入"后现代"、从"理性构造"转向"社会建构"的变革浪潮所裹挟。现代的主旋律是强调工具理性或技术理性的价值,但正所谓"物极必反",一旦将"理性"推至极端,人们就从理性的主体和人道主义服务的中心对象沦落为工具和技术理性的奴隶。现代的生产机器、舆论工具、国家机器无情地控制着人们,把人们推向经济、政治和社会矛盾的漩涡之中,从而加深了现代社会的全面异化。由此,人们开始对现代社会的种种弊端进行批判和反思,事实上就是对现代主义绝对理性的思维方式的质疑和反叛,也是对人的主体性回归以及社会关系重建的思考和探询。

当现代理性主义会遇公共行政之际,造就了以官僚制为范式的现代公共行政模式,它包括垂直管理、职业专家支配、工具和技术理性、物化的官僚制、规则和管制、庞大性与复杂性、安抚民众、二元思维模式等内容。官僚制通过对"合理性"概念中价值因素的完全消解和"合法化"概念中形式化规则的不断建构,使之一度在提高"效率"和维持"秩序"上发挥了重要功能。但是,官僚制内含一个"非人格化"和"理性至上"的假定——官僚和公民无力于依靠独立人格的选择和社会互动的过程而作出合理的决策。于是,它就将这一切权力和所有矛盾从"人"身上转移给"物化的官僚制",从而导致工具和技术理性对人的裁决。

由于官僚制强调精确、效率和顺从等符号性规定,官僚必须接受非人格化

1

的专业训练和技术学习,以便他们能够按那些技术理性的模式和路线思考问题,这些压力和限制将会导致胆怯、僵化、保守主义和技术主义,使官僚患上了严重的"职业精神病患"。另一方面,官僚制秉承了结构自足存在、自我维系的论调,其内在逻辑是,官僚制的治理功能可以满足公民社会的某种基本需求,而这种功能需求的满足似乎也就证明了官僚制的正当性。这显然忽略了其他替代范式对于治理功能优化的可能,反映了官僚制的保守性和阻碍民主进程的弊端。

在本书中,我们对官僚制范式的根本质疑在于:单从其内部结构的自足性就能够证明其外部功能的正当性吗?换言之,政府仅仅依靠自身结构的合理化进程就能够输出"公共"的、民主的决策吗?公众对于官僚制功能的需求就意味着公众对官僚制结构的需要吗?官僚制的功能不存在替代或调适的可能吗?治理仅仅是官僚组织的内部事务吗?如果是这样,我们将公民社会的民主诉求和治理夙愿放置于何地?显然,尽管马克斯·韦伯在广义上没有反对人本主义和民主主义,但他兜售的官僚制对社会公众而言无疑是反人本、反民主的,同时又是封闭、保守、自我维系的。在官僚制公共行政中,政府是"在场"的,垄断的,而社会是"不在场"的,被排除在治理主体之外的,这正是现代主义绝对理性和二元对立的思维模式的一种体现。正因为此,官僚制公共行政的极端发展势必将官僚和公民同时禁锢于牢笼之中,使其依附于理性之下,成为主体性消亡的奴隶。由是观之,只有重构公共行政的话语结构,激发官僚和公民的独立人格,促生两者之间的交往与合作行动,才能真正改变两者不断被异化的命运。

二

20世纪60年代之后,面对政府治理能力的削弱、政府财政赤字的增加、政府腐败事件的频发、政府公信力的下降、政府与公民疏离感的加剧以及社会矛盾冲突的升级,人们对公共行政表达了强烈的质疑,政府的"合法性危机"愈加凸显。尽管仍有一些学者在竭力维护官僚制,甚至对其大加赞赏,但一场"与传统决裂的转型"无疑已经纳入了行政学界和政府部门的视野。其中较为极端的,如沃伦·本尼斯直接宣告官僚制的灭亡即将到来,认为从20世纪60年代算起的20到50年里,人们将目睹并亲自加入官僚制的送葬队伍";迈克尔·莱丁干脆把官僚机构等同于独裁主义和极权主义的政府,认为对于毒害性的控制行为应该采取破坏性手段来回应。总之,种种"决裂论"都显示出与官僚制势不两立、水火不容的态势。

然而,时至今日,官僚制灭亡的预言没有实现,那种渴望以极端方式来对抗甚至摧毁官僚制的构想也被归类为一种新的思想危机。这是因为,"与传统决裂的转型"包含着一种"唯社会"的论调,它在思维特征上与"官僚制"、"唯政府论"一样,不过是造就了某种新的"绝对理性"而已,与现代主义无比傲慢的二元思维和"逻各斯中心主义"如出一辙。这种对官僚制的"矫枉过正"可能会陷入否定主义、虚无主义、悲观主义、无政府主义多元论的漩涡,使人类社会堕入一个支离破碎、混乱无序、步履蹒跚、筋疲力尽的境地,这是我们无论如何也不愿意看到的景象。

于是,如何在"决裂"和"解构"的废墟上实现公共行政的社会建构,就成为未来公共行政要解决的重要议题。正如同美国学者凯特所说,在进步运动中,威尔逊、古德诺等一批思想家曾经帮助引领了这次运动;现在则不一样,20世纪末的理论家们则落后于治理方式的转换。虽然这是一个共识瓦解的世界,对于什么是好的研究,我们越来越难以达成共识,但是,有一点是不容否认的——我们的研究必须有助于促进知识的增长,有助于我们理解和反思这个越来越复杂且不断变化中的世界,有助于推动人类迈向美好社会,而不是摧毁,更不能倒退。因此,在本书中,我们既反对"唯政府论",也反对"唯社会论",而是以一种合作的、互构的视角,用一种乐观的、进步的历史观来透视社会现实,以求从社会乱象中拨云见日、寻求新的希望。

三

历史如明镜,它可以给我们留下许多反思和借鉴。我们发现,在19世纪90年代到20世纪20年代的美国进步主义时代,面对经济和社会变迁过程中严重的社会问题,在"进步"精神的指引下,公民通过"自下而上"的权利诉求和一系列"社会自我保护运动",在个人权利、个人责任的基础上注入社会权利、社会责任的维度,赋予民主更多的道德意蕴和社会伦理价值;另一方面,美国各级政府对公民诉求和社会运动予以积极回应,并基于对"自由"和"民主"理念的主动调适，进行了全方位的制度改革，从而避免了改革走向革命，也防止了社会各种思潮走向极端主义。从这个意义上看，这场改革不仅是社会自发的变革，也是一场政府与公民相互合作、双向建构的运动。

对中国而言，类似但又不同于美国进步时代变革的情景在辛亥革命前后也有短暂的呈现。由于当时国内政局的动荡、传统治权的式微、社会稳定性的降低，以商会为中枢的社会力量广泛渗透进入国家建构和社会建设领域。各种社会力量参与到抵制美货、争取路权、国会请愿、光复运动当中，建构出一个区别于政府并对政府进行制衡、监督乃至对抗的"市民社会雏形"。它扩大了政治的社会基础，在一定程度上推展了公共领域，使政治发展模式突出了社会推动、社会建构的色彩，因而可谓是"社会建构国家"的一个体现。另一方面，以商会为中枢的民间社团网络，承担起联络工商、兴办商学、维持治安、置办公益事业等市政管理或社会建设方面的职能，可谓是"社会自我建构"功能的拓展和深化。这两股社会建构的浪潮相互激荡，深刻改变了传统国家的统治结构。但是，我们也看到，在当时那个实行专制独裁统治的国家中，社会力量根本不可能在各方面充分发挥制衡国家的作用。因为在政府与社会的互动关系中，只有国家（政府）采取扶植社会的政策，市民社会才能获得发展的机遇；而一旦国家（政府）对社会予以侵蚀甚或扼杀，市民社会最终将难以进行持续的抵御。尽管辛亥革命前后中国本来可以为公民们建立在市民社会意义上的自发组织提供契机，但这些契机随着推翻帝制和其后的政党纷争和军阀混战而被扼杀殆尽。从根本上看，这种历史的惨淡源于国家（政府）未能与社会达成改革的"共识"。而中国目前出现的、被许多人称作为"社团主义"的多种形式的非政府组织，可以视作早已被人遗忘的晚期帝国时期社会变迁趋势的复兴。

在本书中，我们对上述两个社会转型的历史节点进行了透析。穿越历史之镜，我们得以洞悉：所谓的"民主政治"与"美好社会"的构建，最终只能在政治国家与公民社会的双向建构、良性互动、视域融合的过程中寻求可能性。特别是对于一个处于剧变中的社会来说，达成共识就更加重要。这种共识是民主的共识、参与的共识、合作的共识，唯有如此共识，人类社会才可能在"非线性"的进步中愈加接近完美和幸福的境界。

四

从历史回到现实，我们骤然发现，今天的整个世界迎来了一场比美国进步时代更加剧烈的社会转型。我们欣慰地看到，人类社会仍然具有在"非线性"轨道上走向民主政治和美好社会的潜能。无论是英国的"公共服务宪章运动"、美国的"政府创新运动"、韩国的"亲切服务运动"、新加坡的"好政府建设运动"，还是中国的改革开放和服务型政府建设，它们共同汇聚成一股席卷全球、汹涌澎湃的政府改革浪潮。尽管其称谓和具体做法不尽相同，但其最终目标都是要构建一种服务于公众的、民主参与的政府。只有使公民有效参与到公共事务的治理过程中，与政府形成合作伙伴关系，才能真正实现政府对于"民主"和"服务"的允诺。

在政府改革的同时，20世纪70、80年代以后，公民社会蓬勃发展，一场"全球结社革命"席卷而来。从政治方面看，公民社会在制约政府权力、填补社会治理的"真空"、推动政治民主、保障公民权利、参与公共决策方面具有独特的优势；从经济方面看，公民社会为经济发展提供了一个良好的秩序环境，并且成为解决就业问题、推动经济改革和发展的重要力量；从文化方面看，公民社会以实现公共精神为价值取向，积极倡导和维护社会的正面价值观和道德诉求；从社会方面看，公民社会通过发挥自身优势，整合社会资源，为社会提供必要的公共服务和产品，促进社会和谐稳定和健康发展；从未来发展看，公民社会的蓬勃发展，有可能与民主"第三次浪潮"一样，影响发达国家和发展中国家的民主体制或权威体制，使之开始迈向一个政府与非政府组织合作解决公共问题的新时代，继而刻画出国家与社会关系的新图景。

改革开放后的中国也融入到共同描绘这幅时代画卷的浪潮之中。由于国家放弃了以穿透社会各个角落为特征的全能主义控制，原来的那种政治领域垄断一切权力的"单级结构"正在向政治、经济、社会三个领域分享权力的"多级结构"转变。随着市场经济体制的逐渐确立和政治与法律环境的变迁，中国历史上第一次大规模催生了非政府组织，它们在积累社会资本、推进公民参与、提供公共服务、缓解社会矛盾、改善民主治理、推动政府变革等方面发挥了积极作用。近年来，中国政府又提出了"构建社会主义和谐社会"和"建设服务型政府"的目标,表达了未来公共行政要以社会为本位、以公民为本位的基本取向,突出了政府社会管理、社会建设、公共服务的功能,从而为政府与非政府组织共同创制一种对话、互动、协商、共享的民主治理模式提供了新的契机。

但是,我们也看到,中国的"新兴民主化"还处于发育阶段,由于各种复杂的制约因素,政府与非政府组织的关系很不对称,两者之间缺乏良性互动的制度安排,非政府组织参与民主治理的制度空间和自主能力都还是有限的。但是,基于历史的考量和逻辑的洞察,政府与非政府组织的关系总是不断地从对抗走向统一,趋向由不良的结构上升为良性结构。尽管目前双方的合作关系还处于初级阶段,但只要双方在公共利益的指引下坚持双向沟通、反思抽象、内外协调、积极行动,就能够在"平衡—不平衡—平衡"的螺旋发展中实现社会治理中的合作伙伴关系。由这种"合作"的愿景和实践出发,本书除了对公共行政由理性建构走向社会建构的话语变迁、"社会—国家"双向建构的历史逻辑进行解读之外,又分别对社会建构逻辑下服务型政府的理论与实践、非政府组织在治理中的功能与路径等若干问题进行了阐析。

五

与现实世界的运转逻辑相似,任何一门科学都是不完善的,经常处于建构的过程之中。以探索人类治理模式为己任的公共行政学不可避免地陷入"范式危机",乃至最终引发一场"范式革命"。20 世纪 60 年代之后,解构观点和后现代主义兴起,日趋变动、复杂和具有高度不确定性的社会治理环境要求公共行政打破理性结构主义的藩篱;与此同时,现象学、解释理论、批判理论、行动理论和社会建构主义方法论共同融入治理领域,一个包含着社群理想、公民主义,旨在推进治理主体间对话合作、民主协商的社会建构时代逐渐来临。在方法论上,"社会建构"与"理性构造"不同,它首先要求我们对传统主流公共行政的局限性及其悖论进行解读、反思和批判,然后重构公共行政新的话语体系,推及到建立更加人性化和符合人文精神的公共行政认知途径,促进实践中的公共管理行动者观念的改进与发展。

基于对历史、现实和理论的透析,我们的一个基本判断是,未来公共行政的发展形态将是一种"走向社会建构的公共行政"。公共行政的话语更张不仅反映在对官僚制的批判性反思上，它事实上又向前推进了一步，即通过反思的进程和批判性设问来探索新的制度改革的可能性——政府和社会共同合作下的民主改革。它着力于通过真正的民主过程来实现变革和解决公共问题，这个过程不可避免地包含了公民参与、协商和沟通活动。对此，美国公共行政学家全钟燮已为这种"走向社会建构的公共行政"勾画了一幅图景：强调社会知识的价值，即公共行政人员能够积累社会性的知识，关注民主、民众、依赖性和多样性；通过关系确立社会秩序，即公共行政人员要通过与社会的互动和沟通来维持社会秩序；强调社会学习和多元化价值；强调分疏的文化和多样化的现实；强调对话、话语权和主体间关系，尤其是强调在组织和社区中公共行政人员所应承担的与他人交往和沟通的责任；推进过程而不忽视产出；个体、组织和社会的辩证关系。可以看出，走向社会建构的公共行政理论从根本上说是对公众参与治理过程的倡导，是对公共行政中政府与公众之间良性沟通互动关系的张扬。

　　在此启发下，本书主张在"解构"的基础上，对社会建构时代的公共行政话语体系进行变革。首先，行政组织与公民社会要打破结构主义的"二元对立"的思维模式，学习和运用辩证思维，理解并认同"主体间关系"对于公共行政的价值，由单方主导的"官僚制统治"转向互惠共享的"合作型治理"。其二，行政管理者不再是政治中立、"去价值"的技术官僚，而是具有公共责任和公民精神的道德人格，因此，应该在行政组织中展开民主化管理和"公共性"、"公民性"伦理关系的建构，提升行政管理者的主体性意识、公民责任感和价值判断能力。其三，打破官僚制内部结构的封闭性，将建构重点放置于政府与公民社会对话、沟通、辩论、协商的机制层面，致力于扩展公共空间，推进公民在社会治理中扮演更加积极的角色。其四，公共行政要放弃构造"模型"和寻求"本质"的幻想，而应面向动态发展的社会现象本身，体验彼此经验，加强自我反思，诠释社会事实的多样化意义，寻求民主建构的多元化途径。其五，公民要融入到公共行政的社会建构时代，不仅需要政府创造条件和加强引导，更需要通过广泛的公民教育，促进公民权利意识、责任意识的觉醒，培养公民的爱国主义精神，提升公民社会治理的能力。

　　在结构布局上，本书由以下五章构成。

第一章:"从理性建构走向社会建构:话语的变迁",旨在阐明社会建构视野下公共行政的范式转换和新生话语,为本书奠定理论基础。

第二章:"'社会—国家'的双向建构:历史与逻辑",透过美国进步时代改革、中国辛亥革命时期以商会为中枢的"市民社会雏形"这两个历史节点,抽离出"社会建构国家"、"社会自我建构"的历史逻辑,从而与第一章中的话语理论形成一种历史的呼应。

第三章:"社会建构下的服务型政府:理论与实践",一方面探讨服务型政府从"官本位"向"公民本位"、从"政府本位"向"社会本位"变革的理论渊源、价值取向和行动策略;另一方面,对网络时代政府与公民社会的沟通、政府对网络虚拟社会的管理、问责官员复出机制的构建、公共危机下的政府公共关系等实践问题进行分析。在当前世界范围内公共行政的合法性危机凸显的背景下,置身于全球化时代和风险社会之中,政府应以"服务"为导向,并与公民社会形成一种新型的"合作伙伴关系",乃是本章的核心旨意。

第四章:"社会建构下的非政府组织:功能与路径",意在洞悉非政府组织在公共事务治理中的功能及其在国家与社会关系重塑过程中所扮演的角色,从而在研究视野上,将非政府组织置于复合治理网络中的重要位置,它与政府同等重要,并形成一种合作伙伴关系。

第五章:"社会建构下的公民性塑造:理念与文化",意在说明当代社会的治理变革不仅取决于政府的强制性制度变迁,也取决于公民主体性意识的发展,公民社会权利意识和社会责任感的增强,公民对本国核心价值体系的理解和认同,及其对国家发展、社会进步形成的"共识"和广泛参与。因此,通过广泛的公民教育培养其"公民性",使之参与到社会建构、国家建构的过程中,也是本书的一个倡导。

本书主要由浙江海洋学院的高猛讲师、陈炳教授合作完成,同时也收录了两位笔者近几年在国内外刊物上发表的相关论文,以及笔者所承担的相关课题的部分研究成果。在相关课题的研究中,中山大学的陈兆仓博士、郑州大学的陈思坤副教授、浙江海洋学院的王建友副教授、侯保龙讲师、姚会彦讲师、徐凌讲师等也作出了贡献。舟山市委党校的孙建军副校长、浙江海洋学院的龚鹰副教授、陈莉莉副教授参与了本书的个案整理分析工作。全书由高猛老师统稿完成。此外,我们要感谢浙江海洋学院的周学锋教授、崔旺来教授、耿相魁教授、全永波教授给予我们的指导和帮助;还要特别感谢浙江大学出版社的陈丽霞、殷尧两位同志,得益于他们的鼓励、耐心、责任,心血和智慧,本书才能够顺利出版并与读者见面。

我们坚信,在公共行政已然来临的社会建构时代,政府和社会之间要打破屏障,重启对话、交往与合作。学界和公共管理者亟需摆脱结构主义话语和认知的二元对立,在对传统公共行政进行批判、反思的基础上,沿着从“理性构造”到“社会建构”的脉络,对未来社会的公共行政展开进一步的思考和行动。我们十分期待本书的出版能够为公共行政的社会建构理论构画一个基本轮廓,为未来公共行政的理论和实践发展提供一些参考。但我们也深知,当学者认定一个空白领域或空白地带开始砌砖弄瓦时,每个人都期望构建一个“巨人的肩膀”,但其结果可能是“常人的脊背”。加之笔者水平有限,本书的一些成果还比较稚嫩,甚至有“杂陈”之嫌,疏漏和错误之处在所难免,在此恳请读者不吝赐教。同时,本书参考了国内外许多专家学者的论著,在此深表谢意。

高 猛 陈 炳
2012 年 8 月 1 日于浙江海洋学院

第一章
从理性建构走向社会建构：
话语的变迁

公共行政学正在经历一场从"理性建构"到"社会建构"的话语变迁。回顾20世纪60年代之前官僚制公共行政的嬗变史，可以发现，结构主义思潮与之发生了深层的耦合关系与共振效应，以工业文明为叙事文本的传统主流公共行政学从未真正突破过结构主义的分析框架，"制度的、理性的或功能主义的途径是最具有支配地位的观点"①。从20世纪中期开始，随着结构主义自身的流变和行为主义、人本主义、政策科学、比较公共行政学的发展，"结构"的传统观点得到了些许修正，这使得官僚制范式发生了一定程度的松动和调适，并在此之后的短时期内基本维系了其合法性。但是，与其他学科的发展一样，以探索人类治理模式为己任的公共行政学也不可避免地陷入"范式危机"，乃至最终引发一场"范式革命"。20世纪60年代之后，政府的合法性危机加剧，解构观点和后现代主义兴起，日趋变动、复杂和具有高度不确定性的社会治理环境要求公共行政打破理性结构主义的藩篱；与此同时，现象学、解释理论、批判理论、行动理论、后现代主义和社会建构主义方法论共同融入治理领域，一个包含着社群理想、公民主义，旨在推进治理主体间对话合作、民主协商的社会建构时代逐渐来临。

---

① ［美］全钟燮：《公共行政的社会建构：解释与批判》，孙柏瑛等译，北京：北京大学出版社，2008年，第36页。

第一节　理性建构:对官僚制公共行政的话语透析

在方法论上,"建构"建立在对原有结构进行"解构"的基础之上,这就首先要求我们对传统主流公共行政的局限性及其悖论进行解读、反思和批判。只有这样,才能继而"建立公共行政新的话语体系,推及到建立更加人性化和符合人文精神的公共行政认知途径,促进实践中的公共管理行动者观念的改进与发展"①。在新的公共行政学科范式和社会治理实践模式行将展开之时,我们首先对官僚制这一传统公共行政范式所顽守的"结构主义"话语体系进行透析,从而在"解构"原有结构的基础上为社会建构的公共行政研究提供智识基础。

一、结构主义哲学思潮

结构主义(structuralism)不是一个由共同哲学观点的专业哲学家所组成的哲学流派,更多的学者视之为一场以反人本主义思潮面目而出现的哲学运动,是一些社会科学家和人文科学家们所共有的某种观点和方法——结构主义的观点和方法的总称。应该说,现代哲学史上正统的结构主义是在 20 世纪 50 年代出现于法国,60 年代迅速流行,后广泛流传于西欧、美国等其他国家。在这一时期,科学技术大革命促进了科学的大分化和大综合,科学的发展出现了一体化和整体化的趋向。整体性的观点和方法(结构的方法、系统的方法、模型的方法等)不仅为广大自然科学家所接受,也为社会科学家、人文科学家所重视和采用,他们对在自己领域中统治已久的宣扬"主体自由创造一切"的存在主义的观点和方法普遍感到不满,而要求以新的观点和方法替代它,这就是结构主义所以替代存在主义流行一时的时代原因。

如果以正统的结构主义所处的 20 世纪中期之后的时间段落进行比对,我们很难说正统的结构主义与现代公共行政学的诞生有任何时代上的关联,因为通常人们认为,现代公共行政学创建于 19 世纪末、20 世纪初,而在这一时

---

①　孙柏瑛:《走向民主治理:公共行政精神再思考》,《公共行政评论》2008 年第 5 期。

期,作为一场哲学运动的结构主义并未形成潮流。但是,正如亚里士多德(Aristotle)所言,所谓的"时间"或"时代"乃是依附于人的思想和灵魂而存在的,"假若没有灵魂,也就不能有时间"①。如果我们对"结构"(structure)这一结构主义者所秉持的核心概念进行思想洞察,就会发现结构的观点和结构主义的方法论早已散落和沉积于人类思想史的不同时间节点上。"结构"来源于拉丁文"structura",它是从动词"struere"(构成)一词演变来的,原意是部分构成整体,最初只具有建筑学上的意义。按照法国学者弗朗索瓦•多斯(Francois Dosse)的考察,在 17 和 18 世纪,"结构"一词的意义被更改和拓宽了,有人以之类比活的生物有机体。大约在 1900 年到 1926 年之间,"结构"这一概念就已经正式派生出了"结构主义"。②

(一)早期社会结构论

现代西方对结构主义思想的初步阐释至少可以追溯到现代实证主义哲学的创始人、现代西方社会学的始祖——法国的奥古斯丁•孔德(Auguste Comte)那里。在他看来,社会是一种有规律的结构,与生物有机体有极大的相似性,乃是一个由各种要素组成的整体。③ 但是,社会结构又远远复杂于生物有机体的构成方式,它具有多种多样的集团、阶级和机构,需要更多的平衡与和谐,需要更好的分工和合作。孔德强调,社会的基础是"秩序",社会的目标是"进步"。为了达到平衡与和谐的社会秩序,需要具备一定的机构——国家和政府。国家是"超越"阶级之上主持"公道"的,因而对国家、政府只能改进,不能推翻。孔德从这种保守的结构主义观点出发,极力反对暴力革命,认为社会的和平与和谐要求国家具有两种政权:世俗政权和精神政权。前者对人民实施政治统治,后者对人民进行精神统治。孔德也反对人权,认为人权是形而上学为了跟神学的权威作斗争而提出的一种幻想。显然,孔德在这里把

---

① [古希腊]亚里士多德:《物理学》,载苗力田主编:《亚里士多德全集(第 2 卷)》,北京:中国人民大学出版社,1991 年,第 129 页。

② [法]多斯:《从结构到解构:法国 20 世纪思想主潮》,季广茂译,北京:中央编译出版社,2004 年,第 8 页。

③ Auguste Comte. *System of Positive Polity*. London:Longmans Green,1975,pp. 241-242.

"政权"和"人权"、"秩序"和"混乱"等概念作了二元对立的处理，实质上单方面地突出了国家、政权、秩序的逻各斯中心地位；而所谓的"社会"，在孔德的社会结构论中，不过是被动地听从整体结构的规则安排，并"安分守己"地接受国家统治、维护政权合法性和既有社会秩序的保守性要素。

除了提出社会有机体和整体论的思想，孔德还阐释了他的实证主义原则以及人类社会发展的根本规律。他自称实证主义是"科学的哲学"，因而科学的任务在于认识规律——"精确地发现这些规律，并把它们的数目压缩到最低限度，乃是我们一切努力的目标"。孔德所憧憬的社会是科学思想和实证主义得以普及、物质文明达到顶峰的工业化状态。在人类向工业时代迈进的过程中，将要经历神学阶段（虚构阶段）、形而上学阶段（抽象阶段）、科学阶段（实证阶段），这也正是人类社会发展的根本规律。在他看来，工业社会的"实证阶段"（实即资本主义社会）符合进步和秩序的要求，它是实证主义思想统治人们的阶段。此时，人们不再以虚构的主体或抽象的原则来解释经验世界，"不再探索宇宙的起源和目的，不再求知各种现象的内在原因"，而是要"发现现象的实际规律，即发现它们的不变的先后关系和相似关系"，并把它们"压缩到最小的数目"。① 这里面包含着后来马赫（Ernst Mach）的"思维经济原则"，而他的这种归纳法思想，后来为穆勒（John S. Mill）所继承和发展。事实上，在整个传统主流公共行政学的发展过程中，这种从客观世界中发现本质规律的"思维经济原则"和寻求行政原理（或称为"行政教条"）的冲动从未消退过。

英国实证主义的哲学家赫伯特·斯宾塞（Herbert Spencer）以生物学的观点进一步阐发了孔德的社会结构思想。他认为，社会在本质上与生物有机体是一样的，主要体现在四个方面：一是整体性成长；二是随着成长而机构复杂化；三是各部分相互依赖；四是整体的生命比部分的生命长得多。他同时认为，社会是一个"超有机体"，它是各阶级、各部门、各机构的高度结合，它比生物有机体更高级，需要更高度的平衡。斯宾塞通过把人类社会与生物有机体相类比，认为人类对社会组织的功能需求主要包括三个方面——营养（生产）、分配与循环（商业、交通、银行）、调节（管理机构、统治机构和政府）。据此，他

---

① 洪谦：《现代西方资产阶级哲学论著选辑》，北京：商务印书馆，1964年，第26—30页。

又把社会成员分成三等：一是从事生产职能的工人和农民；二是从事"分配与循环"职能的商人、企业家和银行家；三是从事"调节"职能的政府管理人员、官吏。他断言这三种人同时并存是由社会有机体的本性决定的，它们相互合作、各司其职，以维护资本主义的平衡和秩序，并以此反对马克思主义的革命学说。① 斯宾塞进一步发展了孔德的整体方法论的结构思想，并在区分结构与功能的基础上，引入"功能需求"的概念，用需求来解释各种社会组织的存在，以功能体现社会结构现实。这就是斯宾塞提出的"结构功能主义"。② 在研究层次上，结构功能主义通过强调"系统"范畴将社会结构和社会整体作为基本的分析单位，把研究重点放在社会上。在研究方向上，重点考察社会系统中维持社会系统存在的各种机制以及各个组成部分在维持系统存在中发挥的作用。在研究主题上，结构功能主义致力于解决的基本问题是一个社会系统为了维持其存在，有哪些基本条件必须得到满足以及这些条件是如何得到满足的。结构功能主义为了考察社会现象，提供了一套全新的系统分析方法。此外，斯宾塞还用达尔文生物学的自然选择、生存竞争的原则理解社会结构的发展规律，认为社会进化过程与生物进化过程是一样的，正所谓"适者生存、优胜劣汰"，因此他断言盎格鲁撒克逊民族是天然的优等民族，应该成为世界的天然统治者。综合上述观点可以看出，一方面，斯宾塞通过社会组织所发挥的既有功能来印证其存在的合理性，另一方面，他又用达尔文的生物进化论来解释社会结构分化以及既有统治关系的合理性，这些论调具有浓厚的保守性，在实践中表露出维护结构稳定性、防止革命甚至规避社会变革的倾向。

与孔德和斯宾塞相似，社会结构和社会秩序也是法国的迪尔凯姆（Emile Durkheim）一生学术研究的主题。19 世纪后半叶，法国社会动荡不安。他一心要以社会学家的身份回答现实问题，帮助社会维系整合，达到安定。他的三部主要著作《社会分工论》、《自杀论》、《宗教生活的基本形式》都紧密围绕着秩序和整合的主题，分别回答社会团结和整合靠什么达到，社会整合与个人是什

---

① 夏基松：《现代西方哲学教程新编（上册）》，北京：高等教育出版社，2006 年，第 34 页。

② Herbert Spencer. *The Principle of Sociology*. New York：D. Appleton and Company，1925，p. 505.

么关系，团体意识对社会和个人起什么作用三个问题。迪尔凯姆提出了社会结构的三个基本假设：其一，社会是一个不可化约的实体；其二，社会的各个部分可以满足社会实体的基本需求；其三，功能需求即为社会需求。同时，他也强调社会整体的优先位置——结构的自主存在问题。与其倡导的方法论一致，他指出社会事实并非个人意愿能够左右，社会对个人具有制约性，人们的思想结构反映着社会结构的秩序，而且在反映的过程中加强和再现了这些秩序。① 按照他的观点，社会结构不仅是自主存在的，而且优先于人的主观思想结构及其指导下的行为结构，从而表现出了一种"理性构造"的趋向。

(二)结构主义方法论

如上所述，在现代早期的实证主义哲学那里已经有了结构主义(尤其是"社会结构")的思想源流，但正统的结构主义源于瑞士学者费尔特南·德·索绪尔(Ferdinand de Saussure)的结构主义语言学，典型代表还包括法国学者列维-施特劳斯(Claude Levi-Strauss)的结构主义人类学和瑞士学者让·皮亚杰(Jean Piaget)的认知结构主义等。可以说，结构主义并不是一个统一的哲学派别，而是由结构主义方法论联系起来的一种广泛的哲学思潮。

结构主义语言学是结构主义哲学运动产生的源头，其中，首先应该提到的是结构主义语言学派的先驱者和符号学的创始人——索绪尔。在《普通语言学教程》一书中，索绪尔提出了系统的语言学理论，他反对当时在语言学研究中占据统治地位的历史比较语言学，反对把语言事实当作孤立的单位。在他看来，语言是一个封闭系统，因此语言理论也必须是同样的封闭系统，必须重视语言系统中语言要素之间的相互依赖、相互制约的关系。在此基础上，索绪尔建立了共时语言学，即静态地研究语言的记号系统的内在的不变结构。他把整个系统称为"语言"(langue)，这是关于词汇和语法关系等方面的一整套规范；把每个说话的人在实际生活中说的话称为言语(parole)，这是具体的表述。在他看来，语言学的研究对象不是个别、孤立的词，而应该是词的相互关系及其规则(语言系统)，即它们的内在结构。

在认知心理学领域，瑞士学者皮亚杰在《结构主义》一书中对"结构"一词

---

① Emile Durkheim. *The Rules of Sociological Method*. New York: Free Press, 1964, p. 65.

所下的定义比较有代表性。他认为,结构有以下三个特征:其一,结构具有整体性,即结构是按照一定规则构成的整体;其二,结构具有转换性或同构性,即结构中的各个成分(部分)可按照一定的规则互相替换,而并不改变结构本身;其三,结构具有自我调节性,即结构的各个部分互相制约、互为条件,导致结构的守恒性、封闭性和自我维持性(不受任何外部因素的影响)。此外,皮亚杰还主张"主体移心化",即把社会历史的中心从"个人"或"自我",转移到"结构"上来,也就是说,人只是整体结构中的一个关系项。①

另一位堪称结构主义人类学代表人物的列维—施特劳斯也持有相似的观点。他认为,结构的主要特征包括:首先,结构展示了一个系统的特征,它由若干要素构成,其中任一要素的变化都会引发其他要素的变化。其次,对任一模式都应有可能排列出同类模式中产生的转换系。再者,如要素发生变化,能预测模式将如何反应。最后,所谓的模式应能使一切被观察到的事实都成为直接可理解的。② 可见,结构主义理论认为一切由人类行为构成的社会现象,表面看来似乎杂乱无章,其实内蕴着一定的稳定和自足的结构,这种结构支配并决定着一切社会现象的性质和变化。

结构主义从上述观点出发,在方法论上一般强调下面几个方面。

首先,结构主义者强调整体性研究,反对孤立的、局部的研究。他们认为,整体对它的部分具有逻辑上的重要性,因为整体性的结构规定着各个成分的联系及其性质和意义,孤立的各个成分本身没有任何意义。因此,意义在于结构,没有结构就没有任何意义。

第二,结构主义者强调认识事物的内部结构,反对单纯研究外部现象。这里的内部结构是一种深层结构,并不是现象自身所固有的,需要采取一种"重新构造"的方法。它的具体程序是:先进行"分析"——把对象或现象分解成为各个原始组成部分;再"配置"——把各个组成部分按照一定的假设性理论模式组合起来,"重现"对象或现象的"深层结构"。这种假设性模式可以是想象

---

① [瑞士]皮亚杰:《结构论》,载左任侠、李其维主编:《皮亚杰发生认识论文选》,上海:华东师范大学出版社,1991年,第432—437页。

② Claude Levi-Strauss. *Structural Anthropology*:*Vol.* 1. New York:Basic Books,1963,pp.279—280.

出来的，也可以是从别的学科中借用来的，主要看它能否用来解释或说明这些现象。

第三，结构主义者强调内部因素研究，忽视或否定外部因素研究。由于否认外部因素的研究，列维－施特劳斯反对历史唯物主义的社会生产方式决定社会生活的观点，他不同意生产活动对原始人的生活方式的决定作用，而热衷于对社会生活的形式主义的研究。

第四，结构主义者强调静态（共时态）研究，忽视或反对历史（历时态）研究。他们认为，既然事物的性质和意义是由内部的整体性结构决定的，而结构又不是事物自身固有的，而是"封闭的"、"自足的"、"稳定的"，事物的变化仅是它的表面现象的变化和外部因素的变化，因而要把握事物的内在结构，无需也不应该历史地研究事物的变化，而只需静态地考察现象的横截面，考察那些稳定不变的因素。

第五，结构主义者强调结构的不以人的意志为转移的"客观"作用，而忽视或否定人的主观能动性。他们认为，一切社会现象和文化现象的性质和意义都是其先验结构"命订"的，人的一切行为都无意识地受"结构"支配，因而人只能体现结构的作用，是结构的"载体"，而不能改变结构的作用，成为社会历史的"主人"。因此，他们反对存在主义等流派的人本主义观点，认为应该把社会历史的中心从"个人"或"自我"转移到"结构"上来，这就是"主体的移心化"。最后，结构主义分析还常常强调事物的"二元对立"。例如，列维－施特劳斯对特殊神话的结构主义分析往往把它们归结为一系列"普遍的对立"，最通常的情况就是自然和文化的对立。他还指出，结构主义的中心课题是从混乱的现象背后找出秩序来。按其观点，社会关系只是一些经验的材料，要了解这些经验的对象，就要选择足以认识这些经验材料的"模型"或"模式"，以此理解复杂的社会关系。① 上述对于"二元"、"整体"、"经验"、"模型"、"规律"、"秩序"的衷情，在结构主义的论著和问题分析中表现得非常强烈。

---

① Claude Levi-Strauss. *Structural Anthropology*：*Vol*. 1. New York：Basic Books，1963，pp. 279—280.

二、结构主义思潮与官僚制范式的确立

17、18世纪,随着机器大工业的快速发展,人类由前工业社会进入了工业社会。在工业社会里,"机器主宰着一切,生活的节奏由机器来调节",以此为基础的"标准产品大批量生产便成为工业社会的标记"。这是一个"调度和编排程序的世界,部件准时汇总,加以组装,人的待遇跟物件没有什么不同"[①]。威尔逊(Wilson)在19世纪末就洞察了这一工业社会的特性,他宣称,对于所有类似的政府来说只有一种"良好"政府的规则,而马克斯·韦伯(Max Weber)则构建了符合工业社会特性的理性官僚制组织,并认为官僚制在技术上优越于其他组织形式。两人对于公共行政的认识异曲同工而又珠联璧合,由此奠定了传统公共行政的基本范式——官僚制。现代行政学家沃尔多(Dwight Waldo)曾经总结了传统公共行政的五个基本特征:其一,接受政治与行政二分法;其二,一般管理倾向;其三,通过科学分析寻求提高行政效率的一般原则;其四,强调官僚制的集权、简化和统一;其五,"民主"应该通过建立一个既强有力又负责,旨在有效满足人民需要并且关心人民意愿的政府加以实现。[②] 笔者认为,传统主流公共行政的官僚制范式与结构主义的观点和方法论有着深层的耦合关系。这里着重从研究工具、逻辑发端、演绎过程、结构与功能的关系四个方面对之进行考察。

(一)官僚制公共行政的研究工具

从官僚制范式的研究工具看,官僚制是一种从结构的整体性观点出发而构建的"理想类型"(ideal type)。与结构主义学者所倡导的"从混乱的现象背后找出秩序"观点相符,韦伯指出,人类对外物的认识是通过概念和范畴获得的。因此,科学知识必须建构出来一套精确化、严谨性的概念工具。但是,社会科学的知识对象是由具有不同动机和意志的主体行为构成的,因而需要建构出一个创生性的概念结构,即"理想类型"。按照韦伯的定义,理想类型是

---

① [美]贝尔:《资本主义文化矛盾》,赵一凡等译,北京:生活·读书·新知三联书店,1989年,第198页。

② 丁煌:《西方行政学说史》,武汉:武汉大学出版社,2004年,第174-198页。

"通过单方面地突出一个或更多的观点,通过综合许多弥漫的、无联系的,或多或少存在、偶尔又不存在的具体的个别的现象而成的,这些现象根据那些被单方面地强调的观点而被整理成一个统一的分析结构";理想类型"既非历史现实,亦非'真实的'现实,它只具有纯理想的有限概念的意义,真正的现实或行为可以与之相比较,并为解释那些有意义的成分而对之作观察"①。因而,作为一种理想类型的"官僚制",可以被视作一个通过抽象生成的精神产品,揭示的是组织的"深层结构"而非"表层结构";另一方面,它与价值判断无涉,因为构建理想类型的目的仅在于确认官僚制的极致状态,突出结构中的本质特征和主要规则,以便运用这个模型分析相关问题。所谓的"理想类型"类似于结构主义者着力追求的"逻各斯",他们的本体论将某种外在的绝对参照物作为本原和中心,寻找现象背后的理性、本质、第一因。这个"理想类型"也正是结构主义哲学乃至自柏拉图以来的西方理性主义传统秉持的终极关怀。

(二)官僚制公共行政的逻辑发端

从官僚制范式的逻辑发端看,"政治与行政二分法"(politics-administration dichotomy)这一基本前提体现了结构主义"二元对立"的分析方式,它将行政组织视作一个具有结构自足性和独特执行功能的人格主体,并将行政主体"移心化"为政治中立、"去价值"的技术官僚。"政治与行政二分法"宣称行政属于一个应该将政治排除在外的专门领域,而且认为一个强有力的行政首长可以控制行政部门的离心力。回溯至 19 世纪 60 年代,德国的行政法学家冯·史坦因从生物学的结构思想出发,将国家视为一种有机体,认为国家是一定社会秩序条件下的人格主体,并且具有心理学意义上的意志与活动的功能对立,具体表现为宪政与行政的关系。宪政是主体有组织的意志,行政则是主体依据意志的活动。② 威尔逊进一步指出,"政治是政治家的特殊活动范围,而行政管理则是技术性职员的事情"③,因此行政组织在结构上有着

---

① [德]韦伯:《社会科学方法论》,朱红文等译,北京:中国人民大学出版社,1992 年,第 85、189 页。

② [日]蜡山正道:《行政学总论》,黄昌源译,上海:中华书局,1934 年,第 5 页。

③ [美]威尔逊:《行政学研究》,《国外政治学》1988 年第 1 期。

相对独立性；由于"在与行政管理职能有关的各个方面，一切政府都具有很强的结构方面的相似性"①，我们应该对不同政府所拥有的行政管理规律和原则进行研究。古德诺（Goodnow）则明确提出，在所有政府体制中，都存在着两种主要的或基本的政府功能，即"国家意志的表达"和"国家意志的执行"，他将这两种功能分别称之为"政治"与"行政"。② 这反映在方法论上，就是坚持"价值与事实二分法"（value-fact dichotomy），倾向于从政府内部结构考察相关事务，并且总会受到"事实的"或"科学的"理性影响，而将国家意志的表达和公共政策的制定等涉及"价值"的议题留给政治学者，这类似于结构主义学者皮亚杰所说的"主体移心化"或"去价值"。上述二元对立的范畴也正是结构主义方法论和传统形而上学的概念体系的特征。

在德里达（Jacques Derrida）看来，传统形而上学总是由一些"二元对立"的概念体系构成的，如精神与物质、主体与客体、先验与经验、理性与非理性、善与恶、简单与复杂、必然与偶然、形式与内容、现象与本质，等等。对立的双方总是处于永恒的不平等地位，一方是主要的，优先的，主导的，即"在场"（presence）；而另一方则永远是次要的，派生的，受压制或被否定的，即"不在场"（absence）。因此，政治与行政、价值与事实的"二元对立"，归根结底都可以归结为"在场"与"不在场"的对立。事实上，秉持政治与行政二分理念的学者们只是想要"提供了一个意识形态的盾牌，公共行政人员凭借这个盾牌能够采取政治上的低调策略，并且能够为他们所付出的成本提供正当性"③，同时为传统公共行政学的创立提供了专业保护和施展平台。因此，这种"二元对立"的结构主义分析只是为了达到他们的政治目的与职业愿景而采取的权宜之计。

（三）官僚制公共行政的演绎过程

从官僚制范式的演绎过程看，它集中反映了现代性"结构"的客观化、工具

① ［美］威尔逊：《行政学研究》，《国外政治学》1988年第1期。

② ［美］古德诺：《政治与行政》，王元译，北京：华夏出版社，1987年，第9—13页。

③ ［美］亨利：《公共行政与公共事务（第8版）》，张昕等译，北京：中国人民大学出版社，2002年，第51页。

化、理性化倾向。结构主义者主张寻求结构中的理性规则和合法秩序，以维持结构的自足性、平衡性和自我维持性。韦伯对于官僚制的推导亦建立在"合理性"（rationality）和"合法性"（legitimacy）两个概念之上，这也是组织中"命令—服从"关系存续的根本保证。合法性的来源包括两大类：一类是主观的正当性，包括情感、价值、宗教的正当性；另一类是客观的正当性，包括习惯、法律的正当性。在上述正当性信念的统领、号召或驱使之下，由内心向行动的发展方向又可判明为情感合理性行动、价值合理性行动、传统合理性行动、目的（法律）合理性行动。由此，各种行动类型进一步发展出三种相互独立的统治形式，即传统型统治、建立在个人魅力之上的"卡里斯马"（charisma）型统治和法理型统治。其中，在法理型统治中，由成文法律规定了统治者的地位，个人对统治者的服从不是基于血统论、世袭制或情感依恋，而是根据人们所认可的法律对现实等级制表示承认。可见，官僚制体现的"合理性"是一种纯粹客观的"形式合理性"（工具理性）而非"实质合理性"（价值理性），也就是说，在统治关系中，行动方式倾向于超越个人的、具体的实际经验，排除道德、宗教、政治等实质价值因素，以普遍抽象的规则和可计算、可预测的程序为依托，对行动本身及其目的进行量化，从而表现出内在逻辑的完整性和一致性。在社会发展的真实世界里，整个资本主义的进程就是形式合理性日益发达、实质合理性相对衰退、整个社会越来越被功利色彩所笼罩的过程。基于理性官僚制的主导，传统公共行政以追求"效率"和维持"秩序"为根本导向，通过对"合理性"概念中价值因素的完全消解和"合法化"概念中形式化规则的不断建构，逐步转变为一种"结构主义"语义下的组织形态。

（四）官僚制公共行政的结构功能关系

最后，从结构与功能的关系方面审视，尽管官僚制体现的"命令—服从"关系及"合法性"这一概念本身已经孕育了认知建构的双向度特征，但是建构的焦点放置于官僚组织的内部结构及其控制功能，凸现出单向度结构的自我维持、相对封闭的保守特征及其社会功能的反民主性。韦伯设计的理性官僚制是封闭式组织结构的典型。他认为，官僚制的主要特征包括科层制设计、规则与管制、专业化分工、技术化培训、职业终身制、非人格化程序等内容，其功能

"在明确性、稳定性、纪律的严格性及可依赖方面,它都比其他形式的组织优越"①,在某种程度上起到了确保效率、增强法治、维持秩序和遏制公务人员恣意妄为的保障功能。回归至韦伯所处的历史背景,面对政治上支离破碎的德国和傲慢强势却愚蠢无能的普鲁士贵族阶级,一个对事不对人、恪守规则、效率和功绩至上的官僚体制符合当时公众的利益。依照理性的法律,其正义代替了韦伯所称的法官正义(kadijustice)或依照超凡魅力领导人一念之间的正义;官僚的理性主义会弥补整体的浪漫主义倾向,这在某种意义上也是"社会的善"。

但是,如果进一步分析官僚制的运作过程,可以发现,官僚制的内在逻辑秉承了"结构"自足存在的论调:官僚制的治理功能可以满足公民社会的某种基本需求,而这种功能需求的满足也就证明了官僚制的正当性。这种逻辑显然忽略了其他替代范式对于治理功能优化的可能,反映了官僚制结构的保守性和阻碍民主进程的弊端。事实上,官僚制的一些功能使得它必须走向独立和自我封闭。这些社会功能包括:对未解决的社会冲突的管理;中央过分扩张的态势;保护国家的安全利益,等等。换言之,并非官僚制本身反民主,而是官僚制的某些社会功能使得它的信息垄断能力和组织能力变得反民主。一种为了确保民主而建立的机制反过来又限制和阻碍了民主,这正是民主的悖论。

因此,我们对官僚制范式的根本质疑在于:单从内部结构的自足性就能够证明其外部功能的正当性吗?换言之,政府仅仅依靠自身结构的合理化进程就能够输出"公共"的、民主的决策吗?公众对于官僚制的功能需求就意味着公众对官僚制的社会需要吗?治理仅仅是官僚组织的内部事务吗?民主只是体现于以内部制度安排来遏制官僚人格必要的"邪恶"吗?如果是这样,我们将公民社会的民主诉求和治理夙愿放置于何地?民主仅仅是被动接受"官僚代为做主"或"科学化的民主"吗?

对此,亨利(Nicholas Henry)指出,所谓的"民主的科学化"暴露出一些对公众的蔑视,官僚体制与民主政体是相互对立的,这是因为其中隐含的假定:

---

① [德]韦伯:《支配的类型》,康乐等编译,台北:远流出版事业股份有限公司,1996年,第22页。

公民没有能力作出见多识广的和合理的选择。① 实际上,官僚制秉承了结构主义者关于结构自足存在的论调,其内在逻辑是,官僚制的治理功能可以满足公民社会的某种基本需求,而这种功能需求的满足也就证明了官僚制的正当性。这种逻辑显然忽略了其他替代范式对于治理功能优化的可能,反映了官僚制结构的保守性和阻碍民主进程的弊端。由此,亨利不失公允地评论道,"韦伯在广义上没有反对人本主义的思想,但是他所兜售的官僚体制对官僚体制所治理的公民和官僚本身是反人本主义的"②。

另一方面,由于官僚制的结构性弊端,势必造成行政效率的降低和官僚人格的异化。对此,默顿(Robert King Merton)认为官僚人格缺乏效率的原因可以归咎为以下过程:首先,有效的官僚制取决于反应的可靠性和严格遵守规定;其二,遵守规定本身倾向于转化为绝对的事情,不再被认为是相对于一组目的而言;其三,那些制订一般规定的人没有明确认识到,这种情况有碍于迅速适应特殊条件;最后,正是那些在一般情况下有助于提高效率的因素,在特殊情况下反而引起效率降低。那些没有从这些规定对其本身来说所具有的意义上超脱出来的群体成员,很少能够充分认识到这种不适当性。严格说来,这些规定最终成为一种符号性的规定,而不是一种功利性的规定。③ 更为严重的是,在官僚制政府的实际作为中,由于其强调精确、效率和顺从等符号性规定,公务人员必须接受非人格化的专业训练和技术学习,以便他们能够按那些技术理性的模式和路线思考问题,这些压力和限制将会导致胆怯、僵化、保守主义和技术主义,于是,官僚将被逐渐塑造成凡勃伦(Veblen)所谓的"训练有素的无能者"(trained incapacity)、杜威(Dewey)所谓的"职业精神病患"(occupational psychosis),或沃瑙特(Warnotte)所谓的"职业残障者"(professional deformation)。

---

① [美]亨利:《公共行政与公共事务(第8版)》,张昕等译,北京:中国人民大学出版社,2002年,第56页。

② [美]亨利:《公共行政与公共事务(第8版)》,张昕等译,北京:中国人民大学出版社,2002年,第98页。

③ [美]默顿:《官僚制结构和人格》,载彭和平、竹立家主编:《国外公共行政理论精选》,北京:中共中央党校出版社,1997年,第94—104页。

综上所述,一方面,官僚制的社会功能是反人本主义和反民主的;另一方面,官僚制的结构性弊端导致行政效率的降低和官僚自身道德人格的缺失。由此,官僚与公民的距离注定愈行愈远,这一民主自身的吊诡将刺激官僚制结构进行自我修正和功能调适,最终难以避免地走向解构和再造。

三、结构主义流变与官僚制范式的演进

20 世纪 40 年代到 60 年代,结构主义内部展开了理论批判和方法修正。与此同时,在公共行政领域,行为主义科学、组织人本主义、公共政策学、比较公共行政逐渐兴起并获得发展,从而使官僚制范式在一定程度上发生了理论迁移和范式演进。但是,这种范式演进只是一种尚未摆脱结构主义统摄的自我调节和内部建构运动而已,其目的在于保持官僚制自身的结构平衡和功能协调。这一时期的结构主义流变与官僚制范式的自身演进主要体现为对"结构"观点的三方面修正。

(一)官僚制结构的二元对立因素悄然消解

自"政治与行政二分法"提出之日起,即有学者对之进行反思和某种程度的调适。古德诺在解读政治与行政的关系时,强调的是"相对地二分",实质上指出了政治与行政之间是功能的类型划分,而非结构的二元对立。他在《政治与行政》一书中明确指出,"以执行国家意志为主要功能的政府机关,经常地,事实上是通常地,又被赋予表达国家意志的具体细节的职责,尽管这些国家意志的具体细节在表达时,必须合乎由主要职责在于表达国家意志的机构所制定的一般原则。这就是说,被称为执行机构的机构,几乎在任何情况下都拥有大量的制定法令权或立法权。另一方面,以表达国家意志为主要职责的机关,即立法机关,通常又有权用某种方式控制以执行国家意志为主要职责的机关对国家意志的执行。也就是说,尽管人们能够区分开政府的两种主要功能,但却无法严格地规定这些功能委托给哪些政府机关去行使";"把某一种功能分派给一个分立的机构去行使是不可能的。这不仅因为政府权力的行使无法明确地分配,而且还因为随着政府体制的发展,政府的两种主要功能趋向于分化

成一些次要的和从属的功能"①。通观全书,古德诺在努力寻求政治与行政相互协调的路径,例如通过法内制度或政党的法外调节来实现政治对行政的适度控制,或通过行政的适度集权实现政治与行政的相互协调,这表明"政治与行政二分法"的真实用意并非要割裂两者的关系,而是要为早期公共行政研究和实践争取到一个相对独立自由的合法空间。因此,当公共行政合法性地位逐渐确立之时,政治与行政二分的功能樊篱就悄然弱化。

随着 20 世纪 40 年代行为主义和政策科学的兴起,一方面,人们进一步认识到任何行政活动和决策行为都包含着价值与事实的因素,只不过行政问题中的事实因素占有更重要的地位,从而使治理结构中二元对立的因素进一步消减。此时,"政治与行政二分法"的意义仅在于"行政人员(机关)对这种价值判断必须向立法机关负完全责任,也就是说,立法机关对这种价值判断保留控制权"②。另一方面,公共行政学迈进了一个新的时代,即以科学化的概念、实证的方法来取代传统的、充满含糊命题和教条化陈述的内容,学界对官僚组织的研究焦点由制度、法制、结构等层面的静态研究转变到对决策活动的动态研究,从而在一定程度上修正了早期建构主义方法论中过分强调结构静态研究的弊端。

(二)官僚制结构的内部封闭倾向有所调整

早在 19 世纪 60 年代,冯·史坦因已经提出,行政研究的任务在于了解一国国民在特定历史时代的"外界实在",也即"社会文化的实在"的进展活动。③威尔逊也曾建议运用历史方法和比较方法对不同政府所共有的行政规律进行研究。但是,这种思想在官僚制范式确立伊始并未真正引起学界的重视,人们把目光集聚到官僚组织的内部结构及其运作的相关研究中。结构的内部封闭倾向一直延续了一个世纪,20 世纪 50 年代之后,以"生态行政"和"发展行政"为代表的比较公共行政研究一定程度上修正了这种倾向。其中,生态行政强调要从公共行政的社会环境、文化背景、意识形态等外部关系上着手,去了解

---

① [美]古德诺:《政治与行政》,王元译,北京:华夏出版社,1987 年,第 9—13 页。
② 丁煌:《西方行政学说史》,武汉:武汉大学出版社,2004 年,第 174—198 页。
③ 同②。

一个社会的行政制度和行政行为。正如里格斯（Fred W. Riggs）所言，"在现代的、过渡的社会里，一直有一种建立正式的政治和行政制度的趋势，但是这些制度却仍然只是一种形式主义的制度。这就是说，有效的行为绝大部分取决于传统的结构和压力，诸如家族、宗教以及一些继续存在的社会和经济成规。因此，只有以生态学的观点——亦即从非行政的因素去观察，才能了解这些国家的政治与行政"①。发展行政集中关注发展中国家的行政能力，它把比较行政的研究范围从西方发达国家扩展到以全球为基础，并企图以此帮助新建立的民族国家满足他们建设和发展自己国家的需要。

但是，比较公共行政仍表现出对官僚制的强烈爱好，其比较研究的核心是各国不同背景下的官僚体制和官僚行为，旨在探寻不同政治系统中的相似形式结构所具有的不同功能及其功能角色变化，从而对官僚体制的所有行为模式进行分类，并建构出所谓的"价值中立"的一般理论模型。因此，比较公共行政是官僚制范式在不同民族国家和不同政治系统之间的视域延展，而并非范式本身的变革。另一方面，比较公共行政是用西方的标准和概念来分析发展中国家的状况，所谓"发展行政"其实是在复制韦伯的官僚制度而已，而且也并非所谓的"非价值判断"，这种以西方为中心的行政模式建构具有明显的单线进化论特征。

（三）官僚制结构中"人"的因素逐渐凸现

事实上，现代公共行政学在创立伊始就提到了"人"的研究的重要性。威尔逊指出，"在美国展开行政学研究，其目的在于找到最佳方法以建立下面这样一种文官班子，他们受过充足的教育，具有充分的自信精神，工作起来既有见识又有分量，但通过选举和经常性的向公众进行咨询，与公民的思想保持如此密切的联系，以至使专断成为不可能的事情"②。但是，官僚制范式正式确立之后，一方面，"科学的民主"阻碍了行政人员与公民的友好协商和日常互动；另一方面，"理性的组织"又使行政人员变成了异化的人，缺少公共责任感和工作主动性。幸而，这一片面追求组织结构客观化、理性化、制度化的倾向

---

① ［美］里格斯：《公共行政比较研究的趋势》，《国际行政科学评论》1962 年第 2 期。

② ［美］威尔逊：《行政学研究》，《国外政治学》1988 年第 1 期。

在行为科学和人本主义的影响下得到了改观。

继20世纪20年代人际关系学派开始关注非正式组织、非正式规范、情感与个人动机等组织变量之后,40年代兴起的行为主义公共行政学秉持一种外在价值论,主张应该且只能通过对行政人员的可观察、可控制、可测量之外显行为的客观研究,从个体、群体、组织、社会的层面上归纳行政人员的行为规律,以便建立科学有效的组织管理制度,提高行政效率。而兴起于20世纪50年代的人本主义心理学则认为人之价值由人的本性派生,由外显转向内省研究,强调道德自觉,关注个体潜能之发挥和自我价值之实现。在公共行政领域,追求组织中个体人格的成熟行为主义心理学与人本主义心理学的尖锐对立表现得并不突出,更多情形是在行为科学的统一旗号下既重视通过外显行为之观察以发现提高行政人员满意度的途径,也重视通过内部民主管理来满足行政人员的自我实现等深层需要,只是不同时期、不同学者所强调的重点有所不同。由此,官僚组织中“人”的因素逐渐凸现,行政人员的形象也逐渐从僵化、胆怯、保守的“理性人”转变为蕴含情感、责任和进取精神的“行政人”。基于40年代之后公共行政领域“人”的研究的复兴,达尔(Robert A. Dahl)在《公共行政学评论》撰文强调,公共行政科学之创立必须对人的行为进行研究,并断言,公共行政科学的发展,意味着在政府管理之服务领域中的一门人的科学的发展。[①]

然而,这一时期对“人”的研究仍被束缚在官僚组织内部,钟情于通过制度的优化设计来提高行政人员的效率,因此,强调工具理性的传统并未改变。另一方面,“行政人”这一假设也主要是在“经济人”、“理性人”的基础上引入“心理人”、“社会人”的要素,用行为主义、人本主义的观点解释和缓冲官僚组织内部的各种不平衡,以期通过结构的自我调节、内部建构维系官僚制自身的生命力。但是,仅仅依靠组织结构及行政人员的自身调适,却忽视与公民社会进行对话和交往的机制建构,官僚制范式就如同没有受精的卵,难以孕育出公共的善。

---

① [美]达尔:《公共行政科学:三个问题》,载彭和平、竹立家主编:《国外公共行理论精选》,北京:中共中央党校出版社,1997年,第155—160页。

四、余论:走向公共行政的社会建构时代

"任何一门科学都还是不完善的,经常处于建构的过程之中"①。20 世纪
60 年代之后,伴随着整个世界的急剧变革和纷扰不安,传统公共行政领域
也面临着严峻的"合法性危机"。由于政府治理能力的削弱、政府赤字的增
加、政府腐败事件的频发以及政府与公民疏离感的加剧,公众对官僚制的效
力和掌权者的意图提出质疑。在此背景下,各国政府和社会展开了一场"与
传统决裂的转型"②。与此同时,一场"全球结社革命"(global associational
revolution)在各种推动力的作用下席卷而来。公民社会组织蓬勃发展,并会
与民主"第三次浪潮"一样"影响发达国家和发展中国家的民主体制或权威体
制",使之开始"迈向一个政府与第三部门合作以解决公共问题的新时代"③,
刻画出国家与社会关系的新图景。可以说,从"理性结构"到"社会建构"的变
迁已然成为历史进程中的一个事实。但是,"与传统决裂的转型"中包含着"唯
社会论"的隐喻,这一隐喻在方法论上与"官僚制"、"唯政府论"一样,都是结构
主义语境下二元对立的思维模式。于是,如何在"解构"的废墟上实现公共行
政的社会建构,就成为未来公共行政领域的重大议题。正如同美国学者凯特
(Donald F. Kettle)所说,"在进步运动中,威尔逊、古德诺等一批思想家曾经
帮助引领了这次运动;现在则不一样,20 世纪末的理论家们则落后于治理方
式的转换"④。尽管 60 年代后的"新公共行政"、"新公共管理"理论致力于治
道变革的路径和方案设计,但其逻辑思维仍未真正摆脱结构主义话语体系的
制约。

在对传统进行"解构"的基础上,面向社会建构时代的公共行政更加需要
话语体系的变革:其一,行政组织与公民社会要打破结构主义的"二元对立"的

---

① [瑞士]皮亚杰:《发生认识论原理》,王宪钿等译,北京:商务印书馆,1997 年,第 13 页。

② 国家行政学院国际合作交流部:《西方国家行政改革评述》,北京:国家行政学院出版
社,1998 年,第 233 页。

③ [美]萨拉蒙:《全球公民社会:非营利部门视界》,贾西津、魏玉等译,北京:社会科学
文献出版社,2002 年,第 4—5 页。

④ Donald F. Kettle. *The Transformation of Governance: Public Administration for
Twenty-first Century America*. Baltimore: The Johns Hopkins University Press, 2002, p. 159.

思维模式,学习和运用辩证思维,理解并认同"主体间关系"对于公共行政的价值,由单方主导的"官僚制统治"转向互惠共享的"合作型治理"。其二,行政管理者不再是政治中立、"去价值"的技术官僚,而是具有公共责任和公民精神的道德人格,因此,应该在行政组织中展开民主化管理和"公共性"、"公民性"伦理关系的建构,提升行政管理者的主体性意识、公民责任感和价值判断能力。其三,打破官僚制内部结构的封闭性,将建构重点放置于政府与公民社会对话、沟通、辩论、协商的机制层面,致力于扩展公共空间,推进公民在社会治理中扮演更加积极的角色。其四,公共行政要放弃构造"模型"和寻求"本质"的幻想,而应面向动态发展社会现象本身,体验彼此经验,加强自我反思,诠释社会事实的多样化意义,寻求民主建构的多元化途径。其五,公民要融入到公共行政的社会建构时代,不仅需要政府创造条件和加强引导,更需要通过广泛的公民教育,促进公民权利意识的觉醒,培养公民的爱国主义精神,提升公民社会治理的能力。

总之,在公共行政已然来临的社会建构时代,对话与交往不再是乌托邦,而是"乌托邦"孕育于主体间自由平等的对话与交往之中。因此,学界和公共管理者亟需摆脱结构主义话语和认知的二元对立,在对传统公共行政进行批判、反思的基础上,沿着从"理性构造"到"社会建构"的脉络,对未来公共行政——社会治理——展开进一步的思考和行动。①

第二节 社会建构：政府与非政府组织的合作逻辑

20世纪60年代以后,面对着日益严峻的政治、经济与社会危机,全世界掀起了汹涌澎湃的政府改革浪潮。在人们对官僚制范式进行批判、解构和再造的过程中,一种主张通过社会主体间互动、协商、理解并达成共识的过程对现实进行重构的社会建构主义思潮,深刻影响了公共行政的理论和实践。正如新公共服务理论(new public service theory)认为的那样,未来的公共服务

---

① 本章第一节的部分内容原载《中国行政管理》2011年第2期,题为《结构主义与官僚制:对传统公共行政的话语透析》。

将建立在公民权、协商民主、公共利益的基础之上，①这使我们重新认识到公共服务主体的多元化。几乎与政府改革的浪潮同步，一场"全球结社革命"在各种推动力的作用下②也席卷而来。作为公民社会核心主体的非政府组织蓬勃发展，由此"可能长久地改变国家与公民之间的关系"，③并会与民主"第三次浪潮"一样"影响发达国家和发展中国家的民主体制或权威体制"，使之开始"迈向一个政府与第三部门合作以解决公共问题的新时代"④。直到今天，这两股民主治理的变革浪潮方兴未艾、汇涌激荡，共同刻画着国家与社会关系的新图景。

改革开放后的中国，也融入到共同描绘这幅时代画卷的浪潮之中。由于国家放弃了以穿透社会各个角落为特征的全能主义控制，原来的那种政治领域垄断一切权力的"单级结构"正在向政治、经济、社会三个领域分享权力的"多级结构"转变。随着市场经济体制的逐渐确立和政治与法律环境的变迁，中国历史上第一次大规模催生了非政府组织。大量研究证明，"几十年来中国非政府组织对于改善农村和城市的民主治理发挥了积极作用"⑤。但总体来看，中国的"新兴民主化"还处于发育阶段，由于各种复杂的制约因素，政府与非政府组织的关系很不对称，两者之间缺乏良性互动的制度安排，非政府组织参与民主治理的制度空间和自主能力都还是有限的。近年来，中国政府提出了"构建社会主义和谐社会"和"建设服务型政府"的目标，表达了未来公共行政要以社会为本位、以公民为本位的基本取向，突出政府社会管理、社会建设、公共服务的功能，从而为政府与非政府组织共同创制一种对话、互动、协商、共

---

① Robert B. Denhardt & Janet V. Denhardt. The New Public Service: Serving, not Steering. *Public Administration Review*, 2006(6).

② 萨拉蒙认为，"结社革命"的推动力包括福利国家危机、发展危机、环境危机、社会主义危机和通讯革命以及市民革命带来的全球经济发展。参见[美]萨拉蒙：《第三域的兴起》，于海译，载李亚平、于海编：《第三域的兴起》，上海：复旦大学出版社，1998年，第8—9页。

③ [美]萨拉蒙：《第三域的兴起》，于海译，载李亚平、于海编：《第三域的兴起》，上海：复旦大学出版社，1998年，第8—9页。

④ [美]萨拉蒙：《全球公民社会：非营利部门视界》，贾西津、魏玉等译，北京：社会科学文献出版社，2002年，第4—5页。

⑤ 俞可平：《中国公民社会的兴起及其对治理的意义》，载俞可平著：《民主与陀螺》，北京：北京大学出版社，2006年，第227页。

享的民主治理模式提供了新的契机。"社会和组织的现实被建构或者被创造，这取决于作为人类的我们如何去定义、理解和解释这个我们生活的世界"。①本节由社会建构主义（social constructivism）的思路出发，将逻辑与现实结合起来，探讨政府与非政府组织间合作的逻辑、类型和策略。

一、双向建构：政府与非政府组织合作关系的逻辑基础

现实世界中，政府与非政府组织的关系是多元而复杂的，合作关系只是其中的一种类型。许多学者对两者的关系形态进行了划分。本杰明·吉德龙（Benjamin Gidron）等根据"服务的资金供给与授权"（financing and authorizing of services）与"服务的实际提供"（actual delivery of services）两项指标，将政府与非政府组织的关系划分政府主导型（government dominant model）、二元型（dual model）、合作型（collaborative model）、第三部门主导型（third sector dominant model）。② 詹妮弗·科斯顿（Jennifer M. Coston）根据更复杂的指标体系，把政府与非政府组织的关系分为压制（repression）、对抗（rivalry）、竞争（competition）、合约（contacting）、第三方治理（third-party government）、协作（cooperation）、互补（complementarity）以及合作（co-production）八种类型。③ 为方便起见，人们往往又将其简化为"冲突"、"竞争"、"合作"三种形态。"竞争"居于中间，也就是说，在政府与非政府组织之间的竞争关系中，既可能走向冲突，从而成为"对抗"或"压制"的模式；也有可能走向合作，从而演化为"合约"、"第三方治理"、"协作"、"互补"或"合作"等形态。

尽管政府与非政府组织的关系多元复杂，但是"合作"正在当代社会治理中显示出越来越重要的作用。对这一问题的看法，有一个从"零和关系"到"正和关系"的认识发展过程。早期研究中政府与非政府组织合作的"支配典范"

---

① ［美］全钟燮：《公共行政的社会建构：解释与批判》，孙柏瑛等译，北京：北京大学出版社，2008年，第44—52页。

② Benjamin Gidron, Ralph M. Kramer & Lester M. Salamon（eds.）. *Government and the Third Sector：Emerging Relationships in Welfare States*. San Francisco：Jossey Bass Publishers，1992，p.18.

③ Jennifer M. Coston. A Model and Typology of Government-NGO Relationships. *Nonprofit and Voluntary Sector Quarterly*，1998，27(3)，pp.358—382.

(Dominant Paradigm)认为,两者之间属于一种此消彼长的"零和关系",因此一定是竞争性的。稍后期的许多学者改变了看法。例如,克莱默(Kramer R.)等通过比较英国、荷兰、意大利、挪威的政府与非政府组织的关系后指出,对于多数国家来说,政府与非政府组织关系的发展方向是合作而非竞争;非政府组织在与政府保持合作关系的同时,兼顾组织的认同、自主性以及责任。①沃德玛·尼尔森(Waldermar Nielsen)通过对美国历史上政府与非政府组织关系的研究,得出结论:"美国有史以来,政府一直是第三部门的亲密伙伴和赞助者","政府与第三部门的合作,而不是两者之间的对立,才是历史的主流"。② 在理论解释方面,主要有"失灵论"、"资源依赖理论"、"公共物品理论"等,它们都是建立在结构功能主义之上的。例如,在资源配置方面,强调非政府组织与政府在公共物品供给方面有相互替代的功能,③或者强调资源的"互补"、"交换"、"依赖";在合作扩展方面,强调非政府组织能够积累社会资本,促进经济的发展,提高政府制度绩效;在自主治理方面,强调非政府组织有助于自主治理体系建立和节约政府成本④,等等。

笔者认为,上述观点在一定程度上肯定了非政府组织存在的必要性和合法性,并促进了非政府组织在现实社会治理中发挥有益的功能。但是,这些论断建立在结构功能主义之上,并没有摆脱官僚制范式下的工具理性的思维特征。这种解释背后的逻辑是:我们的社会是一个以市场或消费者为主体的社会,非政府型组织是服务于消费社会中的目标和绩效的实体。尽管有研究认为,非政府组织与国家的社会资本和经济发展程度存在着联系,⑤但是,除了

---

① R. Kramer. *Privatization in Four European Countries：Comparative Studies in Government-third Sector Relationships*. New York：M. E. Sharpe，1993，p. 123.

② Waldermar Nielsen. *The Endangered Sector*. New York：Columbia University Press，1979，p. 47.

③ Burton Weisbrod. Toward a Theory of the Voluntary Nonprofit Sector in Three-Sector Economy，in E. Phelps（eds.）. *Altruism Morality and Economic Theory*. New York：Russel Sage，1974.

④ 林尚立、王华:《创造治理:民间组织与公共服务型政府》,《学术月刊》2006年第5期。

⑤ F. Fukuyama. *Trust：The Social Virtues and the Creation of Prosperity*. New York：Free Press，1995.

实现经济的持续增长和帮助政府政策的执行外，社会资本、公民社会、非政府组织的概念也是应该存在的。如果忽略这一点，政府与非政府组织的合作就成为精英分子为了建立和维持一个物质的经济体系所采用的一种手段。因此，政府与非政府组织的合作逻辑研究，应该立足于社会建构主义的视角，首先而且最终将两者的合作关系视为一种基于对话、交往过程的民主实践，而不仅仅是功能和绩效。正如米德（Mead）和哈贝马斯（Habermas）所认为的那样，"普遍对话是交往的正式理想……只有民主制才能使交往成为共同体中起组织作用的重要过程"①，对于政府与非政府组织的合作而言，对话和交往本身并不是乌托邦，而是乌托邦孕育于自由平等的对话和交往之中。当然，在认识和追求这种终极价值的过程中，双方的各种关系形态在不同阶段中循环呈现，并表现为螺旋上升的趋势。也就是说，在逻辑上，政府与非政府组织的关系总是不断地从对抗走向统一，趋向由不良的结构上升为良性结构。社会建构主义对之进行了较好的解释。

20 世纪 60、70 年代，伴随着整个世界的急剧变革和纷扰不安，传统公共行政领域也面临着严峻的"合法性危机"，行政学界和政府部门展开了一场"与传统决裂的转型"②。这场转型一方面对官僚制范式不断地进行反思、批判和

---

① ［德］哈贝马斯：《诠释学的普遍性要求》，载洪汉鼎编：《理解与解释——诠释学经典文选》，北京：东方出版社，2001 年，第 298 页。

② 需要说明的是，学者们对能否摒弃官僚制并取得"范式革命"的胜利的态度并不相同。其中处于两个极端的观点是：(1)秉持比"决裂"更加激进的一派。例如，沃伦·本尼斯（Warren Bennis）直接宣告作为"社会生物形式"的官僚制的灭亡即将到来，认为"从 60 年代算起的 20 到 50 年里，人们将目睹并亲自加入官僚制的送葬队伍"。参见 Warren Bennis. *Beyond Bureaucracy*. New York：McGraw-Hill，1973。有学者把官僚机构等同于独裁主义和极权主义的政府。例如，迈克尔·莱丁（Michael Ledeen）坚持认为，对于毒害性的控制行为应该采取破坏性手段来回应。参见 Michael Ledeen. Common Sense. *American Spectator*，1992(7)。(2)对官僚制大加赞扬的一派。例如，马克斯·尼曼（Max Nieman）认为，"在民主统治方面，公共行政通过政府机构的所作所为有许多值得赞扬的地方"。参见 Max Nieman. *Defending Government：Why Big Government Works*. N. J.：Prentice Hall，2000。再如，拉里·普雷斯顿（Larry M. Preston）认为，官僚制在公共和私人领域都为个人提供了自由，它赋予人们选择、学习、创造和实现更高目标的能力。参见 Larry M. Preston. *Freedom and the Organizational Republic*. Berlin：Walter de Gruyter，1992。

解构,另一面又越来越致力于对"后官僚制范式"①的想象、阐释和再造。总体上看,近几十年来全球政府改革的浪潮正是在 60 年代社会科学"范式革命"②的基础上实现的。在这个过程中,兴起于 20 世纪中期的"建构主义"(constructivism)与公共行政的三个"独特而有力的组织理论"——批判理论(critical theory)、解释理论(interpretive theory)、行动理论(action theory)——逐步实现"视域的融合"(fusion of horizons),在公共行政范式、政策制定与执行、公共组织间关系、组织发展策略等研究领域崭露头角,为各国政府改革与社会进步提供了兼具批判性和建设性的推动力量。某种程度上讲,建构的逻辑塑造了公共行政的灵魂,建构的共识决定着范式革命的方向。

从理论自身的发展脉络看,社会建构主义吸收了早期建构主义大师皮亚杰(Piaget)的认知建构理论(cognitive constructivism)。他认为,"认识的来源来自于最初无法分开的客体和主体之间的相互作用"③。没有互动就难以产生认知。认知发展包括图式、同化、顺应、平衡和自主调节等环节。其中"图

---

① 麦克尔·巴泽雷(Michael Barzelay)对"后官僚制范式"的特点进行了描述。其实,"新公共行政"(new public administration)、"新公共管理"(new public management)、"公共行政的行动理论"(action theory for public administration)、"新公共服务"(new public service)、"公共行政的社会建构"(social constructivism for public administration)等理论也都提出了后官僚时代范式革新的具体主张。参见[美]巴泽雷:《突破官僚制——政府管理的新愿景》,孔宪遂等译,北京:中国人民大学出版社,2002 年。

② "范式"理论是托马斯·库恩(Thomas Kuhn)的建构主义科学哲学的核心。他认为,"范式"这个概念与"科学家集团"或"科学共同体"这个概念密切相关,它是科学家集团或科学共同体所共有的东西。至于这种"共有的东西"是什么,库恩有时说它是科学家集团共有的传统,有时说它是科学共同体共有的模型或模式,有时说它是科学共同体把握世界的共同理论框架,有时又说它是科学共同体共有的理论上和方法上的信念,等等。后来他又把"范式"称作"专业基体"(disciplinary matix)。可见,库恩所说的"范式"主要指以下两个方面:(1)从心理上说它是科学家集团所"共有的信念"。(2)从理论和方法上说,它是科学共同体所"共有的模型和框架"。参见夏基松:《现代西方哲学教程新编(上册)》,北京:高等教育出版社,1998 年,第252—256 页。萨缪尔·亨廷顿(Samuel Huntington)认为范式的作用集中于:理顺和总结现实,理解现象之间的因果联系,预期和预测未来的发展,从不重要的东西中区分出重要的东西,弄清我们应该选择哪条道路来实现我们的目标。参见[美]亨廷顿:《文明的冲突与世界秩序的重建》,周琪译,北京:新华出版社,1999 年,第 5 页。

③ [瑞士]皮亚杰:《皮亚杰学说》,载陈孝禅等编译:《皮亚杰学说及其发展》,长沙:湖南教育出版社,1983 年,第 18 页。

式"（schema，在他后期著作中用 scheme 一词）是认识的起点，即主体对世界的最初的知觉、理解和思考的观念结构。一般而言，每当主体遇到外部环境刺激，总是先试图用原有图式去改变或过滤它，即"同化"（assimilation），若获得成功，便得到暂时的平衡；如果原有图式无法同化外部环境刺激，主体就只能改变或重建自己的图式，即"顺应"（equilibration），直至达到认识上的新的平衡，这个过程即"自主调节"（self-regulation）。如果其中一方总是"同化"环境而不能有所"顺应"，互动过程就不可能持续地发展下去，反之亦然。这与两人"玩跷跷板"或者"荡秋千"的原理很相似。皮亚杰还将认知发展分为"直觉行动"、"前操作"、"具体操作"、"形式操作"四个由低到高的阶段。

在认知过程分析的基础上，建构主义提出了"双向建构"的两个过程：第一，内化建构（internalized construction）。即对主体活动本身进行的协调，它把主体的动作或动作图示进行分解、归类、排列、组合，使它们彼此联系起来建立新的动作图示，这种内部协调按照反思抽象的方式，不断对自身进行内在协调，从而不断从低水平向高水平过渡。第二，外化建构（externalized construction）。即对客体（包括客体"我"）变化进行的外在协调，它把主体图示归属于客体，通过动作把客体在时空中组织起来，建立客体之间相互作用的运动结构和因果结构，这也就是主体具体的实践活动。

作为后现代主义观念联合体的一部分，社会建构论在解构的废墟上另立新的解释性框架，融合了 20 世纪后期批判理论、诠释理论、行动理论的诸多意蕴。虽然渊源丰富，形式各异，[①]但有一个共同的观点：即认为某些领域的知识是我们的社会实践和社会制度的产物，或者是相关的社会群体互动和协商的结果。主张人类不是静态地认识和发现外在的客体世界，而是经由认识和发现过程本身，不断构造着新的现实世界。由此，社会建构论强调对习以为常的知识的批判立场，强调知识的历史和文化特殊性，强调知识是由社会过程所维系并与之交织在一起。

---

① 从理论渊源上来看，马克斯·韦伯（Max Weber）的行动社会学（social action theory），阿尔弗烈德·舒兹（Alfred Schutz）开创的现象学社会学（phenomenological sociology），常人方法论（ethnomethodology），心理学的社会建构运动，女性主义的性别建构，托马斯·库恩（Thomas Kuhn）的范式论（paradigm theory）等都不同程度地体现了其研究取向。

20 世纪 90 年代之后,建构主义被广泛应用于国际关系的研究,其基本特征是:(1)反对纯粹的物质主义,坚持理念主义原则,认为国际政治的基本结构不仅是物质性建构,更是受观念影响的社会性建构;①博弈论对于行为体克服不确定因素、协调相互期望、形成共有知识具有较强的解释力。② (2)反对理性主义,坚持整体主义原则,认为施动者的互动构成了结构,结构反过来又建构了施动者的身份和利益。(3)认为观念决定了国家身份,国家身份决定了国家利益,国家利益决定了国家行为。一言以蔽之,建构主义"强调行为体从主观上推测自己和对手,在特定的背景下产生能预知的、再造的行为模式"③。

公共行政的社会建构主义观点在一些涉及参与民主、协商民主、治理的文献中被进行过探讨④,韩裔美籍行政学家全钟燮教授对其基本假设概括为七点:社会知识的价值;通过关系确立社会秩序;社会学习和多元化价值;意识到分疏的文化和多样化的现实;对话、话语权和主体间关系;推进过程而不忽视产出;个体、组织和社会的辩证关系。⑤ 本质上,公共行政的社会建构是对公民民主治理过程的倡导,是对治理过程中政府与非政府组织等主体间积极互动关系形成的张扬。

---

① 秦亚青:《国际政治的社会建构——温特及其建构主义国际政治理论》,《欧洲》2001 年第 3 期。

② [美]温特:《国际政治的社会理论》,秦亚青译,上海:上海人民出版社,2001 年,第 201 页。

③ 唐小松:《建构主义:解读外交政策决策的一种方法》,《国际观察》2002 年第 1 期。

④ 这些文献包括:C. Pateman. *Participation and Democratic Theory*. Cambridge:Cambridge University Press,1970;A. Gutmann & D. Thompson. *Democratic and Disagreement*. Cambridge:Harvard University Press,1996;J. Bohman. *Public Deliberation：Pluralism, Complexity and Democracy*. Cambridge:MIT Press,1996;J. S. Dryzek. *Deliberative Democracy and Beyond：Liberals, Critics, Contestations*. Oxford:Oxford University Press,2000;P. L. Berger & T. Luckmann. *The Social Construction of Reality*. Garden City:Doubleday,1967;Gergen, K. J.. *An Invitation to Social Construction*. Thousands Oaks, Calif.：Sage,1999;Searle, J. R.. *The Construction of Social Reality*. New York:Free Press,1995;Young, I. M.. *Inclusion and Democracy*. New York:Oxford University Press,2000;Collin, F. *Social Reality*. London:Routledge,1997;Roy, W. G.. *Making Societies*. Thousands Oaks, Calif.：Pine Forge,2001,等等。

⑤ [美]全钟燮:《公共行政的社会建构:解释与批判》,孙柏瑛等译,北京:北京大学出版社,2008 年,第 44—52 页。

在社会建构主义理论的基础上,笔者勾画出政府与非政府组织合作的建构主义示意图(见图1-1),它主要解释了政府与非政府组织之间合作关系的认知逻辑及其发展指向。图中体现的的核心观点包括:(1)合作关系是一种主体间关系,互动和认知是合作的前提。(2)认知结构和认知发展对合作的生成至关重要。(3)合作是在情境结构(外部环境)中形成的,因此受到原初结构的制约或激励,但是通过认知和互动的推进,又不断创造着新的结构。(4)合作是一个扩大"共识"(shared knowledge)的文化契合的过程,这类似于伽达默尔(Gadamer)所说的"视域的融合"①。只有在双方自主平等地对话、沟通、辩论、协商、共享的基础上,才能形成实质性的合作关系。(5)合作的是一个"去中心化"过程,它依赖于互动双方在"同化"与"顺应"(或称为"外部限制"与"外部依赖")两种机能之间取得的相对平衡,因此只能是螺旋发展而不是直线上升的过程。(6)合作是一个由"单方主导"到"和谐共享"、由"被动联合"到"积极建构"、由"直觉运动"到"抽象思维"、由"外形化合作"到"实质性合作"的持续建构过程。

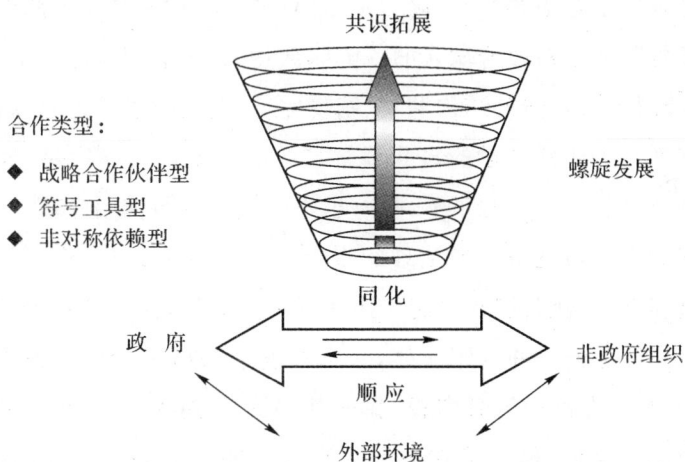

共识拓展

合作类型:
◆ 战略合作伙伴型
◆ 符号工具型
◆ 非对称依赖型

螺旋发展

同化

政 府　　　　　　　　　　非政府组织

顺应

外部环境

图1-1　政府与非政府组织的合作建构主义模型

---

① 伽达默尔(Gadamer)认为,所谓的"视域",原本是指"视野所及的范围,包括从某一视角可以观察到的一切"(p. 209)。但是,这种客观性既不可能,也不现实。要理解作者的视域,我们必须要有自己的视域,我们必须通过我们自己的概念,才能理解过去关于历史的概念(p. 104)。只有将过去与现在这两种视域,或者阐释者与文本这两种视域融合起来,才是正确的认知。参见 Hans-Georg Gadamer. *Truth and Method*. New York:Seabury, 1975。

笔者认为,政府与非政府组织的合作是在认知发展与互动关系中实现的,我们把这一过程称为"双向建构"。"双向"在这里有两层意义:一是就认知过程的"内化"与"外化"而言的;二是就政府与非政府组织两个实体的互动关系而言的。无论是认知还是互动,都是在应对外部刺激情境的过程中而进行的。

就政府而言,当前主要面临着现代社会日益多元化的需求、公共事务"不可治理性"的增加,以及由此带来的一系列市场和政府失灵等棘手的问题。具体讲,首先,"全球结社革命"的一般性原因是经济增长提高了社会的教育水平,扩大了中产阶级的比例,导致社会需求出现多元化趋势。[①] 其次,对于不同类型国家,在政府公共事务"不可治理性"方面也呈现出一些特殊原因:西方发达国家面临的是福利国家模式的危机;转型国家面临国家资本主义计划模式的危机;对第三世界国家,发展模式的危机是特殊原因。把这些归结为一点,即对政府主导社会事务的能力和意愿产生怀疑。第三,社会资源的有效配置是由不完善的市场和不完善的政府共同完成的,而市场和政府之间存在的难以自我弥合的空隙需要"第三种力量"来填补——这就是非政府组织。上述问题构成了外部环境对政府输入的一般刺激物,政府必须对之作出反应。

首先,政府通过自身的结构调整、制度完善、能力建设等内化建构手段,并不能完全实现对上述新刺激的自我消解,"政府失败论"已经很好地解释了这一点。在全球治道变革的背景下,政府也不仅自身进行体制变革,并且也开始认同多元权力中心与网络合作治理的观点。经济转型、社会转轨与政治系统的逐渐调整和开放,使公民社会趋于形成并释放力量,而非政府组织在真正意义上作为公民社会的一种组织实体,一定程度上获得了身份的正当性。另一方面,非政府组织在高效配置资源、促进基层民主、净化社会风气等方面表现出了一定的功能优势,赋予了它发展的内在潜能。据国家民政部统计,截至2007年底,全国共有社会团体20.7万个,民办非企业单位17.4万个,基金会1340个,增长速度很快(见图1-2)。[②] 以河南省为例,至2008年,单行业协会

① 王绍光:《多元与统一——第三部门国际比较研究》,杭州:浙江人民出版社,1999年,第416页。

② 国家民政部:《2007年民政事业发展统计报告》,见中国社会组织网:http://www.chinanpo.gov.cn。

这一类非政府组织就有 3571 个，较改革开放初的 858 个有显著增加。这些行业协会基本涵盖了国民经济各个门类，在规划行业发展、反映行业诉求、提供行业服务、促进行业自律方面发挥着越来越重要的作用。① 综合上述两个方面，我们认为，在结构和功能的双重推动下，非政府组织具有了发展的现实可能。政府通过不断的反思抽象、自我协调的内化建构之后，一定程度上"顺化"于非政府组织，通过外在协调、互动合作的外化建构，借助非政府组织独特而有效的功能，消解外部刺激，实现新的平衡。

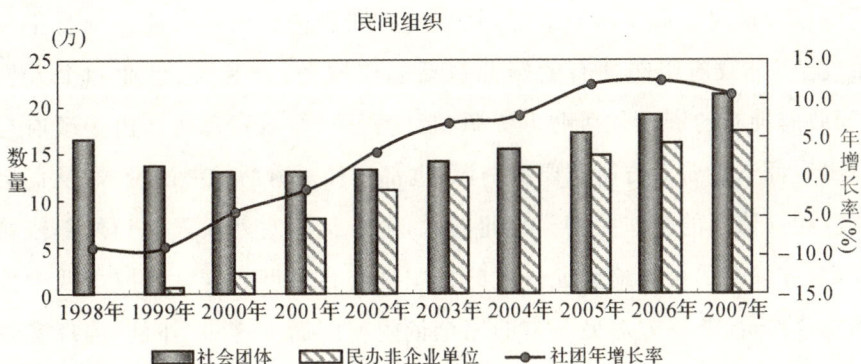

图 1-2　1998—2007 年我国非政府组织发展形势图

当然，在这一过程中，政府通过颁布行政法规等手段监管制约非政府组织的发展，这也属于其外化建构的一部分。例如，国务院于 1998 年发布了《民办非企业单位登记管理暂行条例》和修订的《社会团体登记管理条例》，明确赋予了政府对非政府组织的监管权力，规定了非政府组织的设立和活动必须经过相关行政主管部门的审批与认可。一方面，它依赖于非政府组织获取资源，来帮助其解决社会问题，缓解合法性危机；另一方面，它又担心一种新的体制外力量的出现会不利于社会管理。政府的资源获得需求与社会控制需求之间存在着持久的冲突。对于非政府组织来说，一方面，它的存在和运转需要政府的承认和支持；另一方面，它又需要在政府的监管下保持自身的独立性和自主性，这就出现了一个空间，在这个空间里，有建构双方微妙的权衡和策略。这

---

① 河南省民政厅：《关于行业协会改革与发展调研报告》，2008 年。

个过程表明,"同化"和"顺化"并存,政府与非政府组织的合作是"内化建构"和"外化建构"的双重作用的结果。

就非政府组织而言,由于它对公共资源的依赖性,使其在发挥自身优势的同时,又必须"顺化"于政府来保证组织自身的正常运作。资源相互依赖理论对于非政府组织与政府的合作关系持有两个核心观点:一是组织的外在限制,即组织会对外在环境中掌握着重要资源的组织的需求做出回应;二是外部依赖,组织的管理人员为了确保组织的存在与延续,要尽可能地管理组织对外在环境的依赖情况。如果可能的话,就从外在限制中得到尽可能多的自主性与自由度。[①] 非政府组织拥有的资源包括志愿服务、亲和力、企业和个人捐赠等,而政府拥有的资源包括财力资源、制度资源、行政资源等。由于政府与非政府组织都掌握着对方所需要的资源,也都依赖对方所掌握的资源,从而会形成资源相互依赖的合作关系。与此同时,由于组织对外在限制和外部依赖的处理,双方都会尽可能地保证一定的自主性与自由度。这就形成了两个独立个体的合作,而非一方对另一方的完全依附或附庸。这一"外显"的现实情境恰恰与"内隐"的认知情境相互对照,反映了政府与非政府组织类似于有机体"自主调节",正如皮亚杰所说:"智慧行为依赖于同化与顺化这两种机能从最初不稳定的平衡过渡到逐渐稳定的平衡"[②]。

二、现实模式:政府与非政府组织合作关系的发展形态

如上所述,逻辑上,政府与非政府组织的关系总是不断地从对抗走向统一,趋向由不良的结构上升为良性结构。但是,双方关系在不同的发展情境、发展阶段中,又呈现出三维世界中的一个节点,在这个节点上,可以表现出冲突、竞争、独立、依赖、合作等各种形态,每种形态的具体特征和发展程度也均有不同。

对于政府与非政府组织而言,两者主要围绕优化提供公共物品这一主题

---

① 虞维华:《非政府组织与政府的关系——资源相互依赖理论的视角》,《公共管理学报》2005 年第 5 期。

② [瑞士]皮亚杰:《结构主义》,倪连生等译,北京:商务印书馆,1989 年,第 32 页。

进行互动,它们在公共利益指向上的契合性为合作关系的生成提供了现实基础。"根据中国的现实情况,民间组织与政府都致力于国家经济社会发展的总体目标是一致的,只是方式和特点有所不同,这是中国政府与民间组织合作的重要基础。同时,中国的国情决定了双方合作的关键在于政府,政府与民间组织的合作应该由政府发挥主导作用"[①]。

目前,中国政府与非政府组织合作类型主要有三种:(1)政府支持非政府组织运作。政府为非政府组织提供一定的人力、财物、政策、合法性等支持,并对其进行相应的监督管理;非政府组织则在相应的规范、监管下运作,动员整合各种社会资源(包括政府财政补贴、社会慈善资源及国外资源),进而提供社会所需的各种公共物品。目前中国政府与非政府组织的关系大多近似于此类。但其中仍旧存在政府支持力度不高、募捐来源不稳定、筹资方式单一,非政府组织自律机制不健全、竞争不充分、运作不透明等问题。此外,许多这一类非政府组织是在政府机构改革中从政府系统中剥离出来,或是由政府自上而下筹建的组织,具有"官办"和"第二政府"的特点,缺少独立性和自主性,对政府高度依赖。(2)政府委托非政府组织经营。政府将公营机构委托给非政府组织经营,规定其必须开展一定数量的社会福利项目,完成一定的公共服务;非政府组织作为经营者,在完成相应服务的前提下自负盈亏。此类关系实现了由所有权和经营权"两位一体"转变为所有权和经营权的相互分离,有利于激发社会公共机构的活力,提高其运营能力。上海浦东罗山市民会馆的经营模式就是此类样板,中国的一些公营福利机构都在根据具体情况按照这类合作关系进行改革。但是,此类合作关系也有一定缺陷:在政府监管不力或者非政府组织的运作、动员能力不强的情况下,容易导致公共产品总量减少和质量下降的现象。(3)政府购买与非政府组织生产。政府作为公共物品的购买者,非政府组织以投标竞标的方式获得某种或某类公共产品的生产者资格,而受益对象则是该产品的"消费者"。这类关系具有公开、平等、竞争充分等优点。然而,它的要求条件也较高:必须存在成熟、多样的非政府组织,实现多元

---

① 中国海南改革发展研究院:《民间组织发展与建设和谐社会》,北京:中国经济出版社,2005 年,第 231—233 页。

参与和充分竞争，建立完善的监管机制、互律合作机制等。香港地区在此作了许多有益的探索并取得了成功。但这类合作关系在大陆还处于初级发展阶段。

现实情境总是历史发展的一个节点，因此，回溯历史有助于我们解读现实。历史上，中国在两汉时期出现了民间私社，有学者认为这表明了中国古代真正的民间社团已经形成，①但是，这些团体与现代意义的非政府"公共"组织不具有可比性，中国古代"家国一体"和公领域的缺陷、公民社会的薄弱甚至缺失、公共理念的匮乏对现代非政府组织的健康发展造成了深远的负面影响。20年代初至1949年新中国成立前的近代，中国非政府组织可以归纳为：行业协会、互助与慈善组织、学术性组织、政治性组织、文艺性组织、"会党"或反政府的秘密结社。② 新中国成立后，党和政府改组了解放区的已有社团，清理和整顿了旧中国的遗留社团，50年代中期我国社团一度进入了一个快速发展的时期。但是，在之后的"文化大革命"期间，中断了民间组织在法制基础上的发展。改革开放后，中国的社会是一个所谓的"复调社会"③，除了多元性之外，更添复杂性。面对这种情况，一方面，一些非政府组织在解决社会问题方面的能力和经验成为对政府功能的一个直接补充，这也是政府所希望看到的；另一方面，非政府组织的符号价值也对政府有着很大的吸引力。比如在北京申奥过程中，政府积极寻求与环境非政府组织的合作，并且还建立了由政府部门、企事业单位、环保团体与民间组织、市民个人参与的"绿色奥运行动计划联席会议制度"。非政府组织的负责人随同北京奥申委代表团前往瑞士洛桑作申办城市的陈述。此外，政府组织1100个民间团体的代表联名给奥委会写信表达他们对北京申奥的支持等，这从一个角度体现了非政府组织的工具价值。因为它可以向外界传达这样一个信息：政府在和非政府组织合作，进而使政府的行为带上了公民参与的色彩，从而提升其国际合法性。

结合上文对现实类型、历史类型的概括，我们认为，从建构主义出发，中国

---

① 王世刚：《中国社团史》，合肥：安徽人民出版社，1994年，第38页。

② 王名：《中国的非政府公共部门（上）》，《中国行政管理》2001年第5期。

③ 李友梅：《民间组织与社会发育》，《探索与争鸣》2006年第4期。

政府与非政府组织的合作关系主要有以下三种发展形态。

（一）非对称依赖模式

"非对称依赖模式"主要是指在合作关系中，非政府组织表现出"高度顺化"。前面谈到的"官办"组织多属于这一发展类型。按照非政府组织"顺化"、"同化"的一致性，非对称依赖模式又可以分为同质性、异质性两类。前一种分支中，非政府组织呈现出"高度顺化"、"高度同化"的同质性特征。例如，中国的共青团、妇联等组织在某种程度上是政府机构的延伸，拥有可观的建构资本，具有较强的组织能力、动员能力、调整能力、应对外部环境刺激的适应能力。后一种分支中，非政府组织则表现出"高度顺化"、"低度同化"的异质性特征。例如，由于经费不足、人才不足、法制缺陷、行政过多控制等原因，一些非政府组织匮乏组织管理、创新、扩张和可持续发展的策略性行动，常年处于"休眠状态"或"不作为状态"，或者从事其他经营活动甚至违法活动，逐渐虚弱乃至走向消亡。

（二）符号工具模式

"符号工具模式"主要是指双方在合作关系的建构中遵循实利原则、工具理性，以追求各自的符号价值为合作的主要动机。这里的符号价值，可以是某种地位、利益、权力或象征的合法性等。这种模式也具有两种分支。一种分支中，政府占据关系的主导地位，并以追求自身的符号价值为主，例如自身形象、合法性；另一种分支则呈现双方平行关系，非政府组织承担一定的公共职能，但其行为以获取实利为主要指向，例如，在"政府委托非政府组织经营"的合作关系中，如果非政府组织片面追求实利，而忽略公共物品生产的数量和质量，那么就可划为此类。

（三）战略合作伙伴模式

在"战略合作伙伴模式"下，政府与非政府组织关系明晰、定位清楚，具有高度的"自我调节"和自我活动能力，在此基础上，双方旨在实现公共利益而平等合作、真诚信赖、相辅相成、协同发展，开辟广泛的民主沟通渠道并致力于推动民主进程，具有高超的治理水平和社会公信力，汇聚出强烈的公共精神和公共责任感。当然，这种模式并不排斥双方适当追求工具理性的行为，例如，政府购买非政府组织提供的高质量的公共产品。这种合作模式是双方合作关系发展的高级阶段和理想状态,中国当前的非政府组织多属于前两种模式,与合作伙伴模式还有不少距离。此外,需要指出的是,这三种分类是一种相对划分,在实践中会有所交叉。

三、螺旋发展:政府与非政府组织合作关系的建构策略

建构主义认为,合作关系不是凭空产生的,而是在互动中生成的。政府与非政府组织只有遵循双向建构的认知逻辑,在"同化"与"顺化"之间采取积极的行动策略,才能在"平衡—不平衡—平衡"的螺旋发展中由不良结构上升为良性结构,实现新型的"合作伙伴"关系。

对政府而言,"治理"当然意味着多元权力中心和网络合作的管理模式,在"善治"趋向的政府治理变革中,政府的主要价值取向是重新审视和调整其与企业、市场、社会的关系,包括公民社会的核心实体——非政府组织的关系,以此改变政府作为唯一权力中心的格局。但是,从实然逻辑上看,当前政府、市场、公民社会的关系呈不规则的三角形,政府对社会仍然有着绝对的优势,面对公众的压力,并不必然愿意和公众妥协以达成一致意见。因此,利用非政府组织的压力影响政府的决策还不一定很有效。杨国彬对中国环保民间组织的制度动力进行的研究印证了这一点。[①]

尽管西方意义上的公民社会在中国短时间内难以形成,但是面对现代社会日益多元化的需求、政府公共事务"不可治理性"的增加,以及由此带来的一系列市场和政府失灵问题,我们有理由相信,政府会通过一定程度的"顺化"和"自我调节"策略实现"螺旋发展"。(1)对非政府组织的重新定位。非政府组织实质意义的发展有赖于自身独立性、自主性"人格"的生成。对各自的功能加以界定,充分发挥各自的优势,最终非政府组织的发展将增强而不是削弱政府的能力。随着中国社会主义民主制度的逐步建立和完善,政府应该改变对非政府组织的定位:非政府组织不应是接受机构精简人员和离退休人员的场

---

①　Guobin Yang. Environmental NGOs and Institutional Dynamics in China. *The China Quarterly*, 2005(181).

所,而是承接政府部门社会职能的组织;非政府组织不应是政府职能转变的形式化工具,而是公民社会最活跃的公共部门,是和谐社会建设的题中之意;非政府组织的发展不是在与政府争权,而是在帮助政府治理社会。(2)政府与非政府组织关系明晰化。首先,政府应该承担非政府组织发展所需的大部分资金,且财政拨款不应以左右非政府组织自身运作为条件;第二,政府是非政府组织发展的监督者,但是监督要依法进行;第三,政府不是非政府组织的领导者,而是合作伙伴。(3)健全非政府组织发展的相关法律法规。缺乏完善的法律体系保护是中国非政府组织发展的一大障碍,也是许多非政府组织主动依附政府的重要原因。因此,健全非政府组织相关法律法规是维护其合法性、独立性和组织权益的基本要求。(4)加强自身的"自主调节",改革"官办"社团,鼓励和引导民间草根组织的健康发展。第一,调整登记管理策略,逐步放松对非政府组织过多的行政干预和全面控制;第二,调整资源调控策略,打破公共资源的行政垄断,培育开放的竞争性公益市场,落实法律已经承诺的税收优惠,对非政府组织给予财政支持,使非政府组织与政府职能部门有同等竞争机会,主动迎接社会选择;第三,鼓励自发的、自下而上兴起的民间草根组织的有序健康发展,在注册登记、筹措资金、改进技术等方面予以扶持,为其创造一个宽松的制度环境。(5)培育公众的公共意识和公共精神。

另一方面,非政府组织也要不断进行"自主调整",促进合作关系朝向纵深处发展。(1)非政府组织应该加强自身的制度建设,提升治理公共事务的能力,完善自身的激励监督机制、自律机制、财务管理机制和绩效评估体系,提高自我认知能力和成员素质,建立良好的社会公信力。(2)寻找服务空间,明确服务目标。现代社会,政府的政策取向受制于民主体制下大多数民众利益的制约,非政府组织可以关注被民主所忽视的"少数人",尤其是处于边缘状态群体的利益,填补政府与企业都力所不及的或者都不适合的那些领域,与政府标准化、统一化的服务形成互补,并以此进一步谋取与政府深度合作的资本。(3)充当利益表达的角色,成为公民利益表达的渠道和方式之一,降低政府提供公共服务的回应成本。(4)承担部分社会公共物品的生产和提供。(5)参与并影响政府决策。(6)通过与政治机会和限制的"迂回"、与大众媒体的联合、与网络的勾连和与国际非政府组织的交流合作,以不断建构、螺旋上升的方式赢得越来越大的发展空间和活力。

综上所述,"双向建构"为我们分析政府与非政府组织的关系提供了强有力的理论工具,它对我们的启示主要在于:(1)在逻辑上,政府与非政府组织的关系总是不断地从对抗走向统一,趋向由不良的结构上升为良性结构。合作伙伴关系是双方认知发展的最终指向,也是双方互动的必然趋势。(2)在现实中,政府与非政府组织的关系可能表现出冲突、竞争、独立、依赖、合作等各种形态,每种形态的具体特征和发展程度也均有不同。中国政府与非政府组织的合作具有"非对称依赖型"、"符号工具型"、"合作伙伴型"三种发展形态。尽管目前双方的合作关系还处于初级阶段,但只要双方在公共利益的指引下坚持双向沟通、反思抽象、内外协调、积极行动,就能够在"平衡—不平衡—平衡"的螺旋发展中实现合作伙伴关系。①

第三节　后现代主义语境下政府与公民的沟通问题

随着世界各国工业文明和现代化进程的推进,现代主义逐渐走向极端甚至走向反面。对自然的肆意支配破坏了生态环境,给人们带来了对生存危机的担忧;对个人主义的过度宣扬造成了个人的主体性的消退以及社会道德的沦丧;对本质主义、普遍主义的歪曲利用致使社会公共领域不断缩小,个体的公民权不断丧失;对统治型、管制型治理模式的笃信和践行导致政府和公民的距离越来越远,继而引发了政府的"合法性危机"。面对社会的巨大变革及其形成的巨大反作用力,现代主义的解释力显得捉襟见肘,以解构现代主义为主要趣旨的后现代主义应运而生并逐渐展现其世界影响力。

当前,我国正处于社会主义现代化的转型时期,经济的"黄金发展期"与社会的"矛盾凸显期"并存,社会中逐渐呈现出追求思想的异质性与反对价值的统一性等后现代主义趋势,这对于政府与公民间的传统沟通模式带来了巨大

---

① 本章第二节的部分内容原载《行政论坛》2009 年第 3 期,题为《双向建构:政府与非政府组织合作的逻辑与现实》。该文被人大复印资料《政治学文摘》2009 年第 3 期转载,被"中国选举与治理网"、中央编译局比较政治与经济研究中心主办的"政府创新网"、中国发展研究会主办的"地方治理与公共预算网"等媒体转载。

挑战：一方面是水涨船高的公民诉求，另一方面却是缓步前进的政府沟通意识和反馈能力。这迫切地要求政府从以往"官本位"和"政府本位"的治理模式，转而面向公民和社会展开新的全方位变革，其中，也要求我们对政府与公民当前的沟通模式进行反思和解构。当然，后现代主义不仅给我们呈现出解构性的一面，也呈现出了建构性的一面，它事实上为我们揭示了另一种美好的可能——即以后现代主义的思维重塑政府与公民的沟通机制。多元的价值取向提醒我们扩大公民的政治参与，去中心意识启发政府更多地关注社会边缘地带，对现代主义的批判使政府和公民共同直面现代社会的缺陷与不足，形成新的共识，展开合作式的治理行动。诚如埃尔弗森所述："后现代主义把极端的质疑调动起来，为我们重新思索努力的另一种可能提供了强劲动力。"①在后现代主义的语境下探讨政府与公民沟通问题，有助于我们克服社会主义现代化进程中出现的公权与私权二元对立的矛盾，为新时期社会治理中政府与公民的沟通机制重塑开辟新的道路。

一、后现代主义的语境

"语境"简而言之即"语言环境"，它原是语言学的一个重要概念，最早由英国人类学家马林诺夫斯基(Malinowski)于 1923 年提出。由于在现代西方哲学史上，科学主义与人本主义两大思潮的发展有一共同的走向或趋势，即通过语言学转向而由对立走向融合，所以"语境"这一范畴在现代以来的哲学乃至人文社会科学中得以广泛地运用和发展。一般而言，"语境"包含着"语言性环境"和"社会性语境"两层意思。依此，公共行政的语言性环境是指人们在谈论、评判公共行政问题之前已设置的某种前提、假设和话语结构，它包含某种特定的价值观及由之衍发的思维方式、行为逻辑，更多地反映出公共行政的主体之"思"或某种"主义"。另一方面，"语言"并非皆能成"语境"，能成"语境"者，则其语言之"思"必有相当之价值，而又适合于社会和时代之"潮"的客观要求。因此，公共行政的社会性语境就是公共行政话语结构所依赖的

---

① ［瑞典］埃尔弗森：《后现代主义与社会研究》，甘会斌译，上海：上海人民出版社，2011年，第 10－11 页。

各种主客观因素,尤其是公共行政的社会基础、社会要求以及人们作出的认知和回应。

(一)公共行政的后现代社会语境

如果认识到语境中包含的社会性层面,我们就可以从一个更广阔的视阈中认识到,后现代主义产生的根本原因在于人们对社会现代化过程中日益暴露的诸多弊端的不满、批判与反思。现代的主旋律是强调工具理性或技术理性的价值,但正所谓"物极必反",当其一旦推至极端,人们就从理性的主体和人道主义服务的中心对象沦落为工具和技术理性的奴隶。西方资本主义的当代发展已经证实了这一点。理性——这一当初作为西方社会和人们摆脱宗教束缚、走出黑暗的武器和法宝——变成了统治阶级剥削人民、获得私利和对外殖民掠夺的工具,激化了人类社会的各种危机和固有矛盾,并导致两次世界大战的爆发。可以说,现代的生产机器、舆论工具、国家机器无情地控制着人们,把人们推向经济、政治和社会矛盾的漩涡之中,从而加深了现代社会的全面异化。由此,人们开始对现代社会的弊端进行批判和反思,事实上它是对现代主义绝对理性的思维方式的质疑和反叛,也是对人的主体性回归以及社会关系再造的探查和思考。

当现代主义会遇公共行政之际,就产生了以官僚制为范式的现代公共行政模式,具体包括垂直管理、职业专家支配、工具和技术理性、物化的官僚制、规则和管制、庞大性与复杂性、安抚民众、二元思维模式等内容。按照韦伯的看法,官僚制在明确性、稳定性、纪律的严格性及可依赖方面,比其他形式的组织优越——"官僚制乃是将'共同体行动'转化为理性且秩序井然的'结合体行动'的特殊手段。以此,作为支配关系之'理性组织化'的工具,对于控制官僚制机构的人而言,一直都是种无可匹敌的权力手段"[①]。如其所言,官僚制将进步和控制社会复杂性视为人类合作的必需工具,但它事实上一直敌视民主思想的发展,因为它内含着一个假定——官僚和公民无力于依靠独立人格的选择和社会互动的过程而做出合理的决策,于是就将这一切权力和所有矛盾从"人"身上转移给"物化的官僚制",从而导致工具和技术理性对人的裁决。

---

① 〔德〕韦伯:《支配社会学》,康乐、简惠美译,桂林:广西师范大学出版社,2010年,第64页。

虽然韦伯在广义上没有反对人本主义，但他兜售的官僚制对官僚和社会公众而言无疑是反人本、反民主的，同时又是封闭、保守和自我维系的。正因为此，官僚制公共行政的极端发展势必将人们禁锢于牢笼之中，使其依附于理性之下，成为主体性消亡的奴隶。只有重构公共行政的话语结构，激发官僚和公众的独立人格，促生两者之间的交往行动，才能真正改变其不断被异化的命运。

(二)公共行政的后现代话语环境

从后现代主义自身的语言性环境看，虽然 20 世纪后半叶以来，后现代主义已成为晚近的时尚并且方兴未艾，但人们众说纷纭、莫衷一是，以至于"后现代"一词几乎被学者们视作"当代最具混乱性的理论术语之一"①。从理论来源上看，维特根斯坦(Wittgenstein)的后期语言哲学，尼采(Nietzsche)的非理性主义和非道德主义的观点，海德格尔(Heidegger)对西方哲学的激烈批判及其关于"存在"、"语言"的学说，解释学的发展对传统哲学的冲击，法兰克福学派对现代科学、启蒙遗产及现代工业文明的批判等，都为后现代主义阵营注入了多样化的智识资源。

尽管后现代主义的渊源复杂、表达各异，但仍可从中概括出三个基本的思维特征。首先是批判性的视角。后现代主义批判现代主义对自然的支配，否定方法论的普遍主义，质疑意义含糊的个人主义，力图从多视角对现代主义进行全方位批判和反思。从这个意义上看，后现代主义更像是一部对现代主义的批判史。其次，后现代价值和观念的碎片化。从笛卡尔(Descartes)、孔德(Comte)、马克思(Marx)再到韦伯，先前的现代理论思想家们对普遍化、总体化的追求，以及对提供绝对真理的傲慢宣称而开始遭受广泛的批评。一切元叙事由于在现代社会中逐渐失去意识形态的支持，因而对它们的谈论似乎变得毫无根据甚至是虚妄的。元叙事神话的破灭直接导致了社会价值、观念的破碎化，曾经一度稳固的社会秩序和思维模式开始瓦解，在社会层面引发了广泛的不协调感、破碎感、混乱和无序感，由此引发的反常常变现为绝望的、悲观的、惊慌而又夸张的话语。正如迪尔凯姆所述，"在社会的脚下没有什么坚

---

① ［美］凯尔纳:《媒体文化——介于现代与后现代之间的文化研究、认同性与政治》,丁宁译,北京:商务印书馆,2004 年,第 59—63 页。

实的基础。不再有固定不变的事物……由此，人们在某种政体中看到了属于混沌现象的持续变迁性与不稳定性。我们从中获得存在的这个社会，乃是一个支离破碎、步履蹒跚、筋疲力尽的社会"①。再者，后现代主义反对中心论和二元论。后现代主义指出现代社会通常假定了某种形式的二元对立，并假定对立双方中的一方处于决定性地位，而另一方则被边缘化。这实际上建构出一种极为有害的价值等级体系，它不仅试图为所谓的"真理"提供保证，而且排斥和贬抑那些被说成是低级的方面和立场。这种中心论加二元论的结构间接导致现实社会中的垄断与霸权。后现代主义转而倡导一种更具开放、流动和多元的结构，即无中心、无对立、无边缘的一种状态。

通过上述分析可见，后现代主义是从对现代主义的批判和反思开始的。因此，"后现代"中的"后"不完全表明时间上的前赴后继关系，更存在着一种思想逻辑上的关联。在一种意义上，"后现代"是指"非现代"，强调后现代主义"否定性"的一面；在另一种意义上，"后现代"被理解为"高度现代化"，是现代主义的一种新面孔和一种新发展，强调后现代主义"建构性"的一面。事实上，人们对早期后现代主义的批评，主要就是对其"否定性"一面走向极端化甚至造成新的绝对理性的批评，认为对现代主义的"矫枉过正"可能会陷入否定主义、虚无主义、悲观主义、无政府主义多元论的危险。因此，在后现代主义的发展过程中，又产生了以罗蒂（Rorty）、霍伊（Hoy）、格里芬（Griffin）等人为代表的"建构性后现代主义"，它具有强烈的现实针对性、合理的建设性、高度的综合性等特征，使后现代主义既包含对现代主义反思和批判的否定功能，又突出了对现实情境进行合理重塑的建构功能。

（三）走向社会建构的后现代公共行政

就公共行政而言，如美国著名公共行政哲学家法默尔（Farmer）所述，"在某一重要的意义上说，公共行政理论就是一种语言"，"作为一种语言，公共行政理论体现为一系列的假设、直觉、观念、方法、担忧和希望，正是这些东西形

---

① ［美］凯尔纳、贝斯特：《后现代理论——批判性的质疑》，张志斌译，北京：中央编译出版社，2011年，第2页。

成了公共行政的认识，指导着公共行政的作为"①。在他看来，现代主义和后现代主义是人们审视公共行政的两个基本视角或基本的语言范式。在现代语境下，公共行政的理论路线分别是特殊主义、技术主义、企业模式以及已经走得很远的现代主义解释学。而在后现代语境下，公共行政将通过对"想象"、"解构"、"非地域化"和"他在性"的强调而掀起一场变革官僚制的浪潮。

另两位后现代公共行政理论家福克斯(Fox)和米勒(Miller)在《后现代公共行政——话语指向》中提出，现代的官僚制公共行政实际上是一个缺乏沟通的话语霸权体系。其中的政策过程是一种所谓的"独白式对话"，它只反映了政府和官僚精英的偏好，而未能正当有效地获取公众的认同，因而与民主政治背道而驰。由此，福克斯和米勒对官僚制公共行政及其替代模式进行了全方位的解构，并进一步提出了以"公共能量场"为核心概念的后现代公共行政话语理论。他们认为，公共能量场中有三种话语形式：少数人的对话（官僚制的独白式话语）、多数人的对话（后现代无政府主义的话语）和一些人的对话（真正民主和真实的公共话语）。从纯理论上讲，话语理论设想的是一个所有人都参与的民主前景；但从实践上看，只有那些自主、积极地投身于公共事务的人才能通过其有意义的、切合情境的话语对公共政策的制定和实施发挥作用，因而，"一些人的对话"虽有限制参与的缺点，但事实上优于另外两种对话形式，是实现民主行政的真实话语。②

可以看出，在建构性后现代主义的语境下，公共行政的话语更张不单纯反映在对官僚制的批判性反思上，它事实上又向前推进一步，即通过反思的进程和批判性设问来探索制度改革的可能性。因此，后现代公共行政理论并不是"乌托邦"，而是真诚的、真实的，它基于对如何走向民主行政的思考，将逐渐发展成为一种能够应对现代社会危机、推动制度实践变革的新公共行政理论。因此，我们的一个基本判断是，后现代公共行政的未来形态将是一种"走向社会建构的公共行政"。对此，美国公共行政学家全钟燮已对其归纳出七个具体

---

① ［美］法默尔：《公共行政的语言——官僚制、现代性和后现代性》，吴琼译，北京：中国人民大学出版社，2005年，第2页。

② ［美］福克斯、米勒：《后现代公共行政》，楚艳红等译，北京：中国人民大学出版社，2002年。

的观点:其一,社会知识的价值,即公共行政人员要积累社会性的知识,关注民主、民众、依赖性和多样性;其二,通过关系确立社会秩序,即公共行政人员要通过与社会的互动和沟通来维持社会秩序;其三,强调社会学习和多元化价值;其四,强调分疏的文化和多样化的现实;其五,强调对话、话语权和主体间关系,尤其是强调在组织和社区中公共行政人员所应承担的与他人交往和沟通的责任;其六,推进过程而不忽视产出;最后,个体、组织和社会的辩证关系。① 可见,建构性的后现代公共行政理论从根本上说是对公众参与治理过程的倡导,是对公共行政中政府与公众之间良性沟通互动关系的张扬。由此,对政府与公众传统沟通模式进行反思、批判和制度化的再造就成为其中的一项重要议题。

二、政府与公民沟通的现状与问题

"沟通",在古汉语中的原意为两水通过开沟使其相通;在现代汉语中,它指的是信息发出者与信息接受者之间传递和理解信息的过程。结合现今信息社会广泛互动的现状与信息共享的时代特点,我们认为,沟通是主体间借助各种传播渠道相互传递信息的动态与循环的过程。在信息的传播、解码与反馈过程中,信息传播的主体与客体不断转换,信息在循环中不断被解码或重制,最终实现主体间共同理解的达成与相互关系的改良。由是观之,沟通的目的在于通过上述"主体间"过程来实现意义的建构及其共享。"政府与公民的沟通",即政府与公民之间信息的传递与反馈的过程,这同样是一个双向建构的"主体间"概念,既包含了政府自上而下的政令宣达、意见征询,也包含了公民自下而上的民意上传、政策建议,其最终目的是达成政府与公民的相互理解,形成社会治理中的合作式行动。

在政治、经济日益全球化的大背景下,改革开放步入而立之年,社会建设进入转型时期,我国政府与公民间的关系正在发生深刻的变革。与此同时,互联网的普及大大降低了信息传播的成本,使信息的全球性传递和即时共享成

---

① [美]全钟燮:《公共行政的社会建构:解释与批判》,孙柏瑛等译,北京:北京大学出版社,2008 年,第 44—52 页。

为可能，由此带来了公民话语权的很大程度的解放和民主意识的全面复苏。随着社会文化日趋多元，每个人都在努力发出自己的声音并形成舆论形态的民意表达。以往潜藏于表象之下的各种社会诉求如雨后春笋般浮出水面并开始产生激烈的碰撞，这种社会舆论的多元化、复杂化无疑对政府的沟通能力提出了更高的要求。

面对来势汹涌的舆论浪潮，我国政府亦作出了积极的调整并取得了新的成效。这一成就除了体现在传统的政治沟通模式的完善方面，还体现在政府信息的公开与公民的网络问政两个新的领域之中。政府的信息公开反映了政府的沟通意愿；而公民的网络问政，则代表了公民层面沟通意愿的表达。两者相互交织，构成了现阶段我国政府与公民进行沟通的两个重要渠道。从2003年1月1日《广州市政府信息公开规定》的颁布到2008年5月1日《中华人民共和国政府信息公开条例》的颁布和实施，我国在政府信息的公开化上迈出了坚实的一步。从制度上看，政府大致实现了政府信息公开的法制化。从平台上而言，电子政府的迅速发展也大大推动了政府信息公开的进程。2007年，中国共产党十七大报告就明确提出了"推行电子政务"的目标，并指出要"推进决策科学化、民主化，完善决策信息和智力支持系统，增强决策的透明度和公众参与度"。直至今日，全国各级政府基本上都建立了自己的门户网站并提供部分的政府服务功能，一些政府机构甚至还建立了自己的博客与微博与公民互动。政府信息的公开能够起到规范和制约行政权、防止权力滥用的效果，体现出政府对公民知情权和参与权的尊重，顺应了建设服务型政府与透明政府的时代要求，符合社会对于政府愈加透明、行政过程愈加开放、公民参与愈加广泛的要求。另一方面，随着信息技术的发展与互联网的普及，网络问政已经成为公民的主流问政方式。它主要表现为体制内的网络问政与体制外的网络问政两方面。体制外的网络问政主要以网络舆情的形式来实现，网络上浩若繁星的各类社区、论坛与门户网站为公民观点的交流与诉求的表达提供了平台，由此形成的力量强大的网络舆论冲击着政府传统的治理模式；体制内的网络参与则表现在公民通过政府门户网站、官方博客与微博等网络渠道参与到与政府的互动交流中。应该说，体制内外的网络问政为政府决策的科学化、民主化、合理化提供了保证。

虽然现阶段政府在与公民的沟通过程中取得了新的成效,但依然存在着不少问题,主要体现在以下几个方面。

(一)沟通理念上的逻各斯中心主义

政府与公民的沟通主要存在于三种不同的社会治理类型之中。一种是农业社会下"统治型"的社会治理。在农业社会之中,社会各阶层有着严格的等级划分,而君王则享有至高无上的权力。所以在农业社会下政府与社会的沟通中,政府与社会是二元的,且政府始终凌驾于社会之上,沟通的方向也是政府向社会单向的政令宣达,其最终目的是为了实施对社会的统治。第二种是工业社会下的"管制型"社会治理。在工业社会之中,政府在逻辑上基于"社会契约"而存在,因而在沟通的实践中,政府通过一定的制度设置,使公民能够在一定程度上对政府进行信息反馈,但这一时期的沟通主导权仍在政府一方,且沟通的最终目的是实现政府对社会管制的效率和效果。第三种是后工业社会下"服务型"的社会治理。在后工业社会之中,政府与社会趋于融合——两者共同承担社会治理的责任。在沟通中,政府通过其外围的各种社会组织实现与公民的沟通,沟通是双向的、互动的和多中心的,其最终目的是为公民提供更好的服务。

我国政府正处于从工业社会的"管制型"治理向后工业社会的"服务型"治理的转型阶段。虽然在各方面的制度上都或多或少地体现出了向"服务型"治理转型的趋势,但在沟通理念上却依旧没有完成从"管制"到"服务"的转变。一些地方政府在与公民的沟通中还是将公民置于受管制的地位,而自己似乎仍然"理所当然"地扮演着大权在握的"管制者"角色。这样的治理理念事实上是以政府公权与社会公权的对立作为假设的。用后现代主义的话语进行分析,即政府将自己置于沟通中的逻各斯中心的地位,因为政府始终是"在场"的,所以是优先的、主导的;而公民则相对处于"不在场"的边缘地位,所以是次要的,被否定的。① 若政府将其与公民的沟通视作一种让步甚至是施舍,那么在平等沟通基础上的意义的建构、共识的拓展、合作式治理的展开也就无从谈起,更无法实现。

---

① 夏基松:《现代西方哲学教程新编》,北京:高等教育出版社,1998 年,第 652 页。

（二）沟通渠道仍过多依赖官僚制结构

现代公共行政的组织结构以官僚制为特征，强调行政活动的内部化、集权化、层级化、程序化和"非人格化"。这体现在政府与公民的沟通中便是过多依赖官僚制。一方面，传统的官僚制组织是一个等级实体，具有等级与权力一致的特性，形成了官僚制中层级节制、相对封闭和集权倾向的权力体系。这种权力体系一般不允许超越的情况出现，尽管有"法约尔跳板"这样的创造性发明，但是信息化社会中需要的是集合各种正式和非正式渠道的双向沟通，这种沟通应该不限于组织内部，而是一种组织内外的开放系统。然而，传统官僚制严格的层级和对非正式沟通的忽视，阻碍了信息在不同层次之间快速有效的流动，层层上报的过程也使得公民的权利诉求需要耗费较大的成本，而且容易造成信息的失真和误传。另一方面，传统的官僚制组织具有"非人格化"的倾向，即按照严格的法令、规章和程式对待与公民的沟通或交往，个人的情绪不得影响组织的理性决策。这就造成官僚组织内部的公务人员对公民的诉求反应迟缓或冷漠，对于后现代社会中人们趋于多元和变动的服务需求更显得回应乏力。应该说，这种官僚制框架内的沟通模式张扬了强政府的主导和控制角色，加重了沟通中公民所处的相对弱势和信息不对称的地位，这与后现代沟通中应该倡导的"平等"与"互构"的要求是不相符合的。

（三）沟通内容和方式上的同质化倾向

传统的公共行政是以实用主义、功利主义与实证主义三大理论为哲学基础。这导致了政府在与公民的沟通方式上的同质化倾向。实用主义注重手段的效率，认为效率即是理性与真理，对效率的过分追求造成了政府在沟通中对于社会道德、社会需求和社会效益的相对忽视；功利主义追求的是实现最大多数人的幸福，由此带来的是政府在沟通中对于社会弱势群体利益的忽视；实证主义反对无形的标准，提倡"用测量来代替形而上学"，由此带来的是政府行政政策、方式的同质化。[①] 这些倾向共同导致了政府在与公民的沟通中的同质化倾向，从而忽略了社会本身的异质化特征。例如，近段时间铁道部实行的

---

① ［美］麦克斯怀特：《公共行政的合法性——一种话语分析》，吴琼译，北京：中国人民大学出版社，2011年，第24页。

"网上购票"看似是运用现代科技来解决"购票难"的问题,但它忽视了网络本身所存在的"数字鸿沟"的弊端,即信息网络世界中同样存在着"贫富分化"现象,这实际上在更大程度上损害了农民工群体的利益。改革开放以来,由于对生产资料的占有和支配方式不同,由于户籍、居住地、身份、职业的不同,在人民内部的不同群体中,产生了多元化的利益需求和不同的社会阶层,在这个多元化的社会中,任何大而化一、不注意兼顾统筹的政策都无法真正满足社会多元化的利益诉求。

(四)沟通中公民参与的无序与混乱

随着互联网的普及,政治信息传播的量、面、速度较非网络环境下都有了飞速增长,电子网络技术降低了公民政治参与的成本,拓宽了公民政治参与的渠道。但是,"网络是历史上存在的最接近真正的无政府主义状态的东西"①,网络崇尚自由主义,否定任何权威,超越时空限制,且具有匿名性和虚拟性的特点,客观上为网民政治参与的随意性、非法性提供了条件,也为政府控制非法网络政治参与带来了困难。从政治生活的全局来看,"正如国家权力会被滥用一样,自由也可以被滥用"②,"因为政治信息大量地、海量地向公众传播,必然会造成政治权威的流失,因此在政治认同上就产生了困难,这也体现了网络政治文化作为一种异质文化对传统政治文化的解构作用"③。作为发展中国家,中国正形成赶超式的现代化发展模式,这就要求必须要有相当的政治权威来对各种资源(包括信息资源)实行有效整合和优化配置。网络时代中,一方面,随着个人自由主义逐渐流行,国家无法再通过垄断信息和有意识地利用大众传媒来影响民众的认知和判断,塑造他们对政治体系的忠诚;另一方面,公民的民族意识和国家观念也日趋淡薄,催生了公民全球化理念的张扬。国家组织权力结构的扁平化必然会造成政治权威的流失,使得民众在政治认同上产生了困难。例如,一些恐怖组织、邪教组织或持不同政见者,可以利用网络

---

① [美]托夫勒:《力量的转移——临近21世纪的知识、财富与权力》,孟广均等译,北京:新华出版社,1991年,第348页。

② [英]米勒:《开放的思想和社会——波普尔思想精粹》,张之沧译,南京:江苏人民出版社,2000年,第470页。

③ 郑芸:《网络政治视野中的公民政治参与》,《苏州大学学报》2006年第1期。

论坛大力拉拢追随者,利用"信息轰炸"的方式攻击和诋毁政府。

网络传播的复杂性还可能导致公民网络政治参与的极端化。美国学者凯斯·桑斯坦(Cass Sunstein)提出了"群体极化"的概念。他在 2000 年所做的一项调查研究显示,在 60 个政治网站的随机研究里,只有 9 个(15%)链接到不同看法的网站,相对应的有 35 个(大约 60%)会链接到志同道合的网站。由此,他将"群体极化"定义为:"团体成员一开始即有某些偏向,在商议后,人们朝偏向的方向继续移动,最后形成极端的观点。"他指出,"在网络和新的传播技术的领域里,志同道合的团体会彼此进行沟通讨论,到最后他们的想法和原先一样,只是形式上变得更极端了"①。民主社会需要不同的观点进行碰撞,在理性论辩中达成社会共识,如果只沉浸在同一种声音里,持极端观点的人不断增多,社会将会走向分裂。这对中国社会的危害尤其明显。中国民族众多,社会情况复杂,缺乏民主传统,不同地区、民族都有着独特的文化思想理念,再加上长期受宗法地缘政治的影响,社会文化开放性不足,很容易在网络便捷的沟通方式下,滋生"群体极化"问题,解决不好这一问题,将会严重危害中国公民网络参与的健康发展。

三、后现代主义对政府与公民沟通问题改善的启示

(一)沟通中应提倡自我反思

后现代主义作为一种批判的、否定的理论,倡导的是一种批判性的、自我反思的思维方式。无论是对政府还是公众而言,在沟通中以一种全新的视角审视自己及自己所在的世界,都是大有裨益的。后现代主义解构与批判现代性的一切,揭示的是一种敢于质疑一切的积极思考的态度;同时,后现代主义对于自身的解构又体现了其自我反思的谦卑态度。这启示政府与公民双方在沟通中都应该更加主动地思考彼此存在的问题,并进行自我批评与反思。

(二)沟通要体现对于公民话语权的尊重

后现代主义对于"元叙事"与"元文本"的否定向我们揭示了沟通中个体的

①　[美]桑斯坦:《网络共和国》,黄维明译,上海:上海人民出版社,2003 年,第 41—47 页。

地方性叙事的重要意义,每个个体的地方性叙事并没有优劣之分,这是因为,社会的真实面貌本身是由每一个存在于社会之中的人所描绘出来的。每一种都不可能代表"全部",而"全部"却离不开每一个的地方性叙事。在政府与公民的沟通理念上,它启示政府要将公民置于对话的平等地位,更加尊重公民的话语权。这体现在公共行政上则表现为保证公民发表言论的权利和增加倾听公民话语的渠道两个方面。

(三)沟通要更加关注边缘的事物

后现代主义对二元对立的解构,消除了中心与边缘的对立,于是,"被视为理所当然的事物、被忽略了的事物、抵抗的领域、被遗忘之物、非理性的东西、无意义的东西、被压抑之物、模棱两可之物、经典之物、神圣之物、传统之物、怪诞之物、极端之物……"①——这些中心或边缘的事物——统统成为后现代理论关注和考察的对象。对边缘的关注让这个世界的内容变得更加的丰富。在政府与公民沟通的理念上,这启示我们要更加关注边缘的人和事,用更为宽广的视角看世界。

(四)沟通更在于重视个体的创造性发展

后现代主义者建议用后现代个体取代"现代主体",认为现代社会中的主体已经丧失了主体性。② 这启示我们在沟通中要更加注重个体的创造性发展,启示我们在沟通中要注重公民个体的积极参与。对于理性的反对为我们提供了另一种思维逻辑,启示我们在沟通中要重视对于事物多角度的思考;而对于价值相对性的揭示,则揭示了价值追求的多元可能,其实我们在沟通中要注重对于多元价值观的包容。举个简单的例子,只要钱财不成为人们的崇拜对象,人的社会地位也不再依赖于他的财富,人们便可以在基本的经济保障下过一种健康而有创造力的生活。③ 总而言之,后现代主义为我们揭示了更多发展的可能。

---

① [美]瑞泽尔:《后现代社会理论》,谢立中译,北京:华夏出版社,2003年,第22页。

② [美]福克斯、米勒:《后现代公共行政——话语指向》,楚艳红等译,北京:中国人民大学出版社,2003年,第24—25页。

③ [美]彼得斯:《政府未来的治理模式》,吴爱民等译,北京:中国人民大学出版社,2003年,第4—8页。

四、后现代主义语境下政府与公民沟通机制的重塑

尽管后现代主义倡导解构与质疑的方式显得有些消极，但在许多后现代主义理论家的观点中，却也存在着一些建构性的内容。如米尔斯（Mills）对于快乐的机器人的后现代社会的批判，体现的是一种担心人类个体主动性丧失的积极关怀，还有埃茨奥尼（Etzioni）对于"积极社会"的拥护以及贝尔（Bell）对于复兴宗教价值的呼吁等等，都体现出了潜在的建构倾向。后现代主义虽然反对统一的价值观念与评判标准，但在其批判现代性的同时，又必然提出另一种新的统一标准与价值观念；后现代主义反对理性，但在诉求的结果上又无法舍弃对于理性的追求。因此，"后现代主义的怀疑主义和不确定性只是向另一种观点的过渡状态，它对于现代性的全面批判昭示着社会普遍价值的新一轮重建与复兴"①。而在政府与公民的沟通过程中实现这一复兴，则可以从以下四个方面入手。

（一）转变政府与公民的沟通理念

现阶段政府在沟通理念上的逻各斯中心主义与公众意识的破碎化现状格格不入，而公民参与的无序与混乱也阻碍了良性沟通的达成。要改善这一情况应从两方面着手。首先要完成政府沟通理念的转变，树立地位平等、观念包容的后现代沟通理念；同时要完成公民沟通理念的转变，建立公民政治沟通的理性。

政府与公民沟通理念的改造，应该从后现代社会的破碎化特征出发。后现代主义对于二元对立的消解消除了主体与客体的对立，所以在沟通中也就不再有逻各斯中心的存在，沟通的双方都应该处于平等地位。所以在与公民的沟通中，政府应树立平等的沟通理念；由于传统的"元叙事"合理性的丧失，任何地方性的叙事从本质上看来都再不存在优劣之分。且社会的"真实"是由一个个具体的地方性叙事描述而成，所以，在政府与公民的沟通中，每一个地方性叙事都应该得到充分的尊重和包容。同时，上述理念对政府与公民的沟

---

① ［美］福克斯、米勒：《后现代公共行政——话语指向》，楚艳红等译，北京：中国人民大学出版社，2003 年，第 24—25 页。

通同样具有启示作用。树立平等、包容的共同理念能使公民在与政府的沟通中保持理性,防止非理性的局部宣泄,最终养成理性的沟通习惯。具体政策上,可以通过公民教育、社区自治、发展非政府组织等手段培养公民理性沟通的意识,并使其有序参与到各项公共事务的治理过程中去。

(二)打破官僚制下的沟通模式

现代政府结构是一种官僚制的封闭系统。在这一体制下的沟通,自然也就带有层级制与封闭性的色彩。后现代主义的理念恰恰能打破官僚制封闭性、稳定性与层级化的弊端。首先,要做好组织内部的改造,即加强组织内部人员的流动性以及调动政府公务员的积极性与创造力。可以对现行的公务员制度进行适当的改造,如引入更为灵活的绩效考评机制和问责制等鞭策机制,对出现过失或者无所作为的公务员进行辞退,以此来解构公务员制度的永久性与稳定性,逐步瓦解政府组织的官僚制色彩。还可以引入"解制型"政府理念,适当地解除政府内部各种繁文缛节的限制,释放公共部门蕴藏的能量,使政府的活动更具创造力和效能。其二,要继续推进政府信息的公开化,使政府的治理由封闭型向开放型转变。现阶段推进政府信息公开化主要可以从建立政府信息公开的有效平台入手,统筹兼顾政府信息公开平台的"全面建设"与"重点建设"。全面建设,即利用一切可以利用的渠道进行政府的信息公开,具体而言,可以从建设政府机构的网站、发行政府出版物、利用大众传播媒介、建设政务服务中心、召开新闻发布会、举行政务听证会和咨询会、设立公共图书馆和档案馆以及开展信访活动等八个方面入手,尽量做到公开渠道对于社会的全面覆盖。在完成政府信息公开体系的整体建构之后,还要选取一些更为有效的信息公开渠道进行重点建设。要重点发展以互联网为媒介的信息公开平台,如政府的门户网站、官方微博等等。以发展电子政务为契机,充分发挥互联网的时效性和受众广泛的优势。要继续完善政府信息公开的法制建设,清楚地界定好政府各部门在信息公开中的相关职责,防止各部门互相推诿以及政府信息公开不明确、不彻底等现象的发生,保证各信息公开平台的有效运行,使"权力在阳光下运行"。其三,要让官员主动地走到群众当中去,深入群众内部,充分地了解民众的切实诉求,将原先政府与公民间层级化的问题沟通模式转变为官员与公民的日常沟通,打破官僚制的束缚。此外,要通过政治和行政体制改革,努力建设扁平化的沟通机制,形成多元民主协商机制,实现政府角色从"划桨"到"掌舵"转变。通过政府与社会的长期互动,可以逐渐形成一种在政府与社会双方合作、互相协调的沟通模式。

(三)鼓励地方政府与公民个体性的表达

现代政府将维护社会稳定作为其绝对理性,它强调话语的一致与统一,关注的焦点是政府层面尤其是中央政府层面的叙事,而相对忽略了地方政府和公民个体性的表达。后现代主义向我们揭示了地方性叙事与个体性表达的重要价值。在政府与公民的沟通中,要改善这种统一叙事泛滥的情况,就必须将话语的中心由中央向地方转移,由政府向公民转移。一是要适当地下放中央政府的权力,向地方政府提供更多的自治权,为其探寻地方性的共识提供相应的平台与可能,其中,扩大区域自治便是一种很好的方式。现阶段,一些学者提出将公民自治单位从村一级向乡镇一级扩大正体现了这一倾向。二是要提高公民的政治参与,唤醒其公民意识。在沟通机制建设上要充分考虑实现公民参与的条款,创建一个利于基层公民参与的制度环境,扩大公民参与的社会层面与实质内容,主动地引导和邀请公民参与到公共事务的治理过程中来。2009 年,在浙江省舟山市开展的"网格化管理、组团式服务"便是一种很好的尝试,社区网格化将许多公民作为当地网格系统的相关责任人吸收到了公共事务治理活动中,成为了地方政府与其他公民沟通的中介,充分调动了公民政治参与的热情与积极性。沟通中话语权从中央向地方的转移,从政府向公民的转移,标志着治理逻辑从现代的绝对理性转向了后现代主义的相对理性。

(四)保障公民的网络有序政治参与

沟通是一个双向的互动过程,政府与公民的良性沟通的达成离不开公民的有效反馈。后现代主义的反逻各斯中心主义也强调,沟通的关键在于主体间关系的改良,意义和共识只有在双向建构的过程中才能够真正生成。那么,怎样的机制才算双向沟通机制呢? 简而言之,原来的沟通都是由政府主导的,公民被动地了解和接受政府的指令;而在双向建构的沟通中,公民既可以讨论该怎么做,也可以讨论该做什么,在沟通中更具主动性。

推进公民政治参与的方式很多,例如,随着现在的互联网民主的兴起、网络社区的建立,很多公众意见是通过互联网得以发表的,这无疑在政府与公民的沟通渠道上是一种新的变化。但是,在这一过程中要注意做好以下几方面工作。首先,政府要积极构建网络有序参与的保障机制。一方面,政府需要制定相关政策规范公民网络政治参与行为,防止参与过度和参与的无序化。例如,可以试行网络实名制,在公民积极地参与在线公共事务的管理、在线决策和在线网络投票时,防止一些别有用心的人散布虚假信息和一些不负责任的信息。另一方面,立法保护公民网络参与公共决策的合法权益。能否通过创建一部《公民参与法》来保障公民参与(包括网络参与)的合法权益,用程序法的方式制约政府在吸纳公民参与意见方面的不足,这值得行政学界和法学界认真商榷。其二,政府工作人员特别是领导干部要强化网络信息意识,把政务公开视为民众应当享有的基本权利、政府应该履行的义务,政府有责任通过网络传播满足公众的信息需求,尊重公民的知情权和参与权。其三,政府应致力于消除"数字鸿沟"。例如,积极地为无力承担上网费用的公民提供免费的上网环境;针对那些缺乏上网技能的人,政府可以自己或通过社会力量进行培训,使他们掌握一定的计算机技能;在身体缺陷人群较为集中的地方,政府应该为之设计开发一些智能型计算机,以便他们通过网络进行政治参与和沟通。

第四节　从贤人之治到民主治理:儒家治道之反思

"贤人之治"是儒家治道学说的核心内容,它彰显了儒学社会的政治伦理和价值追求,展示了一幅中国传统治理架构的理想蓝图。在我国转型期的治道变革中,一方面,儒家以"贤人之治"为核心的治道学说仍深刻地影响着政府系统以及政府与社会的互动过程;另一方面,随着全球化和后官僚时代的到来,民主治理的核心价值已经引入政府系统并开始发挥实效,在实践层面,积极构建以公民和社会为本位的服务型政府,已经成为新世纪我国政府庄严的政治承诺。那么,儒家贤人之治的逻辑起点是什么?当代民主治理的核心价值有哪些?儒家的贤人之治如何通过核心价值与道德生态的重构,以回应当代民主治理的诉求?本节将立足于中国特有的文化生态,对上述问题进行探究。

一、儒家贤人之治的逻辑起点

"贤人之治"源于儒墨两家对中国远古社会"上贤"思想的总结和发展，其真正被纳入封建统治思想则始于秦汉时期。随着郡县制和大一统政治统治的确立，统治机构中出现了一大批职业官僚，他们从中央到地方行使权力，执掌"兵刑钱谷"之事，只对皇帝负责，享受国家俸禄。在历史发展进程中，贤人之治又引申出谏议、科举选拔等制度。

儒家贤人之治的一个基本伦理假设是：作为道德完人和知识精英的"君子"，其终极使命在于政治实践。贤人之治以"内圣外王"为逻辑起点，正所谓"修身齐家治国平天下"，这就意味着个人品格与治理国家之间必然挂上联系。《大学》中有一段文字清晰界定了"修身"的目的、意义以及儒家眼中的精英形象："古之欲明明德于天下者，先治其国。欲治其国，先齐其家。欲齐其家者，先修其身。欲修其身者，先正其心，先诚其意。欲诚其意者，先致其知。致知在格物。物格而后知至，知至而后意诚，意诚而后心正，心正而后身修，身修而后家齐，家齐而后国治，国治而后天下平。自天子以至于庶人，壹是皆以修身为本。"由此可见，在"内圣外王"逻辑的支配下，每一个人都是"家国一体"架构中的社会政治动物，并将政治实践作为自我实现的完美境界。应该肯定的是，这一伦理假设具有一定的合理性成分：首先，它承认了贤能人物对人类社会发展的巨大作用。"选贤与能"的人才观在后世儒生的大同世界里又固化为一套理想化的人才任用制度，这无疑是对历史的一大贡献。再者，从儒家贤人之治产生的历史背景看，崇尚"贤能"无疑是对恪守"亲贵"的贵族政治的一种否定，这种否定的历史动因来源于氏族贵族政治结构分化而产生的国民阶级强烈的参政要求，他们希望能够依据贤能程度而不是身份条件来取得政治地位和财产所有权。从这个意义上说，贤人之治比贵族政治更具有开放性、进步性和可选择性。

尽管如此，儒家的治道学说总体上还是站在科学与理性的对立面上，这从其与古希腊的柏拉图（Plato，希腊语：Πλάτων）所倡导的"哲学王"治国模式的对比中可见一斑。首先，两者对"贤人"的理解不同。在道德品质与知识智慧之间，儒家更强调前者的重要性，所谓"贤人"是美德的化身，道德的典范，君主执政的原则就是要"有道"。"学而优则仕"要求的是道德与权力相结合的理想统治,在这样的教育实用主义的支配下,科学知识和技术的训练与熏陶被视为是无用的,可笑的,甚至是可恶的,实现"贤者在位、能者在职"理想的所谓学问和知识,竟反而变成了造出特殊身份的武器。而柏拉图笔下的"哲学王"是智慧与权力结合的理想统治,他除了是个德性完美的人之外,还是个精通音乐、体育、算术、几何和辩证法的知识天才,这与现代官僚制下的文官特质更加接近,更容易激发出民主、权利、宪政等现代精神。第二,儒家贤人治国的核心价值在于"仁"与"礼",它们相互制约、相互渗透,形成了传统的德治主义。而在柏拉图处,在"善"的绝对信念下,通过以"正义"为主的诸种美德(智慧、勇敢、节制)之间的相互协调与共同作用,构成了理性和知识论基础上的伦理政治。第三,在践行方式上,"礼"作为儒家推行德治的重要工具,其作用不仅超出了一般性道德规范,而且拥有着比法律更切实有效的内化力。相对而言,柏拉图处的"正义"不仅是其政治理想,也是实现其伦理政治的重要原则,他认为人之行"善"与否,关键不在"能"与"不能",而在于"知"与"不知"。第四,儒家的贤人政治建立在家庭伦理和宗法制度之上,主要关注的是如何使以家庭为基本单位的社会组织保持和谐稳定。柏拉图的贤人政治一开始就把着力点放在人与世界的关系上,着重考虑人如何理性地认识和把握宇宙的真谛,同时借助"正义"原则对人类社会进行安排。

综上所述,儒家的贤人之治是人文的、内化的、勉力践行的,而柏拉图的"哲学王"治国则是倾向于理性的、外制的和思辨的。孔子强调人际关系和内化作用,维系的是以血亲纽带为基础的宗法特权,最终难免走向人治,而柏拉图则更重视理性的制约力量,支持的是以经济为基础的阶级特权,较之前者更容易走向理性官僚制及后官僚制时代的民主治理。

二、儒家贤人之治的本质反思

(一)儒家的贤人之治所主张的是"精英专政"的统治模式

儒家认为,只有德才兼备的精英才能取得治理国家的职位,而平民百姓并不具备参政议政的品德和能力。孔夫子并没有提及如何"教化"人民①，但本杰明·史华兹(Benjamin Schwartz)指出儒学所教的"可能也就是有关家庭关系的基本知识。他们的地位使他们不大可能获得为完全的自我实现所必需的更全面的教养，并且显而易见的是，只有在朝为官的人才能作出对调整人际社会有实质意义的事"②。儒家的这种论断口吻与西方的罗伯特·米切尔斯(Robert Michels)颇有几分相似，他们都对人民群众的治理能力秉持质疑的态度。米切尔斯在其"寡头统治的铁律"里把精英的实际的、道德的正当性更多地说成是群众的软弱无力。但是，米切尔斯也认为，群众的作用也可以非常重要，因为群众的拥戴可以为后起之秀通向权力铺平道路，这又与儒家的民本思想的初衷有些许契合。

笔者认为，儒家治道学说中所包含的民本主义、大同思想与现代民主治理的核心价值不同。梁启超认为，"美林肯之言政治也，标三介词以罗括之曰：of the people，by the people，and for the people……我国学说于 of、for 之义，盖详哉言之，独于 by 义则概乎未之有闻……此种无参政权的民本主义，为效几何？我国政治论之最大缺点，毋乃在是……要之我国有力之政治思想，乃欲在君主统治之下，行民本主义精神。此理想虽不能完全实现，然影响于国民意识者既已至深。"③这段话既指出了民本思想含有"of the people"（孙中山译为"民有"）和"for the people"（"民享"）之义，又指出了其"最大缺点"是没有"by the people"（"民治"）之义。大同社会的确能够给人以民主的遐想，但是在本质上却与近代以来的共和政治截然不同，"所谓大道之行，天下为公，乃指君主禅让而言，与民主共和，绝非一物"④。传统文化中的民本主义表面上以民为本，其实质则是把人民放在一个被动的位置。上层国家的公共事务如政治制度的确立、公共政策的制定，是一般民众不得与闻的，所谓"天下有道，庶人不

---

① 贝淡宁：《二十一世纪的儒教民主制》，载刘军宁主编：《自由与社群》，北京：生活·读书·新知三联书店，1998年，第379页。

② Benjamin Schwartz. Some Polarities in Confucian Thought, in D. Nevinson. *Confucianism in Action*. Stanford：Stanford University Press，1960，p.53.

③ 梁启超：《先秦政治思想史》，北京：东方出版社，1996年，第5页。

④ 陈独秀：《再答常乃德》，载《独秀文存（第3卷）》，合肥：安徽人民出版社，1987年，第649页。

议",同时,当政者对民众舆论十分惧怕,根本不可能让公众舆论对政策产生影响,更不可能接纳民众参与政治决策过程,他们对民众舆论总是会采取措施予以钳制;而下层民众的自愿组织(基于血缘、地缘等自然联系)只能是以自救为目的。所以,它们不太可能服务于社会的公共目的。这些都与近代启蒙思想家所宣扬的"以民为主"思想有根本的区别。

(二)儒家的贤人之治含有政治的宗法化和道德化的倾向

"家"是儒学社会的细胞,也是儒学社会中君主秩序的基本组织单位。"家"以外或以上的群体,如"族"、"国"、"天下"都是家的扩大,乡党、宗教团体、江湖结社也不例外。金观涛认为,中国古代社会在组织层次上和近代之前的西欧社会有极大的差别,这就是在中国的国家与个人之间还存在着一个强大而稳固的中间层次,即宗法的家族、家庭。① 外王的事业基础乃是"齐家",内圣的基础工夫乃是孝亲。由子孝、妇从、父慈伦理观念所建立的家庭关系,正是民顺、臣衷、君仁的国家社会关系的一个缩影。再者,儒家的贤人之治体现了儒家相对刚性的、一元化的道德主张。在儒家的贤人治国模式下,强调政治权威塑造社会环境的能力,"罢黜百家,独尊儒术",官员依其所谓"德行"高低晋升,具有浓重的政治控制的意味。人们为了避免"失礼",一个自然的反应就是尽量做到"表面无违",把自己装扮成"道德完人"以规避严厉的惩罚,这就锻造了人们的"戏剧才能"。在贤人治国时代,"一中国县官被砍头时被允许身着官服保住体面,而视此为特别恩赐"②。人们彼此间只要达成心理契约,"你不说我,我也不说你","人人皆圣贤"的社会似乎也就来到了眼前。"礼"的原则乃是给予生命以德性,并以防止形式主义,但事实上反而造成了形式主义。儒家所言的"贤人"既不必然正相关于崇高的道德,也区别于柏拉图所指的精通科学、崇尚理性、智慧超群的"哲学王",而是能够帮助君主维护统治、镇压百姓的兵卒和棋子,听命于君主,为权力核心服务,谋求的则是个人的权位和私利。在这种情境下,家庭本位脉脉温情的背后是人与世界关系的冷漠,形式主义的刚性道德就如同没有受精的卵,永远不可能孵化出"公共的善"。

---

① 金观涛、刘青峰:《兴盛与危机》,长沙:湖南人民出版社,1984年,第46页。
② [美]明思溥:《中国人的素质》,秦悦译,上海:学林出版社,2001年,第23页。

(三)儒家的贤人之治展露了其政治哲学的工具化和实用化特征

儒家假定的场景是,如果有贤人待人以仁、品格高尚,他一定会依靠他的道德感化力量掌握政权,从而以他仁者爱人之心达到政治的理想状态。可是,在历史的发展过程中,儒士的经师、教育家和政治说教者的地位因官僚身份而日益强化起来,而且形成了独具性格和利益的"特殊阶级"。在这里,"原来不能造成世卿世官那样的贵族身份的社会,却借着知识的统制和长期独占,而无形中帮同把士大夫的身份更特殊化或贵族化了"①。这一工具主义的政治化倾向显然与人们美好的愿望相悖。对于以往中国朝代更替的历史的解释恐怕应该是品格并不高尚的流寇和叛匪(或许他心中确实有齐天下的理想,但可能更多的是万人之上野心),通过不择手段的倾轧(篡权)和战争(起义)最终登上帝位。他们远远不是儒家的圣人,却各个都捧着儒家的经典,反过来证明其之所以登上帝位,肯定是因为受之于天命、是圣人。而当政者之所以在登基之后捧着孔孟之道训导百姓的另一个原因,如黄仁宇在《中国大历史》中说,乃是因为儒家强调个人修养,而所有人都误以为个人修养是上天决定人在世间阶层、地位的标杆,满手鲜血的皇帝作为"道德完人"代表天意统治(乃至草菅)万民的正当性也被自然而然地确定了。而中国古代历代的知识分子起初因为相信"内圣外王"四个字而介入政治,可是当他们真的企图通过自身的道德力量改造世界的时候,却在法家式的统治中纷纷挫败,于是有了陶渊明的归隐山林、于是有了中国古代知识分子的消极避世。另一方面,由于儒家基于"礼"勾画的人伦社会是尊卑有别、各尽本分的,人们之间的地位、义务、态度等方面经常性不对称,于是,贤人治国异化为了人治模式下的权术游戏。从贤人治国背后的社会格局观察,我们将其称为"差序格局"。社会关系就像是小石头砸在水面上,以小石头为圆心,依次往外环状延展。每一个环离圆心的距离大小就是人们判断行事方式的标准。环与环之间的本质差别是工具性价值(利益)的差别。"一定要问清了,对象是谁,和自己是什么关系之后,才能决定拿出什么标准来"②。在这种格局中,站在任何一圈里,向内看可以说是公、是群;向外看

---

① 王亚南:《中国官僚政治研究》,北京:中国社会科学出版社,1981年,第78页。

② 费孝通:《乡土中国》,北京:人民出版社,2008年,第42页。

就可以说是私、是己,两者之间没有清楚的界限。因此,与贤人治国所配套的传统人伦社会格局中,人们保持着由血缘、地缘、学缘、业缘等结成的复杂的初级群体式关系网,"一人得道,鸡犬升天"、"靠山吃山,靠水吃水"、"鱼有鱼路,虾有虾路"、"神仙打架百姓遭殃"的事情时常发生。

(四)儒家的贤人之治反映了传统儒学社会"公"领域的缺陷

儒家的贤人之治反映了在儒家传统的政治思维中,僵硬的理智与情感的二元对立方式一直无法得到改变,这也直接导致中国传统公伦理的缺陷:第一,儒家的贤人治国体制下,与国君有关的东西都要名之以"公",只要是有利于统治的思想和行为都属于"公",芸芸众生却全部变成了"私","以公灭私"的政治伦理观念就十分自然地出现了。由于传统的"公"领域的垄断性,公领域的发育十分缓慢和僵固,从而只能靠道德话语的灌输来维持其道义形象。从内部来说,以"贵人行为理应高尚"来约束统治阶级的成员,使他们注重行为品德修养。在这种性质的"公"领域中,恐怕很少有人会想到要为所有人赋予基本的平等权利,以及民众对政治的参与权。在他们看来,政治显然是上层阶级的特权,可以说是他们的"私事"。在我国古代,人们与公领域几乎没有正面的联系,似乎只有征税、负担徭役等时才遇上国家。第二,统治阶级从来就不与各种民间组成的公共组织实行良性互动,让他们分担国家政权以外的公共事务。在理论上传统政治理论有"君子不党",在实践上,往往在政权控制有所放松时,必然会出现结社、结党的现象,当它们发展壮大,并有了干政的意向和力量时,则会被绞杀。第三,在中国古代,巨贾之家、官僚之家也经常加族聚居的村落兴办一些公共设施,举办义学、义塾,接济鳏寡孤独,资助本族青年才俊谋取功名等。这种公共领域是建立在某种自然基础如血缘、地缘等关系上,而不是建立在某种抽象的人们之间的平等的政治权利、道德权利的共识之上,不太容易习得一种真正的公共精神。所以说,中国传统文化中并不缺少团体生活,而是缺少一种以社会公共善为目的的广泛协同的团体生活,因而,公德意识比较缺乏。

综上所述,如同一个硬币的两面,儒家贤人治国学说的背后暗涌着君主专制的腐朽思想,这与当代民主治理的主张是格格不入的。李大钊曾提出:"一面主张自我实现,一面鼓以贤人政治。自我实现是新的,贤人政治是旧的。既要自我实现,怎行贤人政治?若行贤人政治,怎能自我实现。"①陈独秀更是对此满怀义愤:"是以立宪政治不出于多数国民之自觉,多数国民之自动,惟日仰望善民政府、贤人政治,其实属陋劣,与奴隶之希冀主恩,小民之希冀圣君贤相施仁政,无以异也。"②此外,儒家的贤人之治是以对君主专制制度之合理性与永恒性崇信不疑为前提的,在《庄子·人间世》中有从"仲尼"口中说出的"君臣之义无所逃于天地之间",宋代的二程亦曾说"父子、君臣,天下之定理,无所逃于天地之间"(《程氏遗书》卷五)。依此说,君臣关系、君主制度就是绝对的、不可变更的。这一痼疾使儒家的贤人治国学说与其大同世界的政治愿望事与愿违,在此基础上形成的道德生态当然也不可能与当代民主治理自然地加以适应。

三、儒家贤人之治的民主嬗变与价值重构

当今世界,经济、政治和文化的全球化时代已经来临,如此背景下,"在东亚社会的心理文化建构中,儒教的学官思想依然在起作用"③,尤其是随着我国经济和政治体制改革的进程,公务员的才干、专长等贤能要素逐渐与意识形态要素分庭抗礼,在西方文官制度的迷惑下,又使一些人产生了贤人之治的主张。其实,这仅仅是一种貌合神离的假象,儒家贤人之治的价值诉求与理性官僚制和民主治理相去甚远,在核心价值概念上甚至是完全相悖的。

中国转型期的治道变革面临着双重任务:一方面要努力倡导法制、程序、效率和理性的精神,重视专家的作用,由人治走向法治,通过体制创新和价值再造实现贤人治国向理性官僚制的转型;另一方面,要与世界治道变革的大趋势相互呼应,积极倡导公共利益、代表性、回应性、开放性、参与、超越派阀利益、严防专业主义对民主原则的伤害等价值和原则。儒家的贤人之治作为传统文化下的一种复合体,要适时地进行现代民主价值的转型,重构道德生态,

---

① 李大钊:《新的!旧的!》,载《李大钊文集(上)》,北京:人民出版社,1984年,第538页。

② 陈独秀:《吾人最后之觉悟》,载《陈独秀文章选编(上)》,北京:生活·读书·新知三联书店,1984年,第108页。

③ Tu Weiming. *Confucian Traditions in East Asian Modernity*. Cambridge:Harvard University Press,1996,p. 7.

以期推动我国民主治理的发展进程。

(一)从精英专政到参与民主

与贤人治国学说的精英专政模式不同,现代社会存在着一种直接民主的诉求,认为充满活力的公民(谙熟宪法、热心公共事务、见多识广)和有效的公共行政是相辅相成的,这就意味着国家与公民之间对话协商的制度安排,也意味着要打破贤人治国体制下国家与公民的互动屏障。正如米德(Mead)和哈贝马斯(Habermas)所言,"普遍对话是交往的正式理想……只有民主制才能使交往成为共同体中起组织作用的重要过程"①。巴伯(Barber)认为,要加强公民自治的能力,要"将强势民主放在一个制度的框架内,并在这一制度的框架内对其实现的现实可能性进行评估"。他提出的制度化设计包括:邻里聚会;电话会议和公民之间的沟通;抽签和轮流的办法担任公职;非专业人士担任法官;电子投票;全民创制和全民公决;抵用券和通过市场的途径进行公共选择;全国性和邻里范围内的公共服务及公民精神等。②

但是,需要警惕的是,儒家贤人之治"内圣外王"的逻辑营造了一种"人人都是政治家"的文化假象,与柏拉图崇尚"智慧与权力结合"的贤人政治不同,理性精神的缺失使之在走向宪政和公益的路上布满了荆棘。笔者认为,直接参与的诉求不能也不可能绝对化。其一,由于直接民主排斥程序和中间层次,缺少对信息和意见的过滤机制,因而为意见表达中的操纵和情绪化提供了可乘之机,正如《联邦党人文集》开篇所指出的,"危险的野心多半为热心于人民权利的漂亮外衣所掩盖,很少用热心拥护政府坚定而有效率的严峻面孔作掩护"③。其二,由于直接民主在程序上缺少过滤机制和纠错机制,一旦一时冲动的公意高于公益时,就会最终葬送公益。其三,由于直接民主视参与为义务,要求公民对国家的绝对的献身,因而变相地剥夺了个人处理其私人事务的

① [德]哈贝马斯:《诠释学的普遍性要求》,载洪汉鼎主编:《理解与解释——诠释学经典文选》,北京:东方出版社,1999年,第298页。

② Barber. *Strong Democracy: Participatory Politics for a New Age*. Berkeley: University of California Press, 1986, pp. 262—311.

③ [美]汉密尔顿、杰伊、麦迪逊:《联邦党人文集》,程逢如、在汉、舒逊译,北京:商务印书馆,1980年,第5页。

自由权。其四，直接民主否定了公与私的界限，要求公民以个人身份直接参政，这就排斥了市民社会和中介机构的利益聚合功能，把社会彻底原子化，让个人直接面对国家。综上所述，任何一个只能在抽象世界存在的至善理想，一旦付诸实施，只能适得其反。史实一再证明，当"武器的批判"和"最高的理想"一旦结合起来，那将是极大的倒退和灾难。

笔者认为，当代民主治理倡导的公民参与是一种有序的、理性的、协商的公民参与。协商民主理论家古特曼与汤姆森认为，协商民主有四个非常典型的特征：讲理的需要，理由能为参加审议的公民所理解，产生决策的审议的过程必须有一定的时间限制，审议必须是动态的。基于以上四个特征，他们将协商民主定义为治理形式：自由而平等的公民（及其代表）通过相互陈述理由的过程来证明决策的正当性，这些理由必须是相互之间可以理解并接受的，审议的目标是作出决策，这些决策对当前所有的公民都具有约束力，但它又是开放的，随时准备着迎接未来的挑战。① 目前，中国协商民主的实现形式有民主恳谈会、听证会、城市论坛、市民论坛、网络论坛，等等。即使是作为一种治理形式，协商民主不仅具有工具价值，而且具有内在价值。公共协商的内在价值在于对人的平等的尊重，公民美德的弘扬等等；而其工具理性的价值在于民主协商加深了对协商各方的理解。② 总之，对话和交往本身并不是乌托邦，而是乌托邦孕育于自由平等的对话和交往之中。

(二)从一元道德主张到多元价值体系

与儒家贤人之治刚性的、一元化的道德主张不同，单纯的多元主义(指这个观念，而不是最近才出现的这个词)是在16和17世纪蹂躏欧洲的宗教战争之后，随着对宽容的逐渐接受而出现的。多元主义以宽容为前提，也就是说，不宽容的多元主义是假多元主义。他们的不同之处是，宽容尊重各种价值，而多元主义设想各种价值。多元主义坚持这样的信念：多样性和异见都是价值，他们使个人以及他们的政体变得丰富多彩。宽容并不是漠不关心。如果我们

---

① ［美］古特曼、汤姆森：《审议民主意味着什么》，载谈火生著：《审议民主》，南京：江苏人民出版社，2007年，第4－77页。

② 俞可平：《协商民主：论理性与政治》，北京：中央编译出版社，2007年，第322页。

漠不关心,我们就会置之不理,仅此而已。宽容也不以相对主义为前提。当然,如果我们持相对主义的观点,我们会对所有的观点一视同仁。而宽容之为宽容,我们确实持有我们自视为正确的信仰,同时又主张别人有权坚持错误的信仰。"宽容"的标准有三:其一,对于我们不可宽容的事情,我们一定要说明理由(教条主义是不能允许的)。其二是尊重无害原则,我们不能宽容伤害行为。第三个标准是相互性,我们实行宽容,或恪守宽容,也期待着得到宽容作为回报。关键在于,多元主义持续不断的生命力,是来自信念与宽容的紧张关系,而不是来自漠不关心或相对主义的一潭死水。"共识"并不是实际的同意:它不需要所有的人积极赞同某事。因此,许多被称为共识的情况,实际上不过是接受而已,也就是说,那些属于分散的、基本上消极的同时认可。尽管如此,共识仍是一种有一定粘合力的共同财富。正是在这种松散的共识背景下,自由主义民主社会的多元主义表现为自己找到最适宜的土壤。

笔者认为,从贤人之治到民主治理的价值嬗变过程中,首先要借鉴多元治理的理念,将单纯政治控制转变为社会协调的模式或秩序,强调不同行动主体的自主性、替代性和协调性。更为重要的是,必须要树立"和而不同"的价值观:天下之物,多元多样,可以和谐相处,容各共生,共补互济,但不能苛求同一;在此基础上,通过构建社会主义核心价值体系来引领社会多样思潮,最终从多元走向和谐。

(三)从传统德治主义到当代理性行政

在儒家的贤人之治中,政治的道德化、道德的政治化这两种倾向同时存在。教书先生直接为父兄教子弟,间接就是代帝王训练伪知识阶级,"官学"和"私学"有机地联结在一条索道上,教育由于缺乏必要的"自由空间",所以不能产生"异端",所谓的"贤人"在这里只是君主专制的工具而已。儒家所关注的实际上是作为道德个体的人的政治参与与实现,而这个实现的途径只能"内求"于道德上的完善了,这样也就难免使政治人才沿着政治道德化的要求走上"工具主义"的道路。从贤人之治到民主治理的价值嬗变过程中,要改变上述倾向,真正重视职业文官、知识型专才在制定和执行公共决策过程中的作用,树立知识分子在公共行政中的应有之位,培养公务员实事求是、追求真理、终身学习的精神,在实际工作中善于发现人才,团结人才,使用人才,并积极构建尊重知识、尊重人才的组织气候，推动公共行政人才辈出、群星灿烂的新时代的到来。

（四）从传统"公"伦理到当代公共精神

基于儒家传统公伦理的弊端，笔者认为，在公共部门乃至整个社会要弘扬当代公共精神。

一是打破儒家贤人治国体制下的等级制度和社会差序格局，培养"利己又利他"的平等意识、公平的竞争意识和勇于担当的责任感。"平等"不是个人本位，也不是以"己"为核心的"小圈子"主义，更不是"顺从主义"，而是个体人格的平等、人际和谐，以及公平的竞争。汉娜·阿伦特曾说："公共领域本身，即城邦弥漫着一种激烈的竞技精神，每个人都必须不断地把自己同所有其他人区别开来，必须通过独一无二的业绩或成就证明自己是出类拔萃的。换句话说，公共领域是专供个人施展个性的。这是一个人证明自己的真实和不可替代的价值的唯一场所。正是由于对这种机会的珍视，同时也出于对国家的热爱（离开了国家，任何人都不可能获得这种机会），每一个人都或多或少愿意承担司法、防卫和管理公共事务的负担。"[1]我们可以看到，上述意识和贤人治国体制下的差序格局、官本位、依"德行"高低晋升（区别于现在意义上的绩效考核）的理念有本质的区别。

二是改善儒家贤人治国体制背后的传统德治主义，培养宪法观念，树立法制权威，保障公民权利，完善救济制度。儒家认为，在可能的情况下，应尽量避免使用诉讼或权利工具，因为诉讼和权利会使和谐的社会关系变为冲突和对抗，意味着礼和美的关系已经破裂。儒家的和谐社会强调退让和服从这种美德，而不是竞争和坚持原则。孔子说："听讼，吾犹人也，必也使无讼乎！"（《论语》）然而，现代民主行政呼唤着公民权利意识的培养，并通过宪政民主的渠道维护和行使公民权利。这里的内在逻辑类似于：人们为了追求和平的生活而战争，为了追求生活的闲暇而忙碌工作——"矛盾"本身不仅是冲突，更包含着"统一"的无限可能。因此，对于权利的诉求并不会破坏和谐的大氛围，甚至是

---

① ［美］阿伦特：《公共领域和私人领域》，载汪晖主编：《文化与公共性》，北京：生活·读书·新知三联书店，2005年，第73页。

通往和谐和民主的必由之路。

三是打破贤人治国体制下的狭隘的"公"领域,培养乐善好施的公共意识。高斯罗普(L. C. Gawthrop)提醒我们,"爱你的邻居"的戒律相对比较容易。最大的困难是超越家庭、邻居,把未曾谋面的其他国家和全世界的人都包括在乐善好施的范围之内。① 例如,在丹麦,官僚的行为是以民主服务中的道德英雄主义而著称的,而在德国,官僚的行为是以痴迷职业的成功而著称的,这种职业的成功最终助长了邪恶。换句话说,纯粹的官僚是国家职业主义者,而丹麦官僚是人民的爱国者。正如亚希尔(L. Yahil)所观察到的,"丹麦人认为他们的行为普普通通,并不值得人们的赞扬和敬佩。在他们的观念中,他们只是在做很自然的和必须要做的事,他们从未想过对犹太人弃之不理。"②因此,我们把乐善好施的爱国主义和具有公共精神的公益观定位为公共服务中的基本道德责任,我们同样需要用理想主义来影响和改变现时代功利的现实主义。

综上所述,儒家的贤人之治从根本上讲是君主专制的产物,它以"内圣外王"作为其逻辑起点,在历史发展过程中呈现出政治的道德化、宗法化以及道德的工具化、实用化的双重倾向,反映了传统儒学社会"公"领域的缺陷,这些特征与当代民主治理的核心价值存在巨大的鸿沟。随着后官僚时代的到来,儒学的治道学说必须主动地与当代民主治理的核心价值寻求契合,积极回应公民参与、理性行政、多元价值、公共利益等诉求,只有这样,我们才能真正塑造出适合我国民主治理的道德生态环境,儒学政治文明也才能在这个全球化时代焕发新的生命力。③

---

① L. C. Gawthrop. Civis, Civitas and Civilitas: A New Focus for the Year 2000. *Public Administration Review*, Mar., 1984a(44), pp. 101－107.

② L. Yahil. *The Rescue of Danish Jewry*. Philadelphia: Jewish Publication Society of America, 1969, p. 402.

③ 本章第四节内容原载《江淮论坛》2010 年第 1 期,题为《从贤人之治走向民主治理——儒家治道学说的反思与价值重构》。该文被中国社会科学院主办的《中国社会科学报》2010 年3 月 18 日第 6 版转载,转载时题为《儒家贤人治国学说的现代民主转型》。此外,该文还被"中国选举与治理网"、"海宁市人大常委会公共信息网"等媒体转载。

第二章
"社会—国家"的双向建构：
历史与逻辑

历史如明镜，它可以给我们留下许多反思和借鉴。早在 19 世纪 90 年代到 20 世纪 20 年代的美国进步主义时代，面对经济和社会变迁所带来的严重的社会问题，在"进步"精神的指引下，公民通过"自下而上"的权利诉求和一系列"社会自我保护运动"，在个人权利、个人责任的基础上注入社会权利、社会责任的维度，赋予民主更多的道德意蕴和社会伦理价值；另一方面，美国各级政府对公民诉求和社会运动予以积极回应，并基于对"自由"和"民主"理念的主动调适，进行了全方位的制度改革，从而避免了改革走向革命，也防止了社会各种思潮走向极端主义。从这个意义上看，这场改革不仅是社会自发的变革，也是一场政府与公民相互合作、双向建构的运动。对中国而言，类似却又不同于美国进步时代变革的情景在辛亥革命前后也有短暂的呈现。由于当时国内政局的动荡、传统治权的式微、社会稳定性的降低，以商会为中枢的社会力量广泛渗透进入政治建构和社会建设领域。各种社会力量参与到抵制美货、争取路权、国会请愿、光复运动当中，建构出一个区别于政府并对政府进行制衡、监督乃至对抗的"市民社会雏形"。它扩大了政治的社会基础，在一定程度上推展了公共领域，使政治发展模式突出了社会推动、社会建构的色彩，因而可谓是"社会建构国家"的一个体现。另一方面，以商会为中枢的民间社团网络，承担起联络工商、兴办商学、维持治安、置办公益事业等市政管理或社会建设方面的职能，可谓是"社会自我建构"功能的拓展和深化。这两股社会建构的浪潮相互激荡,改变了传统国家的统治结构。辛亥革命前后,中国本来可以为公民们建立在市民社会意义上的自发组织提供契机,但其随着推翻帝制和之后的政党纷争和军阀混战而被扼杀殆尽。从根本上看,这种历史的惨淡源于国家(政府)未能与社会达成改革的"共识"。

本章通过对美国和中国历史上两个转型节点的透析,意图表达这样一个观点:所谓的"民主政治"与"美好社会"的构建,最终只能在政治国家与公民社会的双向建构、良性互动、视域融合的过程中寻求可能性。特别是对于一个处于剧变中的社会来说,达成共识就更加重要。只有民主、只有参与、只有合作,人类社会才可能在"非线性"的进步中愈加接近完美和幸福的境界。

第一节　社会建构国家:辛亥革命时期的浙江商会

"非政府组织"与"市民社会"两个概念经常联系并交织在一起。一般认为,非政府组织是市民社会中一种重要的组织实体和活动单位,而市民社会为非政府组织的孕育、产生、发展和壮大提供了社会土壤。但迄今为止,学术界持续性争论一个焦点问题在于:中国的近代社会中是否存在着某种"近似的"市民社会或非政府组织呢? 本节运用市民社会与公共领域的研究范式,以浙江近代商会为研究对象,在分析辛亥革命时期浙江商会的创立、发展及其活动状况的基础上,揭示浙江近代商会的"社会建构"的功能和辛亥革命时期"国家—社会"关系的变革,并探讨浙江近代市民社会雏形的扩充现象及其局限性。一方面,通过相关探讨,对学术界所争论的上述问题作出一定程度的回答;另一方面,通过历史的回顾和浙江近代商会这一个案的研究,为我们当前的社会转型和社会管理、社会建设的实践提供一种"暗示":所谓的"民主政治"与"美好社会"的构建,不仅是社会推动的结果,也不可能单纯是政府政策推动使然;它的实现最终只能在政治国家与市民社会的双向建构、良性互动、视域融合的过程中才能寻求可能性。

一、问题缘起与研究范式:视角的确切性

20世纪70年代末80年代初,中外学界开始尝试运用市民社会与公共领

域的范式对辛亥革命及中国近代商会史展开研究,取得了一系列突破性成果。某种程度上,辛亥革命研究正在经历着一场"从革命转向社会"的范式转换运动。因此,首先对这一研究范式的缘起、进展及其视角的确切性进行分析是十分必要的。

在1981年纪念辛亥革命70周年的国际研讨会上,皮明麻先生就曾提交过一篇论证武昌首义期间武汉商会和商团的论文。1983年,徐鼎新先生在《中国社会经济史研究》杂志上发表《旧中国商会溯源》一文。据笔者所知,这是大陆学者发表的第一篇较详细地集中论述近代商会性质、特点及其作用的论文。之后,近代商会史成为国内史学界发展十分迅速的一个新领域,涌现出了一系列作品。但是,综观80、90年代的早期相关成果,辛亥革命与商会史研究基本被置于社会阶级分析模式之下,分析的主要目的是为了更清晰地把握资产阶级在辛亥革命时期的政治态度及其动向。例如,冯崇德教授的一篇较早研究汉口商会的论文,其出发点便是通过商会活动来进一步证实"辛亥革命是一场资产阶级民主革命性质的革命"[1]。再如,按照朱英教授的早期观点,"各地资本家社团组织——商会的建立,可以作为中国资产阶级初步形成为一支独立阶级队伍的重要标志"[2]。虞和平教授也曾指出,社团法人资格的获得和商会组织的凝聚力,使过去呈散在状态的资产阶级从"安闲阶级"向"自为阶级"过渡,而1912年"全国商联会的成立是中国资产阶级全国性整合的一种标志"[3]。可见,在对我国近代商会的研究伊始,因为受到传统政治史范式的统领和影响,研究者们常常怀有两种基本"情结":一是要通过以近代商会的历史透视来证实辛亥革命是一次具有划时代意义的重大政治事件、革命事件,可称之为"革命史情结";二是要回应西方学者认为中国近代并无资产阶级的论断,可称之为"阶级论情结"。

诚然,正如台北"中研院"的张玉法院士和内地的金冲及先生所言,从中国近现代的发展来看,"政治一变,经济跟着就变;政治一变,文化跟着也变",因

---

① 冯崇德、曾凡贵:《辛亥革命时期的汉口商会》,载湖北历史学会编:《辛亥革命论文集》,武汉:湖北人民出版社,1981年,第41—76页。

② 朱英:《中国早期资产阶级概论》,开封:河南大学出版社,1992年,第7—9页。

③ 虞和平:《商会与中国资产阶级的"自为化"》,《近代史研究》1991年第3期。

此,"在史学领域内,对历次重大政治事件的研究(包括对辛亥革命全过程的深入研究在内),始终是占有重要地位的重大课题"。① 但是,政治史范式的局限性也是明显的,上述两种"情结"经常使我们在关心政治性问题的同时忽略了历史的其他方面。事实上,辛亥革命不仅是一场政治革命,也是一场社会革命,它的发生及演进有着广阔的社会背景和深刻的社会原因。因此,只有将政治史研究与经济史、文化史、社会史研究结合起来,用"总体史"统领辛亥革命研究,兼容"碎片化"、多学科的研究路径,才能还原辛亥革命"有血有肉"的历史全貌。

在总体史观的影响下,辛亥革命史研究经历了一场"从革命转向社会"的范式变迁运动。其中,市民社会与公共领域的研究范式逐渐引起研究者的关注。按照库恩(Kuhn)的论点,任何学科领域的革命就是新范式取代旧范式的"重建"过程,它改变了研究领域中某些最基本的理论、方法及其应用。② 在某种程度上,学界之所以在辛亥革命与近代商会史研究中引入市民社会与公共领域的研究范式,一方面是传统政治史范式面临危机和凸显局限性使然,另一方面,它也包含着研究者旨在揭示辛亥革命的社会面向,从国家与社会的关系变迁的视角重构新的研究领域的旨趣。

从词源上看,"市民社会"(civil society)一词最早由古罗马思想家西塞罗(Cicero)提出,表示出现城市和文明政治共同体后的社会生活状况。14 世纪以后,欧洲人在使用"市民社会"时基本沿用了西塞罗的释义,意即"文明社会"。17 世纪以后,启蒙思想家洛克(Locke)、卢梭(Rousseau)等人为了反对君主专制,开始赋予"市民社会"新的内涵:社会先于国家存在,国家只是处于社会中的个人为达到某种目的而形成契约的结果。因此,国家权力的来源由"君权神授"转移到"主权在民",人民主权观念随之产生。随着近代欧洲市民社会开始与政治国家分离,黑格尔(Hegel)在学理上对国家与市民社会进行了明确区分,但他主张"国家高于市民社会"、国家是"绝对自在自为的理性东西"的观点,潜藏着某种极权主义和政治独裁的危险。因此,马克思(Marx)和恩

---

① 金冲及:《辛亥革命研究的回顾和展望》,《中国社会科学报》2010 年 12 月 16 日。
② [美]库恩:《必要的张力》,纪树立等译,福州:福建人民出版社,1981 年,第 78 页。

格斯(Engels)批判和改造了黑格尔的理论,提出并论证了"社会决定国家"的重要观点,即市民社会构成了国家的基础。20世纪60年代,哈贝马斯将市民社会理论大大推进了一步,他认为市民社会包括独立于国家的私人领域(狭义的市民社会)和公共领域两部分,前者是以市场为核心的经济领域,后者是指社会文化生活领域。实质上,哈贝马斯在国家与社会二分的基础上,提出了公共领域、经济领域和国家(社会—经济—国家)的三维理论框架。其中,公共领域包括"教会,文化团体和学会,还包括独立的传媒,运动和娱乐协会,辩论俱乐部,市民论坛和市民协会,此外还包括职业团体,政治党派,工会和其他组织等"①。公共领域承担着双重功能:一是促进社会整合和群体认同;二是使国家取得合法性基础。综上所述,市民社会理论重在处理国家(政府)与社会的新型关系。在政治上,市民社会发育成熟被认为是近现代民主政治的建立的重要社会基础和象征,舍此,民主政治便成为无源之水、无本之木。在经济上,市民社会的发育被认为与市场经济的成熟之间具有彼此支持的关系。另一方面,公共领域的存在和发展是建立在划分了明晰的私人领域的基础上,其最终目的不仅在于保障和促进私人利益,更在于让人们获得某种"公共人格"。从这个意义上讲,公共领域也具有其特定的政治含义。

20世纪70年代之后,一些国外学者认识到,辛亥革命前后的中国在许多方面已出现类似于西方市民社会那样的情况,而这种情况对于推动中国近代化发挥了重要的潜在作用,如晚清时期士绅精英的活动、民国时期的社团政治、五四运动以后工人和学生的抗议示威和斗争传统等等。还有学者分析了晚清时期中国已经产生的游离于政府控制之外的商人组织及公共机构,这类机构的非官僚特征日益增强,在地方社会颇具影响,最终成为批评政府政策的场所。特别值得注意的是,20世纪80年代,美国汉学界萧邦齐(Schoppa)将"公共领域"概念引入辛亥革命和商会组织研究,并在《中国精英与政治变迁:20世纪早期的浙江省》一书中针对浙江省的情况展开个案研究。稍后,斯特朗(Strand)更直接地将商会视作公共领域的组成部分。德国的中国问题专家何梦笔(Herrmann-Pillath)教授认为,辛亥革命前后中国本来可以为公民们建

---

① [德]哈贝马斯:《公共领域的结构转型》,曹卫东译,上海:学林出版社,1999年,第35页。

立在市民社会意义上的自发组织提供契机,但这些契机随着推翻帝制和其后的政党纷争和军阀混战而被扼杀殆尽。他还认为,中国目前出现的、被许多人称作为"社团主义"的多种形式的城镇自助组织,可以被理解为早已被人遗忘的晚期帝国时期社会经济变迁趋势的复兴。[1]

在西方汉学界的启发下,国内一批学者也开始尝试将市民社会与公共领域范式引入辛亥革命与商会史的研究中。例如,马敏教授认为,用"公共领域的扩张"来形容辛亥革命时期由商会、商团、教育会、救火会、市民公社等新式社团所组成的一种都市自治组织的活跃情况,而用"早期市民社会"来解释商会与其他新式社团互动而形成的一种新兴都市社会。[2] 朱英教授也指出,辛亥革命后,商界的组织性明显提高,他们更多地在国家与社会良性互动这一新的架构之下认识国家的作用,以近代商会为代表的早期市民社会制衡国家的能力也得到增强。[3] 由此至今,在辛亥革命史和中国近代商会史研究中,市民社会与公共领域的范式运用仍在国内外学界中呈现出方兴未艾之势。

近年来,有关浙江辛亥革命的研究指出,比起其他省区,浙江的社会发动则是较好的,说是全民觉醒、全面发动也不为过。[4] 在浙江辛亥革命前后,商人阶层和商会组织从政治、经济、社会诸层面,全方位参与光复运动和市镇城市化进程,起到了主导和关键作用。但是,较之对上海、苏州、天津、汉口等地辛亥革命前后的商会史研究,针对浙江的研究比较薄弱,运用市民社会与公共领域范式对辛亥革命前后浙江商会的研究就更少。中国"市民社会"理论的构设恰恰需要从历史个案的研究中寻求验证和资源,研究的对象领域也不应该局限于框架的构设与问题的提出上,而应在具体事例的考察中完善其总体命题的论证。因此,笔者在此试用市民社会与公共领域的范式,针对辛亥革命时期的浙江商会史及其社会意涵展开研究。

---

① [美]何梦笔:《德国秩序政策理论与实践文集》,庞健、冯兴元译,上海:上海人民出版社,2000年,第391页。

② 马敏:《官商之间:社会剧变中的近代绅商》,武汉:华中师范大学出版社,2003年。

③ 朱英:《转型时期的社会与国家——以近代中国商会为主体的历史透视》,武汉:华中师范大学出版社,1997年,第119页。

④ 胡国枢:《浙江在辛亥革命中的作用与地位》,《浙江学刊》2001年第5期。

二、辛亥革命前夕浙江商会的创立情况及其社会背景

所谓"商会",目前大致存在"官办机构"、"半官方机构"和"民间商人社团"、"官督商办社团"等不同的界定。在应然属性上,商会组织是一种商办法人社团,具有组织性、民间性、非利润分配性、自治性和志愿性,而且这些特征应贯穿于商会的目的认同体系、成员资格界定、组织协调系统、社会整合功能之中。但在历史情境下,中国近代商会又具有一定的半官方色彩,尤其在其创办初期,官督或半官方色彩比较浓重,而进入民国时期之后,其民办程度越来越高,受官方控制的程度逐渐减弱。一般认为,1904 年成立的上海商务总会是中国近世的第一个商会。到 1911 年,全国的商务总会发展至 53 个,会董和会员总数为 41114 人;商务分会达到 787 个,拥有会董和会员 173658 人。[①] 当时全国除了西藏等少数地方外,都相继成立了商务总会、商务分会和商务分所。

浙江近代商会也诞生于 20 世纪初。以地处东南沿海的宁波为例。晚清时宁波工商业日渐繁荣,商贾辐辏,樯橹如林。内为互助团结,外为保障权益,庆安会馆、钱业会馆等商帮和行会组织应运而生。1903 年,在民族工商业蓬勃发展的背景下,清政府新成立的商部所颁布的《商会简明章程》第 26 条中规定"凡属商务繁富之区,不论系省垣,系城埠,宜设立商务总会,而于商务稍次之地,设立分会"。1905 年,王月亭、吴绍基、汤仲盘三位商人,召集各行会和商帮组织,发起并成立了宁波商务总会,由此开启了宁波商会发展的先河。杭州商务总会也于 1906 年成立(另有学者认为是 1903 年)[②],以清政府的翰林学士樊介轩为第一任总理;又设协理为总理的副手,第一任协理是清朝后补道员顾少岚;此外,设议董(相当于理事)16 人,作为商会的决策领导机构。并给发关防。所属各行业又分设业董负责。这些商务总会的主要人物须经政府批准委任,方可行使权职。辛亥革命后,杭州商务总会于 1912 年第四任时改称为杭州总商会。采会长制,首任会长为顾松庆。其次为王湘泉、金润泉、王竹斋

---

① 朱英:《清末商会与辛亥革命》,《华中师范大学学报(哲学社会科学版)》1988 年第 5 期。
② 陈梅清:《浙江第一个商会:杭州商务总会》,《杭州商学院学报》1981 年第 4 期。

等人。初立时的杭州商务总会主要协助官府办理三项事务:商事调解;作保代各业捐税;代领牙帖。① 从成立意图、组织结构和社会功能来看,杭州商务总会在一定程度上具有以工商资本家为主体的民办社团性质。但是,它的创立又具有较强的政府劝办和推动色彩,其领导层多属于亦官亦商的"绅商"团体,其权威首先源于传统社会之功名、职衔所体现的社会名望。杭州商务总会的"半官方性"和"绅商领导体制"也是清末浙江各地商会组织的一个共同特征。

按照1903年《商会简明章程》之规定,浙江除了在杭州、宁波等商务繁富之区设立商务总会外,亦要在商务稍次之地设立商务分会、商务分所。1905年,温州商界以"保卫商业,开通商情"为宗旨开始筹办温州商会,并选举瑞安王岳崧为总理。1906年,浙江扶院咨报农工商部,温州商务分会获准成立。温州商务分会作为一个区域性的商人统一组织,它的成立标志着温州商界形成了一个强有力的整体,也昭示着温州人经商的新时代来临。现存《温州商会试办章程》的第一条规定:"以保卫商业,开通商情为宗旨。开办之初,借郡城隍庙暂用,现于府前仓后街建造会所以资办公。本会设总理一员,议董十六员,复就各商家行业之大小,公举业董以专责成。贸易大者业董二人,次者业董一人,其小者可并归别业董事兼理。凡商务交涉事宜,无论宁帮、闽帮、台帮、处帮、本帮,宜总和衷商权,不得稍分畛域。"《章程》还对商会的人事安排及其职能做出规定:"本会设文案一员,管理笔墨记载诸事;调查员一员,专司考察各项商务事宜;收支一员,管理银钱出入兼司庶务;书记一人,以应抄写;号房一名、司阍一人,稽查出入;茶房一名、听事二名,以供奔走;司厨一名,以供烹调。"②再如,1905年成立的绍兴商会是由山阴、会稽两县合组创立,当时称为山会商务分会,隶属于杭州商务总会。③ 山会商务分会实行会董制,首任总理秦宝臣(文治),衔头是"二品封职世袭云骑尉",可见他是当时社会地位颇高

---

① 程心锦:《旧时代的杭州商会》,载浙江省政协文史资料委员会:《浙江文史集粹经济卷(下)》,杭州:浙江人民出版社,1998年,第58页。

② 温州政协文史资料研究委员会:《温州文史资料第三辑》,杭州:浙江人民出版社,1987年,第163页。

③ 绍兴县档案馆:《商务档案集锦第四册》,北京:中华书局,2004年,第175—177页。

的人士。后为钱允康。[①] 1912 年山会两县合并为绍兴县,山会商务分会改称为绍兴商务分会。钱允康续任总理,并于柯桥、东关、临浦、斗门、孙端镇设分事务所。1917 年,农商部颁布《修正商会法》,成立绍兴县商会,继续实行会董制,总理改称会长。早在山会商务分会建立之初,就制定了《山会商务分会试办章程》,其中记载了山会商务分会的宗旨:"由于商务涣散,商会之设,不特联络商情,兼以开通商智,保全商利,排除商衅,扩充商力为宗旨。"不久,分会又制订《山会商务分会续拟试办章程》,其中的第一、二条云:"商务之设,原为保全实业起见,且于利权外溢之弊,亦可次第收回,实为富强基础。昔虑官商隔阂,今则呼吸相通,裨益实匪浅鲜。"又云:"经商贸易,以和为贵。各业不得以初设商会,有事为荣,辄以琐屑细故,呈会申理,甚至因挟嫌隙,思假公会以报私仇,大失本会宗旨,均所不理……"[②]

除了上述杭州、宁波、温州、绍兴等地商会外,20 世纪初,浙江各地商人在政府的动员和上海的带动下,很快兴起了成立商会的热潮。到 1912 年,浙江已建 84 个商会,形成了"商务总会、商务分会、商务分所"三级网络,商会几乎已经普及到浙江每一个县级以上的城镇。浙江近代商会成立伊始,虽然就其与官方的密切关联及其成员的社会地位而言,带有明显的半官办特征,但是商会在成立目的、组织结构和社会功能上与政府和营利组织有着明显区别,它开始主要履行商事职能,即维持稳定的商业制度、保护商业经营秩序和充当官商交通的媒介,在一定程度上具有利益公共性、互益性、组织性、契约性、平等性等新式工商组织的特征。

那么,浙江近代商会为什么能够在辛亥革命前如雨后春笋般创立并发展起来呢?从宏观上看,我们可以从本土环境、涉外环境两个方面对其创立背景进行考察;若从社会背景的视角切入,我们亦可从社会经济基础、社会阶层分化、社会组织系统、社会外部环境四个方面予以分析。

首先,从社会经济基础的角度来审视,浙江商品经济的发展和新式商业的兴起为浙江近代商会的诞生奠定了经济基础。浙江商品经济素来发达。明清

---

① 钱茂竹:《略述绍兴酒业公会》,《绍兴学刊》2006 年第 2 期。
② 绍兴县档案馆:《商务档案集锦第二册》,北京:中华书局,2004 年,第 37—38 页。

时期,浙江城乡手工业商品化生产和商品流通范围进一步扩大,从而形成了不少商业集中区域。正如明代王士性在《广志绎》中所写:"湖之丝,嘉之绢,绍之茶之酒,宁之海错,处之瓷,严之漆,衢之橘,温之漆器,金之酒,皆以地得名。"①17世纪时,宁波、杭州等地出现了商人与船户合股经营海外贸易的形式。贸易对象从原来以东南亚为主,逐渐延伸到西欧、美洲,湖州丝和杭州的丝织品由江浙用帆船运往吕宋,再转销到东南亚和美洲。商业集镇也纷纷兴起。鸦片战争后,清政府被迫开放广州、福州、宁波、厦门、上海为通商口岸,在这些通商口岸出现了以经销洋货和从事农产品出口贸易的商业,这些不同于旧式商业的、具有资本主义性质的新式商业,被纳入到世界资本主义的运行轨道,发挥着越来越重要的职能资本作用。商品经济的进一步发展和具备了一定程度资本主义特征的新式商业的兴起,为浙江近代商会的诞生奠定了经济基础和物质条件。

其次,从社会阶层分化的角度来审视,浙江绅商的角色凸显、浙江新式商人阶层的崛起及其经济行为的拓展为浙江近代商会的诞生积淀了社会力量。一是浙江绅商的角色凸显。20世纪初,绅商总的发展趋势是由传统社会之"绅"向近代社会之"商"进化,尽管绅、商特性兼并,但又以商的身份为皈依。如前文之分析,浙江近代商会的实际创办者正是那些拥有"才、地、资、望"且能"通官商之邮"的绅商。浙商借用官权和绅士的合法地位来谋求事业发展,浙江近代商会也由此表现出官商折中、"老成稳重"、利益自维的特征。二是五口通商背景下浙江新式商人阶层的崛起。浙江与上海关系密切,所以上海开埠对浙江商品经济发展十分有利。大批浙江商人利用毗邻上海的有利条件,转移至沪经商创业,其中以宁、绍、杭、嘉、湖五府为主。此外,宁波、福州的开埠也对浙东、浙南地区商品经济发展和浙商的崛起以积极影响。浙江新式商人阶层的崛起,要求通过商会这种新的工商组织形式来维护自身利益、整合阶层力量、拓展参与领域,同时也需要借由商会来加强对商界内外事务的"协同"治理。三是浙江商人的崛起及其贸迁为跨省会馆、公所的建立乃至后来获得外地商会的领导权提供了先机,也为浙江省内商会的建立起到了促进作用。清

---

① 陶水木:《浙商与中国近代工业化》,北京:中国社会科学出版社,2009年,第15页。

朝中晚期,跨区域经营的浙商在客居地设立以地缘为中心、以血缘乡谊为纽带的会馆、公所,结帮经营,如乾隆年间由杭州杭线业商人在苏州创立的武林杭线会馆、杭州绸商在苏州创立的钱江会馆、宁波商人在汉口建立的浙宁公馆等。鸦片战争后,宁波帮更是以其商界影响力、号召力及其遍及上海各主要行业的势力为后盾,掌控着上海总商会和一些行业组织的领导权。如宁波商人严信厚发起成立的上海商业会议公所(后改为上海商务总会、上海总商会)是一个足以控制上海金融贸易并影响全国商业的商人团体。从 1902 年成立至 1912 年先后组成的九届董事会中,宁波帮的领袖人物严信厚、周晋镳、李厚佑担任了其中七届的总理(会长)。在上海总商会的会董和会员中,宁波帮一般占 30％到 40％。① 这些浙商领袖在上海总商会等外地商会中获得领导权,对浙江省内商会的建立起到引领、促生和示范的功能。

再者,从社会组织系统的承继关系来看,浙江省内既存的会馆、公所等旧式工商行帮组织,成为浙江近代商会建构的历史起点和组织基础。早在 1543 年,杭州民间丝绸业同业公会组织"观成堂"在忠清巷内成立。1904 年,丁立中、宋锡九、王达甫、蒋廷桂、徐吉生等人重建"观成堂",改称绸业会馆,一时成为南北丝绸业商贾商议业务、交流行情、集散丝绸、切磋技艺的聚集地,为浙江新式商业组织的产生奠定了基础。杭州商务总会成立后,事实上就是以行帮为单位,其会董一般是由各业代表组成。又如,山会商务分会成立前,绍兴已有一些行业会馆,如 1761 年成立的药业会馆、1877 年成立的布业会馆、1886 年成立的钱业会馆等。② 在行业会馆的基础上,山会商务分会得以组建,且商务分会最初以钱业公会为会所;商务分会成立后,又领导组建了更多的行业公会(会馆)。这些会馆、公所为商会的创设及其活动的开展提供了人财物的支持,商会的骨干也通常早就是各会馆、公所等行帮的头面人物了。可以说,浙江近代商会是建立在这些行帮组织基础之上的,如果失去了"行"和"帮"的支撑,商会也就成了空中楼阁。因此,在清末民初,浙江各地的商会与行会都基

---

① 陶水木:《浙江商帮与上海经济近代化研究(1840—1936)》,北京:生活·读书·新知三联书店,2000 年,第 235－237 页。

② 绍兴县档案馆:《商务档案集锦第四册》,北京:中华书局,2004 年,第 175－177 页。

本维持着并存和互赖的关系。当然,这种局面也是以旧式行会不断更新变革,逐渐发展成近代意义的同业公会作为前提和基础的。在当时中国半殖民地、半封建社会的总体社会性质之下,作为新型工商组织的商会,既不可能经过长期历史酝酿而自发生长,也不可能完全从西方照搬移植,而只能在欧风美雨的急促催生下从行会母体中脱胎出来,这样就无法斩断与传统行会组织的某些联系。

最后,从社会外部环境的视角来审视,浙江近代商会的诞生也与当时中国内忧外患的危机、"商战"迭起的背景、西方商会制度的示范和清政府的政策推动等因素密切相关。浙江近代商会的诞生离不开本土社会环境因素的推动,但与此同时,它也是"挑战—回应"之下的产物,其萌生与演变是清政府和商界在外侵之驱动和商会制度的示范下,共同作出的积极回应。一方面,西方列强在华商会的挑战和示范效应是浙江近代商会诞生的重要诱因。正如马克思、恩格斯分析中国鸦片战争后的形势时所指出的:"英国人用武力夺得了五大商港中的自由贸易权。千百只英国和美国的轮船开到了中国去,而在很快的时期内,中国市场上就充满了英国和美国的便宜的机器制造品。以手工劳动为基础的中国工业,竞争不过机器工业。于是稳固的中国就遇到了社会危机。"①诸多危机的一个表征是,列强从 1834 开始纷纷在中国设立商会。到1923 年时,在中国通商口岸设立的洋商商会约计 61 个。② 诚然,在华设立的洋商会出于维护本国会员经济利益的考虑,创造各种条件促进本国与华的经济贸易往来,但也随时配合本国政府对中国进行经济侵略和扩张。列强在华商会的不断开设使得通过上海、宁波等口岸往来的浙江各地商人纷纷效仿,开始筹建维护本地商人利益的组织。同时,因为具有通过国际航线到达英日诸国的机会,浙江商人对商会功能的感受更为直接,西方商会制度的示范性和驱动性也就表现得更为显著。

另一方面,清政府和浙江当局的重商政策为浙江近代商会的诞生奠定了

① 中共中央马克思恩格斯列宁斯大林著作编译局:《马克思恩格斯论中国》,北京:人民出版社,1997 年,第 161 页。

② 虞和平:《商会与中国早期现代化》,上海:上海人民出版社,1993 年,第 259 页。

政治基础。《辛丑条约》签订之后,清政府陷入内政、外交、财政、经济的全面困境,被迫实行新政,颁布重商政策和商会章程。1903年清政府设立商部,颁行《商会简明章程》,对商务繁荣之区设立商会提出了要求。1906年清政府改商部为农工商部,是年颁布《奖励商勋章程》。次年,农工商部要求各乡镇"凡有商铺荟聚之处,次第筹设公会之分会,隶属于县城分会"。在自上而下的政策影响之下,浙江政府当局也于1904年设立农工商矿局,这是浙江省有史以来封建政府首次设立的发展农工商业的机构;1908年又改设劝业道,下设劝业公所。此外,省政当局亲自出马发表演讲,推动舆论,并把发展实业和新式工商组织作为任内政绩。[①] 在清政府和浙江当局的政策刺激和浙商的主观努力下,浙江迎来了20世纪头10年民族工商业发展的好势头,与此同时,浙江商会组织由城市发展到县城,再延伸至各乡镇,形成了近代浙江的"商务总会、商务分会、商务分所"的三级商会网络。

三、辛亥革命时期浙江商会的政治行动与社会建构功能

如上所述,浙江各地商会在初立时主要以维持稳定的商业制度、保护商业经营秩序、充当官商交通的媒介作为其传统和常态的功能。但是,在辛亥革命时期的大变局之中,浙江商会组织从性质到功能上可能会发生一些变化。由于国内政局的动荡、传统治权的式微、社会稳定性的降低,商会活动突破了"在商言商"的内容,而是广泛渗透到了政治建构与社会建设领域。一方面,辛亥革命前后,浙江各地商会参与到抵制美货、争取路权、国会请愿、光复运动当中,与民众共同建构出一个区别于政府并对之进行制衡、监督乃至对抗的市民社会雏形。这种非传统、非常态的功能扩大了政治的社会基础,并在一定程度上推展了公共领域,使政治发展模式突出了社会推动、社会建构的色彩,因而可谓是"社会建构国家"的一个体现。另一方面,以商会为中枢,形成了一个开放性的民间社团网络,它们承担起联络工商、兴办商学、维持治安、置办公益事业等市政管理或社会建设方面的职能,可以视之为"社会自我建构"功能的拓展和深化。这两股由商会参与甚至主导的"社会建构"的浪潮相互激荡,深刻

---

① 胡国枢:《光复会与浙江辛亥革命》,杭州:杭州出版社,2002年,第31页。

改变了传统的国家统治结构,刻画出一幅国家与社会关系的新图景。

（一）社会建构国家:辛亥革命时期浙江商会的政治行动及意蕴

首先我们来考察浙江商会与抵制美货运动。1905 年 5 月,当上海商务总会为抗议美国虐待华工而发起抵制美货的爱国运动时,浙江多地商会予以积极回应。宁波商会的爱国商董首先致函上海商会表示声援,之后,湖州、杭州、嘉兴、温州、绍兴、金华、台州、黄岩等地以商会为核心的社会各界纷纷响应。如杭州商务总会倡导"所有美货一律不进,一概不用",还刊发抵制传单,分送省垣附近各铺号,并邮寄各属之有商会处,传知一律照行。① 再如,抵制美货的倡议一传至温州,永嘉县商会张绎林等立即组织"抵制美约社",并于 6 月 26 日在东山书院召开废除美约、抵制美货的大会,签允不销美货的有洋油业、广货业、洋布业、五金业、糕饼业等 100 多家,瑞安、乐清等地也纷纷掀起了抵制美货的热潮。② 值得注意的是,浙江商会一再强调"事关国体民生",以此来动员民众力量参与其中。学者、工人、店员、小商贩、手工业者等社会阶层也纷纷参与到政治集会、公共演讲、散发传单、抵制美货等各种活动中。可见,商会是 1905 年浙江各界抵制美货运动的发起者和领导者,在一定意义上,抵制美货运动就是以商会等新式商人团体为主开展的国民外交。另一方面,在商会的号召和组织之下,民众的公共活动场所拓展到演说会、阅报社、茶馆、讲报处、宣讲所等多处。这不仅说明市民阶层开始积极参与国家事务,也体现出公共领域在这一时期的扩张现象。

再来考察浙路风潮中的浙江商会。1907 年,清政府要按照英国侵略者的要求,准备与英国签订借款修建沪杭甬的铁路合同,并试图强迫浙江省商办铁路公司接受英国的贷款。为了维护路权,1907 年 10 月 22 日,在浙江商会的积极参与下,商界人士与学界、士绅等数百人,借仁(和)钱(塘)教育会举行"特别抵制会",并于会后积极动员各界认股筹款。在商务总会的号召下,浙江许多县镇的商务分会和商人都纷纷通电或上书,表达拒借外款的决心,正所谓"力

---

① 苏绍柄:《山钟集》,上海油印本 1906 年版,第 39、195 页。

② 沈雨梧:《民族魂——浙江百年反侵略斗争纪实》,北京:中国广播电视出版社,1997 年,第 112 页。

拒外款","不做则已,做则必求达其目的,誓死不回,以期终于有成"①。与此同时,各界民众纷起响应,"商贾则议停贸易,佃役则相约辞工,杭城铺户且有停缴捐款之议。商市动摇,人心震骇"②。在浙江商会和社会各界如此强烈的联合反抗下,清政府不得不将英国贷款移作他用,准允浙江铁路仍归商办。1909年8月,全国最长的民办(民间集资,民间组织公司经营)铁路——沪杭路全线通车,商旅腾颂,民心欢畅。可以看到,在浙路风潮中,浙江商人的政治参与意识增强,浙江商会和社会各界对政府的"制衡性"甚至"对抗性"的一面得到了体现。浙江商会与国家(政府)之间的关系发生了急转,商会对政治发展的社会建构功能得到了进一步释放。但我们也应该看到,尽管浙江商会和商人为收回铁路修筑权作出了艰苦卓绝的努力,也取得了阶段性成效,但清王朝于1911年5月仅凭一纸上谕,即违背自己制定的商律,宣布铁道干路国有的政策,实际上是以路权作抵押而对外借债。浙江商会和商人虽对此竭力抗争,但终究未能阻止路权再次落入外人之手,这也说明当时的浙江商会和社会各界对政府的制衡效果还是较为有限的。

我们接着来审视清末最后几年间由浙江商会参与的国会请愿运动。当时清政府为维持其风雨飘摇的统治地位,不得不推行政治改革,着手实行君主立宪制。但是,清政府又规定了预备立宪的九年期限,在实践中不断集权于皇室亲贵,由此激起社会各界的强烈不满。于是,立宪派发起国会请愿运动,要求清政府立即召开国会,实行立宪。总体上看,当时的浙江各地商会和商人支持立宪改革。1906年9月清廷"仿行宪政"的上谕颁布之后,浙江商会和商人即表示欢迎。当时报载:"自立宪明诏颁发,各处商民无不欢欣鼓舞,开会庆祝。"尤其是宁波商务总会、杭州商务总会致电清朝农工商部,"请以翘盼实行立宪之意,代达天听"③。不仅如此,浙江许多商会的领导人还与立宪派保持着非常密切的联系,有的甚至本身即可在很大程度上称之为立宪派成员。与此同时,立宪派已充分意识到商会作为独立民间社会的代表参与请愿的重要作用

---

① 朱英:《转型时期的社会与国家——以近代中国商会为主体的历史透视》,武汉:华中师范大学出版社,1997年,第238页。

② 宓汝成:《中国近代铁路史资料》,北京:中华书局,1963年,第876页。

③ 《商民翘盼立宪之舆情》,《商务官报》1906年第17号。

与影响,认为"商会最多爱国之士,若能速举代农来京,同时并举,政府必有改弦之心,吾侪益无孤立之惧";另还阐明国会如能尽早召开,"则商人受保护之利益者不少,否则无正当之保护,商人受害必烈,而欲立足于商业竞争之世界难矣"①。于是,立宪派发出"敬告各省商会请联合请愿书",希望商会动员广大商人参加国会请愿运动。在此背景下,浙江各地商会也筹备参加国会请愿运动,其情势正如《东方杂志》的记载,"学会、商会与京中国会请愿会遥相应和,或即开会,或拟上书,或任运动同志,或拟公举代表以接续请求者,不一而足"②。

　　浙江各地商会直接参加国会请愿运动,敦促清政府加快政治改革的步伐,是当时浙江商会领导商人积极参与国家公共事务的一个重要表现。虽然商会呈递的请愿书在内容上较多地强调国会召开对于解除商界困境这方面的影响,言辞口吻也较为温和,但它参加国会请愿这一举动已经超越了其口头信奉的"在商言商"原则。诚然,商会请愿并未达到促使清政府立即召开国会之目的,但浙江各地商会和商人的行动扩大了国会请愿运功的规模和影响,因而具有积极的意义。更为重要的是,浙江商会参与立宪请愿运动,表明其政治参与意识和公共责任感得到了进一步增强,正所谓"我商界与国家之盛衰尤有密切关系","人人有立宪国民之思想,愿尽国民之义务"③。当然,商会作为反映工商业者意愿的团体,也担心革命引发动荡,危及工商业者的经济利益;加上浙江地方商会的领导人及其成员本身也都是资本家,同样害怕社会动乱。所以,他们大都盼望在保持稳定秩序的前提下,通过清政府自上而下的改革来改变长期以来的专制政体。

　　最后来考察浙江光复运动中的商会行动。此间,省城杭州是以革命党人武装起义的方式推翻清王朝统治并建立革命政权的。杭州以外的 10 个府城中,宁波、湖州、嘉兴、台州、绍兴、严州、处州是革命党人以军事手段实现光复

---

　　① 《代表团敬告各省商会请联合请愿书》,《广东谘议局编查录(下卷)》,铅印本,广州中山图书馆藏。

　　② 《记国会请愿代表进行之状况》,《东方杂志》1910 年第 2 期。

　　③ 朱英:《转型时期的社会与国家——以近代中国商会为主体的历史透视》,武汉:华中师范大学出版社,1997 年,第 248 页。

的,但是并未发生真正意义上的武装起义或与反革命军队间的战斗;在州县一级,封建势力仍然占据优势,基本上没有资产阶级革命党人在这些地方活动。可以说,在浙江各州县的光复运动中,虽然指导者是资产阶级革命派,但真正起到决定作用的是绅商领袖和以商会为中枢的新型市民团体。例如,浙江的石门、慈溪、德清、余姚、宁海等地方和全省其他州县一样,革命派的力量比较薄弱。但由于其商品经济、商业文化相对发达,以商会为核心的市民团体(还包括教育会、城镇议事会、自治会等)力量相对较强,它们对革命派的光复运动提供了有力支持和协助。而在平湖、海盐、嘉善等县,基本上是由先行光复的府城派出革命党人或革命军帮助那里的绅商领袖、商会和市民公团实行光复的。以定海县为例,宁波军政分府成立后即人前往定海发动光复。县城的商学各公团当晚召开绅民代表大会,宣告光复并成立军政府。若没有强有力的市民阶层及其所组织的各个公团的合作和支持,即使是上级军政府、军政分府派来的人,这些地方的光复运动也难以成功。在镇海县,于杭州光复当日,县商会首先以"事出非常",飞告县劝学所、教育会、城议事会等,在其领导下,镇海县实现光复。在州县一级掀起光复热潮的同时,杭嘉湖地区的一些乡镇也加入其中。如1911年11月9日,桐乡县所属的乌青镇在获知省城光复的消息后,镇商会立即召开紧急大会,暂设"保安社",维持镇上治安。全镇高悬白旗,宣告光复,并遵令剪发。[①] 在革命党人、绅商领袖和以商会为中枢的新型市民团体的共同努力之下,辛亥革命中浙江全省易帜基本上都是和平光复,封建君主专制在浙江宣告终结,政治和思想民主化成为浙江社会势不可挡的大趋势。

(二)社会自我建构:辛亥革命时期浙江商会社会功能的拓展

辛亥革命时期浙江商会的社会功能首先体现于维持地方秩序方面。由于时局不稳、社会动荡,商人感到亟需建立武装力量,于是纷纷在商会的基础上建立一种准军事商人社会团体——商团。如杭州光复后,"商团全体会员左手均缠白布,荷枪梭巡,不遗余力,故市面安堵如常"[②]。浙江各地的商团由商人

---

① 汪林茂:《辛亥革命中浙江各地的光复活动》,《浙江档案》2001年第10期。
② 虞和平:《商会与中国早期现代化》,上海:上海人民出版社,1993年,第259页。

为主的社会各界组成,其领导人也多是当地享有较高威望的商董,而不是政府官员。商团在不同程度上接受所在地商会或更高层次商人机构的领导,在某种意义上可看作是商会的下属或外围团体。官府对商团无直接控制权,也较少干涉商团内部事务。商团的经费来源不是由政府拨给,而是自行筹措,或是由所在地的商会予以资助。商团以契约来维持内部运作,而不是依靠血缘或亲情关系维护相互之间的联系。同时,绝大多数商团在组织制度上还表现出比较明显的近代民主特征,如规定会员有选举权与被选举权,对会中职员也有监察之权等。

其次,浙江近代商会积极发挥社会整合功能,促进地方自治网络的生成。晚清时期,浙江各地商会已开始自发举办地方自治组织。1909 年 1 月,作为筹备立宪的基础工作,清政府正式颁布《城镇乡地方自治章程》和《城镇乡地方自治选法章程》,浙江各地商会举办地方自治组织到了全面推进的新阶段,许多绅商更加积极地投入到地方自治运动当中。清政府把地方自治设为两个级别:城镇乡为下级地方自治,府厅州县为上级地方自治。到 1911 年时,浙江建立了 54 个城自治公所、30 个镇自治公所、403 个乡自治公所。[①] 这些地方自治组织可以看作是清末中国市民社会雏形开始出现并得到扩充的反映。当时的商人对此也不无认识,他们在创办地方自治组织时,即明确宣称要将其作为"独立社会之起点"。这些地方自治团体,都是以商人为主体组成,并由商董领导的不同于旧式慈善机构的新式民间社团;它们均不受官府的直接控制,拥有较多的自治权利;绝大多数都是以规范的契约性规章维持其内部的运作;在组织制度上也体现出一定的近代民主性。浙江近代商办的地方自治组织使市民社会在很大程度上掌握了市政建设与社会管理权,它们在浙江近代的城市社会生活中发挥着越来越重要的作用,也比较迅速地推动了城市的近代化发展。如果说商团的成立,使浙江市民社会拥有了自己的准武装,增强了市民社会的自身力量,那么,浙江商办自治团体的成立,则使浙江市民社会的自治权利在商会的原有自治基础上,又得到了进一步的扩大。

---

① 梁景和:《清末国民意识与参政意识研究》,长沙:湖南教育出版社,1999 年,第 172—174 页。

此外,浙江近代商会的功能还拓展到社会建设的其他领域。例如,杭州商学公会属于商办学术研究类社团,"系通知众商集合而成","意在研究商学,交换智识,以冀商业之发达"①。其活动内容主要包括研究商学、商法,调查贸易情形,编辑商务杂志,延聘讲习人员,联络各处商会等。再如,1907年前后,镇海商人设立了风俗改良会。该会表示:"以兴利除弊为宗旨,亦地方自治所不可少之举也。"②其活动内容包括兴办初等小学、半日学堂、女学堂、幼稚园及私塾改良,鼓吹文明,演说爱国保教、尚武合群等,保卫桑梓,创办救火会,研究实业,劝化迷信,禁革污欲,改良嫁娶,丧葬,宾礼,祭礼,等等。杭州商学公会、镇海风俗改良会等新式社团的一切办事规则原系独立性质,经费亦统由会中自筹。它们均由商会设立,并附属于商会,因而其商办民间团体的性质也毋庸置疑。这些新式商办社团进一步扩充了浙江近代市民社会的雏形,它们在社会建设领域中发挥着政府所不及、不愿或不能发挥的作用。

四、辛亥革命时期浙江商会的市民社会特征及其局限性

查尔斯·泰勒(Charles Taylor)曾对市民社会的独立性做过经典表述,他认为市民社会的独立性可以分为三个层次:就其最低限度的含义来说,只要存在不受制于国家权力支配的自由社团,市民社会就存在了;就其较为严格的含义来说,只有当整个社会能够通过那些不受国家支配的社团来建构自身并协调其行为时,市民社会才存在;作为第二种含义的替代和补充,当这些社团能够相当有效地决定和影响国家政策之方向时,我们便可以称之为市民社会。③由前文分析可知,浙江近代商会有着比较规范的章程和相对自主的结构,尤其在辛亥革命时期,浙江商会基本上能够独立自主地开展政治活动,成为一种相对独立于政治系统控制之外的组织化的民间力量。从功能上看,浙江近代商会成为区别于政治国家的一个社会领域,不仅能够在市政管理、社会建设方面体现出一种新的公共治理主体的特性,而且在辛亥革命时期更是突出了其对

---

① 《杭州商学公会改正章程》,《杭州商业杂志》1909年第1期。

② 《各省内务汇志》,《东方杂志》1907年第12期。

③ [加拿大]泰勒:《市民社会的模式》,载邓正来等:《国家与市民社会——一种社会理论的研究路径》,北京:中央编译出版社,1999年,第6—7页。

政治国家的制衡、监督乃至对抗功能,能够影响到国家政策的走向和政治格局的变更。因此,辛亥革命时期的浙江商会确实具有了一定程度的市民社会特征。当然,在现代市民社会概念中,国家与社会是分离与对立的,但也不否认两者之间相互依赖的特征。这里的"对立"只是强调市民社会有权利和义务监督国家权力,国家权力来源于社会,并且从属于社会。浙江商会在辛亥革命时期的政治与社会活动充分体现了这一基本逻辑。

另一方面,辛亥革命时期浙江商会的政治和社会活动扩大了近代民主政治的社会基础,也在一定程度上拓展了公共领域,使政治发展模式凸显了社会推动、社会建构的色彩。在民主化进程的所有阶段上,一个有活力、独立的市民社会的价值都是无可估量的,或者说,民主政治是以市民社会的发育作为前提的。辛亥革命时期,浙江商会领导和组织社会力量参与到多项国家政治事件和公共事务中,从而在刺激公民政治参与、增强公民民主技能和效能,提高公民的民主权利与义务意识方面发挥了重要作用;同时,浙江商会和广大民众又共同推动公共领域拓展至演说会、阅报社、茶馆、讲报处、宣讲所等多个场所,从而为深化民主文化和意识开拓了实践平台。通过浙江地方商会号召广大民众共同参与政治和社会公共事务,辛亥革命及其带来的政治变局突出了社会建构的意蕴。从这个意义上讲,辛亥革命首先是一场社会革命,然后才是一场政治革命。

但是,我们也应该看到,辛亥革命时期浙江市民社会的发育状况还只是一个"雏形",它对于政府的制衡、监督和对抗功能发挥有限。为什么存在这种局限性呢?从客观条件看,这主要是由于近代中国始终没有建立起类似西方那样真正能够制约政府的国会,因而市民社会根本无法全面限制政府的独断专行。而民国时期中国出现的所谓"国会",在很大程度上异化为被国家统治者控制的御用工具,不仅不能发挥制约统治者专横独断的功能,而且还经常被统治者用于谋一己之私。在一个实行专制独裁统治的国家中,市民社会根本不可能在各方面充分发挥制衡国家的作用。

从主观方面看,首先,浙江近代以商会为中枢的市民社会雏形仍然对官府存在较多依赖性这一缺陷,严重地制约了浙江近代市民社会的发展,也使之缺乏抗衡国家侵蚀和扼杀的实力。在特殊社会政治背景下所形成的中国式市民社会,在"常态"下一般都不愿与国家权力处于抗衡状态,而总是小心翼翼地寻求政治平衡,以期得到官方的认可与保护。其二,在思想认识上,商会和其他市民团体缺乏长远的政治眼光和明确的奋斗目标,只是感性地认识到封建政治制度的缺陷,而且多是以其自身利益的得失作为衡量政治制度好坏的标准。这一政治取向常常导致其采取短期的政治行为。其三,浙江近代市民社会内部的组织系统仍显分隔,难以形成强大的整体力量。正如有的论者所指出的那样:"由于各商会由本地的各业行帮和企业自愿联合组成,商会对他们没有行政统制的权力,只能通过利益关系和思想认同实现领导功能,一旦发生利益和思想分歧,就难以形成统一的行动,这正是在有些政治和反帝运动中,某些行帮和企业不遵从商会的决议采取擅自行动的组织原因所在。"①此外,浙江地区的商务总会与分会之间,按照清朝商部的规定,也并无实质性的统辖关系,而只是发挥联络作用,因此一些地区不协调的情况时有发生,从而影响商会发挥整体力量的更大效能。至于商务总会之间,更无统辖或隶属关系,虽在利益趋同以及共同关心的问题上尚能协调行动,但因无强制约束力也同样经常发生分歧,致使各商会之间行动失调。其四,契约规则常常在无形之中遭到破坏。尽管浙江近代商会和其他民间社团在职员选举、会议制度、财经制度等方面呈现出一定的契约规则与民主特点,但在具体实施过程中未能真正贯彻执行。例如,浙江地方商会内部领导权力的分配,从表面上看应是取决于民主选举的方式,实际上多是取决于各行帮资财的厚薄和捐款的多寡。因此,钱业、票号业和典当业等金融业的商董在领导成员中的势力十分显赫,根据清末《华商联合报》的记载,杭州商务总会在 1909 年所选会董总数为 21 人,其中钱业 7 人,典当业 2 人,所占的比重无疑大大超出一般行业。少数行业的商董凭借其雄厚的经济实力,长期垄断商会的领导职务,既容易使商会被这些行业所操纵,也有可能导致个别把持商会领导权的行帮头面人物,破坏商会的契约规则和民主制度。1909 年,杭州一些行业的商人对商务总会为少数人所把持,"众商遇有下情,商会不能维持"的状况不满,另行商议成立商业会议所,使商

---

① 虞和平:《商会与中国早期现代化》,上海:上海人民出版社,1993 年,第 376 页。

会在工商界的号召力大为降低。① 其五,清末民初的市民社会在制衡国家的过程中,所采取的手段和方法也存在着较大的局限性。除在对外的反帝爱国运动中采取抵制洋货和罢市的斗争手段外,在对内的政治和经济问题上,一般都不外乎上书请愿和集会抗议,或者通过公共领域向国家施加一定的舆论压力。但这些方式尚不足以对国家形成不可抵御的约束力。当时各业商人如果能在全国范围内联合起来,共同采取拒纳捐税和罢市等斗争方式,可能会对统治者形成更为致命的威胁和打击,也将成为制衡国家更为有效的行动。

正是由于浙江近代的市民社会雏形只能在某些方面对政府进行有限制约,而不能在各方面真正有效地制衡政府,也就难以维持其自身的顺利发展。因为在这样一种互动关系下,只有国家(政府)采取扶植社会的政策,市民社会才能获得发展的机遇;而一旦国家(政府)对社会予以侵蚀甚或扼杀,市民社会最终将难以进行持续的抵御。所以,浙江近代市民社会的发展,不仅取决于其自身,而且在很大程度上取决于国家(政府)对社会采取何种政策。当政府能力下降,未能建立起强大的集权统治时,市民社会往往能够获得一定发展;而当政府能力增强,统治又比较稳固时,市民社会发展反倒遭到削弱。浙江商会作为浙江近代市民社会中最具影响力的团体之一,它的命运即是如此。正如章开沅教授所说:"中国商会稍能奋发有为并体现独立品格的岁月,多半是在中央政府衰微或统一的政治中心已不复存在的时期,及至相对稳定与统一的中央政府建立以后,它反而堕为附庸,湮没独立品格,很难有大的作为。前者如清末立宪运动时期、北洋军阀混战时期,商会在经济、政治、文化生活中,均曾扮演过相当积极的角色;后者如南京国民政府成立以后,曾经对辛亥革命、肇建民国乃至所谓国民革命有所贡献的商会,反而只能仰承政府的鼻息,甚至连仅仅具有象征意义的商团武装也被解除了。这是由于中央集权乃是中国的传统政治体制,统治者着意加强归于一统的各级政府,却无意(甚至害怕)扶植各种社会团体的独立、健康发展。"②

穿越历史之镜,它似乎正要透过浙江近代商会与辛亥革命的载记而给予

---

① 《杭州众商集议会缘起》,《东方杂志》1909 年第 12 期。

② 虞和平:《商会与中国早期现代化》,上海:上海人民出版社,1993 年,序言。

我们这样的"暗示":所谓的"民主政治"与"美好社会"的构建,不单纯是社会推动的结果,也不可能仅是政策推动使然,它的实现最终只能在政治国家与市民社会的双向建构、良性互动、视域融合的过程中寻求可能性。换言之,民主政治的发展和美好社会的构建需要"国家—社会"的共同努力,而不仅仅是简单的对抗。因此,市民社会理论的推动者、曾经撰写《公共领域的结构转型》的哈贝马斯说过这样一句耐人寻思的话:"对话和交往并不是乌托邦,而是乌托邦孕育于主体间自由而平等的对话交往之中"①。②

第二节 民主理念、公民教育与美国进步时代改革

一般认为,美国进步时代(progressive era)是美国大约从 19 世纪 90 年代到 20 世纪 20 年代的重要的一段历史时期(Crunden,1984;Buenker & Kantowicz,1988;Khan,1992;Flanagan,2007;马骏,2009)。此间,面对经济和社会变迁所带来的严重的社会问题,美国以"进步"的精神为指引,一方面,公民通过"自下而上"的权利诉求和一系列"社会自我保护运动",在个人权利、个人责任的基础上注入社会权利、社会责任的维度,赋予民主更多的道德意蕴和社会伦理价值;另一方面,美国各级政府对公民诉求和社会运动予以积极回应,并基于对"自由"和"民主"理念的调适,进行了社会系统的全方位制度改革。再者,与制度改革同步,美国进步时代的公民教育与民主建设具有互构性,它在维护美国核心价值体系、彰显公民的生机和活力方面发挥了重要作用。因此,美国进步时代改革是一个社会转型、治理转型、公民转型的关键时期,某种程度上讲,它既是社会建构的结果,也是公民与政府共同努力、相互建构的结果。美国进步时代与中国当前的社会问题与社会转型有许多相似之处,本节旨在对美国进步时代改革的内在逻辑进行梳理,并探讨美国这一时期

---

① [德]哈贝马斯:《诠释学的普遍性要求》,载洪汗鼎主编:《理解与解释——诠释学经典文选》,北京:东方出版社,1999 年,第 298 页。

② 本章第一节内容系 2010 年度浙江省哲学社会科学规划立项课题(文化研究工程)"辛亥革命与浙江近代商会——基于市民社会与公共领域的研究范式"(编号:10WHXH06)的研究成果。

在"新民主"倡导下的公民教育主张及其实践,冀期于对我国当前的社会转型和治理变迁提供启示和借鉴。

一、美国的进步历史观与古典自由主义

美国进步时代的各种改革多被冠以"进步"(progress)或"进步主义"(progressism)的名号。在语源学意义上,英文的"进步"始见于 15 世纪,表示向上、向前或向更高阶段和状态的行动、运动、活动。① 但是,美国进步时代的"进步"并非是具有独创性的和固定内涵的某种"主义",而是一种"精神"或"态度"及其指引下的实际运动。正如著名经济学家卡尔·波兰尼(Karl Polany)所说,"进步时代改革是一场社会的自发保护运动","而不必然是建立在特定哲学理论基础上的自觉行动","1860 年之后半个世纪的反向运动,矛头直接指向自我调节市场的立法,它本身是自发的、事先没有观点指导的,其实践源自一种纯粹的实用主义精神"②。这种社会运动的"自下而上"特征及自发性在进步时代前夕和发展初期表现得尤为明显。"进步"不同于形形色色、内涵各异的"主义",而是一种源于近现代并永远处于"流变"中的社会历史观和精神态度。只有在"进步"精神的昭示下,才会产生具有特定观点和时代价值的各种"主义"。

"进步"在很大程度上是"现代性"的代名词,它首先呈现为一种社会历史观的变迁景象。对比来看,古希腊神话中的人类历史被描述为一个"退化"过程,从黄金时代到白银时代、青铜时代,直到蜕变成一个彻底堕落、充满仇视和憎恨的黑铁时代。基督教则认为历史是一个从乐园到失乐园、再回归乐园的"循环"过程。到了 16、17 世纪,随着地理大发现和科学大发展,欧洲人逐渐产生了以"进步"为核心的社会历史观,而 18 世纪的启蒙运动和社会达尔文主义使进步的历史观最终确立。③ 因此,进步的历史观反映了人类现代性的进一

---

① [英]辛普森等:《牛津英语辞典(第 7 卷)》,牛津:牛津克莱伦顿出版社,1989 年,第593—596 页。

② [英]波兰尼:《大转型:我们时代的政治与经济起源》,刘阳、冯钢译,杭州:浙江人民出版社,2007 年,第 121 页。

③ 张斌贤:《进步主义教育运动:概念及历史发展》,《教育研究》1995 年第 7 期。

步延展,正如卡尔·洛维特(Karl Loewith)所言,"历史的出现,表明思想已不再信赖自然宇宙的理性或上帝之国,而是信赖时代精神、'未来之轮'、'历史的命运'"①。"进步"表明现代的主体(这一主体可以是政府、企业等法人组织,但在根本上则是作为个体的公民)不需要在既有世界中确证自己,而必须在主体的历史发展中发现自身存在的根据。这种情境下,进步首先就意味着"主体具有选择的自由",这是主体通向自由、全面、协调和可持续发展之路的内在要求。正是借由这种近现代进步的历史观,包括美国进步时代改革在内的现代性进程才获得了自身合法性或正当性的依据。

事实上,美国进步时代之前的现代性进程中同样秉持着对"进步"的基本共识,因此,尽管"进步"一词是美国这一时期改革的符号,但并非美国进步时代的创举,也不能完全说明这一时期改革的内在逻辑。回顾美国建国初期的百年实践,进步观念一以贯之,并带有强烈的"线性"特征,首先就体现在美国"以自由立国"的纲领及其实践上。与法国大革命追求"解放"的目标不同,美国独立战争的目标是追求"自由"。解放强调的是把人们从"水深火热"中解救出来,然后教给他们"规定好的幸福",甚至强迫其获得所谓"正确的"幸福。而自由是依靠自主选择和民众的创造来实现平等自由,因而是人的主体性的觉醒,所追求的是一种社会建构的幸福,即只是为幸福搭台,而不强制规定或强迫接受任何"幸福"。因此,在美国人看来,只有那些旨在追求自由的制度、旨在培养公民自由品性的教育,才能真正达到人类的幸福境地。正因为此,一般认为,美国政治思想最为主要的连续性线索就是自由主义的发展和变迁,自由主义也是"美国社会最核心的价值体系"②。当美国从英国殖民地的"身份"上脱胎为"自由身"时,以汉密尔顿(Hamilton)为代表的联邦党和以杰斐逊(Jefferson)为代表的民主共和党展开了激烈的争论,无疑,杰斐逊在这场争论中取得了较大的胜利。他认为,应减小政府的权力,给个人自由、经济自由和民主创造更大空间。这种理念的产生,很大程度上是因为绝大多数美国人都

① [德]洛维特:《世界历史与救赎历史》,李秋零、田薇译,北京:生活·读书·新知三联书店,2002年,第24页。
② 马骏:《经济、社会变迁与国家治理转型:美国进步时代改革》,载马骏、刘亚平主编:《美国进步时代的政府改革及其对中国的启示》,上海:格致出版社,2009年,第30页。

坚信,强大的、崇尚积极行动的政府对于自由来说是一种威胁。于是,"自由放任的经济"和"有限政府"成为美国进步时代之前尤其是 19 世纪中期用来表征"进步"的重要符号。

但是,美国建国初期百年实践中的"自由"不同于进步时代中威尔逊提出的"新自由",而是一种以个人自由、个体权利为根本依托的古典自由主义,或称为"个人主义式的自由主义"。其中,"契约自由"和"社会达尔文主义"构成了古典自由主义的主要理论基础。所谓"契约自由",首先意味着完备的自由市场,其中自由竞争的主体不受任何他方的控制,其意志完全自由,不借助外部社会政策来限制市场自由和个人的自治。人们能够根据市场规则,根据利益最大化原则自由选择最合适的缔约相对人。美国独立宣言中对契约自由中的政府之产生作出以下描述:"人人生而平等,造物者赋予他们若干不可剥夺的权利,其中包括生命权、自由权和追求幸福的权利。为了保障这些权利,人类才在他们之间建立政府,而政府之正当权力,是经被治理者的同意而产生的。当任何形式的政府对这些目标具破坏作用时,人民便有权力改变或废除它,以建立一个新的政府;其赖以奠基的原则,其组织权力的方式,务使人民认为唯有这样才最可能获得他们的安全和幸福。"①因此,政府仅仅是用来保障公民自由权,除此之外不应干涉其他事务。在独立宣言之后,美国宪法的颁布标志着自由主义以成文法的方式固定在了美国的历史和血液中。另一方面,古典自由主义将达尔文式的自然选择、优胜劣汰和适者生存视为永恒的自然法则和社会的根本原则。② 因此,政府对"自然"的任何干预都是对个体权的侵犯。一项典型的证据是,1880 年到 1931 年之间,美国企业中劳资矛盾升级,但各级法院还是制定了约 200 多项法院命令,禁止工人的罢工和抵抗活动。法院总是将对企业的管制(尤其是对劳资合同进行的干预,如限制劳动时间和规定安全工作条件等)视作"对自由劳动的一种家长式的限制和侵犯"③。这种逻辑下,穷人是自由市场经济中的失败者,应为自己不幸而负责;政府不

---

① 李涛:《美国的梦想》,北京:新华出版社,2008 年,序言。
② [美]埃里德·方纳:《美国自由的故事》,王希译,北京:商务印书馆,2003 年,第 180—181 页。
③ 同②。

应出台任何偏向性的社会政策,否则就是对市场自由竞争这一自然法则的侵犯。

诚然,这种古典自由主义在美国 19 世纪的大发展中发挥了重要作用,一度成为美国开疆拓土、财富积累、政治进步和人权发展的原动力。在追求自由市场的政治环境和技术进步的辅助下,美国在 19 世纪中期形成了全国性的市场经济,迅速从农业社会步入工业社会,创造了举世瞩目的经济繁荣。到 19 世纪 80 年代中期,美国的 GNP 总量是 110 亿美元,到第一次世界大战结束时已高达 840 亿美元,增长了 8 倍。① 在工业化的推动下,美国的城市化进程也加速进行。到 1890 年美国进步时代伊始,已有 35% 的美国人居住在城市,到 1920 年,这一比例已高达 51%。② 另一方面,经济繁荣、城市化进程和技术进步也改善了公民的基本人权。新兴工业部门吸纳了大量剩余劳动力,为无数人提供了实现梦想的机会。技术进步和工业化生产方式创造出了大量新型消费品,从而提高了美国人的生活质量。此外,19 世纪 20 年代,古典自由主义在美国政治上造就出了"大众民主",改变了美国民主之初投票的大众过多受到立法机构控制的情形。此时,一种被称为"政治机器"的政党政治开始出现,尽管它最终还是"自上而下"受到控制的,但政治家在向下争取选票的竞逐中,政治机器呈现出自下而上发展的倾向,公民政治选举权得到了一定程度的改善。在内战前夕,美国已基本实现了白人成人男子的普选权,内战后黑人的选举权也被列入宪法特别保障的范围。面对美国取得的辉煌成就,在进步时代之前的很多人看来,美国无疑是世界上最精彩的地方,未来只可能有不断进步的希望。③ 然而,随着各种社会矛盾和冲突的升级,古典自由主义的"线性"自由观濒临破产,美国人没有停步,他们继续在"进步"精神的引领下,展开了新的理性思考和改革实践。

① S. J. Dinner. *A Very Different Age:Americans of the Progressive Era*. New York:A Division of Farrar, Status and Giroux, 1998, p. 4.

② S. J. Dinner. *A Very Different Age:Americans of the Progressive Era*. New York:A Division of Farrar, Status and Giroux, 1998, p. 5.

③ M. A. Flanagan. *America Reformed:Progressives and Progressives 1890—1920 s*. New York:Oxford University Press, 2007, p. 1.

二、美国进步时代自由主义的调适及其内在逻辑

古典自由主义的实践确实创造了美国 19 世纪大发展的繁荣景象,但与此同时,也带来了许多严重的经济、社会和政治问题。首先,经济的高度垄断增强了大企业在政治中的影响力乃至操控力,在"政党分肥"的制度下,主要政党成为垄断企业的利益代言人,美国各级政府的政策过程很大程度上也受到财富集团的裹胁。由此,出现了"财富挑战国家"的现象,民主政治的过程大大贬值,个人自由和权利也沦为虚假的东西。① 其二,财富集中和贫富分化现象日益突出。到 1900 年时,占美国人口 1% 的富人拥有美国 87% 的财富,而 1000万美国人(占人口的 1/8)却生活在极度的贫困当中。② 这一时期,无论是城市还是农村,都开始爆发阶级冲突。同时,19 世纪 70 到 90 年代的经济萧条、通货膨胀和缺乏保障的就业危机使工人成了所谓的"工资奴隶"。其三,城市化及移民潮使美国城市基础设施和公共服务面临着巨大压力。其四,19 世纪中期以后,美国的腐败问题愈演愈烈,"商业腐败政治"的模式盛行,这也直接引发了美国 20 世纪初的一场旨在揭露政治腐败和官商勾结的"扒粪运动"。根据梅涅斯对美国 15 个大城市的调查,美国在 1850 年前,几乎没有腐败;腐败在 1850 年到 1880 年期间开始上升;在 1880 年到 1930 年期间,腐败一直处于较高水平;20 世纪 30 年代之后,由于各种改革,腐败才开始下降。③ 其五,环境污染和食品安全问题也激起了美国人对唯利是图的企业的愤怒。

面对诸多凸显的问题,美国人从沉醉中惊醒,继续在"进步"精神的指引下,于 19 世纪后半期开始对新的自由制度和美好社会进行探寻。美国人没有退回到一种想象中的美好的过去,也没有通过激进的革命形式推翻一个旧世界、建立一个新世界,而是以一种"向前看"的姿态和"社会建构"的合作式改良

---

① 马骏:《经济、社会变迁与国家治理转型:美国进步时代改革》,载马骏、刘亚平主编:《美国进步时代的政府改革及其对中国的启示》,上海:格致出版社,2009 年,第 20 页。

② M. A. Flanagan. *America Reformed*:*Progressives and Progressives 1890—1920 s*,New York:Oxford University Press,2007,p.7.

③ 马骏:《经济、社会变迁与国家治理转型:美国进步时代改革》,载马骏、刘亚平主编:《美国进步时代的政府改革及其对中国的启示》,上海:格致出版社,2009 年,第 28 页。

方式,对整个社会系统进行了全方位改革。进步时代改革伊始,有组织的劳工运动、平民党运动、"第三党"的运动、中产阶级妇女运动等"自下而上"的形式起到了推波助澜的关键性作用,许多力促改善公民权、政治权、社会权的声音和努力涌出水面。另一方面,在政府层面,从市政改革开始,进步主义改革进入州政府和联邦政府层面,从而以一种"自上而下"的形式与民众"自下而上"的诉求形成了彼此契合、相互建构的态势。因此,美国进步时代改革首先是一场自下而上的、体现了公民社会的主体性意识和参与性运动的社会建构运动;但这场改革归根到底是"改良"而不是"革命",这与美国追求进步的精神导引、追求自由的立国主张不无关系,更是与美国政府对民众诉求的积极回应、对全方位改革的着力推进及其与公众达成的"改革共识"关联密切。这里的"共识"体现了公民与政府之间相互建构的逻辑。

从根本上看,美国进步时代发生了三方面的重要变化:其一,古典自由主义的调适。放任自由的"线性"自由观被一种"新自由"的理念所取代,即"民主社会应该为所有人而运行"①,从而用一种"积极自由"取代了"消极自由"②。其二,政府职能的重新界定。美国人放弃了"越弱小的政府是越好的政府"的信条,开始对政府采取一种支持和积极的政治立场。进步时代改革的一个目标是"必须改革政府结构,以使其回应'人民的意愿'"③。其三,将"社会责任"引入美国的民主政治和公民生活之中。越来越多的美国人认识到,民主包含着一个"社会建构"的维度,因此,公民在坚持个人主义的同时,应该同时肩负起对他人和社会的责任感。正如弗兰根所言,"进步时代的关键问题在于,人们在重构政府的过程中必须在个人自由与社会责任之间取得平衡"④。通过美国政府和社会公众的共同努力,到 20 世纪 20 年代,美国的经济、政治和社

---

① M. A. Flanagan. *America Reformed: Progressives and Progressives 1890—1920 s.* New York: Oxford University Press, 2007, p. 284.

② M. A. Flanagan. *America Reformed: Progressives and Progressives 1890—1920 s.* New York: Oxford University Press, 2007, p. 102.

③ S. J. Dinner. *A Very Different Age: Americans of the Progressive Era.* New York: A Division of Farrar, Status and Giroux, 1998, p. 203.

④ M. A. Flanagan. *America Reformed: Progressives and Progressives 1890—1920 s.* New York: Oxford University Press, 2007, p. 21.

会制度偏离了建国初期百年实践中的"古典自由主义"思路,一方面,各级政府承担起适当的经济责任、政治责任和社会责任,以实现国家的安全发展和对公民权利的保护。由此,政府的地位逐渐上升,总统的权力得到加强。另一方面,进步时代改革改变了美国政府与公民之间的关系,公民的"权利意识"和"社会责任"得以深化和彰显。美国人对"公民权"的理解也逐渐从地方社区层面上升到国家发展、国家建设的层面,从而对国家民主进程发挥着愈加重要的推动作用。

综上可见,美国进步时代改革中,"进步"是持续性的精神向导,"自由"是变化中的行动指南,而"民主"才是其根本的内在逻辑。尽管在这一时期,老罗斯福总统、威尔逊总统分别提出了"新国家主义"、"新自由"的不同口号,但观其实质,里面实际上蕴含了深刻的"民主"情结,正如著名史学家方纳(Flanagan)所认为的,"'自由'并不是进步主义词汇中最响亮的词。因为它曾经与达尔文主义和契约自由法学联系在一起,使自由一词受到了玷污,所以很多改革者更愿意用'民主'的概念来表达他们的不满。进步时代的评论家们对寻求能够恢复民主公民政治活力的具体办法更为关切,其迫切程度远远超过了对自由作抽象意义的讨论"①。美国进步时代改革者所追求的并不是个人权利平等意义上的民主,而是一种更高阶段的"新民主",它体现了政府与公众在民主建设中的双向建构,体现了公民面对社会问题的主动反思、积极行动对于国家发展和社会进步的推动力。在这一过程中,政府必须肩负起推进民主建设的责任,公民也必须在个人自由、个体权责的基础上注入社会权利和社会责任的元素。

三、"新民主"的意蕴与美国进步时代的公民教育

如上所述,本质上看,美国进步时代改革的内在逻辑是一种由公民与国家相互建构而生成的民主理念,它至少从以下三个方面能够体现出人类现代性的意蕴。

首先,面对"财富挑战权力"现象以及由之带来的巨大的不平等,处在美国

---

① [美]埃里德·方纳:《美国自由的故事》,王希译,北京:商务印书馆,2003年,第207页。

进步时代的杜威(Dewey)就曾谈到,"它是一个民主主义前途的问题,是一个在大多数人处于经济不安全情境中并在经济上依赖于他人意志,至少是依赖于雇主所安排的条件的这种情境中,民主主义如何能获得安全的问题"①。因此,"新民主"是在"进步"精神的向导下,从关切民主的前途和命运的高度而作出的重释。政府改革者和民间力量所共同关切的问题的是国家的发展、社会的转型,以及如何使社会更加平等和谐、团结进取。在这一共识下,改革的一个核心目标是如何将政治权力重新归还给全体公民,重新焕发民主的生机和活力。

其次,"新民主"突出了人和公民的现代性特征,具有强烈的道德意蕴和社会伦理的向度。新民主致力于通过公民与社会公共事务的互动,释放公民的民主潜能和社会责任感。对此,美国进步时代的思想旗手克罗利(Croly)认为,"民主总是和人类对完美的渴求结合在一起"②,也就是说,民主具有完善论意义上的道德性和社会伦理性价值。杜威对此也有着精辟的论断:"从个人的角度看,民主在于根据其能力而负责任地分享形成和指导其所属团体的活动,在于根据其需要参与那些团体所维系的价值。从团体的角度看,民主要求在符合公共利益和公共善的前提下解放团体成员的各种潜能"。因此,民主不仅仅是一种诸如选举的政治生活方式,更是一种个人的和社会的生活方式,"归根结底,民主主义的问题是个人尊严与价值的道德问题"③。

再者,"新民主"强调一种积极的自由和广泛的参与。一方面,在美国19世纪后期的许多自由主义理论家看来,传统的自由主义低估了国家改善公民生活尤其是那些不幸者的生活的能力,从观念上再次将个人权利与公共善联系起来;与此同时,他们声称,国家要想保持合法性,就必须采取行动以增进公共善。按照这种分析,国家不再是自由的敌人,而被认为有义务拆除我们作为公民在实现自我以及取得最高目标的道路上可能遇到的障碍。因此,在"新民主"的视野下,"自由"也演变为一个目的状态的别名,在某种意义上就是道德

---

① [美]杜威:《人的问题》,傅统先等译,上海:上海人民出版社,1965年,第31页。
② [美]赫伯特·D.克罗利:《美国生活的希望:政府在实现国家目标中的作用》,王军英、刘杰译,南京:江苏人民出版社,2006年,第372页。
③ [美]杜威:《人的问题》,傅统先等译,上海:上海人民出版社,1965年,第34页。

努力的目标。可以看出,当时的这一主张与当代共和主义代表人物佩迪特(Petti)的"无支配自由说"颇为相似。在这种"新民主"与"新自由"的联姻体中,民主制度实践中的参与性增强,公民参与超越了政治选举的范围,进入到教堂、学校等各类社会空间,它不仅是国家发展和社会进步的动力,也是完善人性和实现公民自由的必经之路。

通过上述分析可见,美国进步时代的"新民主"是从"民主社会之前途"和"民主公民之潜能"两个相互构成的角度阐释的。而联系到美国进步时代公民政治运动及其自下而上地推动社会改革的作用,不难觉察到,后者在"新民主"的实践中具有更为根本的意义。但在既往的研究中,人们往往单向度地切入这一时期的"社会自我保护运动"以及之后美国政府在制度层面的改革,而相对忽视了一种由公民和国家共同努力而构成的改革实践——进步时代的公民教育。这一时期,以杜威为代表的美国进步时代公民教育思想及其实践,乃是除了制度层面改革之外的又一种旨在实现"新民主"的重要尝试。

事实上,美国早在建国前后,就一直把公民教育与民族国家的形成、民主政治的发展紧密结合在一起。美国缔造者们认识到,公民教育对一个新建立的国家而言,尤其是对于一个由多民族构成、没有遗产、也从未有过任何国家机构的国家而言是至关重要的。因此,公民教育被视为美国共和制度的"壁垒"和"支柱",支撑着美国的民主。杰斐逊曾强调,一个自由的社会最终必须依赖于它的公民,依赖于他们的知识、技能和道德,这些特质是在立宪民主内维护成功的政府所不能缺少的。因此,要通过公民教育保卫自由和政权的共和性质,就必须发展"新公民",不但要使公民的民族意识增强,还要让其履行公民责任。[①] 1863 年,林肯(Lincoln)在《葛底斯堡演说》中,进一步将民主描述为"民有"(of the people)、"民治"(by the people)和"民享"(for the people),这一界定是以"民"为中心的,确定了公民的地位尤其是公民政治参与的地位。本质上讲,民主的存续依赖于公民对其的认同和参与,以便保持政府的职责,维护公民的权利,履行公民的责任。这也是美国早在进步时代之前就已经对积极公民的本质所作出的阐释。

[①] 蓝维:《公民教育:理论、历史与实践探索》,北京:人民出版社,2007 年,第 97—98 页。

在美国进步时代急剧变革的背景下,许多教育家感到,以政治尤其是政治选举为核心的公民教育无法应对社会转型的要求,于是主张在制度改革的同时,通过新型的公民教育推动美国民主社会的进步,应对纷繁芜杂的社会问题。这一时期的公民教育是政府、社会相关组织及教育机构形成合力,通过培养教育,使公民成为依法享有权利和履行义务的责权主体,成为在政治、经济及社会生活中有效成员的过程。

首先,这种变化体现在美国进步时代对教育与民主之间关系的诠释上。在当时美国教育协会的组织下,以杜威为代表的民主教育家认为,民主不仅是一种作为政治制度的共同体形式,也是公民的一种生活方式;教育对民主制度的巩固和完善具有重要作用,教育是实现民主的"第一的工具"、"首要的工具",教育的责任就是"严肃地准备我们的社会成员,使其完尽民主社会的义务和责任"①。在公民教育的实践中,1918 年,美国教育协会下设的中等教育重组委员会发表了《中等教育的主要原则》的报告。其中,特别指出要促进学生的"社会适应能力",转移人们单纯对于政治性公民教育的关注。可见,美国进步时代的公民教育不再局限于政治知识、政治制度的灌输,而是将其渗透到经济、社会和个人实际问题的各个方面,因此拓展了民主的范围,突出了新民主教育实践中的"公民本位"、"社会本位"的导向。

其二,美国进步时代的公民教育更加重视公民的社会实践和政治参与。1852 年到 1918 年之间,美国还是沿袭欧洲传统的阶层教育制,将"贵族教育"和"平民教育"分开进行,且侧重于知识的记忆、严苛的训练、学理性教育,致使公民与社会的脱离,无法应对国家发展、社会变革的需要。进步主义教育认为,传统教育仅仅是对人的一种"塑造"、"复演"或"追溯",忽视了公民与社会的互构关系,压制了人的主观能动性。因此,必须将民主社会视作教育发展的土壤,把教育视作公民实际经验的过程,"给全体成员以平等和宽厚的条件求得知识的机会","教育成员发展个人的首创精神和适应能力"②,只有这样,才能使之担当起参与社会管理的责任。实践中,美国当时开设了新型的进步学

---

① 〔美〕杜威:《人的问题》,傅统先等译,上海:上海人民出版社,1965 年,第 27 页。
② 〔美〕杜威:《民主主义与教育》,王承绪译,北京:人民教育出版社,1990 年,第 98 页。

校、社会课程,将教育与公民的社会实践紧密地结合起来。另一方面,在政治教育与公民教育的关系上,美国进步主义教育实质上就是一个新型民主社会中关于自治政府的教育。这就意味着,只有当政治共同体的每一个公民都参与其管理时,民主的理想才能完全实现。这种政治参与不同于政治选举中的"投票",而是建立在知情、对公共事务的理性思考和审慎批判的基础上的,因此,公民教育的重点在于使公民能够理解并认同那些与公民身份相适应的权利和责任。

其三,美国进步时代的公民教育基于新民主的理念和社会整合的需要,确立了"美国化"的教育目标。所谓"美国化",是指不但要使外来移民掌握美国的语言、风俗习惯、文化知识,获得美国国籍,更为重要的是要使之理解和接受美国的核心价值体系①。当时,在纽约、芝加哥、波士顿等大城市,发起了旨在同化新移民的"美国化"社会运动。② 从 1910 年到 1920 年,"美国化"运动发展成为席卷美国公民教育中的一股浪潮。老罗斯福(Theodore Roosevelt)总统公开发表演讲,要求政府为新移民及其子女开办英语日校和夜校。③ 芝加哥的赫尔馆为新移民及其子女提供了诸如语言培训、职业教育、家庭生活、美国文化展示等活动。④ 纽约于 1903 年对公民课程进行调整,向新移民子弟讲解美国式的民主观念,教授他们有关美国政府的知识以及美国公民的权责。⑤ 1911 年,由费尔查德(Fairchild)率先提出"品格教育",力求培养公民诚实、仁慈、自律、热爱运动、容忍、自立、善于工作、善于合作以及可靠等良好品德。⑥

---

① [美] 斯卡皮蒂:《美国社会问题》,刘泰星等译,北京:中国社会科学出版社,1986 年,第 169 页。

② H. Haldedorn. *The Free Citizen: A Summons of the Democratic Ideal by Theodore Roosevelt*. New York: Mac Millan, 1956, p. 61.

③ N. M. Cowan. *Our Parents' Lives: The Americanization of Eastern European Jews*. New York: Division of Harper Collins Publishers, 1989, p. 99.

④ A. F. Davis. *American Heroine: The Life and Legend of Jane Addams*. New York: Oxford University Press, 1973, p. 105.

⑤ G. Pozzetta. *Education and the Immigrants*. New York: Garland Publishers, 1991, pp. 121—123.

⑥ B. E. McClellan. *Schools and the Shaping of Character: Moral Education in America, 1607 —Present*. ERIC Document Reproduction Service, 1992, p. 27.

为了保持国家秩序的稳定,全美公立学校还普遍开展了"好公民"教育活动,对公民特别是青少年的政治资格和道德品格提出了相当高的要求。这些做法扩大了美国社会对新民主理念的"共识",塑成了社会团结、共存共荣的景象,为美国进步时代改革提供了文化认同的基础和保障。

四、结语

通过对美国进步时代改革内在逻辑的梳理和对美国这一时期公民教育实践的回顾,我们可以看到,美国进步时代改革是在国家面临突出问题、社会急剧转型的背景下,由美国公民和各种社会力量率先通过"社会保护运动"而掀起的浪潮,因而它首先是一场自下而上的"社会建构"运动。它的兴起首先取决于公民主体性意识的发展,取决于公民社会权利意识和社会责任感的增强,更取决于公民对本国核心价值体系的理解和认同,以及对国家发展、社会进步形成的"共识"和社会共同参与。正如马骏先生所言,"解决转型社会中存在的问题,不仅仅是国家的事情,也需要社会的参与,共同解决这些问题";"没有真正的公民,这个国家将是很难有效治理的"①。所以,美国进步时代改革不仅包含制度性变革的维度,同时它也是一场伦理性的变革,是人类现代性进程的一个缩影。正因为此,美国进步时代中国家和各种社会力量共同推进了公民教育的实践,事实也证明,公民教育的确在社会的整体变革方面发挥着与制度转型同等重要的作用。

另一方面,美国政府基于对自由主义的调适,提出了"新自由"、"新民主"等理念,主动回应公民的权利诉求,积极寻求符合时代进步精神、关乎民主国家前途和命运的改革方案,力求用改革来"化解"、"平衡"而不是"压制"和"激化"各种社会问题和利益诉求。从这个意义上看,美国进步时代改革不仅是社会自发的变革,也是一场政府与公民相互合作、双向建构的运动。可见,"对于一个处于剧变中的社会来说,达成共识就更加重要"②。在进步时代中,美国

---

① 马骏:《经济、社会变迁与国家治理转型:美国进步时代改革》,载马骏、刘亚平主编:《美国进步时代的政府改革及其对中国的启示》,上海:格致出版社,2009年,第68页。

② 同①。

政府一直寻求与公民的共识和与社会的合作，并通过改革增强了政府的回应性、责任性、廉洁性和高效性，从而避免了改革走向革命，也防止了社会各种思潮走向极端主义。当然，在人类现代性的永恒流变的过程中，任何改革都不可能是"乌托邦"，同样，"进步主义没有建立起一个完美的世界"①。但是，在"进步"精神的指引下，人们有智慧也有意愿继续塑造一个更加美好的民主社会。现代社会的进步和发展永远是在公民社会的广泛参与中才得以实现，只有民主、只有参与，人类才可能愈加接近完美和幸福的境界。②

---

① M. A. Flanagan. *America Reformed：Progressives and Progressives 1890—1920 s.* New York：Oxford University Press，2007，p. 286.

② 本章第二节内容原载《经济社会体制比较》2012 年第 5 期，题为《民主理念、公民教育与美国进步时代改革》。该文被人大复印资料《政治学》2012 年第 8 期全文转载；被中国社会科学院主办的"中国社会科学网"全文转载。

第三章
社会建构下的服务型政府：
理论与实践

　　服务型政府是一种新的民主政府模式，也是一种新的社会建构理念的现实要求。但服务型政府理论的"根"在哪里，这是研究和建设服务型政府无法回避和逾越的"元问题"。西方的新公共服务理论是将公共服务、民主治理和公民参与置于中心地位的一系列思想和理论。从根本上看，它是一种以公民和社会为本位，通过一系列理念调适和制度设置，使公民权在治理过程中得以彰显的政府施政模式的设想。这种卓具启发性的观点，对推进我国服务型政府建设有着重要的理论和现实意义。但中国的服务型政府建设不仅要吸取西方理论精华，更要着眼于中国实际，并在马克思主义的指导下予以推进。在马克思主义学说中，社会主义的历史使命就是实现政府的服务性与人的主体性的互证，从而为政府最终向社会的回归创造条件。毛泽东在《论联合政府》中表达的政府服务思想，则是马克思这一思想在中国的发展，是我国建设服务型政府的直接理论源泉。同时，马克思主义对人的问题的关注，包括人的本质、人的生存、人的权利、人的解放、人的发展等，始终是永恒的主题，它与中国传统文化中丰富的重民爱民思想资源有机融合，使保障和改善民生成为中国特色社会主义理论和服务型政府理论的重要命题。由此可见，中西方的服务型政府理论都有着很强的社会建构的色彩，集中体现了对政府从"官本位"、"政府本位"向"公民本位"、"社会本位"的转型要求和路径取向。本章着重对社会建构下的服务型政府理论进行剖析，在此基础上，对服务型政府建设过程中的几个实践问题进行探究。

第一节　新公共服务理论与服务型政府建设

20世纪80年代以来,伴随着西方国家政府重塑运动的兴起与发展,英国、美国、澳大利亚、新西兰等西方发达国家掀起了一场被称之为"新公共管理"(new public management)的政府改革运动。然而,新公共管理理论特别是企业家政府理论,在风靡之时却遭到不少批评。其中具有典型代表意义的,即美国著名公共行政学家罗伯特·登哈特(Robert Denhardt)基于对新公共管理理论的反思和批评,提出的一种全新的公共行政理论——新公共服务理论(new public service)。"新公共服务"本质上是一种以公民和社会为本位的理论和现实构想,它不仅对原有的行政管理体制进行反思,而且推崇利益的共享、责任的共担,将一些全新的行政理念和方法引入了政府机构,体现了服务型政府建设的基本要求。目前,新公共服务理论日益成为一种与新公共管理理论并驾齐驱或替代式的公共行政改革新模式。因此,借鉴新公共服务理论中的一些卓具启发性的观点,对推进我国服务型政府建设有着重要的理论和现实意义。

一、新公共服务理论与服务型政府的基本内涵

新公共服务理论是将公共服务、民主治理和公民参与置于中心地位的一系列思想和理论,其代表人物是美国著名行政学家罗伯特·登哈特。与以政府为本位的传统公共行政理论有所不同,新公共服务以民主公民权理论、社区与公民社会理论、组织人本主义和新公共行政、后现代公共行政为理论基础,提出了七个核心观点。第一,服务,而不是掌舵。公共行政人员所承担的工作越来越多地体现为帮助公民表达自身的利益诉求,并努力为满足公共利益的要求而扮演一种"服务者"的角色,而不是扮演传统的控制、管制和主导社会的"掌舵者"角色。第二,追求公共利益是终极目标。公共利益是政府追求的目标而不是附属品;政府不能垄断公共服务。因此,公共行政人员必须建立集体共享公共利益的观念,创立共同的利益和共同的责任。第三,战略的思考,民主的行动。满足公共需要的政策和方案可以通过集体努力和协作过程得以最

有效且最负责任地实施。第四,服务于公民,而不是服务于顾客。公共行政人员不仅仅要关注"顾客"的需求,还要着重关注于公民并且在公民之间以及自身和公民之间建立信任和合作关系。第五,并非简单的责任与义务。公共行政人员不仅要关注市场,而且要关注宪法和法律条文、社会价值、政治规范、专业标准和公民利益。第六,重视人,而不只是生产率。如果公共组织能够基于对所有人的尊重,并通过合作和共同领导来运作的话,那么,从长远来看,他们就越有可能取得成功。第七,重视公民权胜过重视企业家精神。与企业家式的管理者将公共资金视为己有的方式相比,如果公共行政人员和公民都致力于为社会作出有意义的贡献,那么公共利益就会得到更好的实现。因此,更应该关注公民权和关注民主治理中的公民参与,使公民权和公共利益处于治理的中心地位。那些致力于为社会作出贡献的公共行政人员和一般公民,要比具有企业家精神的管理者能更好地促进公共利益。①

应该看到,新公共服务理论提出的观点与现代社会治理的现实有很多不同,然而正是这种有别于单纯追求实利和效率的新公共管理的理念,为当今的公共行政注入一股新的空气,让人们在现实改革中没有完全迷失"公共"的方向。登哈特认为,公共利益超越了个人自身利益的聚集,而新公共服务理论则通过广泛的对话和公民参与来追求共同的价值观和共同的利益。新公务服务的重点就是从公共行政的原点,即贯穿于公共行政全过程的价值观入手,充分强调公共行政的灵魂与精神应该是它的公共性,充分关注民主的价值,以更理想主义的方式对公共利益、公民权、公民精神和民主价值在行政实践中的体现进行阐述。与新公共管理(它建立于诸如个人利益最大化的经济观念之上)不同,新公共服务是建立在公共利益的观念之上的,从根本上看,它乃是一种倡导公民权、公民责任和公民参与的民主理论。

除了登哈特,还有不少国外学者从上述视角对服务型政府建设提出了颇多富有见地的观点。谢里尔·金和卡米拉·斯蒂弗斯(Cheryl King and Camilla Stivers)在他们主编的《政府就是我们》一书中提出:与传统行政的"习

---

① [美]登哈特:《新公共服务——服务,而不是掌舵》,丁煌译,北京:中国人民大学出版社,2004年。

惯思维"不同,公共行政人员应该把公民看成是真正的公民(而不仅仅是投票者、委托人或者"顾客"),与他们分享权利并减少控制,并相信合作的效率。另一方面,与管理主义追求更高的效率不同,公共行政人员应该具有更好的回应性,鼓励公民参与,以此增强公民对政府的信任感。① 在理查德·博克斯(Richard Box)的《公民治理——引领 21 世纪的美国社区》(1998)、约翰·克莱顿·托马斯(John Clayton Thomas)的《公共决策中的公民参与》(1995),以及约翰·布莱森和巴巴拉·克罗斯比的(John Bryson and Barbara Crosby)《为了共同的善的领导》(1992)这些著作中,论述了政府以公民为本位的特殊方法。特里·库珀(Terry Cooper)在他的《公共行政中的公民伦理》一书中指出,"公民"的概念不仅包括了权利,而且还有责任;公民需要在行动中追求公共的善,并且和政治系统的核心价值——政治参与、政治公平、社会正义,保持行动上的一致。因此,公民的终极义务就是"以增强社群生活的共同善的方式提供公共产品和服务,并通过这个方式形成公民的美德"②。全钟燮认为,在全球化时代和后现代语境中,公共行政在很大程度上是社会建构的,它着力于通过民主过程来实现变革和解决公共问题,这个过程不可避免地包含了公民参与、协商和沟通活动。③

在国际视野下,二战以后,传统的行政体系已无法应对新的环境挑战,政府效率低下,服务意识淡薄,公众与政府愈加疏远,对政府的信心大幅下滑。这就迫切要求政府进行体制改革。随着新公共服务理论的发展,西方国家对建设服务型政府进行了新的尝试,其中典型的有英国的"公共服务宪章运动"、美国的"政府创新运动"、韩国的"亲切服务运动"以及新加坡的"好政府建设运动"等。其基本内容包括:公共部门改革的战略与战术;创造一个少花钱多办事的政府;竞争、绩效、透明;分权、民主与善治;走向一种自主化管理模式;市

---

① [美]登哈特:《新公共服务——服务,而不是掌舵》,丁煌译,北京:中国人民大学出版社,2004 年,第 203－206 页。

② 同①。

③ [美]全钟燮:《公共行政的社会建构:解释与批判》,孙柏瑛等译,北京:北京大学出版社,2008 年。

场化、民营化和自由化等。① 尽管其称谓和具体做法不尽相同,而且与新公共管理运动在实践中互相交织,但其最终目标都是构建服务型政府。其中,最为重要的是,服务型政府必须是民主参与的政府,只有公众有效参与到公共事务的治理过程中,与政府形成合作伙伴关系,才能真正实现服务型政府对民主的允诺。

综上可见,国外学者所界定的"服务型政府"从根本上看,是一种以公民和社会为本位,通过一系列理念调适和制度设置,使公民权在治理过程中得以彰显的政府施政模式。对此,国内不少学者也持有上述共识。1998年,张康之教授发表题为《行政道德的制度保障》一文,突出了"服务行政模式"的建构问题,指出"社会主义的公共行政应当既不同于传统的统治行政模式,也不同于近代的管理行政模式,而是一个全新的服务行政模式。在这种模式中,为人民服务的宗旨不仅是一种行政观念,而且是通过立法的形式被确立下来的一种制度,公共权力的运行机制不是一种自上而下的制约,而是一种自下而上的监督。当然,服务行政必然会继承管理行政中的全部社会管理职能,但在实施这种管理时,公共权力与行政职位的结合,是从属于管理的需要的。这种管理与以往的管理不同,它是建立在为社会服务的原则上的,管理是手段,服务是目的"②。再者,刘熙瑞教授指出:服务型政府是一种"在公民本位、社会本位理念指导下,在整个社会民主秩序的框架下,通过法定程序,按照公民意志组建起来,以为公民服务为宗旨,实现着服务职能并承担着服务责任的政府"③。从这一政府与公民关系转变的角度,服务型政府与以往管理型政府的主要区别在于公民本位和官本位的取向差异,社会本位和政府本位的取向差异,权利本位和权力本位的取向差异。

二、我国服务型政府建设中的主要问题

构建服务型政府是中国政府改革与发展的战略目标。这一目标首先体现

---

① 张练:《新公共服务视角下的服务型政府建设》,《长春理工大学学报》2009年第5期。
② 张康之:《行政道德的制度保障》,《浙江社会科学》1998年第4期。
③ 刘熙瑞、段龙飞:《服务型政府:本质及其理论基础》,《国家行政学院学报》2004年第5期。

在中国领导人以及中国官方文献的一些重要表述当中。2004 年 2 月 21 日,温家宝总理在中央党校省部级主要领导干部"树立和落实科学发展观"专题研究班结业式上正式提出"建设服务型政府"的口号。中国共产党第十六次全国代表大会以来,以构建服务型政府为目标的政府改革思路逐渐明晰。2006 年 10月,中国共产党第十六届六中全会通过《中共中央关于构建社会主义和谐社会若干重大问题的决定》,进一步明确要求"建设服务型政府,强化社会管理和公共服务职能"。自此,"服务型政府"第一次被写入执政党的指导性文件当中。2007 年 10 月 15 日,胡锦涛总书记在中国共产党第十七次全国代表大会的报告中,再次把"加快行政管理体制改革,建设服务型政府"作为发展社会主义民主政治的重要内容而予以强调。当前,我国正处在经济社会结构发生重大变化的时期,把我国政府建设成一个民主、法治、廉洁、高效、有限、创新的服务型政府势在必行。但是,由于我国服务型政府的理论建构尚不甚成熟,加上我国现行的政治、经济和社会环境等客观因素的影响,服务型政府建设还不够深入,存在着一些迫切需要解决的问题。

（一）对服务型政府理念的认知存在误区

服务型政府是一种新的民主政府模式,也是一种新的社会治理理念的现实要求。但是,我国不少学者和政府官员在对"服务型政府"的认识上还被传统的"民本"思想所羁绊,或者简单地把其视作"为人民服务"的工作宗旨的线性发展。虽然自古以来就有"民本"思想,新中国成立之后我国各级政府坚持"为人民服务"的宗旨,但无论是"民本"思想,抑或是"为人民服务"的宗旨,与服务型政府建设中以公民为本位、以社会为本位的理念还是有区别的。

首先,传统社会中的"民本"思想是与君主制相联系的,虽有重民、贵民内涵,甚至还有民本思想推导出反对君主专制的大胆结论,但是它始终没有"公民和政治权利",即赋予人民发表意见的自由、生命安全和财产的权利等,因而没有也不可能发展为民主思想。所以,民本思想往往成为维护社会整体利益（主要表现为统治阶级利益）的工具,根本上是作为统治阶级的统治经验提出来的。其次,虽然自辛亥革命后的中国宪法已采用西方的"公民"字眼,但直到现在,中国的革命和建设一直都建立在"人民"的观念上,而非"公民"的观念上。"公民"是一个法律概念,指具有一国国籍、并根据该国宪法和法律规定享有权利和承担义务的人,它反映一定的法律关系。"人民"的政治色彩浓厚,具有一定的阶级内容和历史内容,很大程度上是相对"敌人"而言的,因而反映了一定社会的政治关系。新中国成立之后,党和政府并没有强调公民在法律上的权利义务关系,而是强调人民在民主专政中的使命和义务,这间接导致政府建设中相对忽视了公民权利和社会建设,甚至还发生了"文化大革命"这样严重损害公民权利的悲剧。

再者,"为人民服务"更多的是从政府伦理责任角度提出的道德律令,它并未直接揭示出公民个体权利的内涵,更缺少社会自主治理的意蕴。笔者认为,统治型治理模式下的民本主义、大同思想与服务型政府的核心价值不同。梁启超认为,"美林肯之言政治也,标三介词以齮栝之曰:of the people, by the people, and for the people······我国学说于 of、for 之义,盖详哉言之,独于 by 义则概乎未之有闻······此种无参政权的民本主义,为效几何? 我国政治论之最大缺点,毋乃在是······要之我国有力之政治思想,乃欲在君主统治之下,行民本主义精神。此理想虽不能完全实现,然影响于国民意识者既已至深。"①这段话既指出了民本思想含有"of the people"(孙中山译为"民有")和"for the people"("民享")之义,又指出了其"最大缺点"是没有"by the people"("民治")之义。因此,在服务型政府建设之前,无论是传统社会的民本理想,还是之后的"为人民服务",都未能揭示服务型政府包含的"民治"或社会自主治理的内涵。

(二)缺乏完善的法律与制度的支持

一是公务员的绩效考评机制不健全,对政府行为的法律约束有待进一步加强。由于体制方面的制约,地方领导的绩效考核基本上是上级说了算,升迁、任免也基本上由上级决定,不免会造成各级领导为上级"服务"、对上级"负责",而不是对公民服务、对社会负责的情况。其次,就我国当前的情况来看,服务型政府建设过程中没有规范服务质量标准的法律依据以及完善的赔偿责任制,当公民对服务不满意或服务过程中合法权益受到侵害时,找不到相应有效的维权方式和投诉途径。建设服务型政府就要求修改或废除有悖于公民本

① 梁启超:《先秦政治思想史》,北京:东方出版社,1996 年,第 5 页。

位、社会本位精神的法律法规，同时要抓紧制定能够改善政府服务的相关法律，以确保政府各方面工作有法可依。

二是服务型政府所要求的社会保障制度不完善。当前，我国处于转型时期，各种矛盾凸现，为保持社会和谐与稳定，就必须尽快完善社会保障体系，对处于贫困线以下的农民和城市下岗职工要给予特别的关注。同时要推行重大决策论证制度和专家咨询制度，建立健全听证体系。当然，有些地方已经推行了某些形式的政务公开和听证，但在一些地方政府的措施中只看到了简单的政务公开、公示和听证办法，而没有将其制度化，看不到具体的、可以明确验证的规定。如关于重大事项和重要决策要进行社会稳定风险的评估以及各方面听证，但对于何为"重大"、"重要"却有科学、合理和可操作化的标准。这种情况下政府政务公开的随意性就很大，公开什么、听证哪项全部由政府说了算，公众还是处于听命的地位。

(三)一些地方的服务型政府建设流于形式

服务型政府是一种全新的现代公共管理模式，是政府从管理理念到管理方式、管理手段，从行政决策到执行、监督等整个公共活动各个方面的全面革新，是公共管理的一场自我革命，不能简单地等同于建一个"市长信箱"、设两个"局长接待日"、搞三个听证会或者建立一个电子政务，其功能也并非几个政务超市、行政服务中心所能比拟的。服务型政府的建设目的是推进民主行政，推进政府行为公开化，为公民提供更便利的全方位服务。如果把这些"手段"、"工具"的使用当作服务型政府的终极目的来建设，理念、制度、体制等根本问题没有彻底解决，即使电子政务再发达，行政效率也不会得到提高，服务质量和水平也不能得到根本改善。服务型政府的核心应该立足于公民的根本利益，政府行为路径应该是由外而内的，即公民的期望决定政府政策设计的蓝图，公民的需求决定政府公共产品和服务的供给，公民的满意度决定政府政策执行的成效，公民的评价决定政府政策变迁的方向。只有着力于这些方面的制度建设，才抓住了服务型政府建设的根本。

(四)公务员素质不能适应服务型政府的要求

当前，我国公务员整体素质还不能适应服务型政府建设的要求。决策素质方面,一是领导职能类公务员的民主决策意识和能力有待提高;二是公务员在进行决策时容易受到来自上级领导、机关单位同事等外界阻力的影响,在决策方案实施之后对实施方案后果的跟踪反馈不够,对执行中所发现的问题的处理方式欠妥当,在政策实施过程中欠缺灵活应对突发事件的能力。服务素质方面,一是部分公务员的服务意识不强,服务水平有限,未能满足高效服务的要求;二是一些公务员的知识和技能结构老化,书本知识与实践知识之间的差距大,缺乏对相关法律法规的了解和学习,缺乏对新知识、新技术、新方法的学习。公务员素质的缺失无形地影响着政府服务质量的提升和整个政府的治理模式和管理方法。因此,政府公务员必须真正解放思想,摒弃一些传统的、有悖于服务型政府建设的观念,加强观念创新,提升个人的决策、执行能力和学习能力。

综上所述,随着我国民主政治的发展和民主制度的逐步完善,我国在建设服务型政府的过程中已经取得了相当可观的成就,这是不争的事实。但毋庸置疑,也确实存在着诸多的问题和缺陷,必须加强观念、体制、制度等方面的创新,必须摒弃当前我国服务型政府建设中存在的各种问题,尤其要不断提高公共服务能力和水平,加强相关的制度建设,理顺政府的运作机制。否则,服务型政府的建设就难以取得满意的效果。

三、新公共服务型理论对我国服务型政府建设的启示

虽然新公共服务理论是登哈特基于西方的社会历史文化传统、典型美国式的民主价值理念和宪政体制的制度背景下提出来的,但如果我们摒弃意识形态上的偏见,以一种理性的态度来审视新公共服务理论,就应该承认,新公共服务理论的价值理念和原则对于我们建设服务型政府具有重要的启示和借鉴意义。

(一)服务型政府的价值取向:服务与人本、责任与回应

现代公共行政价值取向相对"私人行政"来说要多元化,诸如回应、弹性、廉洁、责任等等。新公共服务的理论基础包括:公民社会的公民权理论、社区和市民社会模型、组织人本主义和组织对话理论及后现代公共行政理论。把握其理论基础,对我们领悟其价值取向具有重要意义。

一是服务与人本。服务与人本紧密联系，两者都要求尊重人，为人性的充分发展提供一切便利。政府及其官员不是社会中高高在上的特权机构和特权阶层。政府和社会、官员和大众之间是平等的，没有高低贵贱之分。只有具备这种平等意识，服务才能真正成为服务型政府的价值取向之一。服务与人本同公共组织以追求公共利益为其价值取向也是一致的。追求公共利益的一切措施都是在顾及全局公平、公正、公开的原则下来为大众服务，并以良好的服务来争取民众的拥护与支持。

登哈特在探讨管理和组织时十分强调"通过人来进行管理"的重要性。通常，人们往往将生产力改进系统、过程重塑系统和绩效测量系统视为设计管理系统的工具。但登哈特却认为，从长远观点看，这种试图控制人类行为的理性做法在组织成员的价值和利益并未同时得到关注的情况下可能要失败。新公共服务理论强调，要重视与公民之间的关系，要尊重公民。不管是由政府来提供公共服务，还是由非营利组织或私营部门来提供公共服务，都不要将公民仅仅看成是生产力。公民是服务的接受者，因此作为纳税人有权力选择和参与公共服务的决策。奉行人本的价值理念，强调以"服务"代替"导航"，凸显和强化服务职能，这是"服务型政府"与传统的"政府本位"的"管制型政府"最为显著的区别。

二是责任与回应。在民主社会里，政府乃由民众创立，其权力来自于人民的授权，人民的意愿是其合法性的唯一源泉。因此，政府必须对人民负责。承担责任是现代政府的第一要义。正是在此种意义上而言，现代民主政治也就是责任政治。新公共服务理论强调复合责任，认为公共责任并非是单一的，这种责任，既有政治上的，也有法律上和道义上的，并特别突出强调公民参与对公共责任保障的意义和作用，将公民参与作为公共责任落实的基础。服务型政府必须有一套健全的、行之有效的责任机制，确保政府责任尤其是服务责任得以保障和落实。

回应性是民主社会的政府公共机构必须保持的一种重要价值。服务型政府须是开放的和具有高度的敏感性和回应性的，要对社会和民众的需求作出及时和负责的回应。新公共服务理论强调政府及其公职人员治理角色的转变，其核心思想是将公民置于整个治理体系的中心位置，主张应对社会和民众的利益需求作出积极的、及时的和负责的回应。不是简单地说"Yes"或"No"，而是要在平等对话建立共识的基础上说：让我们一起想下一步该怎么做，然后使之实现吧。罗森布鲁姆也认为，与私人部门管理不同，政府有义务增进社会的公共利益，公共利益无疑应当成为行政管理者的职责所在和行动指南，公共行政面临的核心问题就在于确保行政管理者能够代表并回应民众利益。①

(二)政府或公务员的角色：调停者、中介人甚或裁判员

新公共服务重新定位政府和公务员的角色——服务而不是掌舵。在登哈特看来，现今政府的作用在于，与私营及非营利组织在一起，为社区所面临的问题寻找解决的办法。其角色从控制转变为议程安排、使相关各方坐到一起，为促进公共问题的解决进行协商、提供便利。在政策制定方面，服务型政府不应是处于控制地位的掌舵者，而是非常重要的参与者。更多的利益集团和公民直接积极参与到政策的制定和实施之中。这就是说，公共官员将要扮演的角色越来越不是服务的直接提供者，而是调停者、中介人甚至裁判员。而这些新角色所需要的不是管理控制的老办法，而是做中介、协商以及解决冲突的新技巧。公务员不应当仅仅关注市场，他们也应当关注宪法和法令，关注社会价值观、政治行为准则、职业标准和公民利益。服务型政府要把握好自己的角色、扮演好自己的角色就应当建立有效的监督与激励机制。比如，政府要建立公开、公平、公正的竞争制度，将有关私人部门的信息公布于民，接受人民监督，使民众真正的享有选择权，并严防商业贿赂；政府要建立严格的准入制度，对私人部门的资格，信用状况进行严格审查，并对提供过程进行监督，保证所提供的公共服务的质量，切实维护公民利益；政府要建立灵活的激励机制，对提供高质量公共服务的私人部门进行奖励和补贴。

(三)政府核心力：整合力与回应力

在登哈特看来，行政官员在其管理公共组织和执行公共政策时应当集中于承担为公民服务和向公民放权的职责，他们的工作重点既不是为政府航船掌舵，也不应该为其划桨，而应当是建立具有完善整合力和回应力的公共机

---

① 丁煌：《西方行政学理论概要》，北京：中国人民大学出版社，2005年。

构。社会整合能力是指政府将社会系统中不同的因素或部分结合成一个协调统一的社会整体、凝聚成一种合力的本领和力量。社会整合的目的是使各种社会组织、社会群体及社会力量以全社会共同的价值目标为基础，分工合作，和谐共处，形成社会发展和进步的合力。社会整合的实质是资源的优化配置、制度的合理安排、关系的理顺和力量的凝聚。另一方面，民主治理的合法性和政府的核心力还取决于其回应力的高低。政府回应力的基本意义是，公务员必须对公民的要求作出及时的和负责的回应，不得无故拖延或没有下文，在必要时还应当定期地、主动地向公民征询意见、解释政策和回答问题。只有认真对待人民群众的来信来访，为群众排忧解难，及时发现政府工作的缺点错误和不足之处，迅速解决问题、改进工作，才能真正受到群众的拥戴。目前，一些国家已通过立法，明确规定政府的相关人员必须及时回应一般民众的诉求，否则将予以必要的制裁。我国作为人民当家作主的社会主义国家，更应重视建设有回应力的政府。

（四）治理过程：参与、合作与达成共识

一是多中心的社会治理结构。新公共服务理论认为，实现政策目标的机制，显然不能只靠单一的现存政府机构，而应致力于建立公共、私人和非营利机构之间的联盟，把各方面的力量集中到计划的实施过程中，注重发挥集体的合力使计划得以贯彻执行，从而满足相互一致的需求。比如，公共服务应当由政府为唯一供给主体向政府、非营利组织、个人和营利组织等多主体供给的方式转变。鉴于公共服务的广泛性特征，由不同主体提供不同公共服务，不同主体服务于不同公众，可使公共服务更加适合社会的发展变化。多主体供给公共服务是对服务的技巧、方式、管理方法作出的治理方式改革。供给成功的关键在于在把握公共性前提下引入竞争、提高效率。政府与社会、公民之间不再是一种自上而下、单一的"权力—服从"型关系，而是一种自上而下与自下而上相结合的、对话沟通和信任合作的新型关系。

二是培养积极的公民精神和扩大社会参与。服务型政府应当倡导和培育积极的公民精神，这种精神强调公民应积极主动地介入公共事务，对社会应有仁爱与爱心，对社会要承担个人的道德责任，要有利他主义的精神。这种精神代表的是民主社会最重要的精神。从新公共服务理论的理论渊源——公民社会的公民权理论、社区和市民社会模型、组织人本主义和组织对话理论及后现代公共行政理论中，可以看出它试图在市场化与人性异化的背景下，找寻失去的公民美德，复兴民众的社会责任感，创造一个诚信互爱的时代。在人性的根本假设上，新公共服务理论认为，人非单纯的"经济人"，他有其公民美德，要求公务员以为社会作贡献为目标，要求普通公民的私人利益服从公共利益。[①]它还认为，具有公民精神倾向的人是对政府感兴趣并尊重政府的人，是具有更大的"善"或者公共利益观念的人，是对服务感兴趣的人。通过公民角色和精神的培养，我们不仅可以将社会多元主体和多元利益整合起来，而且能够促进人们在强化了社会联系的基础上的共同参与。

三是建立政府与公众、社会的良性互动机制。新公共服务理论认为，公共利益应是共商的结果。政府不仅要确保公共利益居于主导地位，还要确保解决方案和提出解决方案的过程都符合公正、公平和公开等准则；政府应该是开放的和可接近的，以确保对公民作出敏感的回应。为此，必须确立政府与社会和民众的良性互动体系。要在政府与社会和民众间建立制度化的沟通、协商和互动机制，通过这种有效的制度安排，确保公民的利益要求和对政府所提供服务的评价反馈能够及时、准确和顺畅地到达公共权力系统。这是"服务型政府"恰如其分地提供公民所需服务的逻辑前提。因此，政府应该致力于搭建平台，建立各种行之有效的、与公众的沟通对话机制和公众民主参与的决策机制。通过一系列持久而有效的程序设计和制度安排（如公民的自我表达机制、组织代表机制、政治参与机制及行政公开听证制度等），确保公民广泛地参与到国家事务和社会公共事务的治理过程中来。通过平等身份基础上的对话、沟通和协商，以集体的努力和协作，使符合公众需要的政策和计划得以最有效、最负责任地贯彻和执行，以此形成由传统的"政府本位"的单向治理走向政府与社会、与民众平等身份基础上的信任合作、互动共治。[②]

---

① 左兵团、沈承诚：《和谐社会框架下对新公共服务理论的价值考量》，《云南行政学院学报》2006 年第 4 期。

② 李松林：《论新公共服务理论对我国建设服务型政府的启示》，《理论月刊》2010 年第 2 期。

四、我国服务型政府建设的完善对策

(一)转变政府职能

在市场经济体制下,政府的基本职责在于纠正市场失灵和社会失灵。政府的主要职能是经济调节、市场监管、社会管理、公共服务。改革开放以来,尽管市场机制在资源配置中的地位不断得到加强,但政府职能配置与市场经济体制的规范性要求还有差距,政府运行仍受制于全能型政府理念。在经济领域,国有企业仍存在着政企不分的问题,诸如民航、铁路、邮政、烟草等行业,政府监管部门既当裁判员又当运动员。在过多地参与了企业经营管理的同时,对于那些需要政府管理和提供服务的公共领域,政府还没能尽职尽责地管好。市场上存在的假冒伪劣产品,新闻媒体经常报道的"安全事故"、"环境污染"、"形象工程"、"行政不作为"等问题以及民众对教育和医疗乱收费的不满情绪,说明这些领域的公共治理亟待改进。从全能型政府走向有限型政府的过程,实际上就是规范行政管理权力的过程,是要求一些政府部门"自断其臂"的过程。为此,党中央和国务院提出要下更大的决心推进行政管理体制改革。新一轮行政改革仍要以转变政府职能为重点,继续推进政企分开、政资分开、政事分开、政府与市场中介组织分开。

(二)确立依法行政的重要地位

中国具有几千年的"人治"传统,即长官意志至上,上级机关意志至上。行政管理主要依据上级政令和长官意志,而不是遵循法律法规和公共政策。改革开放以来,执政党和政府开始推进依法治国的进程,但政府管理仍存在着以权代法、以权压法和执法犯法的现象。依法行政是现代社会主义市场经济和民主政治的重要保障之一,是我国向社会主义市场经济和民主政治过渡必须尽快解决的重大现实课题。依法行政的宗旨是保护公民权利,维护公民自由,而不是维护掌权者凌驾于社会之上的特权。法治体系对公共权力保持着谨懔和防范的态度,主张法律具有至高无上的权威性,其他任何社会规范都不能与法律相抵触,一切政府行为都必须服从法律。在依法行政的社会管理框架下,法律的制定和修改须经由人民选举产生的立法机关审议通过,不仅社会公众应当遵守法律,政府机关和执政党也必须遵守法律;司法机关独立行使审判权,不受任何组织和个人干扰和阻碍。确立依法行政地位的过程,就是政府管理从行政主导走向法律主导的过程,就是规范行政权力,实现依法行政的过程。为此,需要逐步健全行政问责制,提高政府执行力和公信力。

(三)厘清政府权力边界

当前,有些行政部门既制定公共政策,又亲自生产公共物品和提供服务,如卫生、教育、文化、城市建设等政府部门,下设大量的公共事业单位。政府部门在行政决策的同时,把自身承担的公共物品和服务供给任务下达给下属单位负责执行,甚至赋予下属单位以特许经营权。这种政府部门既掌舵又划桨的做法,容易出现供给低效、贪污腐败、形象工程和与民争利等问题。为了保护部门利益,有些政府部门制定公共政策,限制甚至排斥私人企业投资于这些行业,导致了行政权力部门化、部门权力利益化、特殊利益法律化的问题。有研究表明,诸如电力、民航、邮政、电信、供水、银行、电视台、医院、报社等公营部门,其雇员的工资水平远远高于当地企业的平均工资水平。这些部门还存在着超额雇用和过度建设的问题。为了降低行政成本和提高行政效率,应当区分公共物品、服务的供应与生产的职能,即将掌舵职能和划桨职能分开,政府的基本职责是制定政策,即负责掌舵和导航。公共物品和服务的供应涉及一系列的集体选择行为,需要由政府通过一定的程序进行安排。与供应不同,公共物品和服务的供给,既可以由私人部门或非营利组织承担,也可以由公共部门承担,要允许在生产这些物品和提供服务的机构之间开展竞争。要区分供应与生产职能,为公共物品和服务的组织提供丰富多样的选择。

(四)在政府内部推行绩效管理制度

我国现行的预算制度管理下,各部门下一年度的财政预算主要依据上一年度的财政决算情况。只有尽可能地扩大本年度的财政支出,才能为下一年度奠定有利的预算基数和参照指标。其结果是,从中央到地方,各个政府部门都在想方设法扩大自身的预算基数。能否争取到更多的财政预算、转移支付和项目拨款,已经成为衡量部门负责人行政能力的重要指标。这种预算导向型政绩观,不仅助长了"跑部前进"、"部门送礼"等官场诟病,而且容易滋生机会主义的政绩观。与预算型政府不同,绩效型政府注重进行成本——收益分析,坚持以结果为本,以治理绩效作为安排财政预算的基本依据。绩效评估有利于降低行政成本,提高行政效能,改进政府管理流程,提升公共服务质量。推行绩效管理制度,需要改变政府部门自己评价自己的现状,拓展公民参与途径,规范绩效评价指标和程序,引入第三方参与绩效评价机制,完善绩效评价体系。在此基础上,财政预算不再按任务和需求拨款,而是按照业绩和效果拨款。如果某个政府部门的管理绩效突出,就有机会增加财政预算,相反,财政预算将会减少。

（五）推进地方治理结构扁平化建设

中国当前的地方政府层级设置普遍实行省—市—县—乡（镇）四级制,形成了金字塔型的政府层级体系。从国外地方治理实践看,绝大多数国家的地方政府层级设置实行两级制或三级制。过去,在政府管理信息化不高的情况下,增设地方行政层级有利于增进信息沟通,保证层级节制。但地方政府层级设置过多,容易造成机构臃肿、人浮于事、政府回应性差、行政成本高等问题。由于公务员数量庞大,因而公共财政变成了吃饭财政。地方政府行政层级设置过多,是行政成本增加的重要原因之一。对于人多地大的我国而言,每增加一个地方行政管理层级,所增加的政府机构、公务员和行政经费都是十分庞大的数字。现代信息技术的发展极大地改进了信息沟通的状况,也为减少地方政府层级设置,促进地方政府贴近基层提供了可行性。

中国新一轮的行政管理体制改革,有必要适当减少地方政府层级设置,将地方行政层级从四级制缩减为三级制,促进地方治理结构扁平化。可选的改革思路包括:适当缩小省区规模,增设省级行政建制;改革市领导县体制,实行市、县分设分治,赋予县级政府更大的行政和财政自主权。增设省级行政建制,有利于促进行政区与经济区相协调,有利于缩小省与县之间的管理幅度,从而为缩减地方行政层级奠定基础。实行市县分治,即市政府只管理城市自身,除了城市和郊区之外,其他的县改由省政府直接管理。市县分治之后,县在法律地位上将与市处于平等地位,县将直接掌握着县域范围内的经济和社会发展自主权。在"市管县"的体制下,城市政府通过行政和财政手段,从县域提取资源和资金,优先建设城市基础设施,优先为城市居民提供公共服务。城市经济发展到一定水平以后,也没有自觉地将资本和技术反哺农业,而是投向了城市基础设施和第三产业,满足城市的高档消费和生活需要。这样一来,城乡差距不但没有缩小,反而进一步拉大了。市、县分治有利于改变市剥夺县的状况,以便充分发挥市、县各自的积极性。这样,地方行政建制将从四级减为三级,即实行省—县—乡三级地方治理体制。当然,随着一些大都市的对外扩张,也可以兼并周围的县,将其改为"市"管理的"区";一些县随着经济的发展和城镇化水平的提高,也可以改为"市"。在推进市、县分治的过程中,现行的"市"和"县"的行政级别可以暂时保持不变,避免因机构和人事变动引起官员个人利益的重大变化。

(六)要推进民主政治建设进程

在现行干部选拔制度下,公务员层层对上负责,行政系统自上而下具有强大的动员能力,能够确保上级意志付诸实施。但选拔制度也有潜在的局限性,由于官员晋升主要受制于上级组织部门,结果导致官员普遍"眼睛向上看",一些人将主要精力用于揣摩上级领导意图而不是更好地提供公共服务。久而久之,在有些公务员的理解中,"为人民服务"变成了"为首长服务"。如何转变官员"眼睛向上看"的现象呢?最根本的途径是从制度上进行改变,让政治家眼睛向下看。如果谁无视群众,就意味着剥夺了自己成为政治家的机会。既然政治家要眼睛向下,那么,他所领导的政府及其公务员也必须眼睛向下,促使官员眼睛向下的途径,就是拓展有效的公民参与渠道,通过完善选举和信访制度,强化舆论监督,完善立法听证、价格听证、决策听证、民意调查等制度,提高公民政治参与对政府治理的影响力,将人民的满意程度作为政府评价的重要指标。

(七)提高政府服务能力

信息技术革命引发的传播革命,使社会公众可以同步获得重要信息资讯,客观要求提高政府治理的回应性,提升政府在社会关注下的应急处理能力。过去,由于信息传递受到节制,突发性危机事件发生后,行政部门拥有足够的时间进行应急处理,待事件处理完毕后再向社会发布消息。今天,信息技术革命打破了传统的田园牧歌般的行政节奏,政府部门对突发事件回应不力,就可能面临被动局面乃至官员引咎辞职。2005年松花江发生重大水污染事件后,环保总局作为国家环境保护主管部门,对可能产生的严重后果估计不足,错过了回应和处理污染的最好时机,在国内和国际的舆论压力下,总局局长解振华被迫引咎辞职就是典型例证。为此,各级政府需要提高信息部门的反应能力,对于重大突发性的公共事件,要在第一时间报告行政首长和相关部门,确保政府部门能在第一时间获得信息,并在第一时间作出回应。只有及时回应社会呼声,才能更好地为公众服务,才能得到民众的认同和支持,才能提高政府的公信力。

(八)构建人才开发体系,着力加强公务员队伍建设

构建现代服务型政府,必须培养和造就一支高素质的公务员队伍。但从现实情况看,我国公务员队伍尚存在着数量过于庞大,结构不够合理,总体素质不高的问题。要想解决好这些问题,还必须在控制数量、优化结构、提高素质上狠下工夫。首先把好"入口"关。要进一步加强编制管理,严格控制编制总量,尽量做到增事不增编,减事就减编,坚决杜绝超编进人的现象。在录用国家公务员时,一律要按照公开、公平、公正的原则,做到"逢进必考",避免任人唯亲。要通过严格按照公务员录用的法律法规,履行选人程序,确保用人质量,真正把那些政治合格、作风正派,具有一定业务专长的优秀人才吸收到国家公务员队伍中来,以适应现代服务型政府的需要。其次,疏通"出口"关。要转变观念,增强卸下包袱的紧迫感,建立健全疏通出口的规范制度和操作程序,严格把握政策界限,积极推行辞职、辞退制度,对那些工作涣散、不能胜任工作的,要及时调离岗位或辞退。对那些违法乱纪者,绝不能姑息迁就,要坚决予以查处,及时清除出公务员队伍。第三要加大培训力度。要采取多种形式、切实加强公务员队伍的政治、文化和业务培训,以不断提高公务员队伍的整体素质和为人民服务的本领。现代公务员培训过程中更注重能力的建构,其中包括公民导向、服务观念、敬业精神、团队合作、抗压能力、自我管理、人本精神、重视绩效、持续改善九项能力特质。第四要建立长效机制。要把公务员队伍建设作为构建现代服务型政府的一项主要任务来抓,认真制定科学的发展规划,根据新的形势和任务的要求,建立和完善竞争择优的选拔机制、适应社会需要的培训机制、开放灵活的流动机制、能调动积极性的激励机制,使公务员队伍建设尽快步入法制化、制度化、规范化的轨道。

第二节　服务型政府理论的马克思主义渊源

一、马克思的人本政府观

所谓"人本",就是以人为本,即把人作为认识主体、实践主体、占有主体和评价主体,尊重具体的人性,带有人文主义、人本主义、人道主义的特性。我国《哲学大辞典》指出,"人本"思想是"泛指一种以人为本、以人为目的和以人为尺度的思潮"①。与之相对的是"神本"(把上帝或上天等神学观念作为统治的合法根据,例如中世纪教权国)、"物本"(主要指把资本作为最高的物来追求的拜物教思想,例如资本主义国家)概念。但有些西方学者认为,马克思不讲以人为本,说马克思唯物史观就是"经济决定论"或"历史规律决定论"。② 不可否认,马克思注重社会经济(马克思又称市民社会)对国家(政府)的决定作用,认为是市民社会产生国家,而不是相反。马克思认为"家庭和市民社会是国家的真正的构成部分,是意志所具有的现实的精神实在性,它们是国家存在的方式。家庭和市民社会本身把自己变成国家"。"国家是从作为家庭和市民社会的成员而存在的这种群体中产生出来的"。③ 但是贯穿马克思的经济思想和政治思想的基础是以历史唯物主义的"劳动人本论",即马克思以现实的社会个人(劳动者)为分析社会、政治的起源、本质、运行与发展规律的始基和起点,充满了浓厚的人文主义关怀和人本主义意蕴。

在我国,也存在一个对马克思人本思想的误读。有人认为人本主义作为一种思想方法和哲学理论,主要代表是德国的费尔巴哈而不是马克思。④ 根据《辞海》的解释,人本主义,亦称"人本学"。在哲学上,"通常指抽去人的具体的历史条件和社会关系而把人仅仅看作一种生物的形而上学唯物主义学说。

---

① 冯契:《哲学大辞典》,上海:上海辞书出版社,1992 年。

② [英]布洛克:《西方人文主义传统》,董乐山译,北京:生活·读书·新知三联书店,1997 年。

③ 《马克思恩格斯全集(第 1 卷)》,北京:人民出版社,1956 年。

④ 刘俊祥:《人本政治论》,北京:中国社会科学出版社,2006 年。

主要代表为德国的费尔巴哈"①。以上两种观点无疑都否认马克思有人本思想，否认马克思关于人的发展的学说与西方人学思想的逻辑联系，淡化甚至抽掉马克思主义理论的人本主义底色。这是不符合马克思人本思想实际的。费尔巴哈的"人本主义的唯物主义"来自于西方近代启蒙思想，他说，"我的学说或观点，可以用两个词来概括，这就是自然界和人"。而"我的著作以及我的演讲的目的，都在于使人从神学家变为人学家，从爱神者变为爱人者"，只不过，他所讲的人是抽象的人，是脱离了社会存在的人，是头脚颠倒的人，是唯心主义的人本主义的人，马克思只不过把费尔巴哈的人的头脚再颠倒过来，变成了历史唯物主义的人本主义的人。其实，马克思恩格斯虽批判了（费尔巴哈）人本主义历史观，但并未批判过人本主义价值观。不仅如此，他们实际上是肯定、改造、发扬了人本主义价值观，并使之成为马克思主义理论体系的组成部分。在《马克思1844年经济学—哲学手稿》中，在马克思提出对共产主义的见解中，都深刻地论述了人本思想。他说："共产主义是私有财产即人的自我异化的积极的扬弃，因而是通过人并且为了人而对人的本质的真正的占有；因此，它是人向自身、向社会人的复归，这种复归是完全的、自觉的而且是保存了以往发展的全部财富的。这种共产主义，作为完成了的自然主义，等于人道主义，而作为完成了的人道主义，等于自然主义。"②在资本主义私有制的异化劳动中人异化了，丧失了他本能具有、享有的社会性质，变为孤立的、利己的个人而同他人、同社会相隔绝、相对立，人失去了自由，失去了作为人的地位、意义、价值和本质。所以，共产主义的意义，就是"为了人"，就是要使人的本质得到重建和尊重，即共产主义的本质是对主体的人本身的自我异化的积极扬弃。这就是马克思主义人本主义价值观的主要内容。

因此，奠基于马克思人本思想基础之上的现实中的无产阶级领导和执政的政府，其基本历史使命必然是为无产阶级和劳动大众以及人类的利益与解放而服务的。马克思在《法兰西内战》中总结1871年巴黎公社的历史经验，认为"巴黎公社原则"的核心就是民主、选举、平等、废除特权。其根本目的是捍

---

① 辞书编辑委员会：《辞海》，上海：上海辞书出版社，1999年。
② 《马克思恩格斯全集（第42卷）》，北京：人民出版社，1979年。

卫民众的利益,保障政府的服务性指向。"这次革命的新的特点还在于人民组成了公社。从而把他们这次革命的领导权握在自己手中,同时找到了在革命胜利时把这一权力保持在人民自己手中的办法,即用他们自己的政府机器代替统治阶级的国家机器、政府机器"①。唯有公社才能使无产阶级解放,因为公社"是社会把国家政权重新收回,把它从统治社会、压制社会的力量变成社会本身的生命力"②。

　　具体地说,马克思认为,下面几个方面可以确保公社的服务型政府性质:(1)政府权力性质上,公社权力的无产阶级性就获得了为人民服务的可能性;(2)在军事制度上,公社制度废除了资产阶级常备军代之以人民的武装。无产阶级的军队是捍卫人民政府的保障;(3)在政治制度上,打碎旧官僚机构,用无产阶级的政权机关来代替它。实行普选制,代表对选民负责,并且随时可以撤换,国家的一切权力属于公社,公社不是议会式的,而是同时兼管行政和立法、立法和行政统一的工作机关,废除官吏特权和高薪制,公职人员只能领取相当于工人工资的报酬。这样防止政府人员退化为人民的"官老爷",而永远成为为人民服务"公仆";(4)意识形态上,废除宗教特权,摧毁了精神压迫的工具,实行政教分离,教育和宗教分离,唤起人民的权利意识和接受、监督政府服务的意识;(5)法律制度上,废除旧的司法制度,实行司法人员选举制,保证法官为人民群众服务,接受人民群众的监督;(6)在组织原则上,废除官僚集权制,实行民主集中制,增强政府的公共性、回应性与服务性。因此,马克思强调指出,公社实现了"廉价政府"和"真正共和国",它是工人阶级领导的政府,不仅代表工人阶级的利益,也代表小资产阶级的利益,但首先是农民的利益,这个以服务为指向的政府的社会基础是广泛的,其服务不是狭隘地专为无产阶级服务的,而是面向社会大众的。总之,巴黎公社实质上是工人阶级的为工人阶级及其他劳动大众服务的政府,"是终于发现的可以使劳动在经济上获得解放的政治形式"③。这个政治形式应该就是现在我国提出的"服务型政府"萌芽

①　《马克思恩格斯选集(第3卷)》,北京:人民出版社,1995年。
②　《马克思恩格斯选集(第2卷)》,北京:人民出版社,1972年。
③　同②。

形式。只有这样的政府形式才能真正维护人民群众的根本利益,才能真正做到全心全意为人民服务。当然,作为新生事物的服务型政府(巴黎公社是其萌芽形态)既然在历史中产生,也应当在历史发展中不断走向完善。

综合以上分析,我们认为,以人为本是马克思主义的逻辑起点和根本落脚点,他始终关注着社会人(主体是广大劳动人民)的解放和命运,他的政治理论就是为广大人民的平等、自由与幸福服务的。我们可以说,马克思的人本思想与服务型政府之间具有必然的亲和性。换句话说,马克思的人本思想是服务型政府的理论源头。虽然马克思没有明确提出"人本"的概念,也没有提出"服务型政府"概念,然而,马克思的人本思想又处处洋溢着以人为本的思想光辉。其实践指向就是要求无产阶级的政府要成为服务型政府,而巴黎公社就是马克思所发现的服务型政府的雏形。

二、马克思的人本政府思想的中国化形式

笔者认为,毛泽东的《论联合政府》不一定是服务型政府的理论渊源,而应把它看作是马克思的服务政府理论发展中的一个支流,也可以认为它是中国特色的服务型政府的思想形式(邓小平的"领导就是服务"思想,江泽民的"三个代表"思想,胡锦涛总书记提出的科学发展观等,都可以说是对马克思、毛泽东的政府服务思想的进一步深化发展)。通过研究《论联合政府》,笔者发现,毛泽东的政府服务思想与马克思的政府服务思想从根本上说是一致的。如果说马克思主要从抽象的哲理层面论述服务型政府的深层理论渊源的话,那么,毛泽东的《论联合政府》则重点从革命和建设实践的层面论述了服务型政府的理论渊源在中国实践的诉求,故而具有较强的实践性、操作性和针对性。

在《论联合政府》中,毛泽东用大量的词句表达了共产党领导的新型政府(与资产阶级的国民党政府相比)具有根本的服务性的伦理指向。他指出,共产党领导的八路军、新四军之所以有力量,"是因为所有参加这个军队的人,都具有自觉的纪律;他们不是为着少数人的或狭隘集团的私利,而是为着广大人民群众的利益,为着全民族的利益,而结合,而战斗的。紧紧地和中国人民站在一起,全心全意地为中国人民服务,就是这个军队的唯一的宗旨"。国民党区域剥夺人民的一切自由,中国解放区则给予人民以充分的自由。国民党政

府拒绝向广大民众提高服务,拒绝成为服务型政府,从而背离了孙中山先生的告诫。孙中山先生在其所著的《中国国民党第一次全国代表大会宣言》里说:"近世各国所谓民权制度,往往为资产阶级所专有,成为压迫平民之工具。若国民党之民权主义,则为一般平民所共有,非少数人所得而私也。"然而,国民党背叛了孙中山的忠告,实行一党专政,拒绝改善民生,拒绝实行民主联合政府。相反,"中国共产党人是革命三民主义的最忠诚最彻底的实现者"。"人民的言论、出版、集会、结社、思想、信仰和身体这几项自由,是最重要的自由。在中国境内,只有解放区是彻底地实现了"。共产党领导的解放区民主政府破除官本位意识,尊重人权,实现从"管理"到"服务"的跨越。解放区民主政府人员"艰苦奋斗,以身作则,工作之外,还要生产,奖励廉洁,禁绝贪污"。毛泽东认为这是中国解放区民主政府的特色之一。笔者认为,这个特色就是解放区民主政府鲜明的服务性,而非强制或被动式的管理,这样的政府就可以称为"服务型政府",虽然这个政府不能说就没有缺欠,毕竟它在中国是个新事物,还有进一步成长完善的巨大空间。

我们把毛泽东心目中的服务型政府具有的根本服务性特征归结为以下两个显著标志:一是这个政府要能从根本上促进中国社会生产力的发展,这是马克思主义的"生产力标准"。毛泽东说:"中国一切政党的政策及其实践在中国人民中所表现的作用的好坏、大小,归根到底,看它对于中国人民的生产力的发展是否有帮助及其帮助之大小,看它是束缚生产力的,还是解放生产力的。消灭日本侵略者,实行土地改革,解放农民,发展现代工业,建立独立、自由、民主、统一和富强的新中国,只有这一切,才能使中国社会生产力获得解放,才是中国人民所欢迎的。"

二是这个政府要能真正走群众路线,真正为人民群众谋福利。在具体的政府行为上体现真正的群众性、亲民性、服务性。在理论上,"我们共产党人区别于其他任何政党的又一个显著的标志,就是和最广大的人民群众取得最密切的联系。全心全意地为人民服务,一刻也不脱离群众;一切从人民的利益出发,而不是从个人或小集团的利益出发;向人民负责和向党的领导机关负责的一致性,这些就是我们的出发点。共产党人必须随时准备坚持真理,因为任何真理都是符合人民利益的;共产党人必须随时准备修正错误,因为任何错误都是不符合于人民利益的"。"我们的代表大会应该号召全党提起警觉,注意每一个工作环节上的每一个同志,不要让他脱离群众。教育每一个同志热爱人民群众,细心地倾听群众的呼声;每到一地,就和那里的群众打成一片,不是高踞于群众之上,而是深入于群众之中;根据群众的觉悟程度,去启发和提高群众的觉悟,在群众出于内心自愿的原则之下,帮助群众逐步地组织起来。逐步地展开为当时当地内外环境所许可的一切必要的斗争"。"共产党人的一切言论行动,必须以合乎最广大人民群众的最大利益,为最广大人民群众所拥护为最高标准"。所以毛泽东要求领导干部"应该热情地跑到农村中去,脱下学生装,穿起粗布衣,不惜从任何小事情做起,在那里了解农民的要求,帮助农民觉悟起来,组织起来,为着完成中国民主革命中一项极其重要的工作,即农村民主革命而奋斗"。① 一个政府如果没有这样一个为民服务的真诚态度、实践及其制度保障,要建设服务型政府是极为困难的。如果一个政府缺少这样一个基本的政府伦理,也就缺乏了起码的政府理性,那么也就无从确立、践行服务型政府基本的"公共性、回应性、选择性、参与性、责任性、合作性、透明性、有效性"等八大特征。当然,由于特殊的历史因素,新中国成立后我国政府建设走了一段很长的弯路,在改革开放与建设社会主义市场经济的今天,我国又在新的环境中、在新的起点上来建设服务型政府。但是,对服务型政府的确切内涵应首先弄清楚,这是建设服务型政府的基本前提,因此,服务型政府的理论渊源不能忘,建设服务型政府的伦理要求不能丢。

我国政府选择"服务型政府"的"范式"也是现实发展的必然逻辑。因为促使我国政府确立这一范式的条件已基本成熟。从国内来看,是社会主义市场经济体制的初步建立与公民民主意识与权利意识的觉醒;从国际来看,是世界全球化进程的加快与我国通过加入 WTO 而融入世界经济和政治体系之中。② 服务型政府就是"为人民服务的政府,用政治学的语言表述是为社会服务,用

---

① 毛泽东:《论联合政府》,载《毛泽东选集(第3卷)》,北京:人民出版社,1991年。

② 刘祖云:《历史与逻辑视野中的"服务型政府"——基于张康之教授社会治理模式分析框架的思考》,《南京社会科学》2004年第9期。

专业的行政学语言表述就是为公众服务,服务是一种基本理念和价值追求,政府定位于服务者的角色上,把为社会、为公众服务作为政府存在、运行和发展的基本宗旨"①。"服务作为公共管理的核心价值或主导价值是人类社会治理发展的结果,体现了历史发展的必然"②。对于社会主义中国来说,建设服务型政府是个新的重大使命,但它不是中国政府性质与根本宗旨的变化,而是中国政府运作形态和方式的转变,是要恢复服务型政府的伦理诉求,是要改变过去特别是计划经济时期管制型、权力型、命令型政府对服务型政府的异化和僭越,是要切实践行马克思人本思想渊源的政府形态。③

第三节　保障和改善民生的思想渊源与内涵

党的十七大报告中指出:"必须在经济发展的基础上,更加注重社会建设,着力保障和改善民生,推进社会体制改革,扩大公共服务,完善社会管理,促进社会公平正义,努力使全体人民学有所教、劳有所得、病有所医、老有所养、住有所居,推动建设和谐社会。"这是我们党历史上首次全面、系统地提出了改善民生的执政理念。党的十八大报告中进一步提出:"在改善民生和创新社会管理中加强社会建设。"将社会管理的创新和改善民生结合起来,这是党历史上的又一大创新,它既丰富和发展了马克思主义的人本思想,又体现和蕴含着党在和谐社会建设中的科学发展观。

一、传统文化中蕴含着丰富的重民思想资源

中华传统文化博大精深、源远流长,是中华民族生生不息、团结奋进的不竭动力,其中蕴藏着许多宝贵的民本思想资源。如"仁者爱人"、"为政以德"、"民贵君轻"、"民为邦本"等等,成为民族共有精神家园建设不可或缺的思想基础。

---

① 张康之:《限制政府规模的理念》,《行政论坛》2000 年第 4 期。
② 张康之:《论公共管理中的服务价值》,《社会科学研究》2003 年第 2 期。
③ 本章第二节内容原载《理论月刊》2008 年第 9 期,题为《服务型政府理论渊源的马克思主义考察》。

（一）"为政以德"

儒家讲"仁者爱人"，墨家讲"兼爱无私"（即爱人如爱己）等，都是对人的关爱的表述。孔子主张"仁政"，提出"为政以德，譬如北辰，居其所而众星共之"（《论语·为政》），认为"民之于仁也，甚于水火"（《论语·卫灵公》），"泛爱众而亲人"（《论语·学而》），"己欲立而立人，己欲达而达人"（《论语·雍也》），"己所不欲，勿施于人"（《论语·颜渊》）。墨子提出"有力者疾以助人，有财者勉以分人，有道者劝以教人"（《墨子·尚贤下》），主张"兴天下之利，除天下之害"（《墨子·兼爱下》）。孟子主张施恩于民，提出对民众关爱的伦理思想，"圣人常无心，以百姓心为心"（《老子》），意即一个品德高尚的人，通常是没有私心的。他们把满足人民大众的内心愿望作为自己的愿望，强调"老吾老以及人之老，幼吾幼以及人之幼"（《孟子·梁惠王上》）。"乐民之乐者，民亦乐其乐；忧民之忧者，民亦忧其忧。乐以天下。忧以天下，然而不王者，未之有也"（《孟子·梁惠王下》）。

（二）"民贵君轻"

孟子提出"民为贵，社稷次之，君为轻"（《孟子·尽心下》），强调得天下之道在得民，得民之道在得民心，主张"得天下有道，得其民，斯得天下矣。得其民有道，得其心，斯得民矣。得其心有道，所欲与之聚之，所恶勿施尔也"（《孟子·离娄上》），认为"保民而王，莫之能御也"（《孟子·梁惠王上》），即只有"保民"，通过安抚百姓，才能成就王业。而要实现"保民而王"的政治主张，统治者就要推行"仁政"，把"仁"与"不仁"作为"得天下"与"失天下"的根本问题。"行仁政而王，莫之能御也"（《孟子·公孙丑上》），"夫国君好仁，天下无敌"（《孟子·离娄上》），主张"施仁政于民，省刑罚，薄税敛，深耕易耨"（《孟子·梁惠王上》）。而荀子则强调顺民心者得民意，"礼以顺人心为本"（《荀子·大略》），"君者舟也，庶人者水也，水能载舟，水能覆舟"（《荀子·王制》），从而把"民本"的观念深深植根于封建社会统治者的价值伦理中。

（三）"民为邦本"

"民生"一词最早见于《左传》，曰"民生在勤，勤在不匮"，揭示了百姓生活勤劳持家的朴素道理。"民为邦本"是对传统民本思想最具代表性的表述，《尚书》中提出"皇祖有训,民可近,不可下,民惟邦本,本固邦宁"(《尚书·五子之歌》)。其大意是,我们伟大的祖先大禹有训示,对待百姓,只可以亲近,不能够认为他们卑贱;只有百姓才是立国的根本。根本稳固了,国家才会安宁。这就从民众与国家的关系上肯定了民众的重要地位,强调民众是国家的基础和根本,并借助天的权威来抬高民的地位,认为天子不能违民心,必须顺从"民欲","天视自我民视,天听自我民听","民之所欲,天必从之"(《尚书·泰誓》)。管仲提出"夫霸王之所始也,以人为本"(《管子·霸言》)的民本思想。东汉时期的王符提出了"以富民为本"的道德思想,主张"夫为国者,以富民为本"(《王符·潜夫论》),认为"国之所以为国者,以有民也。民之所以为民者,以有谷也。故之所以丰殖者,以有人功也。功之所以能建者,以日力也"(《主符·潜夫论》)。国家的安危要看人的富足程度,而人民的富足程度,则取决于他们从事劳动的时日长短与多少。这里实际上已包含着人民从事生产劳动而创造物质财富的思想萌芽。

当然,中国古代的民本思想具有明显的阶级和历史局限性,"民"是相对于"君"(即统治者)而言的,本质上是为了维护封建统治地位,而不是为了给老百姓谋福利。但不可否认的是,传统文化中朴素的重民价值取向,确实对于缓和阶级矛盾、减轻人民负担、维护社会稳定等起到了一定的积极作用。今天,我们党强调关注民生、以人为本,应对几千年留下的传统文化遗产加以扬弃,取其精华、去其糟粕,使之与当代社会相适应、与现代文明相协调,既保持民族特色,又体现时代精神。

二、关注人的发展是马克思主义唯物史观的永恒主题

在马克思主义的学说中,对人的问题的关注包括人的本质、人的生存、人的权利、人的解放、人的发展等始终是永恒的主题。

(一)"人民群众是历史的创造者"

马克思主义的基本原理中揭示了人民群众在历史发展中的决定作用,认为人民群众是历史的创造者,是社会物质财富和精神财富的创造者,是推动历史发展的真正动力。包括奴隶阶级、农民阶级、无产阶级在内的广大劳动者阶级,尽管在革命斗争中有过挫折和失败,但他们始终是社会变革的决定力量。

"人民，只有人民，才是创造世界历史的动力"①。正如恩格斯指出的："在 17 世纪的英国和 18 世纪的法国，甚至资产阶级的最光辉灿烂的成就都不是它自己争得的，而是平民大众，即工人和农民为它争得的"②。所以，人民群众理应成为社会历史的主人。在社会发展中应不断满足和实现广大人民的根本利益，使"所有人共同享受大家创造出来的福利"③。

(二)"人的自由而全面发展"是社会发展的终极目标

马克思主义认为，人是社会发展的主体，也是社会发展的动力，更是社会发展的目的，追求和实现人的全面而自由的发展是社会发展的最终价值目标。其一，人的能力的全面发展。"任何人的职责、使命、任务就是全面地发展自己的一切能力"④。每一个人和全体社会成员的智力和体力、自然能力和社会能力、潜在能力和现实能力等，在社会生产过程中尽可能获得多方面地、充分地、自由地发展，使"人以一种全面的方式，也就是说，作为一个完整的人占有自己的本质"⑤。其二，人的个性的充分发展。个性是主体在劳动实践中通过能力发挥而体现出来的特性。个性的充分发展是人的发展的集中体现和最高标准，是"建立在个人全面发展和他们共同的社会生产能力成为他们的社会财富这一基础上的自由个性"⑥。其三，人的社会关系的自由发展。马克思主义认为，"人的本质不是单个人所具有的抽象物，在其现实性上，它是一切社会关系的总和"⑦。人是社会的人，社会是人的社会，人总是在一定的社会关系中生存和发展的，人的发展离不开社会的发展。

(三)生产力的发展是实现人的全面发展的基础

马克思主义在科学地揭示了生产力与生产关系矛盾运动的基础上，指出人类社会的发展主要体现在经济发展与人的发展上，经济发展是人的发展的

---

① 《毛泽东选集(第 3 卷)》，北京：人民出版社，1991 年。
② 《马克思恩格斯全集(第 18 卷)》，北京：人民出版社，1995 年。
③ 《马克思恩格斯全集(第 1 卷)》，北京：人民出版社，1995 年。
④ 《马克思恩格斯全集(第 3 卷)》，北京：人民出版社，1995 年。
⑤ 《马克思恩格斯全集(第 42 卷)》，北京：人民出版社，1979 年。
⑥ 《马克思恩格斯全集(第 46 卷)》，北京：人民出版社，1979 年。
⑦ 同③。

基本条件,而社会发展的终极目标在于满足人的物质文化发展需要。其一,生产力是社会历史发展的决定力量。马克思主义强调在无产阶级夺取政权后,通过生产力的发展,创造丰富的物质生活资料,使广大人民群众在满足基本生存需要的前提下,追求对物质文明、精神文明和政治文明的发展需求,促进人的自由而全面的发展。"当人们还不能使自己的吃喝住穿在质和量方面得到充分供应的时候,人们就根本不能获得解放"①。其二,人的发展离不开所生活的社会关系。"社会关系实际上决定着一个人能够发展到什么程度"②,人的全面发展,只有在物质财富极大丰富、生产关系不断完善的共产主义社会才能得以实现,"在那里,每个人自由发展是一切人的自由发展的条件"③。

三、重视民生是中国特色社会主义理论的核心议题

在中国特色社会主义理论体系中,无论是毛泽东思想、邓小平理论、"三个代表"重要思想还是科学发展观,都蕴含着丰富的关注民生、重视民生、保障民生、改善民生的思想,使马克思主义的人本观得以与时俱进的发展和创新。

（一）"全心全意为人民服务"的爱民思想

群众路线是毛泽东思想的活的灵魂。毛泽东同志指出,"在我党的一切实际工作中,凡属正确的领导,必须是从群众中来,到群众中去。这就是说,将群众的意见(分散的无系统的意见)集中起来(经过研究,化为集中的系统的意见),又到群众中去作宣传解释,化为群众的意见,使群众坚持下去,见之于行动,并在群众行动中考验这些意见是否正确。然后再从群众中集中起来,再到群众中坚持下去"④。简言之,就是一切为了群众,一切依靠群众,从群众中来,到群众中去。"只要我们信任群众,紧紧地和群众一道,并领导他们前进,是完全能够超越任何障碍和战胜任何困难的,我们的力量是无敌的"⑤。

全心全意为人民服务是党的根本宗旨。早在苏维埃政权时期,毛泽东就

---

① 《马克思恩格斯全集(第42卷)》,北京:人民出版社,1979年。
② 《马克思恩格斯全集(第3卷)》,北京:人民出版社,1995年。
③ 《马克思恩格斯全集(第1卷)》,北京:人民出版社,1995年。
④ 《毛泽东选集(第3卷)》,北京:人民出版社,1991年。
⑤ 《毛泽东选集(第4卷)》,北京:人民出版社,1991年。

告诫全党同志:"共产党人的一切言论行动,必须以合乎最广大人民群众的最大利益,为最广大人民群众所拥护为最高标准"①,并强调,"我们共产党人区别于其他任何政党的又一个显著的标志,就是和最广大的人民群众取得最密切的联系。全心全意地为人民服务,一刻也不脱离群众;一切从人民的利益出发,而不是从个人或小集团的利益出发;向人民负责和向党的领导机关负责的一致性;这些就是我们的出发点"②。党要始终与广大群众同呼吸共命运,"一切群众的实际生活问题,都是我们应当注意的问题。假如我们对这些问题注意了,解决了,满足了群众的需要,我们就真正成了群众生活的组织者,群众就会真正围绕在我们的周围,热烈地拥护我们"③。

(二)"三个有利于"标准的亲民思想

改革开放以来,以邓小平同志为核心的第二代中央领导集体高度重视富国强民,围绕"什么是社会主义,怎样建设社会主义"这一根本问题,坚持解放思想、实事求是的思想路线,实行改革开放政策,大力发展社会生产力,为解决民生问题奠定了坚实的基础。

"发展才是硬道理"。邓小平理论重视发展的重要性。"中国解决所有问题的关键是要靠自己的发展"④。建设社会主义,归根结底要体现在生产力的发展上,"社会主义的本质,是解放生产力,发展生产力,消灭剥削,消除两极分化,最终达到共同富裕"⑤。只有发展生产力,才能为解决关系人民切身利益的问题奠定雄厚的物质基础,不断满足人民群众日益增长的物质文化生活需求。

"根本目标是实现共同富裕"。邓小平理论提出走共同富裕道路的富民思想,人民创造的财富属于人民,为了实现全民共同致富的目标。允许"一部分人、一部分地区先富起来。大原则是共同富裕,一部分地区发展快一点,带动大部分地区,这是加速发展、达到共同富裕的快捷方式"。同时,把解决农业、农村和农民问题放在发展战略的首位,指出,中国社会是不是安定,中国经济

---

① 《毛泽东选集(第 3 卷)》,北京:人民出版社,1991 年。
② 同①。
③ 《毛泽东选集(第 1 卷)》,北京:人民出版社,1991 年。
④ 《邓小平文选(第 3 卷)》,北京:人民出版社,1993 年。
⑤ 同④。

能不能发展,首先要看农村能不能发展,农民生活是不是好起来。"农村不稳定,整个政治局势就不稳定,农民没有摆脱贫困,就是我国没有摆脱贫困"①。

坚持"三个有利于"标准。邓小平提出"三个有利于"的著名论断,即衡量各项工作成败得失的"判断的标准,应该主要看是否有利于发展社会主义社会的生产力,是否有利于增强社会主义国家的综合国力,是否有利于提高人民的生活水平",强调"党只有紧紧地依靠群众,密切地联系群众,随时听取群众的呼声,了解群众的情绪,代表群众的利益,才能形成强大的力量,顺利地完成自己的各项任务"②。

(三)"三个代表"重要思想的利民观

以江泽民为核心的第三代中央领导集体围绕"建设一个什么样的党,怎样建设党"这一时代命题,创造性地提出了"三个代表"重要思想——始终代表中国先进生产力的发展要求、中国先进文化的前进方向、中国最广大人民的根本利益,是我们党的立党之本、执政之基、力量之源。其中,始终代表中国最广大人民的根本利益,是党的理论、路线、纲领、方针、政策和各项工作的根本出发点和归宿。

"始终保持同人民群众的血肉联系"。江泽民同志指出,"始终保持同人民群众的血肉联系,是我们党战胜各种困难和风险、不断取得事业成功的根本保证"③。能否始终保持和发展同人民群众的血肉联系,直接关系到党和国家的盛衰兴亡。"人民,只有人民,才是我们工作价值的最高裁决者"④。党的一切工作都是全心全意为人民服务的,都是为了实现好、维护好、发展好人民的利益。要想群众之所想,急群众之所急,始终把体现人民群众的意志和利益作为工作的出发点和归宿,反复告诫全党"在任何时候任何情况下,与人民群众同呼吸共命运的立场不能变,全心全意为人民服务的宗旨不能忘,坚信群众是真正英雄的历史唯物主义观点不能丢"⑤。

① 《邓小平文选(第3卷)》,北京:人民出版社,1993年。
② 《邓小平文选(第2卷)》,北京:人民出版社,1993年。
③ 江泽民:《论"三个代表"》,北京:中央文献出版社,2001年。
④ 江泽民:《论有中国特色社会主义(专题摘编)》,北京:中央文献出版社,2002年。
⑤ 同③。

"始终代表最广大人民的根本利益"。江泽民同志指出,"党的一切工作,必须以最广大人民的根本利益为最高标准"①。由于人民群众是先进生产力和先进文化的创造主体,也是实现自身利益的根本力量,不断发展先进生产力和先进文化,归根到底都是为了满足人民群众日益增长的物质文化生活需要,实现最广大人民的根本利益。而人民群众的整体利益总是由各方面的具体利益构成的,最大多数人的利益才是最紧要和最具有决定性的因素。"必须首先考虑并满足最大多数人的利益要求,这始终关系党的执政的全局,关系国家经济、政治、文化发展的全局,关系全国各族人民的团结和社会安定的全局"②。能不能实现好、发展好、维护好最广大人民的根本利益是"衡量领导干部群众观点强不强、工作实不实,实践'三个代表'重要思想好不好的试金石"③。

(四)科学发展观的人本思想

党的十六大以来,以胡锦涛同志为总书记的中央领导集体提出科学发展观、构建社会主义和谐社会等战略思想,创造性地回答了"实现什么样的发展、怎样发展"的重大问题,把以改善民生为重点的社会建设摆在更加重要的位置。科学发展观,第一要义是发展,核心是以人为本,基本要求是全面协调可持续,根本方法是统筹兼顾。

"发展为了人民、发展依靠人民、发展成果由人民共享"。胡锦涛同志指出:"相信谁、依靠谁、为了谁,是否始终站在最广大人民的立场上,是区分唯物史观和唯心史观的分水岭。"④必须坚持以人为本,为群众多办好事、实事。始终把实现好、维护好、发展好最广大人民的根本利益作为党和国家一切工作的出发点和落脚点,尊重人民主体地位,发挥人民首创精神,保障人民各项权益,走共同富裕道路,促进人的全面发展。做到发展为了人民、发展依靠人民、发展成果由人民共享。

"把人民拥护不拥护、赞成不赞成、高兴不高兴、答应不答应作为出发点和

① 江泽民:《论"三个代表"》,北京:中央文献出版社,2001年。
② 《江泽民文选(第3卷)》,北京:人民出版社,2006年。
③ 江泽民:《论有中国特色社会主义(专题摘编)》,北京:中央文献出版社,2002年。
④ 胡锦涛:《在"三个代表"重要思想理论研讨会上的讲话》,北京:人民出版社,2003年。

落脚点"。我们党来自于人民，植根于人民，服务于人民，人民群众是党的力量源泉和胜利之本。"我们要始终坚持同广大人民群众心连心、同呼吸、共命运，在人民的实践创造中吸取营养，把人民拥护不拥护、赞成不赞成、高兴不高兴、答应不答应作为制定各项方针政策的出发点和落脚点，坚持问政于民、问需于民、问计于民"①。应时刻把群众的安危冷暖放在心上，真诚倾听群众呼声，真实反映群众愿望，真情关心群众疾苦，把最广大人民的根本利益放在首位，"保障和改善民生，是我们搞革命、搞建设、搞改革的出发点和落脚点，也是坚持党的全心全意为人民服务宗旨的根本要求"②。

四、保障和改善民生应从人民最关切的利益问题入手

民生问题，民心所系，国运所系，不仅关乎广大人民群众的根本利益，而且事关和谐社会建设成败与改革发展稳定的大局。着力保障和改善民生，应从解决人民群众最关心、最直接、最现实的教育、就业、收入分配、社会保障、医疗卫生等利益问题入手，努力使人民群众学有所教、劳有所得、病有所医、老有所养、住有所居。

（一）教育是民生之基

教育是民族振兴的基石，教育公平是社会公平的重要基础。实施"科教兴国"战略和"人才强国"战略是事关和谐社会建设的全局性问题。应办好人民满意的教育，提高教育现代化水平，培养大批德智体美全面发展的社会主义建设者和接班人。

（二）就业是民生之本

人民只有各尽所能，各得其所，社会才能安定和谐。就业不仅是重大的经济问题，而且是重要的社会问题和政治问题。因此，要强化政府促进就业的职能，完善就业机制，扩大就业规模，改善就业结构，支持自主创业，统筹做好高

---

① 胡锦涛：《在纪念党的十一届三中全会召开 30 周年大会上的讲话》，《人民日报》2008年 12 月 19 日。

② 中共中央文献研究室：《科学发展观重要论述摘编》，北京：中央文献出版社、党建读物出版社，2008 年。

校毕业生就业、城镇新增劳动力就业、农村富余劳动力转移就业和下岗失业人员再就业工作。

（三）医疗卫生是民生之急

要解决群众看病难、看病贵的生活难题，加快医疗卫生公益事业发展，建设覆盖城乡居民的公共卫生服务体系、医疗服务体系、医疗保障体系、药品供应保障体系，让广大人民群众能够享受安全、有效、方便、价廉的医疗卫生服务，做到病有所医、药有所值、医有保障。

（四）社会保障是民生之依

社会保障机制是社会主义制度优越性的重要体现，是以社会保险、社会救助、社会福利为基础，以基本养老、基本医疗、最低生活保障制度为重点，使广大人民群众病有所医、老有所养、住有所居、困有所补、危有所救、灾有所援、残有所助的基本生活保障体系。逐步建立社会保障、社会救助、社会福利、慈善事业相衔接的覆盖城乡居民的社会保障机制，是构建和谐社会的基本目标。

（五）增加居民收入是民生之源

深化收入分配制度改革，增加城乡居民收入，是体现社会公平和效益，提高人民生活水平，逐步消除两极分化，最终实现共同富裕的根本保证。要坚持和完善按劳分配为主体、多种分配方式并存的分配制度，逐步提高居民收入在国民收入分配中的比重，使发展的成果惠及广大人民群众；统筹兼顾区域发展，保障社会弱势群体的基本生活，加大对欠发达地区的扶持开发力度，合理调控收入差距。

（六）完善社会管理是民生之盾

社会稳定是人民群众的共同心愿，是实现社会和谐的基本保障和改革发展的重要前提。既要加强公共安全体系建设，解决日益凸现的生产安全、交通安全、环境安全、食品安全及药品安全等公共安全问题，又要加强民主法制建设，保障社会安定团结，使人民群众在祥和、安全的环境中安居乐业，不断促进人与自然、人与人、人与社会的和谐发展。①

---

① 本章第三节内容原载《理论月刊》2010 年第 3 期，题为《论"保障和改善民生"的思想渊源和理论内涵》。

第四节 网络时代中政府与公民社会的沟通

20世纪90年代以来，随着信息通信技术和因特网的飞速发展，人类迈入了网络时代。面对网络时代的机遇和挑战，中国政府信息公开制度逐步建立，电子政务蓬勃发展，以政府新闻发布制度为代表的政府与公民社会的沟通体系初见成效。中国共产党十七大报告明确提出了"推行电子政务"的目标，并指出要"推进决策科学化、民主化。完善决策信息和智力支持系统，增强决策的透明度和公众参与度"。党的十八大报告中进一步提出，要"完善基层民主制度"，"推进信息公开"，"提高社会管理科学化水平，必须加强社会管理法律、体制机制、能力、人才队伍和信息化建设"。由此可见，以政府与公民社会的网络沟通为主要特征的新型政治沟通问题已经引起了党和政府的高度重视。从这一视角审视，以网络为媒介的"沟通"具有双重意义：对公民社会而言，网络传媒意味着公民政治参与的新载体和新途径，意味着一种新型的民主方式；对政府而言，网络传媒则意味着治理模式的革新。同时，我们也应该清醒地看到，网络时代中电子政府与公民社会的沟通面临着一系列巨大的挑战乃至威胁，如何应对这些挑战和威胁，将成为当前电子政务发展中要着力解决的重要课题。

一、网络时代政府与公民社会沟通中的问题

电子网络技术降低了公民政治参与的成本，拓宽了公民政治参与的渠道。但是网络具有匿名性和虚拟性的特点，客观上为网民政治参与的随意性、非法性提供了条件，也为政府控制非法网络政治参与带来了难度。从政治生活的全局来看，中国正形成赶超式的现代化发展模式。这就要求必须要有相当的政治权威来对各种资源（包括信息资源）实行有效整合和优化配置。在网络时代，随着公民意识的觉醒，国家无法再通过垄断信息的方式来影响民众的认知和判断，塑造他们对政治体系的忠诚；公民的民族意识和国家观念也日趋淡薄，催生了公民全球化理念的张扬。国家组织权力结构的扁平化必然会造成政治权威的流失，使得民众在政治认同上产生了困难。此外，网络立法的相对

滞后和网上身份认证技术不够完善,使网络参与社会政治生活的合法性和规范性一度受到挑战,直接影响政治稳定和政治发展。

(一)网络传播的复杂性容易导致公民网络政治参与的无序化、极端化

网络传播的复杂性可能导致公民网络政治参与的极端化。美国学者凯斯·桑斯坦(Cass Sunstein)提出了"群体极化"的概念。他将"群体极化"定义为:"团体成员一开始即有某些偏向,在商议后,人们朝偏向的方向继续移动,最后形成极端的观点。"他指出,"在网络和新的传播技术的领域里,志同道合的团体会彼此进行沟通讨论,到最后他们的想法和原先一样,只是形式上变得更极端了"①。民主社会需要不同的观点进行碰撞,在理性论辩中达成社会共识,如果只沉浸在同一种声音里,持极端观点的人不断增多,社会将会走向分裂。这对中国社会的危害尤其明显。中国民族众多,社会情况复杂,缺乏民主传统,不同地区、民族都有着独特的文化思想理念。再加上长期受宗法地缘政治的影响,社会文化开放性不足,很容易在网络便捷的沟通方式下,滋生"群体极化"问题。解决不好这一问题,将会严重危害中国公民网络参与的健康发展。

(二)网络信息的集权操控有可能导致"技术官僚为民做主"

网络时代民主社会所面临的危机,是在操纵信息基础上衍生出的种种变相隐秘的政治控制手段,主要包括"信息轰炸"、"信息伪造"和"信息监控"。"信息轰炸"指的是在有限的时空内投放超密集的信息容量,使人们无从分辨、无法选择。"信息伪造"指的是通过网络技术伪造出以假乱真的信息环境来欺骗公众。此外,信息技术的发展、超级计算机并行处理能力的增强,使得权威当局对公民社会进行"信息监控"的能力也空前强化。美国政府就一直试图通过政府强制性托管"密匙"政策,以便在任何必要的时候检查公民电子记录的内容。然而,尽管政府可以从保障国家安全和惩罚犯罪的角度列举这样做的理由,但这些做法无疑对民主发展和人权保障造成了损害。

网络信息的集权操控有可能导致所谓的"技术官僚为民做主"。现代精英

---

① [美]桑斯坦:《网络共和国》,黄维明译,上海:上海人民出版社,2003年,第41—47页。

民主理论的一个核心前提是,在每一个社会里,少数人作出主要决策。这种状况在网络时代并没有得到根本性的变化。由于技术越来越复杂化和专业化,网络时代的权力明显地转移到掌握专门技术和保密信息的技术官僚手中。他们不但掌握行政权力,还掌握着计算机知识,指挥着大量被储存的信息。他们利用这双重的优势,一方面,大大小小的民选代表不得不依赖智囊和咨询机构,从而使技术官僚在很大程度上成为真正的立法者和决策者;另一方面,技术官僚可以按照自己的愿望设计决策模型,可以改变某个程序以使信息或决策符合他们自己的想法,甚至可以在心怀不满时对政治系统送行致命打击。正如西奥多·罗扎斯克(Theodore Roszak)所说,"官僚主义的经理、公司精英、军事当局、安全和监视系统都可以利用计算机里的数据来制造混乱、散布神话、进行恫吓和控制别人,他们掌握了绝大部分计算机,公众对于信息的崇拜又给他们的优势地位蒙上了一层神秘的面纱"①。

(三)政府部门及公务员的网络信息意识和能力不强

电子政府的运作既要求政府工作人员掌握较高的信息技术,同时还要求有与现代工作手段相适应的意识和创新思维的观念。但是,目前政府部门及公务员的网络信息意识和信息能力还不强。首先,一些政府部门的领导人对网络信息的重要性认识不足,缺乏网络信息共享的意识。政府部门条块分割主义严重,各部门互不通气,自己掌握的网络信息只限于在本部门流通,造成网络资源的浪费和网络重复建设。其次,网络环境下的政府信息公开虽然有了一定进展,但是公开程度还不够,一些该公开的信息还未能公开,不能满足公众对信息的需求。由于计划体制下的政府一直是国家和社会信息的垄断者,进入网络时代后,一些政府工作人员仍然认为信息公开是由自己决定的事务,甚至认为信息公开是他们对人民群众的一种"恩赐"。再次,一些公务员的网络信息知识和网络应用能力难以适应电子政府发展的要求。更有甚者,由于担心网络环境下对信息控制权力的丧失而怀有抵触情绪,不愿学习或提高自身的信息能力。因此,尽管不少政府机关的计算机硬件档次相当高,但是往

---

① [美]罗扎斯克:《信息崇拜——计算机神话与真正的思维艺术》,苗华健、陈体仁译,北京:中国对外翻译出版公司,1995 年,第 195 页。

往只能被用来进行简单的文档处理,造成了资源的极大浪费。

(四)"数字鸿沟"导致公民网络政治沟通的失衡性

"数字鸿沟"又称为信息鸿沟,是指当代信息技术领域中存在的差距现象,既存在于信息技术的开发领域,也存在于信息技术的应用领域,特别是指由网络技术产生的差距。中国不仅面临着与世界因特网普及水平的巨大差距,同时还面临着巨大的内部差距:地区间的"数字鸿沟"和城乡间的"数字鸿沟"。中国这种网络分布的地域不平衡和网民层次的不平衡,使网络信息受众的范围受到限制。相当多的社会弱势群体无法享受到现代信息技术、信息网络。"数字鸿沟"引起的信息资源的畸形流向,更使这部分人所获信息的内容、层次、种类受到很大局限。"数字鸿沟"损害了公民平等获取信息利益的权益,深化了信息供求的矛盾。最重要的是,"数字鸿沟"导致政府与公众的互动沟通代表不了大多数人的利益,难以体现真正的民主,政府也难以据此作出真正合乎民意的决策。

二、改善网络政治沟通的对策与建议

网络时代中诞生了一个崭新的、民粹化的媒体形式,即网络传媒。这种新兴的媒体形式基于互联网、数字化的技术特点,具有不同于以往传媒的互动优势、资源优势、时效优势、成本优势,能够广泛、快速、有效、个性化地进行政治沟通,促进了公民政治参与的发展,推动了政策民主化和政策科学化的发展,改善了在危机管理过程中政府与公民社会的沟通策略。但是,网络传媒进行政治沟通过程中也存在很多缺陷,这些缺陷是由天然和人为的种种因素共同造成的。面对这些问题,政府要积极采取措施,才能充分地利用网络传媒与公民社会进行有效沟通,以引导公民社会健康、有序地成长,促进社会主义民主政治的长足进步,推动社会主义和谐社会的持续发展。

(一)完善政务公开的法制环境

政务公开是推进民主政治建设、保障公民民主权利、实现政府与公民社会良性互动的前提和基础。但是一些政府部门出于自身利益的考虑,对政务公开心存恐惧,往往采取政务不公开或非实质性政务公开的方法。面对这种情形，我们只有把政务公开上升到法律的层面，用国家的强制力来推动和促使政务公开，才能实现实质性意义上的政务公开。政务公开除了涉及秘密性的信息之外，其他与公民生活密切相关的事务，必须得到公布，因为公民有相应的知情权。中国政府虽然已经颁布和实施了一系列有关计算机及互联网的法规和条例，但与实际需要还有差距，需要我们加大在这一方面的法律制度建设。

(二)构建网络有序参与的保障机制

一方面，政府需要制定相关政策规范公民网络政治参与行为，防止参与过度和参与的无序化。例如，可以试行网络实名制，在公民积极地参与在线公共事务的管理、在线决策和在线网络投票时，防止一些别有用心的人散布虚假信息和一些不负责任的信息。另一方面，立法保护公民网络参与公共决策的合法权益。网络公民参与是公民社会与政府互动的行为，如果政府对于网络公民参与无动于衷，如何保证公民在参与活动中的意见得到采纳？如何保证网上听证会成为名实相符的听证？能否通过创建一部《公民参与法》来保障公民参与(包括网络参与)的合法权益，用程序法的方式制约政府在吸纳公民参与意见方面的不足，这值得行政学界和法学界的认真思考。

(三)致力于消除"数字鸿沟"

政府应积极地为无力承担上网费用的公民提供免费的上网环境，这些地点可以设在社区附近的学校、公共图书馆等处。针对那些缺乏上网技能的人，政府可以自己或通过社会力量进行培训，使他们掌握一定的计算机技能。在身体缺陷人群较为集中的地方，政府应该为之设计开发一些智能型计算机，以便他们通过网络进行政治参与和沟通。网站内容方面，建立定期更新的机制，保障公民能够及时充分地获取网络信息，进行网上参与。在政府网站的版面设计和结构布局方面，要树立"顾客"导向，积极吸取商业网站的成功之处，以期吸引公民浏览。网络技术方面，要不断创新突破，建立容纳多人的服务器系统，保障公民在网上能够实现投票、讨论和决议。

(四)提高政府部门及公务员的网络信息意识和能力

政府工作人员特别是领导干部要强化网络信息意识，把政务公开视为民众应当享有的基本权利、政府应该履行的义务。政府有责任通过网络传播满足公众的信息需求,尊重和回应公民的知情权和参与权。政府人员要树立将政务信息在内部和外部同时公开的理念,废止各种不适应政府改革、市场经济与信息社会发展要求的陈规教条,打破各种阻碍政府信息自由流动的实际障碍,保障政府之间信息的自由流动和公民自由地利用政府信息的权利。政府工作人员要保证政府网络信息权威、准确、可靠,提高政府信息的公信力,使政府网站真正成为服务民众需求的中心。此外,由于信息化、全球化和现代化给人们带来福音的同时也带来了许多不确定的因素,尤其是网络公共领域因为其虚拟的特性,容易在民众非理性的状态下引起网络危机事件,因此现代政府应树立危机意识,使人们从心理、物质、技术等方面做好网络危机管理的准备。①

第五节　政府管理网络虚拟社会的若干问题

根据中国互联网络信息中心的统计数据显示,截至 2011 年 12 月底,中国网民规模突破 5 亿;互联网普及率较 2010 年底提升了 4 个百分点,达到38.3%。中国手机网民规模也已达到 3.56 亿,同比增长 17.5%。从数据中不难看出,在进入 21 世纪以来,中国的互联网络以及信息技术得到了迅猛的发展,随之应运而生的网络虚拟社会也逐步进入了人们的视野,同时它也不断地影响和改变着人们的生活和生产方式。由于中国的网民数量不断地增加,互联网络对中国社会的影响也越来越深刻,它也已经成为人们日常生活的信息渠道、互动媒体以及生活、工作平台,它的作用已然渗透到经济、政治、军事、文化、社会、生活等方方面面。但互联网络这把双刃剑的另一面——网络犯罪、黑客入侵、隐私窃取、病毒植入等各种问题也呈现高增长的态势。因此,政府对网络虚拟社会的管理问题已经成为一个关乎建设和谐社会、维持经济秩序、健全道德规范、稳定国家政治、提升综合国力的全局性问题。这就必然要求政府用国家战略高度的眼光对其进行审视。中国社会是一个民主开放的社会,

---

① 本章第四节内容原载《探索与争鸣》2010 年第 12 期,题为《网络时代政府与公民社会的沟通问题》。

同时也是一个多元化的社会,对于政府的网络监管行为必然存在诸多不同观点。有些观点认为,政府对网络的监管是一种对自由的干涉。但是,公民的网上自由是有限度的,是建立在不侵犯他人自由和不违背公共利益基础之上的自由;而监管又是必要的,事实上,即便是在欧美国家,也同样存在对网络的监管,并不是各种网络信息都可以放任自流。这里的网络监管也是政府服务的一部分,与我们前面探讨的政府与公民社会的网络沟通以及公民的网络参与并不违背。良好的网络环境是网络沟通和网络参与的保障。因此,如何把握互联网络时代的特点,不断探索管理网络虚拟社会的方法,提高管理网络虚拟社会的效率,就成为了中国公共管理学中的一个重要课题。

一、网络虚拟社会的概念及其特性

网络虚拟社会对于我国的公共管理学领域来说,是一个全新的事物。如果我们想要对其进行科学合理的管理就必须首先研究网络虚拟社会是为何物,以及它本身所固有的特性。唯如此,才能敏锐地认识到网络虚拟社会的缺陷与不足,顺应网络虚拟社会的发展规律,充分发挥主观能动性,达到我们的预期目标。

(一)网络虚拟社会的相关概念

网络虚拟社会毫无疑问是互联网络与信息技术迅猛发展的产物,而关于网络虚拟社会的确切含义目前仍没有一个统一的看法。在过去的一段时间,学者们就互联网络是工具还是社会展开过激烈的讨论,然后伴随着互联网络的发展,多数学者都认为"虚拟社会"就是"网络社会",并给出了很多具有代表意义的定义。

以北京邮电大学教授王文宏为代表的部分学者认为,网络虚拟社会是在计算机网络技术与虚拟现实技术融合的基础上,以网络交往形成的社会关系为框架,对现实世界和非现实之物进行数字化编码而建构起来的人文社会空间。[①]

有的学者认为,网络虚拟社会是基于互联网络所构成的社会,而不是个人

---

① 王文宏、高维钫:《网络文化研究》,北京:中国言实出版社,2006年,第23—41页。

在互联网络虚拟空间中无序的简单集合，是人们基于互联网络的虚拟空间，在虚拟实践中按照一定的方式彼此发生各种虚拟社会联系和关系的领域。①

还有的学者认为，网络虚拟社会是对"信息社会"、"网络社会"的形而上的抽象与概括，是数字化空间与心理空间交汇互动所产生的"第三空间"。网络虚拟社会既不是实存的物质世界，也不是纯粹的意识或幻觉，所以也不是虚无或虚假的。网络虚拟社会的基础在于现实社会，是现实社会的发展和突破，两者相互渗透、相互作用。②

综合上述学者的各种观点，笔者认为，网络虚拟社会是网民在由信息技术支撑的网络虚拟空间中通过互相之间的信息共享、互换与信息交流而产生的社会互动。网络虚拟社会必然以现实社会为基础，它是现实社会的独特延展，它与现实社会交融共生、不可分割，是一种双向互动的关系。它们共同构成了人类的基本生存空间。网络虚拟社会中的诸多活动，都是由人类现实生活中的活动转移、发展而来，因此它并不是凭空虚构的，而是真实的存在。

（二）网络虚拟社会的基本特性

尽管网络虚拟社会是以现实社会为基础而存在的，但网民在网络虚拟社会中的思维方式、活动轨迹和行为规律等都有其鲜明的特点。因此网络虚拟社会这种以网民为主体的社会互动也有其固有的运行机制和特性。

一是虚拟性。虚拟性是网络虚拟社会最为主要的特性。当人们的社会活动转移到网络虚拟社会中后，就与在现实社会中的社会活动大为不同了。由于网络虚拟社会中网民身份的虚拟性和不确定性，导致了人们在现实社会活动中容易察觉的个体行为和特征都在网络虚拟社会中被虚拟技术隐藏和虚化。这也使得网民在网络虚拟社会中的活动没有了现实社会中的诸多约束和限制，产生了没有实质接触的社会互动。因此，网络虚拟社会中的社会活动都或多或少地戴上了一层虚拟的面纱。

二是开放性。网络虚拟社会并不像现实社会那样需要陆地、海洋等切实的载体才能拓展，伴随着信息技术的发展，可以说网络虚拟社会在空间上能够

---

① 曾令辉：《网络虚拟社会的形成及其本质探究》，《学校党建与思想教育》2009 年第 4 期。

② 谢舜、赵少钦：《网络虚拟社会伦理问题的成因与控制》，《广西大学学报》2002 年第 6 期。

无限制地延展和拓宽。这就使得网民可以根据各自的兴趣爱好在不同的虚拟空间中自由"穿梭",每一个网民既是信息的发送者又是信息的接收者,处于一种交互主体的社会环境中,高度的开放性异常突出。

三是泛在性和自由性。依托于无时无刻、无处不在的网络信息服务技术,网民可以在任意地点、任意时间参与到网络虚拟社会中去。而且,网民可以摆脱现实社会中地域、制度、法律的约束,自由选择活动方向与内容,甚至是那些在现实社会中被禁止的活动。网络虚拟社会的泛在性和自由性由此可见一斑。

四是体系的独特性和管理的自治性。网民根据各自的兴趣爱好可以选择融入到不同的虚拟空间之中,而这种虚拟空间中的成员往往拥有相等的权限与地位,对各种网上事务实行高度自治。这种跨越空间和现实社会中等级身份的空间属性,便是体系独特性和管理自治性的最好体现。

二、网络虚拟社会的自身缺陷

网络虚拟社会作为一种全新的社会形态,正如现实社会一样,既有促进人类发展的一面,也有其不可避免的缺陷。我们只有深入透彻地分析网络虚拟社会的自身缺陷,才能更好地规避它带给我们的负面影响,将其正面效益发挥到最大。

(一)网络信息的杂乱性

正如前文所述,网络虚拟社会的各种特性使得它所包含的信息量异常巨大而且繁杂,涉及的内容及其影响范围也相当广泛。此处所论述的网络信息的杂乱甚至泛滥,主要体现在那些对国家安全和社会和谐构成威胁的不良信息方面。凭借着搜索引擎技术的快速发展,过去那些传播受到严格限制的暴力、色情、恐怖、邪教等不良信息现在有可能大行其道。这些不良信息不但污染了网络环境,还将严重危害社会并导致犯罪率的上升。据调查,2002年年底,全球约有23万个色情网站,而到2004年底全世界的色情网站竟约有420

万家。① 网络色情呈现一种爆发性增长的态势,同时也冲击着中国几亿青少年的道德底线,各种青少年犯罪案件也频频发生,祖国的花朵成了网络色情荼毒的对象。因此,网络不良信息的泛滥已经成为不容忽视的问题。

(二)网络犯罪的频发性

所谓网络犯罪是指,"违反国家法律规定,利用信息技术,在计算机网络上进行的妨害计算机信息交流或者严重危害社会,依法应负刑事责任的行为"②。近些年来,中国的网络犯罪率不但明显呈上升趋势,而且各种现实社会中的犯罪类型也日益与网络犯罪结合在一起。据统计,1998 年公安机关办理各类网络犯罪案件 142 起,2007 年增长到 2.9 万起,2008 年为 3.5 万起,2009 年为 4.8 万起。③ 网络技术日新月异的发展虽然给我们带来更多的便利,但互联网络自身的安全漏洞也屡遭犯罪分子的利用。全世界各个国家都面临着黑客袭击、病毒传播等犯罪活动的侵害。国家互联网应急中心统计显示,2010 年我国有近 500 万台境内主机遭到境外网络攻击,而到 2011 年这一数据激增到近 890 万。④ 网络犯罪的态势日益严峻也直接导致网络犯罪必将成为公安部门需要严厉打击的最危险的犯罪种类之一。

(三)网络权力的滥用性

此处所谈及的网络权力是一种影响力,主要是指网络虚拟社会通过网络信息传播的便利性,将各种虚假、有害信息聚焦放大,从而产生的对现实社会的负面影响作用。网络虚拟社会之所以存在这样的缺陷,是因为网络言论的匿名性和即时性,网民可以毫无顾忌地针对各种热点新闻发表无根据、不负责的言论,甚至一些别有用心的人通过 E-mail、微博等新兴传播模式制造虚假信息或恶意攻击他人。例如,2008 年 5 月 14 日,武汉市刘某为增加其公司网站点击量,假冒中国地震局工作者,发帖谎称武汉将有大地震。该帖发出后,其

---

① 程斌:《色情网站的末日——有感于公安部打击淫秽色情网站专项行动》,《信息网络安全》2004 年第 8 期。

② 王云斌:《网络犯罪》,北京:经济管理出版社,2002 年,第 27 页。

③ 中国国务院新闻办公室:《中国互联网状况白皮书》,2010 年 6 月 8 日。

④ 国家互联网应急中心:《2011 年中国互联网网络安全态势报告》,2012 年 3 月 19 日。

公司网站点击量短时间内便突破 200 万次，给市民带来了极大的恐慌。一方面，网络虚拟社会为网民提供了相对更为宽广的言论自由，让普通人也有了对任一事件发表言论的机会；另一方面，网络言论的匿名性、即时性和自由性使得网民形成了具有代表意见的群体，"群体情绪化"明显，如果缺乏正规引导，网民的以讹传讹极易形成舆论风暴，直接演变成现实社会中的公共危机。

（四）网络战争的复杂性

伴随着互联网络渗透到人们生活的各个方面，一个国家的经济、政治、军事、科技等重要领域也与网络密不可分了。以前传统的文化渗透战、情报窃取战等"战争"利用网络产生了全新的表现形式。敌对势力利用互联网络大肆传播负面言论、煽动群众不满情绪，对国家安全构成严重威胁。在未来的战争中，计算机本身就是武器，前线无处不在，夺取作战空间控制权的不是炮弹和子弹，而是计算机网络里流动的比特和字节。网络战争已经成为了我们不得不面对的新挑战。

三、政府管理网络虚拟社会的现实必要

俞可平教授认为，"公共管理"一词的基本含义是指官方或者民间的公共管理组织在一个既定的范围内运用公共权威维持秩序，满足公众需要，管理的目的是在各种不同的制度关系中运用权力去引导、控制和规范公民的各种活动，以最大限度地增进公共利益。[①] 根据前文分析的网络虚拟社会的概念、特性及自身缺陷来看，将网络虚拟社会纳入我国的公共管理体系之中，已然是刻不容缓。然而，网络虚拟社会的固有特性及其运行机制使得传统的监管模式不再适宜，需要进一步探索管理网络虚拟社会的新的有效模式。

（一）人类社会向虚拟空间拓展的切实保证

国际互联网早在 1969 年就已经诞生，发展至今，业已覆盖全球。正如前文的统计数据所显示的一样，互联网络的未来充满着巨大的潜力。仅在中国，网民占总人口的比例就超过了 30%。这些数据不仅揭示了互联网络的惊人

---

① 俞可平：《权利政治与公益政治》，北京：社会科学文献出版社，2005 年，第 142 页。

发展速度,更重要的是,在互联网络物理基础扩张的背后是它掀起的深刻的社会变革。网络虚拟社会的发展推动了人类生存形态乃至社会管理体制的革新。从公共管理的发展现况来看,网络虚拟社会已经与社会管理主体形成联动,网络虚拟社会逐步成为现实社会活动的切入点。因此,政府对于这样一个仅次于现实社会的公共管理第二客体绝不能再"袖手旁观",而是应充分发挥政府在社会公共管理中的作用,按照全新的模式对网络虚拟社会进行管理,这是人类社会向网络虚拟空间拓展的切实保证。

(二)构建社会主义和谐社会的题中之意

互联网络在创造巨大效益的同时,前文所提到的不良信息泛滥、网络犯罪频发等问题也层出不穷。这些问题对网络虚拟社会的公共秩序造成了严重破坏,可是这些存在于网络虚拟社会中的问题并未得到政府和社会的系统解决,这对我国构建社会主义和谐社会产生了不良的影响。近年来,网络虚拟社会中的问题越来越突出,对网络虚拟社会的管理也受到了越来越多的关注。网络虚拟社会事关国家的经济命脉、政治稳定和社会和谐,因此,政府必须对其进行管理。我国在十六大、十七大、十八大上反复强调的构建社会主义和谐社会不单单要求我们现实的社会实现和谐,显然网络虚拟社会的和谐也是相当重要的组成部分,这是政府对其进行管理的题中之意。

(三)政府自身职能与属性的内在需求

已故诺贝尔经济学家萨缪尔森(Paul A. Samuelson)认为,公共物品是指那种不论个人是否愿意购买,都能使整个社会每一成员获益的物品。公共物品具有两个基本特性:使用时的非排他性和非竞争性。[①] 从这一定义来看,社会秩序无疑是一种无形的公共物品。人类社会的进步需要良好的社会秩序,而网络虚拟社会管理的核心问题恰是保障网络虚拟社会的有序。网络虚拟社会秩序虽与现实社会秩序有别,但其仍是全社会成员共享的,非排他性和非竞争性表现明显,故网络虚拟社会秩序亦是公共物品,而向人民提供这一公共物品,当然是政府属性的内在要求。可在当前,对网络虚拟社会的管理还面临巨

[①] Paul A. Samuelson & William D. Nordhaus. *Economics*. Boston:McGraw Hill Higher Education,2009,pp. 13—47.

大挑战,作为公共利益的代表——政府,必须发挥其公共行政的职能,维护网络虚拟社会的良好秩序。

四、政府管理网络虚拟社会的现实困境

尽管我国政府对于网络虚拟社会的管理工作开展时间不长,可是在中国共产党的正确领导下,仍然取得了不错的成绩。经过不断的探索和实践,我国现在已初步形成了党委领导、政府负责、社会协作、公众参与的网络虚拟社会管理格局,制定了一些管理网络虚拟社会的基本法律,形成了与社会主义制度和我国国情总体上相适应的网络虚拟社会管理模式。但这并不意味着政府工作的完美无缺,相比较世界其他一些管理网络虚拟社会起步较早的国家,我们尚存在一定的差距。鉴于网络虚拟社会的特性,我们将政府管理网络虚拟社会的现实困境归纳为以下四个方面。

(一)我国现行法律政策不能适应网络虚拟社会的发展要求

当网络虚拟社会各种问题不断滋生的同时,我国针对互联网络的立法却还是较为基本与单一,进程远远落后于网络虚拟社会的发展。国务院颁布的少数几个规范互联网络的条例,设立时间都较早,涉及范围有限,这些法律、法规只是对互联网络的管理作了原则性的规定,可操作性并不强,在应对目前大量发展迅速的、复杂的、新型的网络违法犯罪问题方面,难免显得捉襟见肘。立法的不足主要体现在以下几个方面。

一是立法层次低下,缺乏针对性。现有的网络立法大多以部门和地方为主体,国务院乃至国家制定的法律只有少数几部。而且,其中的大部分都是根据各部门自身的需要颁布的部门规章,并非立法机关颁布的法律,故立法层次低下。国家到目前为止,尚未将网络虚拟社会的管理工作上升到法律的高度,所以仍未颁布国家互联网络信息法。这对维护网络虚拟社会的良好秩序非常不利,对各种网络犯罪也不能产生应有的威慑力。而美国、英国、德国等国家都较早地将计算机犯罪写入刑法典中,例如德国在1986年5月就率先在世界范围内将与计算机互联网络有关的犯罪完全纳入刑法典体系中,该法增加了有关防止计算机犯罪的条文,规定了计算机诈骗罪、资料伪造罪、资料刺探罪、资料变更罪、计算机破坏罪等多项罪名。我国唯有加快网络立法的步伐,才能

更好地维护人民的利益。

二是立法体系混乱，缺乏系统规划。由于我国互联网络的相关法律、法规多由部门和地方颁布，因此忽视了系统规划，网络法律体系建设缺乏稳定性和连续性。首先，不同的主管部门没有深入研究网络虚拟社会发展的新情况、新问题，只是立足本职工作出台一些管理制度，而且各部门之间缺少联系、协作和支持，给法律、法规的执行带来了诸多不便。其次，重点参与网络虚拟社会的单位如教育系统、厂矿企业、国家机关等，由于技术力量落后，安全意识薄弱，网络管理制度根本没有落实在具体的管理操作上，仅仅流于形式。

三是网络法律的可操作性较差。我国现有的网络法律条文多、杂、粗，可操作性较差，如《电子签名法》中对电子合同的格式，电子签名的认证程序，对认证机构与受认证方的合同都没有作出规定，与国外立法相比较仍显稚嫩，操作上的难度也可想而知。

四是网络立法缺乏国际合作。网络虚拟社会的极速发展，使这个世界以前所未有的面貌联系在了一起，互联网络的大面积应用不但促进了经济的全球化，也迫切需要各个国家的互联网络法律规范趋于同步。欧盟在八国集团范围内建立的"打击儿童色情数据库"，有效地打击了色情犯罪，这也为以后各国在全世界范围内实现合作提供了很好的范例。而中国由于立法起步晚、立法范围不全，所以实现与国际接轨还有一定的难度。

（二）政府现存管理体制不能反映网络虚拟社会的自身特性

一是政府管理网络虚拟社会的部门工作职责不明确。我国目前涉及互联网络管理的部门有国家新闻出版总署、国家广播电影电视总局、文化部、教育部、公安部、国家工商总局等至少十多个部门，然而这些部门之间仍旧按照自身职能及其权属各司其政，并未形成有效的沟通协调机制。例如，对网络文化的管理，涉及文化、广播电视、公安、工商等多个部门，但实际上文化部门在管理力量方面受到制约，对网络文化的管理力度明显不够。多头管理和线性管理的模式直接导致职责设置重复、分工不明晰、争权及推诿现象屡见不鲜。而这样的管理模式亦成为网络管理不善的重要原因之一。

二是政府现有管理网络虚拟社会的部门发展不均、效能低下。以公安系统为例，它对网络虚拟社会的监控、管理仍存在以下缺陷：首先，由于现有的法律、法规已然不能适应网络虚拟社会的飞速发展，因此当公安系统面临新问题、新状况时，没有相关的法律给予支持，对某一行为是否是犯罪难以判断，打击网络犯罪举步维艰。其次，公安系统对与网络虚拟社会的监控、管理工作尚处于起步阶段，干警们的网络技能不过硬、网络斗争战术意识不强、网络情报侦查水平不高、执法工作精度不够，导致警务工作始终是处于"亡羊补牢"式的被动反应阶段。再次，公安系统对网络虚拟社会的基础数据、发展情况的掌握粗糙而片面，基础数据库建设、干警网络技术培训、监控管理机制建设等基础工作进展缓慢，管理手段、方式、体制还不能适应网络虚拟社会的要求，所以预防、打击犯罪的工作也难以开展。

（三）政府现有的管理方式不能顺应网络虚拟社会的发展趋势

一是管理方式单一。我国目前对网络虚拟社会的管理方式仍是传统的"高压管制"，即对出现在互联网络上的负面信息及内容单一地采取"删除"的手段，然而网络虚拟社会的开放性及自由性等特性导致了这种管理方式必将是滞后的。管理者永远无法预料不良信息将出现在何时、何地。特别是对于那些国外渗透进入的不良信息更加难以妥善管理，例如现在大多数色情网站的服务器是置于国外的，管理者就很难简单地通过"删除"来达到目的。

二是不重视网络安全建设。政府在网络安全建设方面的滞后，主要体现在对参与网络虚拟社会的用户、企业的宣传、教育力度不够。直接导致了网络虚拟社会的用户、企业防范意识薄弱。例如目前一些网络企业为了追求经济效益的最大化，盲目拓展各类网络业务，忽视了网络安全工作的严峻性，也忽视了自身的社会责任和管理责任。这些企业的行为不但给自身带来了重大的安全隐患，同时造成网络资源的巨大浪费，给相应部门的管理增加了难度。据国家计算机病毒应急处理中心统计数据显示，2010 年，72.16％的被调查单位发生过网络信息安全事件，感染计算机病毒的比例为 60％。① 而在 2011 年 12 月 21 日，中国最大的程序员社区网站 CSDN 有超过 600 万名用户的注册资料遭到黑客窃取。尽管该网站在得到泄露信息之后，立即进行了应急处理，针对

---

① 国家计算机病毒应急处理中心：《2010 年全国信息网络安全状况与计算机及移动终端病毒疫情调查分析报告》，2011 年 2 月 4 日。

系统中存在安全隐患的 CSDN 用户信息进行了临时锁定，可我们仍能明显地看出政府在推进网络安全建设道路上的艰辛，很难通过现有的网络安全检测技术及早而主动地发现安全隐患。

（四）政府对于网络虚拟社会的道德建设所承担的责任不足

一方面，网络虚拟社会以它独有的优势使人们的生活质量得到了质的改变，而另一方面，网络伦理道德问题也日渐突出。网络道德，顾名思义是人们漫游在网络时空应遵守的道德规范，更确切地说应该是指以善恶为标准，通过社会舆论、内心信念和传统习惯来评价人们的上网行为，调节网络时空中人与人之间以及个人与社会之间的关系的行为规范。现实社会的发展趋势会在网络虚拟社会中毫无保留地展现出来，所以网络虚拟社会并不是一片净土，它并不是人类想象中的"乌托邦"。在现实社会中，传统美德、社会舆论等会一起发挥作用，规制人们的各种言行，而在网络虚拟社会中，网民的活动却主要依靠个人的"良心"来维系。网络道德的"慎独"特性尤为明显，它是一种自律性的道德，这就要求政府不能将网络道德建设的重任全盘交给网络虚拟社会自身，这样做的直接后果就是网络道德将会"形同虚设"。例如目前很多青少年在猎奇的冲动下学习黑客技术，研发网络病毒、侵入他人计算机系统，导致了青少年网络犯罪率的不断攀升。共青团浙江省委调查显示，在日益严重的计算机网络犯罪案件中，犯罪年龄在 18～40 岁之间的青年占到 80％左右，平均年龄仅为 23 岁；在对小学生的调查中，有 42.5％的小学生崇拜黑客，32.5％的小学生有当黑客的念头。[①] 显然，政府在推进网络虚拟社会的道德建设方面依然任重道远。

五、构建政府管理网络虚拟社会的科学体系

网络虚拟社会的管理是一项社会综合治理工程，因此就不能简单地从某一方面来实现管理目标。必须以政府为主体，通过各职能部门的共同参与及协作配合，从网络立法、管理体制、管理方式、道德建设等多方面来共同实行有效的管理。

---

① 浙江省青少年工作领导小组办公室：《网络犯罪低龄化：平均年龄 23 岁》，《中国信息界》2003 年第 12 期。

（一）完善网络虚拟社会中的法律政策体系

一是加快网络立法的进程。网络虚拟社会的良好秩序离不开健全的法制体系保障。尽管世界各国的法律、法规和司法程序因各自的经济、政治、文化、民族而有所不同，但目的无非都是为了通过立法与行政法规来更好地管理网络虚拟社会。通过网络立法，就能突出加强整体防控能力，遏制高速增长的网络犯罪，创建平安的网络环境，这是实现对网络虚拟社会管理的根本。因此，必须对其给予足够的重视。尽管我国网络立法起步较晚，但我国引进互联网络也已有将近 20 年的历史，期间积累的经验和教训将会有助于我国加快网络立法的步伐，制定一套系统、翔实、可操作性强的网络法律体系，为依法管理网络虚拟社会提供可靠的保障。

二是完善现有刑事立法。首先，必须对我国现行《刑法》中关乎网络犯罪的条款进行补充、细化，不断根据新兴问题增设罪名。我国刑法三原则中最基本的便是罪刑法定原则，刑法如未规定某一行为是犯罪，则不得追究其刑事责任。但由于网络虚拟社会的发展早已超出了刑法规定的界限，很多性质与现实社会中传统犯罪相似的网络活动往往得不到应有的处罚。例如有的网民利用电子邮件等工具发送携带木马的文件，但其本身并不利用木马攻击他人计算机或窃取他人财产，那么按照目前刑法破坏计算机信息系统罪之规定，只有违反国家规定，对计算机信息系统功能或计算机信息系统中存储、处理或者传输的数据和应用程序进行破坏，或者故意制作、传播计算机病毒等破坏性程序，影响计算机系统正常运行，后果严重的行为才是犯罪，因此是无法对其追究刑事责任的。这时，现行《刑法》的局限性就显而易见了。另外我们知道，要想进行网络犯罪，必须拥有一定的技术设备，所以如果能在有关网络的刑事法律中广泛适用没收作案设备等资格刑、财产刑，相信会对打击网络犯罪起到一定效果。其次，对于处理网络犯罪案的管辖规定也应作适当调整。例如，网络犯罪案中的犯罪地点应局限在犯罪行为实施地或者是犯罪行为直接后果发生地。假设一个犯罪行为产生了多个犯罪后果，那么需由利于案件办理的犯罪行为实施地的相关部门管辖。犯罪行为直接后果发生地的侦查机关则应配合调查取证。这样做的好处是能有效解决推诿、扯皮的问题，能够最大限度地打击网络犯罪。

三是加强有关行政立法。仅仅依靠刑事立法是无法对网络犯罪进行有效、全面的管制，还需要行政立法的补充，只有将两者联合起来，才能将预防和打击网络犯罪的力度发挥到最大。因此，我国需要制定具有针对性的、系统的行政法规来规范网络虚拟社会的行为和权利义务关系。

(二)改革网络虚拟社会中的政府管理机制

伴随着网络虚拟社会的发展和诸多问题的出现，很多国家都意识到了要采取相应的措施，加强对网络虚拟社会的管理。例如，欧洲大部分互联网络较发达的国家都有专门的部门来实施相应职能。鉴于我国网络虚拟社会的管理涉及多个政府部门，笔者仅对几个代表性的部门进行分析。

一是公安系统。首先，必须毫不动摇地坚持科学发展观，并以之为指导，同时构建网络虚拟社会中的警务机制。加强对网络虚拟社会管理的控制能力、针对能力、构建网络虚拟社会和谐环境能力，依靠完善的日常监管、执法部门之间的合理联动、应急组织的科学协调，形成系统、高效、联动的网络虚拟社会综合监管体系。其次，要将现实社会管理与网络虚拟社会管理密切结合，努力实现数据安全、舆情可控、环境绿色的目标。在具体的管理行动中，公安系统可以为司法系统提供充分的证据，工信系统可以利用技术优势配合公安系统，例如锁定 IP 等，这样多系统的联动，才能更好地打击网络犯罪，对不良的信息进行有效的遏制，才能更好地保障人民和国家的利益。

二是文化系统。首先，作为网络文化和游戏的主管部门，应与其他相关部门一起，构建网络文化市场长效管理机制，净化网络环境，促进我国网络文化产业的健康发展。其次，应倡导提供网络文化产品和服务的相关企业、单位来提供更多体现和谐、积极向上、具有中国特色的网络文化产品。再次，要加强对网络信息的审查及过滤力度，通过提高信息技术水平来阻断不良信息的传播、扩散。

(三)更新网络虚拟社会中的政府管理方式

前文讨论过我国政府目前对网络虚拟社会的管理方式较为单一，为了适应网络虚拟社会的发展，就必须有相应的管理方法的创新。一是不能再单一使用过去的"删除"等手段，而是应通过各部门的合作建立一种时效长、可预测、能控制的管理方式,化被动为主动,能够对网络犯罪等违法刑法进行更快速、更准确的打击。例如,现在新浪微博中采取的实名制就是管理方式上的一大进步,配合网络道德的建设,使网民们认识到尽管在网络虚拟社会中拥有更自由的话语权,但不代表可以对自己的言论不负责任。二是加强国际合作。网络虚拟社会突破了地域和国家的界限,使得各个国家紧密相连,这就决定了要想对网络虚拟社会实现有效的管理,就必须加强国家间的交流与合作。①每个国家都有自己独特的道德规范、民俗习惯,试想,如果各国都以自己的标准来管理网络虚拟社会,必然导致网络虚拟社会的混乱。网络虚拟社会的管理问题,不是传统的国家或社会管理问题,任凭哪一个人,哪一个企业,哪一个国家都是无法单独解决的。这是一个需要各国政府、各种国际组织、各家相关企业以及每一个人通过长期、广泛、深入的通力合作才有可能解决的问题。例如在现实社会中,对于打击国际犯罪,早在1923年各国就共同成立了国际刑事警察组织。在网络虚拟社会发展越来越快的同时,网络虚拟社会的安全形势也愈发严峻,对于发生在网络虚拟社会中的国际性网络犯罪问题,也只有在互信、平等、协作的基础上,通过国际合作来打击和遏制,这必将是大势所趋。

(四)加快网络虚拟社会中的道德建设进程

一是尽快制定专门的网络道德规范。尽管我国《公民道德建设实施纲要》中明确指出:"要引导网络机构和广大网民增强网络道德意识,共同建设网络文明",但这毕竟是不太细致的规定。由于网民在网络虚拟社会中的行为大都还靠自身的"良心"来维系,因此我国政府就有必要尽快制定出一系列的网络虚拟社会道德规范,并利用多种的途径对网民进行教育与宣传,使这种外部的道德规范能够内化为网民的内心道德,让网民能自觉地运用这些道德规范去约束自己的行为。二是扩大网络道德建设的主体范围。健全网络道德建设,显然不是哪一个部门就能够完成的,政府仅仅依靠自己的力量是无法实现这一目标的,只有扩大网络道德建设主体的范围,让企业、社会甚至每一个人都参与进来,才能深刻了解网络虚拟社会的民情、民意,才能提高网民的素质,而

① Manuel Castells. *The Rise of the Network Society*. Malden: Blackwell Publishers, 2000, pp. 500—580.

这也是网络道德水平得到提高的根本途径。三是做好打"持久战"的准备。道德的内化需要相当长的时间,唯有做好充分的思想准备,把网络虚拟社会的道德建设当成一项世纪工程来做,才能对网络虚拟社会的健康发展产生可观的影响。

综上所述,网络虚拟社会的管理涉及经济、政治、文化等诸多方面,是一项系统的社会综合管理工程,应当将其上升到国家战略高度,通过完善网络立法、加强政府监管、健全网络道德、促进国际合作等手段,构建以政府为主导,信息产业、文化系统、公安系统、教育系统、工商系统等多个部门共同参与的网络虚拟社会综合管理体系,切实维护网络虚拟社会的和谐,保障广大人民群众的根本利益。

第六节　中国问责官员复出机制的构建问题

官员问责制通常是指特定的问责主体对各级政府及其官员的法定职责进行监督,对不履行或不正确履行法定职责的政府及其官员进行质询,并要求其承担否定性和惩罚性结果的一种制度。实质上,官员问责制是官员职权和责任直接挂钩的一种制约和平衡机制,它旨在限制和规范政府权力和官员行为,最终达到权为民所用的目的。因此,官员问责制对于完善行政管理体制、推进政府管理创新、增强政府执行力和公信力具有重大意义。近年来,我国出台了一系列法律和政策,对官员问责作出了较为详细的规定。但是,一些被问责官员的非正常复出,对政府的公信力提出了极大挑战,党纪和法治权威受到了严重威胁,官员问责制的威慑力也大为减弱。因此,如何构建有效的问责官员复出机制、进一步确保行政责任和公众利益这一问题,也就显得愈加紧迫和必要。

一、问责官员复出机制的内涵及其维度

按照《现代汉语词典》的解释,"复出"即"不再担任职务或停止社会活动的人又出来担任职务或参加社会活动"。"被问责官员复出有广义狭义之分。狭义的复出指官员辞职、被撤职或免职之后重新任职……广义的复出指官员受

到警告、记过、降级等党纪政纪处分,但之前已经或之后很快平级调任甚至升任他职"①。这里所探讨的"复出"主要是狭义的复出。诚然,目前我国多数学者和公众能以一种较为宽容的态度平和看待"问责官员复出"这一现象,"对一个本身颇有才能而偶然犯下错误的官员永不重用,这无论对本人还是社会都是一种浪费。让德才表现突出却因突发事故引咎辞职的官员适时、以适当方式复出,用人之长、给人出路,从某种意义上说,可以视为一种政治理性"②。但是,问责官员的复出不能是畅通无阻的,因为"问责"首先意味着要追究责任、承担代价,否则就不可能达到规范政府权力和官员行为的效果,也不可能真正实现权为民所用的目的。因此,我们要解决的并不是一个笼统的问责官员是否可以复出的问题,而是一个如何构建问责官员复出机制,既体现出政治理性又能够避免问责官员"非正常"的、明显失范的复出问题。

所谓"机制",最早源于希腊文,其原初含义是机械装置、构造、机件及其动作原理等。但随着实践的发展,人们常用"机制"说明有机体各部分的构造、功能、特性及其相互联系和相互作用。随着"机制"一词的广泛应用,其内涵也在不断发生重大的变化。在系统论的视野中,机制具有关联性、动态性,系统内部各要素及系统之间的相互联系、相互作用是机制的核心,而这种关联性又存在于系统及其要素的运动与变化之中;机制具有生态性、心态性,机制之所以能够发生作用,一方面是因为系统及其要素能够不断适应环境的变化要求而科学有效地重组,另一方面是因为这种机制能够与社会心理系统良性互构、相互渗透。从功能上看,机制具有系统规范、关联互动、迅速反应、适度调节等作用。但机制的调节能力是有条件的和有限的,当机制失控或失效时,必须借助组织行为以防不良后果的发生。如是观之,问责官员复出机制的构建问题涉及以下四个维度的内容。

(一)从机制的静态结构来看,问责官员复出机制是一套阐释问责官员复出规则的法律政策体系

目前,我国关于官员问责及其复出的规则散见于诸如中共中央 2002 年发

---

① 黄凤兰:《"问责官员"复出机制研究》,《中州学刊》2010 年第 1 期。
② 李松:《问题官员凭什么东山再起:厘清官员复出机制是关键》,《决策探索(上半月)》2008 年第 10 期。

布的《党政领导干部选拔任用工作条例》,2004 年发布的《党政领导干部辞职暂行规定》,2006 年起我国施行的《公务员法》,2007 年起施行的《行政机关公务员处分条例》,2008 年起施行的《公务员职务任免与职务升降规定》,2009 年由中共中央办公厅、国务院办公厅联合下发的《关于实行党政领导干部问责的暂行规定》等规范性文件中。其中,《党政领导干部辞职暂行规定》第 29 条就规定:"引咎辞职、责令辞职、降职的干部,在新的岗位工作一年以上,实绩突出,符合提拔任用条件的,可以按照有关规定,重新担任或者提拔担任领导职务。"《党政领导干部选拔任用工作条例》第 62 条更为明确地指出:"引咎辞职、责令辞职、降职的干部,在新的岗位工作一年以上,实绩突出,符合提拔任用条件的,可以按照有关规定,重新担任或者提拔担任领导职务。"上述的"予以适当安排"、"重新担任或提拔担任领导职务"都可视作问责官员复出的法律依据。

(二)从机制的动态过程来看,问责官员复出机制是有关问责官员复出的动态逻辑和操作性程序

"复出"一词所标明的是官员职务的运行变化轨迹,是职务从有到无、再从无到有的过程。对于官员问责制而言,最关键的不是在事故发生之后的善后处理,也不是对相关官员撤职查办以平息民愤,而是在于如何通过恰当的制度安排和权力架构,使政府的公众责任得以实现,使公众利益得以合理保护。从这个意义上来看,"问责"针对的是官员过去工作过失的评价和惩罚,在某种程度上看是一种"应急措施",而"复出"则关系到公众利益的未来,甚至比问责本身具有更深远的影响。过去的"责"尽管已经对公共利益造成了侵害,但经过"问责"环节,侵害已经被控制,而被问责官员一旦轻易复出,这种侵害就有可能持续下去甚至更为严重。因此,我们不能仅仅重视官员职务"从有到无"的环节,也要关注其职务"再从无到有"这一过程,从而将"官员问责"与"官员复出"作为一个制度实施、程序设置的整体过程予以考量。

(三)从机制的生态环境来看,问责官员复出机制的构建受到政治、行政体制和社会环境的制约

一方面,国外学者已经指出,官员问责制是与体制因素息息相关的综合

体。美国学者罗美泽克指出,问责制的内容及实现机制主要有法律问责、政治问责、等级(管理)问责和职业(道德)问责四个方面。① 问责制的建立不仅是一个问责法律体系建构的问题,也是一个关乎政治和行政体制变革的问题。这里的"体制"主要涉及权力划分、组织设置、人员分配和制度设计等方面。例如,在西方民主国家,由于公务员是分类的,被问责官员的复出和晋升也是分情况的。对常任性质的公务员,只要没被开除,处分期满就可以复出和晋升;对于选任性质的公务员,复出和晋升与否,完全取决于选民的选票;对于入阁性质的公务员,则由组阁者决定,并由组阁者承担所有责任,而民意机关往往具有同意权或质询权。因此,西方官员尤其是政务官的非正常复出现象并不像我们所面临的如此突出。另一方面,官员问责的实践及制度化,体现了现代社会中政治的回应性伦理,是公共行政"社会导向"的产物,从这个层面上看,问责机制也是一种"新型的公民参与制度","是以公众对行政事务的日常参与为主要内容的问责模式"② 。因此,构建有效的问责官员复出机制,就必须对这种公民参与、公民沟通的需求和实践进行主动回应和制度性吸纳。

(四)从机制的心态系统来看,问责官员复出机制的构建受到行政伦理、心理和文化因素的影响

构建问责官员复出机制是维持公共组织中负责任行为的题中之意。对此,我们惯常的方法是采取"外在控制",即采取新的立法、制定新的规则、颁布新的制度,或者对组织进行重新安排,以更严格地进行责任监管。随着 20 世纪 60 年代新公共行政的兴起,一种转而强调"内在调控"的观点引起人们的注意。从关于"公共行政人员的政治性特性"这一假定出发,新公共行政的一贯做法是:将负责任的行政人员界定为让自己的价值观引导自己行动的人。③ 事实上,问责官员复出机制的构建问题不仅是一个规则建构、程序设置和组织

① 世界银行专家组:《公共部门的社会问责:理念探讨及模式分析》,宋涛译校,北京:中国人民大学出版社,2007 年,第 13 页。
② 宋涛:《社会规律属性与行政问责实践检验》,北京:社会科学文献出版社,2010 年,第 105 页。
③ [美]库珀:《行政伦理学:实现行政责任的途径》,张秀琴译,北京:中国人民大学出版社,2001 年,第 144 页。

变革的刚性过程,也是一个问责心态、行政伦理、行政文化不断调适的柔性过程,关乎机制中蕴含的主观性、价值性因素的彻底变革。只有将"内部控制"与"外部控制"两种力量汇同到官员问责及其复出机制的建设中,行政责任和公众利益才能从根本上得以保障。

二、我国问责官员复出机制存在的主要问题和症结

从上述维度进行考察,我国目前的问责官员复出机制存在的问题和症结主要包括以下四个方面。

(一)问责官员复出的规则体系不完善

如果政府普遍缺乏正式的规范结构,那么坚守职责就会变得更加困难。国外开展官员问责制的理论和实践即为例证。美国的《政府道德法案》(1978)、日本的《国家公务员法》(1947)、《国家公务员伦理法》(1999)都很好地、长期地约束了政府及其官员行为,达到了问责效果。对我国而言,目前关于官员问责及其复出的规则散见于若干规范性文件中。概而观之,我国问责官员的复出的规则突出了"时间性界限"和"实质性标准"。按照《党政领导干部辞职暂行规定》第 29 条之规定,对引咎辞职、责令辞职以及自愿辞去领导职务的干部,根据辞职原因、个人条件、工作需要等情况予以适当安排,这里的"适当安排"应该排除 1 年以内即安排领导职务的可能性。2008 年 2 月 29 日起试行的《公务员职务任免与职务升降规定》对官员降职 1 年后职务或级别晋升作了特别规定,但并没有触及其他情形。2010 年 1 月 1 日出台的《党政领导干部选拔任用工作责任追究办法(试行)》第 16 条规定:"受到调离岗位处理的,一年内不得提拔;引咎辞职和受到责令辞职、免职处理的,一年内不得重新担任与其原任职务相当的领导职务,两年内不得提拔;受到降职处理的,两年内不得提拔。"该条的适用范围延及"调离岗位"和"免职",降职后提拔的期限比《公务员职务任免与职务升降规定》的规定更为严格。但是,上述规定缺少具体细则,在实践中往往呈现出一种"原则性"和"灵活把握"的现象,大量"闪电"复出的案例都与上述规定背道而驰。这些"闪电"复出的案例对问责制度的威慑力和公权机关的公信力造成了严重的损害。

另一方面,我国问责官员复出的实质性标准也存在明显缺陷。按照《党政

领导干部辞职暂行规定》、《党政领导干部选拔任用工作条例》等规定,我国问责官员复出的一个重要的实质性要求是其在新的工作岗位上"实绩突出","符合任用条件"。但关键在于,如何评价官员被问责后的工作业绩? 在什么条件下达到"实绩突出"、"符合任用条件"的要求? 标准是什么? 又由谁对其进行评判? 由于缺少确切标准、刚性条件,缺乏对问责官员的跟踪评价体系,这一实质性标准在实践中经常被主观随意地操纵,极易成为一些问责官员非正常复出的挡箭牌,造成了一些被问责官员"带病"复出、甚至"带病"提拔的现象。此外,我国问责官员复出的规定尚存在不少盲区。例如,2003 年至 2006 年,我国问责官员的处理形式主要包括撤职、免职、责令辞职、引咎辞职、降级、停职、记大过、记过、警告、批评检查、党内撤职、党内严重警告、党内警告、党内批评、其他。① 其中,涉及职务变更的包括撤职、免职、责令辞职、引咎辞职、降级、停职、党内撤职等形式。但在我国现有的法律框架内,被撤职、免职或停职的问责官员的复出问题就成了法律规范的盲区。

(二)官员问责与官员复出的程序断裂

如前文所述,"官员问责"与"官员复出"是一个制度实施、程序设置的整体过程,但在我国当前的官员问责制构建过程中,两者之间的协同性、连续性关系却在很大程度上被割裂。尽管自我国官员问责制产生以来,官员问责的情形、方式、适用,尤其是程序制度建设日渐完备,基本涵盖了问责主体、问责对象、问责事项、问责方式、问责程序等各个环节。但是,大多数的现行规定是以问责官员的救济规范作为该程序的终结,公众在官员问责及其能否复出这一问题上发挥的作用还有待进一步加强。其二,我国官员问责制度并未对"责任"和"问责"性质进行科学合理的界定,这就在很大程度上造成了问责官员复出的随意性。从对我国党政领导干部责任追究的程度看,追究刑事责任最为严厉,其法律后果也最为严重,涉及人身自由,关乎人的生存权利、政治权利、经济权利等;其次是纪律责任,涉及职务、职级、待遇、政治前途等问题;再次是政治责任、道德责任,涉及职务、待遇、政治名声、领导形象等问题。但是,对于

---

① 宋涛:《社会规律属性与行政问责实践检验》,北京:社会科学文献出版社,2010 年,第105 页。

被追究不同责任的官员,应该遵循怎样的处分期限,分别应具备哪些基本的复出条件,这一问题并未做到条分缕析、对号入座。以免职和撤职为例,撤职处分是一种行政惩戒措施,属于行政处分的范畴;免职是法定的人事处理种类,不具有惩戒性,但恰恰因为相关规定付之阙如,这就使官员被问责后的"复出"在较大程度上具有了现实可能性。再者,我国官员问责的各种规定缺乏统一性、协同性,如《党政领导干部辞职暂行规定》第 15 条关于多种情形下导致引咎辞职的规定与《行政机关公务员处分条例》第 20 条关于降职、撤职、开除适用的情形虽存在着重叠,但却适用不同的问责形式,这也将最终导致其复出的机会和途径有所不同。

(三)问责官员复出的体制性弊端凸显

首先,从我国党政结构来看,党委领导、人大立法、政府行政、政协议政,从而形成了我国多元化的党政治理结构;从执政方式来看,中国共产党是代表着最广大社会各阶层利益前提下的一党执政。基于党政治理结构多元化与执政方式一元化之间的功能协调的客观要求,党委负责同志和政府负责同志、党委工作部门和政府工作部门,在职责、权限的划分上多头制衡、多头协调和多头参与,这势必导致责任认定的困难、责任追究的缺位和问责官员复出的混乱。而在西方国家,被政治问责的官员基本上属于决策类或政务类官员,是在其他党派和舆论的压力下,由议会实施的问责。官员一旦被问责而辞职或者免职,复出的可能性微乎其微。因此,西方官员问责制的关键是非执政党的监督。相比之下,在我国现在的党政结构下,官员问责及其复出的规定大多是以党内规范性文件的形式出现的,这就必然导致问责官员的复出缺乏强有力的法律保证,对法治社会建设也会造成严重的损害。党对官员的任用既有决策权,又有监督权,这就违反了回避原则,也使政府人事部门和社会公众在这一过程中的作用难以有效发挥,问责官员复出规则的实效性也就大打折扣。

另一方面,按照我国干部管理权限,问责与复出的决定权在上一级党委或者政府,问责与复出的启动建议权在具有管辖权的纪检监察机关和组织人事部门。在这一制度安排下,问责与复出的启动决定主体的公正与独立,是建立在这样一个理论假设前提下:上下级党政负责人均是道德人,上下级党政机关之间不存在规制之外的既得利益关系。众所周知,事实并非如此,基于庇护关系、裙带关系等建立的共同体,在政治生态中,并非是一种例外。事实上,在西方国家,由于问责制起源于英国的责任内阁和美国的三权分立与制衡,因此问责制的根本在于"民主问责",其关键又在于"异体问责",即行政体系之外的选民及其授权的立法机关所实施的以罢免为核心的问责,它构成了"人民主权论"的制度化形式。例如,法国在 2003 年夏天的"热灾"中,医院和社会救助部门频频告急,但卫生总局未能及时准确地向卫生部通报情况并采取有效措施,依然上报说局面已经被控制。对此,法国新闻媒体及公众舆论形成强大的攻势,迫使法国卫生总局局长引咎辞职。① 在应然层面上,问责官员复出机制的建构过程中,社会力量的介入方式应该是多样的、立体的,既可以个人介入,也可以通过人大、政协、民主党派这样的机构介入,还可以借助媒体及社会舆论的方式介入;社会力量的介入程度也应该是多层面、深层次的,也就是说,问责官员复出不仅应公开、透明,以实现公众的知情权,还应该在官员复出环节上实现公民的参与权、监督权、决定权。但是,在我国现行的问责制度体系中,多是采取"同体问责"的方式,即问责的主体是执政党系统或者行政系统。在问责官员的复出环节上,也多是由上级机关作出决定,社会力量并未有效介入。干部任用公示的形式表面化、内容空洞化、程序机械化,公众连基本的知情权都难以确保,也就无从谈起参与权、监督权和决定权了。正因为此,公众对问责官员非正常复出的现象深恶痛绝,长此以往,还可能危及到执政党和政府的合法性权威。

(四)问责官员复出的内在调控力薄弱

负责任的行为除了需要有外部控制因素以外,还要有一种"心理因素"或称之为"内部控制力"。高斯(Gauss)认为,甚至在 20 世纪 30 年代美国政府系统形成时期,就有一种"重要的责任叫作'内部审查',它是公务员个体意识到的对其职业负责的标准和理念"②。内化在行政人员心中的价值观总是能在决策中起作用。即使上级不在场、纪律松弛或发生腐败现象,行政人员的内在

---

① 唐铁汉:《我国开展行政问责制的理论与实践》,《中国行政管理》2007 年第 1 期。
② [美]库珀:《行政伦理学:实现行政责任的途径》,张秀琴译,北京:中国人民大学出版社,2001 年,第 142 页。

调控力仍在起作用。应该说,权为民所用、情为民所系、利为民所谋,不仅是中国共产党执政的一条基本理念,也是行政问责制建设的基本文化内涵。但是,由于我国提出建立责任政府的历程非常短暂,而我国两千多年封建政治文化的一些余毒仍没有完全消除,官本位、权力本位思想还深刻影响着一些领导干部。这些人只顾对上负责,忘却对公众负责,彼此间形成利益链条,在问责中"弃卒保车",而一旦事态稍有平静,应被问责但未被问责的官员,感激被问责官员替自己"顶雷",投桃报李作为回报,也会想方设法让问责官员尽快复出。因此,要想建立健全官员问责及其复出机制,不仅要采取新的立法、制定新的规则、颁布新的制度、对机构进行重组,还要通过面向公务员和公民的教育,推动整个社会从"官本位"向"公民本位"转变,从"政府本位"向"社会本位"转变,从"人治"向"法治"转变。

三、我国问责官员复出机制构建的策略选择

针对上述我国问责官员复出机制存在的主要问题,我们可以从以下几个方面完善我国问责官员复出机制。

（一）建立统一的问责官员复出的规则体系

问责官员复出的时间、条件、程序等都应有明确的法律依据,应有具体的实施细则,应有定性、定量的标准,应形成一个互相协同的规则体系。一是明确复出期限。当前我国问责官员从问责到复出间隔时间普遍过短,这样,不仅会使公众对问责的严肃性产生怀疑,同时也不足以彰显问责对其他官员的惩戒和警示效应。在引咎辞职、责令辞职和免职这三种问责方式中,责任程度逐级递增,即引咎辞职最轻,责令辞职次之,免职是最严厉的问责方式。既然承担的责任不同,在设置复出年限时也应当有所区别,比较公平合理的设置是,引咎辞职官员的复出时间应当最短,可以考虑设为一年,免职官员的复出时间应当最长,可以考虑设为两年,而不是不加区分地统统定为一年。① 如果所有问责官员复出的时间限制都相同,就意味着问责官员无论责任大小,情节轻重,最后复出起点都相同,这样问责方式分类就失去了意义,问责制本身也会

---

① 刘美萍:《论问责官员复出机制的构建》,《陕西行政学院学报》2010 年第 2 期。

受到诟病。二是明确复出职位。现有的问责官员复出规则只是规定了在一定
期限内被问责官员不能恢复原职或晋升职务,但对期限过后问责官员复出伊
始的职位安排却没有明确规定,而"新的岗位"也没有明确规定是何种级别的
新岗位,这就为问责官员复出机制的执行留下了灰色地带。问责官员复出的
职位安排不仅应该包括职务安排,还应包括级别安排,因此我们应本着"降级
使用"的原则,至少不得高于问责时的原任职务,在复出伊始更不能提拔使用,
即使其确实符合提拔使用条件,组织人事部门和社会公众也需要时间对问责
官员的行动进行审慎的考量。三是明确复出条件。确定问责官员是否具有复
出资格,既要考虑被问责官员的责任性质,又要考虑官员去职的期限、对待去
职的态度、去职期间的实绩情况、个人领导能力提高的程度、是否存在相应的
职位空缺等因素。要建立问责官员的跟踪评价体系,在调查研究的基础上建
立官员实绩评价刚性、定量、合理的标准。鉴于我国当前对于问责官员复出的
条件标准在法律、政策以及学理上还没能充分厘清的情况,问责官员的复出一
定要慎之又慎,否则,不仅使问责制度的责任追究功能大大降低,失去对问责
官员的震慑作用,也不能以此作为其重新履新后的约束力量。

(二)加强官员问责与官员复出的动态管理

将"官员问责"与"官员复出"的机制构建作为一个连续的、动态的过程,就
首先要求我们构建责任分类管理机制,为问责官员的复出提供参考依据。从
理论上讲,官员责任可以分为四个层面:道德责任、政治责任、行政责任和法律
责任。道德责任,是指违反官员的职业道德应该承担的责任,官员的职业道
德,既是官员在工作实践中应当遵守的道德准则和行为标准,也是他们应当具
备的道德品质和职业修养;政治责任是指政治官员制定符合民意的公共政策
并推动其实施的职责,以及没有履行好职责时应承受的谴责和制裁;行政责任
是指国家行政机关及其公务人员在行政活动中履行和承担的义务;法律责任
是对行政主体及其公务人员在履行职责过程中因侵害行政相对人的合法权
益,或出现失职渎职、滥用职权、贪污腐败等情形时依法应承担的制裁。值得
一提的是,西方国家公务员制度实行政治中立,存在政务官和事务官的区别,
政治责任多是由政务官承担,事务官员很少承担政治责任,只承担行政责任。
而中国公务员制度中没有政治中立,政治责任是所有官员都必须承担的。因

此,在我国,区分政治责任和行政责任意义不是很大。中国在问责问题上最重要、最紧迫的是防止法律责任与政治责任之间的混淆,防止被问责官员以主动甩掉"乌纱帽"的方式来逃避牢狱之灾。政治责任与法律责任存在着重大区别,有着不同的承担方式,必须严格区分开来。有些官员的行为明显违法、甚至触犯了刑法,但是在对其进行处理时只追究其政治责任,或引咎辞职,或责令辞职,最后并没有由司法机关来追究其刑事责任。这是官员问责的效果招致质疑的一个重要原因。此外,对于因责令辞职、引咎辞职、免职等不同形式被问责的官员,分别应遵循怎样的问责期限、问责程序,在复出前需要具备哪些条件,同样需要进一步地细化分类,进行明确,并且坚决落到实处。

(三)完善问责官员复出中的异体参与机制

所谓"异体参与",主要指发挥人大、民主党派、新闻媒体、司法机关和社会公众在问责官员以及决定其复出过程中的作用。与"同体问责"相比,"异体问责"对决定问责官员复出更有意义,也更具操作性。由于我国在官员责任界定方面不够明晰,除非一些社会影响力大的案件,"异体"很难准确判断问责对象和问责范围,所以"异体"问责常常是在党政部门的"同体"问责的基础上展开的。在举证责任上,"异体"也需要拿出确凿的事实依据才能启动问责程序,因此,这个过程对"异体"而言并非易事。与之相比,在决定问责官员复出的问题上,对象特定、容易锁定,这就有利于"异体"行使决策权。另一方面,在决定复出问题上,举证责任倒置,由复出官员所属部门提供其复出的法律和事实依据,论证其合法性、合理性,"异体"则更多的是分析研判,最终作出决定。这不仅符合举证责任分配的基本法律原则,对处于强势权力对立面的"异体"来说也有相当的可行性。[①] 在此,要着重强调以下两个方面的"异体"参与。

其一,在问责官员复出机制中发挥人大机关的作用。任何一级政府机关都是由人大机关产生、并要对人大机关负责、受人大机关监督,公务员法等法规本身也是由全国人大制定的。但从实际情况看,尽管按照《关于实行党政领导干部问责的暂行规定》第 21 条之规定,"对经各级人民代表大会及其常务委员会选举或者决定任命的人员实行问责,按照有关法律规定的程序办理",但

---

① 黄凤兰:《"问责官员"复出机制研究》,《中州学刊》2010 年第 1 期。

人大的政治问责实际上被边缘化,大多数问责复出是由上级政府或党组织促成的,属于传统的"自上而下"的组织处理,对官员进行选举任命的人民代表大会反而未能发出应有的声音。笔者认为,对由人大选举及其常委会任免的政府官员启动问责后复出的,至少可以在以下方面有所作为:一是启动监督程序,依法监督包括"一府二院"在内的各级国家机关的问责与复出工作;二是启动质询程序,依照法律规定的程序提出对问责官员复出的质询案;三是启动特别问题调查程序,必要时组织关于特别问题的调查委员会,展开独立问责复出有关事宜的调查;四是启动任免程序。

其二,在问责官员复出机制中引入公民参与机制。社会权力能够有效制约权力是一条真理,著名政治学家托克维尔认为,光有"权力分立"等权力制约制度还不足以保证个人和社会不受国家权力的侵蚀,一个由各种独立的、自由的社团组成的多元社会,可以对权力构成一种更为有效的社会制衡。从程序上看,首先,问责官员复出程序启动后,应通过多种方式向公众及时通报拟复出官员的姓名、原单位、问责的缘由及种类、问责后的岗位及其履职情况、拟任的新岗位等信息。其次,在满足公众知情权的基础上,公众对拟复出的官员依法进行评价,并最终作出准予复出或不准予复出的建议,该建议将成为官员能否复出的重要参考依据。这一程序的适用不仅解决了公众对官员复出的质疑,也在根本上体现了"主权在民"、"权为民所用"的法治理念。再者,问责官员在复出之后应继续接受公众的监督。此时的监督应区别于对一般官员的日常监督。如果前文所述,相关法律应设立一个考察期,复出官员经考察在该期限内符合任职的各项条件,方可以继续任职。反之,将按法定程序不再任用。只有在全方位满足公众知情权、参与权、监督权的基础上,行政责任和公众利益才能从根本上得以保障。

(四)构建并强化行政责任的内在驱动模式

从根本上看,问责官员复出机制的构建要与行政责任内在驱动模式的构建并驾齐驱。对此,要面向公务员展开形式多样的行政责任教育,努力构建行政组织内部的优秀行政文化,塑造责任性、廉洁性、服务性、公共性、参与性、合法性、高效性、开放性的行政人格,使之形成权为民所用、情为民所系、利为民所谋的行政价值观。另一方面,也要在行政组织外部,即在社会大环境中促进政治理性和权利观念的生成,推动公民社会组织的发展,鼓励全社会各种力量积极参与到监督政府、维护公益的实践中来。①

第七节　中国廉政建设:经验、挑战与创新

自中国共产党建立以来,尤其是新中国成立以来,廉政建设一直是我国国家政权建设和政党建设的重要内容之一,保持政府部门和执政党的清明廉洁日益成为塑造政治认同和提升政权合法性的重要手段,有效的廉政建设已成为实现社会和谐和政府善治的必要保障。自 20 世纪 90 年代以来,西方政治学和经济学界赋予"治理"(governance)以新的内涵,治理理论成为指导公共行政改革与发展的重要思想引擎。本节旨在以治理理论为逻辑指引,来探寻我国廉政建设的发展方向与创新路径。

一、治理理论与廉政建设

英语中的治理一词源于拉丁文和古希腊语,其拉丁文词根的意思是"操舵、驾驶、领路"。长期以来,它与统治一词交叉使用,都表明了君主或国家至上权力的统治、管辖、支配和控制。但是,20 世纪 90 年代以后,西方政治学和经济学家开始赋予治理以新的内涵。全球治理委员会对治理所下的定义是:"治理是各种公共的或私人的个人和机构管理其共同事务的诸多方式的总和。"②学者韦勒(P. Weller)则从公共政策结构和过程变化的角度,认为"治理"意味着在公共政策制定过程中,不断增加的、多样化的行动主体或角色进入政策过程,在互动中对公共政策产生影响。美国治理研究的权威库伊曼(Kooiman)和弗利艾特(Vliet)认为,治理意味着"它要创造的社会结构或秩序不能由外部强加;它之所以发挥作用,是要依靠多种相互发生影响的行为者的

---

① 本章第六节内容原载《中国行政管理》2012 年第 4 期,题为《我国问责官员复出机制的构建问题研究》。

② Commission on Global Governance. *Our Global Neighbourhood*. New York:Oxford University Press,1995.

互动"①。

更应值得注意的是，被认为是"新公共管理"理念代表人的奥斯本（Osborne）也开始显现出对治理思潮的关注。近年他提出了三个公共行政的主导模式：第一个模式历史悠久，从19世纪后期一直到20世纪70年代末80年代初；第二个模式是新公共管理时期，时间从20世纪80年代初直到21世纪初期；而紧随其后的就是正在出现和成形的第三个模式，即新公共治理。②由此可见，在传统官僚制与新公共管理范式的喧嚣争论之后，治理的观点正在全世界范围内流行开来，并日益盖过了新公共管理的改革思潮。

（一）理解治理理论

治理思潮学术观点纷呈，理论视角驳杂。笔者认为，应当从主体和过程两个视角来理解治理模式。

首先，从治理主体来看，治理意味着"一系列来自政府但又不限于政府的社会公共机构和行为者"③，意即公共权力的运作与公共政策过程的运行并非传统意义上的"统治"，而是需要形成"政府与民间、公民部门与私人部门之间的合作与互动基础上的社会协调网络"④。正如罗西瑙（J. N. Rosenau）在其代表作《没有政府的治理》中所言："与统治不同，治理指的是由一种共同的目标支持的活动，这些管理活动的主体未必是政府，也无需依靠国家的强制力量来实现。"俞可平认为，越来越多的学者意识到治理与统治之间最基本或是本质性的区别就在于"统治的主体一定是社会的公共机构，而治理的主体既可以是公共机构，也可以是私人机构，还可以是公共机构和私人机构的合作"⑤。

其次，从过程来看，治理是一种基于公共对话、商议和协调的持续的互动过程。治理理论由此对公共事务的处理方式产生强有力的引导。它意味着"治理不是整套规则，也不是一种活动，而是一种过程"。"治理过程的基础不

---

① Kooiman & Vliet. Governance and Public Management. In Kooiman (eds.). *Debating Governance*. New York：Oxford University Press, 1995.
② Osborne. The New Public Governance? *Public Management Review*, 2006(3).
③ ［美］斯托克：《作为理论的治理：五个论点》，《国际社会科学（中文版）》1999年第2期。
④ 俞可平：《治理与善治》，北京：社会科学文献出版社，2003年。
⑤ 俞可平：《治理和善治引论》，《马克思主义与现实》1999年第5期。

是控制而是协调","治理不是一种正式的制度,而是持续的互动"。这就是说,公共事务不再是通过自上而下的命令结构而进行的管制和管理,而是使政府组织、社会组织与公民通过合作、协商和伙伴关系,共同参与决策、分享权力。

从主体和过程两个视角,我们可以理解治理理论的核心特征:主体的"多中心"和过程的"合作"。而这两点都是在过去的行政过程中被忽视掉的问题。具体到腐败治理的模式转型中,我们更应当看到治理理论,或者称之为"多中心治理"或"合作治理",应当成为引导我们进行反腐模式转型的重要指导。这对于推进我国廉政建设的不断创新、更好适应社会发展具有重要意义。

(二)治理理论视角下的廉政建设

将治理理论充分运用到反腐败领域的,是由专门从事全球反腐败理论和实践的非政府组织——透明国际提出的建设国家廉政体系的反腐败模式。透明国际根据自身推行廉政建设的经验,认为"国家治理所牵扯到的问题——能力发展、结果导向、公众参与以及推进国家廉政——都需要通过一种整体性的方法来加以解决",由此提出由 11 根制度支柱组成的国家廉政体系。这 11 根制度支柱包括:立法机关、行政机关、司法机关、审计总署、监察特使、监督机构、公务员系统、媒体、公民社会、私人部门、国际行动者等。其中,每根制度支柱发挥支撑作用都需要相应的核心原则和实践来辅助,任意一根支柱都必不可少。这些支柱的支撑力还应保持一定的平衡,这样才能保持廉政支柱的稳定。[①]

目前在国内,一些学者认识到了社会监督、公民参与在廉政建设中的作用,但在廉政建设领域仍少有对治理理论的引入。在这一研究背景下,我们试图从治理理论的视角来理解我国反腐败实践的历史经验与现实环境,以期寻找一种实现廉政治理方式与制度创新的改革路径。

二、双重缺失:廉政模式变迁的经验反思

根据相关学者的总结,在新中国成立以后,有两种差异明显的廉政建设模式(或称反腐败模式),即在 1978 年之前施行的运动式廉政模式和 1978 年后

---

① 〔新西兰〕波普:《制约腐败——构建国家廉政体系》,清华大学公共管理学院廉政研究室译,北京:中国方正出版社,2003 年。

着力推行的制度式廉政模式。改革开放以后,伴随国家治理方式的转型,廉政建设也开始力图实现从"运动模式"到"制度模式"的转型。这种廉政建设领域的"制度模式"表现在两个方面:在组织层面上,表现为中央纪检监察机构的恢复和重建;在政策层面上,表现为改革开放以来各种廉政法律、规章、条例、规范、党纪的密集出台。制度反腐模式与转型国家制度建设的大背景相适应,满足了社会主义市场经济条件下反腐倡廉的实践需要,这显然是我国廉政建设过程中实现的巨大转型和重大进步。但是从治理理论的视角来看,"制度模式"也与"运动模式"一样存在着缺失和不足,同样需要进一步总结和反思。

(一)现有廉政建设模式缺乏多元化的平等主体,无法共同建构治理腐败蔓延问题的行动者网络

"运动模式"注重在参与性维度上的强调,即鼓励和吸纳更多组织单位、社会群众的参与,这一点是值得肯定的,尽管群众参与的角色、地位和行为都受到了较大限制;而"制度模式"在实践过程中却逐步将惩防腐败、促进廉洁的工作集中和封闭于纪检监察机关的组织之内,民众的参与权限并未延伸,仅仅止步于对贪污腐败行为的举报。而甄别信息、立案查处、司法移交乃至各种廉政政策制定的权力则完全由各层级的党委和其下的纪检监察机关来掌握。相关组织运作的低透明度使得反腐败逐渐"神秘化",公民日益感受对腐败治理话语权和监督权的丧失,使得反腐败工作难以得到公众的实质性支持。公民社会的组织力量、新闻媒体的舆论力量和普通民众的参与力量在介入反腐败事务中时,尚存在着种种制度性和现实性的障碍,无法构建共同打击腐败的公共社群,难以形成廉政治理主体的多元化格局。

事实上,在社会治理环境变革的背景下,廉政治理主体的多元化已经成为必然趋势。这是因为:一方面,伴随经济体制改革和政府职能作用方式的转变,国家与社会之间的边界正在重构。具有非政府性、非营利性和社会性特征的民间组织不断涌现,公民社会开始发育,国家及其代理机构政府原先所拥有的总体性权力逐渐消失,这就促使政治国家与公民社会之间"正在形成一种相对独立的、分工合作的新型治理结构"①。这样一种国家与社会关系的深刻变

---

① 何增科:《治理、善治与中国政治发展》,《中共福建省委党校学报》2002 年第 3 期。

迁,必然导致腐败治理问题由单纯的政党组织推动演变为社会公众的公共事务。

另一方面,网络化的信息和通信技术正在为中国创造出一种新型的、独特的公共领域——网络公共空间。网络公共空间使社会公众获得更为开放、透明和紧密的生活视野,过去由政治权力和上层精英所垄断的信息权力开始回归到社会公众的手中,公民对公共事务和官员行为的知晓程度与监督意识大为提高。现有廉政模式难以吸纳这些新型公共空间中的积极表达者,廉政政策也难以在这种新型空间内获得公众的支持和认同。

总之,现有的制度模式忽略了多元治理主体的构建,尤其对民间组织、公民社会和大众媒体的参与形成了诸多制度性的区隔,难以回应廉政治理主体多元化趋势的全面挑战。

(二)现有廉政建设模式缺乏公共商议的互动过程,导致廉政政策质量不高和合法性不足

从廉政建设的过程来看,治理理论强调不同行动者和参与者之间的公共商议和对话,以在此基础上制定和执行政策,倡导参与者之间的持续性互动。而纵观我国反腐模式的历史变迁,可以看出,各种模式存在着一个共有的缺陷,即反腐败过程的单向度——往往注重依靠自上而下的命令结构,缺乏平行和横向的联系互动。自上而下的命令结构具有行动迅速、信息保密、打击有力、执行力强的优点。但是,这种单向度的命令结构被置于层层叠加的官僚体系中,就大大阻碍、降低了腐败治理的速度和实效,甚至于各种制度、政策和规定在执行环节的末端出现各种扭曲和变形。同时,这种单向度的腐败治理模式客观上也压制和阻碍了外部监督主体的介入和影响。社会公众要想在反腐败中表达自己的意见、期望和建议,就必须设法影响层级结构最顶端的领导者。这种客观上对外部监督者的阻碍,迫使一些具有反腐意愿和能力的社会监督力量消散于无形,难以真正使外部监督发挥应有的功能。

具体而言,"运动模式"虽然吸纳群众参与的力度较大、广泛性较强,但是却缺乏有效的公共对话,历次反腐运动的话语、修辞与行动步骤在很大程度上都是由上级来塑造和控制的,群众发动的各类斗争也被意识形态的框架所规定;而对于"制度模式"而言,缺乏公共商议过程的问题仍然存在。由于改革开

放以来腐败现象的不断蔓延和官员行为的复杂化，廉政政策的制定、执行与监督均存在巨大困难，政策本身可能由于解释的模糊性而被地方执行者扭曲解读，各级政府对廉政政策的执行程度可能差别很大，各政府部门职能与行为的差异会导致信息不对称和监督困难，因为廉政建设需要公众的对话、协商和参与，廉政政策过程中普通民众和专业人士的参与能够使其获得更多的政策合法性和有效执行力。

近年来，随着对于廉政建设问题认识的不断深化，在廉政制度建设的基础上，我国在腐败治理方面逐渐呈现出手段多元化、领域综合化的特征。2005年1月，中共中央颁布《建立健全教育、制度、监督并重的惩治和预防腐败体系实施纲要》，旨在通过建立健全惩防并举反腐败体系框架，构建国家廉政体系，来最终实现"综合治理、标本兼治、惩防并举、注重预防"这一反腐目标。在这一理念的指导下，在不同领域和各个地区，我国腐败治理呈现出新的变化和发展，制度反腐模式向纵深化方向发展。但是从治理理论的视角来看，当前的"制度模式"仍然存在没有解决好廉政建设中的行动主体和互动过程的问题。

三、公众崛起：廉政建设改革的现实环境

尽管我国廉政建设正在不断取得进步，预防和惩治腐败体系正在逐步建立，但是从治理理论的视角来看，制度反腐模式同样也需要进一步改进和完善。伴随当前中国经济社会的剧烈变迁，腐败治理的现实环境也发生了重大变化。借用学者葛玮所提出的概念，笔者将我国反腐模式转型的现实背景归纳为"公众崛起"。

所谓公众崛起，从整体的社会治理环境来看，即是指"全球化、网络化创造了空前宽广的公共空间，市场化培养出规模空前的公众群体，使得一波又一波的舆论浪潮给政治体系带来强劲的冲击，给公共权力机构——政府的治理理念、运行方式等带来前所未有的挑战……并将推动国家与社会、政府与公民、权力与舆论的关系发生深刻变革"[1]。而具体到腐败治理的微观环境来看，公众崛起同样构成了当前我国廉政建设转向的基本背景和必要条件。公众崛起

---

① 葛玮：《公众崛起：社会治理的新环境》，《理论学刊》2009 年第 6 期。

的现实环境可以从技术、组织、文化三个层面来加以理解。

（一）从技术的层面来看，网络空间的公众反腐日益汹涌

互联网技术的兴起成为 20 世纪下半叶以来人类社会最重要的经济、政治、社会和文化事件之一。中国互联网络信息中心（CNNIC）提供的《第 25 次互联网络发展状况统计报告》显示，截至 2009 年年底，中国网民规模达到 3.84 亿人，在总人口中的比重从 22.6％提升到 28.9％。伴随互联网普及率的迅速上升，互联网空间开始展现出作为新型公共领域的特质，逐渐成为一个崭新的自由对话、公共交往和意见表达的场域与机制，"网络反腐"现象开始通过分权、匿名和灵活的互联网空间不断繁衍。网民通过论坛发帖、跟帖等方式参与构建公共议题，并释放出惊人的能量和影响力。

（二）从组织的层面来看，公民社会的反腐组织逐渐活跃

近年来，伴随着公民社会的逐渐成长，各类民间组织的迅速发展弥补了市场失灵和政府失灵造成的缺陷。民间组织在环保、福利、慈善、教育、赈灾等方面显示出重要作用。同样，民间组织在腐败治理方面也开始发挥重要功能。一些组织由富有正义感或专职从事反腐败举报的公民个人发起，具有草根性、亲民性和非营利性特点，重点在帮助一般举报人、整合和发布举报信息等功能；一些组织则由于反腐问题在该组织所在公益服务领域的存在，因而涉入到反对腐败和促进廉洁的问题中来，如中国控制吸烟协会以《关于呼吁全面禁止公款消费烟草制品的一封公开信》的形式致函中央纪委，建议中央纪委、监察部和财政部全面禁止公款消费烟草制品；还有全国各大高校、科研院所、党校等教育研究机构纷纷成立以专门从事廉政研究、廉洁教育等为职责目标的研究中心、教育基地、学会、研究会等组织机构，这一类型的民间组织以廉政理论研究、实践调查、学术探索、廉洁教育等活动为主要支点，扮演着"思想库"、建言专家等角色，也成为参与腐败治理的重要民间力量。

（三）从文化的层面来看，公民文化中的参与精神不断生长

依现代政治文明的逻辑架构，个体是公共性与私人性的统合体，公民则是个体公共性的表达，参与公共生活是现代公民精神的卓越体现。我国封建专制政治传统的长久积淀，形成了依附型的臣民文化传统，导致公民精神和参与

意识的缺失。① 改革开放以来,伴随计划经济向市场经济的转型,以及国家与社会之间关系的重构,公民文化逐渐生长壮大。这是因为,一方面,市场经济的发展为民间积累了雄厚的物质财富,从经济基础方面支持了公共空间和集体行动的出现,因此公民社会的参与能量在经济发达地区尤为明显;另一方面,志愿性、公益性的民间组织力量蓬勃发展、互联通信技术日渐发达,公民间各种新型的互动交往机会大量增加,因而在从熟人社会、传统社会向陌生人社会、现代城市社会的转型过程中,现代的公民精神获得不断生长的空间。对于腐败治理而言,公民精神的增强、参与意识的提升有着重要的现实意义。一方面,腐败与反腐败问题受到社会民众的高度关注,民众对腐败现状的普遍不满对腐败治理构成了重大的外部舆论支持;另一方面,参与意识的提高促使民众对参与治理腐败的意愿不断增强,这也是网络技术和民间组织开始涉入腐败问题的深层精神动因。

四、合作治理:廉政建设创新的多重路径

基于对实践经验和现实环境的分析,笔者认为,应当从治理理论的视角出发,来发展和构建更为有效和具有环境适应性的廉政建设路径,使得廉政建设真正融入多元行动者的参与合作之中,通过开放的商议式过程来汇聚多中心的力量,共同形成预防和打击腐败的行动网络,将“合作治理”的逻辑融入腐败惩防体系的建设之中。具体而言,应当通过以下途径实现廉政建设的路径创新。

(一)吸纳多元主体参与廉政政策制定

“廉政政策表现为一系列政策文本,如法律、法规、章程、制度和通知等等。这些具体政策文本是指导廉政建设和反腐败的现实依据,也是廉政政策研究的资料来源”②。当前廉政建设中的突出问题在于,廉政政策的制定被封闭于自上而下的政策过程之中,制定过程缺乏透明性和参与性,且廉政政策质量不高。近年,一些地方在制定公共政策时开始广泛征求社会公众意见,意图在吸纳公众意见的基础上制定政策,改进政策制定质量、提升政策本身的合法性。

---

① 胡杨、陈兆仓:《和谐社会视域中公民身份的双向建构》,《学术论坛》2009 年第 3 期。
② 庄德水:《廉政政策的理论基础:含义、形态与功能》,《求实》2008 年第 1 期。

廉政政策的制定方式也应当进行改革和创新,吸纳普通民众、民间组织、网民、企事业单位等多元主体参与到廉政政策的制定过程中去。特别是由于腐败问题存在于行政权力运作和经济社会运行的各个方面,不同行业如金融证券、交通工程、房地产等行业腐败行为表现形式复杂,在廉政政策制定时就需要社会中了解相关领域的普通民众和专业人士参与进来,以提升廉政政策的合法性和质量。

(二)形成社会公众进行廉政监督的长效机制

必须认识到,廉政政策是一种比较特殊的公共政策,作为一种目标指向各级各类政府工作人员、执行者和执行对象的合二为一、具有高度利益关联度特性的政策,廉政政策执行异化和政策失真发生的频率往往高于其他普通公共政策。因此,廉政政策的执行难度对反腐败效力构成了威胁和挑战。只有吸纳不具有利益关联度和社会关系网的外部监督主体参与,才能摆脱利益、关系、权力的不当影响,保障廉政政策的有效执行。这是吸纳社会力量参与监督的"效率"逻辑。而从"合法性"的逻辑来考量,外部监督更加体现民众是国家的主人,有助于民众通过这一途径实现政治认同和公民身份,增强政权的政治合法性。近年,地方政府在治理创新方面进行了持续、丰富和多样化的实践,在廉政建设方面也形成了改革探索的思路和经验,腐败治理方式的改革也应总结和发展这些宝贵经验,通过各种制度改革和创新来形成多元主体参与、社会有力监督的腐败治理新格局。

(三)积极培育具有合作能力的多元行动者

治理理论能转化为优良实践的前提在于拥有强大和活跃的公民社会。对于廉政建设而言,正如透明国际所倡导的"国家廉政体系"框架一样,需要公私部门的通力合作和多元行动者的参与互动。但是就当前我国相关领域的发展而言,我国目前还存在很多制度性的障碍。一些草根性组织发挥着受理民众举报和监督政府行为的作用,但是并未得到相关法律的许可;一些发挥舆论监督功能的网站由公民个人或民间组织来维持,不仅难以得到制度性资金的支持,且容易被行政力量进行阻碍。这一方面是由于我国目前的法律法规和行政规章在这方面呈现出空白和模糊状态,亟须进行规范和细化;另一方面也是因为当前的制度反腐模式本身具有的封闭性特征所致。因此，廉政建设中的合作治理，需要理顺各种有碍合作的制度性阻隔，鼓励和培育各类民间组织的廉政功能，积极构建能够使得民间组织、私人部门、新闻媒体及政府各机构进行商议、对话和合作的平台。

（四）培育崇廉文化，构建廉洁教育网络

廉洁价值和崇廉观念是国家廉政体系的基石。近年来，"不廉洁的意识已经呈现向全社会泛化的趋势，一是从公职人员队伍向非公职人员队伍蔓延，二是从成年人群向未成年人蔓延"[①]，显示出腐败意识的泛化与崇廉观念的缺失。观念指导和塑造人的行为习惯，各种导致腐败行为滋生的不当观念强烈损害了廉洁行为的社会基础。培育崇廉文化应成为我国廉政建设中的重要组成部分，而廉洁教育正是塑造廉洁文化的重要途径。当前，应当着重创新廉洁教育方式，构建廉洁教育网络，摒弃形式化、陈旧化、灌输式的廉洁教育方式。运用新理念、新技术和新形式，使廉洁教育的目标群体对教育方式喜闻乐见。廉洁教育目标群体不能主要局限于党政领导干部，也应加强对广大社会公众特别是价值观正在形成的青少年学生群体的教育，建立适合不同人群和组织的廉洁教育网络，充分发挥廉洁文化激浊扬清、扶正祛邪的功能，为我国廉政建设的发展创新奠定文化基础。[②]

第八节　公共危机背景下政府公共关系创新

进入 21 世纪以来，频繁的"天灾人祸"不断地撞击着人们的神经。从席卷数国的印度洋海啸到举世震惊的"5·12"汶川特大地震，从美国"9·11"恐怖袭击到多国连环爆炸案，从肆虐全球的"非典"疫情到我国不断曝光的"毒奶粉"、"苏丹红"、"毒胶囊"事件，从日本福岛核泄漏事故到我国温州动车追尾脱轨事故，各种构成公共危机的突发事件已然严重威胁着人类安全和社会稳定。

---

① 赵涛：《腐败侵入低龄阶段，中国青少年廉洁教育缓缓前行》，《中国青年》2007 年第 10 期。
② 本章第七节内容原载《河南社会科学》2011 年第 4 期，题为《治理理论视角下的中国廉政建设：经验、挑战与创新》。

著名的危机公关专家迈克尔·里杰斯特（Michael Regester）曾指出：当组织面临危机时，与相关公众的沟通和传播会比往常任何时候都显得重要。[①] 若一个组织不能就其发生的危机与公众进行合适的沟通，不能告诉社会它面对灾难局面正在采取什么补救措施，不能很好地表现它对所发生事故的态度，这无疑将会给组织的信誉带来致命的损害，甚至有可能导致组织的消亡。因此，在公共危机中，开展各种形式的政府公关活动同样是十分必要、重要和紧要的，如果政府公关活动开展得适当，压力可能变成动力，危机则可能变成转机。

一、公共危机与政府公共关系的含义

（一）公共危机与公共危机管理

所谓"公共危机"，国外的贝尔（Coral Bell）、巴顿（Barton）、赫尔曼（Hermann）、罗森塔尔（Rosenthal）和国内的张成福、唐钧、王晓成、刘霞等学者都从不同角度对之进行了界定。其中，罗森塔尔的观点得到了学界较为普遍的接受。他认为，公共危机是对一个社会系统的基本价值和行为准则架构产生严重威胁，并且在时间压力和不确定性极高的情况下必须对其作出关键决策的事件。[②] 国内亦有学者指出，公共危机（公共危机事件）是指影响范围较大，或对一个社会系统的基本价值观和行为准则架构产生严重威胁，需要以政府部门为主导的治理主体在时间压力和不确定性极高的情况下作出关键性决策的事件。[③] 一般而言，公共危机除了具有"危机"的一般特征，即突发性、紧迫性、易变性、双重性等，还由于其"公共"的属性而直接与公共领域和公共利益相关，呈现出高度的不确定性、较强的社会延展性和破坏力。公共危机的爆发会将导致社会陷入非均衡状态，威胁公共安全，影响社会稳定。由此出发，"公共危机管理"是一种以政府为主体的有组织、有计划、持续动态的管理过程，其针对潜在的或已经爆发的公共危机事件采取一系列的控制行动，以期

---

① ［英］里杰斯特：《危机公关》，陈向阳、陈宁译，上海：复旦大学出版社，1995年，第35页。

② Uriel Rosenthal. *Coping with Crises*: *The Management of Disasters*, *Riots and Terrorism*. Spring Field: Charles C. Thomas，1989，p.8.

③ 张彩云、郭晓峰、王存银：《公共危机与治理》，兰州：兰州大学出版社，2009年，第10—13页。

有效地预防、处理和消弭危机。

就一般性的危机而言,可以根据不同标准划分为不同种类。从危机的主体来分,有组织机构危机、行政区域危机、国家危机等;从危机的范围来分,有综合性危机、单一性危机;从危机发生的原因来看,有自然危机(天灾)、人为危机(人祸);从危机的性质来分,有经济危机、政治危机、自然灾害危机、社会性危机等。① 需要指出的是,上述分类是相对的,任何一种类型的危机都可能发生相互转化,发生"连带效应",导致综合性的社会危机。因此,在危机出现的早期就应该采取相应措施,进行有效的危机管理。在我国当前的公共危机管理的实践中,"公共危机"常被视为一种"突发事件"而予以应对。2007 年颁布实施的《中华人民共和国突发事件应对法》中,"突发事件"被划分为自然灾害、事故灾难、公共卫生事件和社会安全事件四大类,并确定了对于突发事件的管理实行分类管理、分级管理、属地管理为主的原则。

(二)政府公共关系

政府公共关系是指政府部门通过传播手段与公众进行沟通交流,进而塑造良好的政府形象、实现政府工作目标的一种传播活动。传播与沟通是政府公共关系建立和实现的核心机制、动力机制。政府公共关系的状态直接取决于政府所采取的传播沟通的内容、形式及技巧。如果政府的传播沟通活动适应社会发展的潮流与规律,反映了民心向背,就会使公共关系表现出良性特征,反之则会表现为恶性状态。

与其他类型的公共关系比较,政府公共关系具有下述三个主要特征。

首先,政府公共关系以追求社会发展的整体利益为目标。与其他组织不同,政府机构开展公共关系工作的目的不是为了自身利益的得失,而是为了国家、社会整体利益的充分实现,为了国家经济、政治的全面振兴及社会各领域、各部门的协调运转、良性运行。表面看来,政府公关活动旨在追求自身的完美形象,但这却是为更好地实现上述目标,有效发挥政府的社会管理职能而必需的先决条件。社会整体利益和根本利益的实现程度,是检验政府公关工作成

---

① 刘智勇、张志泽:《论政府公共危机治理能力的缺失和再造》,《电子科技大学学报》2004 年第 3 期。

败的根本标准。

其次,政府公共关系的对象是全体社会公众。与其他组织不同,政府机构的管理对象从广义上说涉及全体社会公众,而不仅是某一方面或某一领域的特殊公众,政府管理工作实质上就是为全社会公众服务的。政府制定的各种法规、政策都是从社会中来、到社会中去,即"取之于民,用之于民"的。政府决策的任何微小变化都会可能在社会上产生广泛影响,给社会生活带来或大或小的颤动。政府公共关系作为国家政府管理活动的重要组成部分,其工作对象自然涉及全体社会公众。

再者,政府公共关系与社会政治生活密切相关。任何公共关系都与社会的政治环境有着某种程度的联系,公共关系本身就是政治民主化的产物。但是,由于不同的公共关系的内容及发生作用的范围各不相同,因而也就使各种公共关系与社会政治生活联系的性质、程度等有了很大的区别。企业等其他部门的公共关系的传播沟通内容一般只是为本部门、本单位开辟和拓展生存发展空间。而政府公共关系则不然,它所传播沟通的内容涉及每个社会公民的切身权益,涉及广大人民群众发挥民主权利和参与国家治理的程度与广度,涉及整个社会的稳定、繁荣与发展等问题。总之,政府公共关系本身就是社会政治生活的一部分,两者水乳交融,密不可分。

政府公共关系与公共危机管理之间有着相互渗透、相互融合的密切联系。但从管理的手段上看,两者又是有区别的,公共危机管理主要是以法律、规章制度为准则,以行政技术、经济等为手段的硬性管理,具有明显的强制性权力特征;政府公共关系是建立在没有权力强制的、平等的和自愿选择的基础上,采用双向沟通、劝服方法等柔性手段进行协调管理。

二、公共危机中政府公共关系的功能

政府公共关系作为政府部门通过传播手段与公众进行沟通交流,进而塑造良好的政府形象、实现政府工作目标的一种传播活动,在公共危机中能够发挥重要的功能。

（一）有助于动员社会一切力量参与公共危机救治

政府作为国家机构,有发号施令的权威,可以运用所有的政府资源开展危机救治，但政府的权力和资源毕竟有限，必须动员整个社会的力量，包括人力、物力和财力等，共同应对日趋复杂的公共危机。政府的公共关系活动，常常包含在公共事务、公共信息和公共传播之中，填补了大众与官僚政府之间的鸿沟。① 在公共危机中，发挥政府公共关系传播协调职能，采用双向沟通交流的办法，争取公众的理解和认可，有利于动员全社会的力量参与危机救治。正如《公共关系新闻》中所说的："公共关系是这样一种管理功能，它评估公众的态度，确定个人或组织的政策和程序与公共利益的一致性，计划和实施行动方案以争取公众的理解和认可。"②政府通过公共关系活动，与社会公众建立良好的关系，有利于充分调动一切社会力量和社会资源进行有效的公共危机救治。

（二）有助于增强公共危机管理的透明度和民主性

在全球化浪潮的影响下，由于知识经济的发展和公民民主意识的提升，现代政府的职能有了重大而深刻的转变，建设一个公正透明、廉洁高效的民主政府已成为当今国家的发展趋势。对社会公众而言，公共危机管理的透明度和民主性意味着对他们知情权和参与权的尊重，而政府危机处理的公开和公正，有助于公众平等地参与公共危机管理。在公共危机中，政府通过媒体传播开展公共关系活动，采用举行新闻发布会、互联网发布等形式，在第一时间内向社会公众提供真实的、尽可能多的有关危机险情和危机决策的信息，针对公众的疑虑及时进行科学、客观的解释，直接与公众交流沟通，从而增强了公共危机管理的透明度和民主性，有利于获得社会公众和非政府组织对公共危机管理的支持。

（三）有助于推进公共危机管理的科学化和信息化

公共危机管理科学化是指现代科学技术在公共危机管理中的有效应用，即公共危机的科学管理。可以说，人类是在同各种灾害的斗争中发展起来的，是通过运用科学技术、科学手段和科学管理来战胜这些灾难的。科学管理是相对经验管理而言的，它要求政府工作必须树立科学的态度，严格遵守科学的

---

① ［美］格伦·布鲁姆等：《有效的公共关系》，明安香译，北京：华夏出版社，2002年，第410页。

② 徐美恒、李明华：《公共关系管理学》，北京：中国人民公安大学出版社，2002年，第87页。

程序和制度,把科学的思维方法、知识体系和工作方式,运用于政府管理领域之中。① 政府公共关系活动注重运用先进的信息传播手段,通过大众媒体和互联网,为政府与广大民众、科技人员和专家学者之间构建直接沟通、交流与合作的平台,有利于政府的信息管理和集思广益,使政府能够及时听取社会各个方面的意见,采取有效措施应对公共危机。互联网的透明度和民主性还能够把政府危机决策程序执行情况置于社会公众的监督之下,增强了公共危机管理的透明度和民主性,丰富了科学管理的手段,使政府更为重视互联网的作用,进一步促进了公共危机管理的科学化和信息化。

(四)有助于加强国际合作,树立政府的良好形象

21 世纪以来,公共危机有明显的全球化趋势,因此必须加强国际合作,以控制和消除全球化危机。政府公共关系活动通过利用现代信息传播工具,与国外的政府机构、非政府组织和公民个体进行沟通和交流,从而有助于加强在反恐、科技、经济、卫生和生态等方面的国际合作,调动世界范围内的人力、物力和财力,共同抵抗全球性的公共危机对世界各国的危害。在加强国际合作的同时,这种做法也使国际社会和国际公众对我国政府危机管理的科学性和民主性有所了解,从而有利于维护和树立政府良好的国际形象。

三、公共危机下的政府公共关系活动

在公共危机爆发时,政府与公众处于一种非常态管理的特殊环境下,公众对政府有着一种特殊的期盼,尤其需要政府运用公共关系手段去获取信息、引导舆论、沟通关系、安抚人心、疏导情绪,通过开展一系列的公关活动以提高政府公信力,塑造政府的良好形象。

(一)设置专门的政府公共关系部门

我国具有公共关系性质的工作分散在办公室(厅)、调研、宣传、对外联络、新闻发布、交际接待、信访等职能部门中,即使有些政府职能部门已设置了公共关系岗位或公关秘书,也难以承担统筹规划的任务。尤其是在公共危机状

---

① 张锐昕:《政府上网与行政管理》,北京:中国大百科全书出版社,2003 年,第 138 页。

态下,其直接后果就是职责不清,继而导致政府信息渠道不畅,影响政府危机公关的效率,阻碍政府对公共危机的管理。公共关系学专家认为,成熟的公众服务型政府都有专门的公关部门。作为一个组织,公关部门一般配置要为5到6人,另外必须配备专人对相关资料进行搜集。即使是新闻发言人,其背后同样需要一个强大的工作集体,从事材料收集和了解情况等各项工作,跟进政府工作实施情况。同时,要建立公共危机状态下的政府内部信息传递机制,保证内部信息畅通,这样才能保障新闻发言人制度的有效运行。应当注意的是,就算是成立了公关机构,有的公关工作仍可以留在原来的职能部门,不能把一切具有公关性质的工作都划给公关机构。公关机构主要负责筹划、实施整个政府的公关工作。

(二)建立公共危机新闻发言人制度

国家、政党、社会团体任命或指定专职(比较小的部门为兼职)的新闻发布人员,其职位一般是该部门中层以上的负责人。新闻发言人的职责是在一定时间内就某一重大时间或时局的问题举行新闻发布会,或约见个别记者,发布有关新闻或阐述本部门的观点立场,并代表有关部门回答记者的提问。① 国务院新闻办公室主任赵启正在全国新闻发言人培训班上解释说,"新闻发言人不是人,而是制度"。新闻发言人背后正是有一套制度在支撑着他们。新闻发言人的源头可以追溯到1904年。1904年2月,日俄战争在中国境内点燃。当年7月,为扭转新闻报道中的不利局面,日方将许多记者召集到中国长春,并对战况作精心介绍。这次发布会被学术界认为是世界上最早的政府新闻发布会,产生了最早的新闻发言人。20世纪50年代,美国在白宫设立新闻办公室和发言人,标志着建立新闻发言人在美国正式成为一种政治制度。此后,各国政府纷纷效仿,树立自己的对外形象。

我国的新闻发言人制度起始于20世纪80年代。1983年4月23日,中国记者协会首次向中外记者介绍国务院各部委和人民团体的发言人,这意在宣布我国建立新闻发言人制度,但当时的这一制度基本局限在中央人民政府。加入WTO后,省级政府也相继实行了新闻发言人制度。其中最早开始行动

---

① 刘建明等:《宣传舆论学大辞典》,北京:经济日报出版社,1992年,第357—358页。

的是北京市。2003年1月9日，北京市委、市政府要求北京市局级以上单位都要建立新闻发言人制度。2003年"非典"疫情爆发后，政府更加意识到与公众沟通的重要性和必要性。从2003年4月到6月24日，卫生部连续举办了67次新闻发布会。同年9月和11月，国务院新闻办举办了两期新闻发言人培训班，来自66个中央、国家机关和各省市单位的177位学员参加了培训。新闻发言人制度全面推行的帷幕拉开了。但是，与西方成熟的新闻发言人制度不同，我国许多部门的新闻发言人制度是在突发危机后因行政命令建立起来的，在运行过程中，这一制度还应注意以下三个问题。

其一，指定新闻发言人，用一个声音说话。在公共危机爆发前，就应指定危机信息的发言人。在公共危机爆发后，新闻发言人应尽快出现在媒体上。同时，应慎重选择新闻发言人，并对其进行培训和演练。这是因为，新闻发言人代表政府向媒体及公众发布信息，他们的一言一行都直接影响着政府的公信力以及政府在广大公众心目中的形象。2003年的"非典"危机中，由于缺乏应对传媒的培训，再加上某些官员的"官本位"思想，使得某些新闻发言人在电视直播镜头前表现得很不得体。而在这方面，拉姆斯菲尔德（Donald Henry Rumsfeld）则做得十分出色。美国在"9·11"事件后，立即启动了反恐战争，作为国防部长的拉姆斯菲尔德在媒体上的曝光率非常高，几乎每天都要向全国通报战争进展情况。拉姆斯菲尔德个性突出，在媒体前表现出强烈的个人风格，不仅敢于用富有感情色彩的词汇表达个人爱憎，还善于以坦率简明的对答驾驭记者和采访现场的气氛，涉及机密的问题又滴水不漏，《纽约时报》称其为政府在战争中的"首席发言人"，其自信、有理、有原则的形象，也给曾受恐怖袭击后的美国民众带来了很大的安慰和鼓舞。除了选择合适的新闻发言人，还应当做到从一个渠道，用一个声音传递一种信息，做到始终如一、口径统一，只有这样，才能保证政府的公信力，赢得公众的信任和支持。

其二，及时发布信息，快速作出反应。公共危机一旦爆发，政府必须在最短时间内向公众公布发生了什么危机，政府采取了什么补救措施等，这样才能掌握主动权。如果政府不主动去填补信息真空，那么流言和小道消息就会乘虚而入，扰乱人心，这样只能造成更大的不稳定。2003年"非典"危机期间，广州首先遭到侵袭。2月7日和8日，侵袭已达到最高峰，但2月10日前，广州地区关于"非典"的信息在主流媒体上都没有被发布,但这丝毫不能减少公众对疫情的关注。处在惶恐中的人们只有转向非正式、非主流的传播渠道,如手机短信、口耳相传。因此,只有及时地发布信息,快速地做出反应,才能减少公众的恐慌情绪,防止危机事态的扩大化。当然,需要注意的是,"及时"并不等于"及早",及时发布信息也要把握时机,应该让重大危机事件的公布有一个"预热"的过程。比如政府可以先发新闻通稿,然后召开新闻吹风会或新闻通气会,最后才召开新闻发布会或记者招待会,显然,这与一开始就召开显示事态严重的新闻发布会或记者招待会相比,对公众心理造成的冲击力要缓和一些。

其三,准确发布信息,坦诚面对公众。公关之父伯奈斯(Edward L. Bernays)认为,最好的公关是说实话。当你不说实话的时候,即使你有很高的技巧,能蒙人于一时,但最终还是要受到时代、舆论和历史的惩罚。设立新闻发言人并不是为了要把一件事情"抹平"。在公共危机中,靠政府单打独斗是不可能顺利度过危机的,因此必须发动民众。要想赢得公众的支持,就必须向公众说明真相,不能"隐而不报","报喜不报忧",更不能虚报、假报,因为这样只能招致媒体和公众的质疑。一旦真相大白,政府在公众心目中的可信度将一落千丈,其国际形象也将大打折扣,可谓得不偿失。

(三)制作和发布政府公共关系广告

政府公关广告是一种非强制性的大众传播,它综合运用文字、色彩、图像、音响等多种技巧,以巧妙的构思、独特的思想内涵,唤起公众的联想,赢得公众的理解与支持,增强政府的感召力,优化政府的形象。政府公关广告的特点在于内容简洁明快,公众易于接受和认同;创意新颖独特,能唤起公众的联想。电影《大事件》中曾描述了一个地方政府成功运用公关广告进行危机应对的案例。电影中几名劫匪在与警察的枪战中占了上风,在枪顶脑门时,一名警察跪地投降而免一死。这一场面恰被一路过记者拍摄下来并公之于众。一时间民怨沸腾,公众把矛头指向了地方政府,责骂警方怯懦使民众没有安全感,而警员内部则被骂声激怒,双方矛盾一触即发。此时,警方公共关系科科长巧妙运用了一则公关广告,有效缓和了矛盾。广告的主角是那个投降的警察的一家。警察说地方政府从不鼓励他们因公殉职,他很爱他的家人。他的妻子默默落泪,说如果失去了丈夫,他和儿子不知道该如何活下去,说完之后一家三口相拥而泣。广告很感人,赢得了广大民众的认同与谅解,电影中所呈现的这场政府信任危机也随之得到化解。

(四)设置舆论焦点,塑造政府形象

政府危机公关的精髓就是随时通过媒体把自己的形象展现在公众面前,通过精心设计,获得良好的传播效果。例如"9·11"事件发生时,尽管美国政府声称为了国家安全起见,需要隐瞒总统行踪,但布什的身影还是时常在媒体中出现,一会儿离开佛罗里达,正在"空军一号"上,一会儿将前往路易斯安娜的空军基地发表讲话,一会儿又出现在教堂或救灾现场。除了总统,媒体还挑了其他几个传播符号,树立起政府的良好形象。比如当时的纽约市长朱利安尼,由于在公众需要时表现勇敢,不因包围着他的伤痛而退缩,被《时代》周刊评为第 76 个年度风云人物。

(五)充分利用网络,提高办事效率

网络是一把双刃剑,它可以散布流言、扩大危机,但只要运用得当,同样可以帮助政府应对危机。政府应建立专门的危机信息网站,平时对民众传播各种危机应对知识和逃生知识,培养公众的逃生意识和自救本领,同时承担危机爆发时的信息发布任务,充分发挥网络传播速度快的优势,使各方公众(国内和国际)和媒体能够及时了解有关危机的信息,树立办事高效的政府形象。

(六)做好善后工作,化危机为转机

当危机终于暂时告一段落时,政府公关部门不能认为万事大吉,仍要保持高度警惕,因为危机可能会去而复来。同时,政府公关人员还应认真总结在此次危机中政府公关的经验教训,努力消除危机给政府带来的消极影响,并以危机为契机,从危机中找寻生机。这样,政府不仅能化险为夷,转危为安,而且还可能"因祸得福",提高政府的公信力和国际形象,可谓"塞翁失马,焉知非福"。1988 年 4 月 27 日,美国一架波音 737 客机从檀香山起飞,不久飞机内就发生了剧烈的爆炸。值得庆幸的是,飞机最终安全降落。事故发生后,波音公司迅速调查原因,原来这架飞机已经飞行了 20 年之久,起落已达 9 万余次,大大超过了保险系数,事故的原因就是因为飞机陈旧,金属疲劳。波音公司通过新闻渠道大加宣传解释,旨在说明如此陈旧的飞机居然能安全降落,恰恰说明了波音飞机的质量可靠,并强调波音公司现已解决了金属疲劳的技术难题。波音公司及时而有效的宣传活动,使公司的信誉有增无减。事故发生后,波音公司的订单不仅没有减少,反而增加了。这一事例对政府在公共危机下如何通过公关活动"化危机为转机"有着重要的借鉴意义。

四、政府危机公关,防胜于治

地震、海啸、火灾、恐怖袭击,一桩桩悲剧使我不禁想到,如果事前有人告诉过人们在灾难来临时应该怎样逃生,结果会不会比现在好一些? 印度洋各国在海啸发生前没有给民众提供防护宣传,也没有对民众进行海啸来临时的逃生知识宣传,所以当灾难突然来临时,大家都毫无防范,束手无策。不少好奇的小孩为了看个究竟而被大浪卷走。更为典型的是,一些人为了捡鱼而丢了性命。很显然,如果政府提前开展了逃生自救宣传教育,这些人可能就不会丧命。另一个例子是:2003 年 11 月 25 日,莫斯科友谊大学学生宿舍发生火灾,中国留学生死亡 11 人,6 人失踪(已经无法辨认尸体),而邻室的日本留学生却无一人死亡。如此鲜明的对比,原因在于日本素来重视危机相关的宣传教育,而我国的危机宣传教育却比较薄弱。这有力地证明了危机前逃生自救宣传教育的重要性。

现实中最先接触公共危机并受其伤害的往往是社会公众,因此,当危机爆发时再告诉公众应如何应对已为时晚矣。"安而不忘危,治而不忘乱,思所以危则安矣,思所以乱则治矣"。政府公关部门应在危机前注重向公众宣传各种危机应对知识,联合其他职能部门,开展全民性的危机自救教育,培养公众的逃生自救意识,这样,在危机到来时,公众才能够处变不惊,配合政府更好地应对危机。同时,这也将证明我们的政府是一个负责任的政府,对公众负责,对生命负责,更能有力回击某些国家对我国人权的指责,树立政府良好的国际形象。

公共危机早于国家的形成而出现。大禹治水,安史之乱,西方经济危机,人类文明的发展过程便是回应各种危机的挑战的过程。在应对公共危机的过程中,政府需要得到公众的配合和各方的协助。政府公共关系在此时此刻显得尤为重要。随着我国民主化进程的进一步深入,政府公共关系的水平将进一步提高。相信在不久之后,我国政府将能够灵活自如地开展各种公关活动,帮助政府有效地应对各种公共危机。[①]

个案研究

"网格化管理、组团式服务"的舟山模式

舟山市位于浙江省东北部,是我国唯一以群岛设市的地级行政区划,素有"东海鱼仓"和"祖国渔都"之美称,人口 100 多万。为深化拓展党员联系和服务群众制度、进一步密切党群干群关系、不断强化基层社会管理和公共服务的能力、努力提升党领导下的基层社会治理水平,从 2007 年下半年开始,浙江省舟山市在对乡里制、里甲制、保甲制等中国传统社会管理模式和国外社区现代管理模式进行辩证分析、科学借鉴的基础上,依托现代信息技术手段,先后在普陀区桃花镇、勾山街道等地进行"网格化管理、组团式服务"改革试点,并在试点取得显著成效的基础上,于 2008 年 8 月在全市各乡镇、街道推广,取得显著成效。目前,"网格化管理、组团式服务"已经成为浙江省"基层党的建设和社会管理服务的一个创新之举"[②],正在全省范围内加以推广。

一、探索过程

从"组团式服务"实践的探索,到"网格化管理"理念的产生,再到"网格化管理、组团式服务"的试点推广,"网格化管理、组团式服务"工作从萌芽到逐步成熟,成为当前浙江省全省推广的一种新的基层治理模式。回顾其探索过程,我们不难发现,这是舟山市鼓励基层首创、挖掘鲜活经验、不断推进工作创新的结果。

(一)"组团式服务"实践的探索

近些年来,舟山市一直围绕党的先进性建设和党的执政能力建设这条主线,不断梯度推进海岛基层党建工作。2003 年,在全市渔农村全面开展以"把

---

① 本章第八节内容原载《湖北社会科学》2008 年第 4 期,题为《公共危机下的政府公共关系》。
② 2009 年 7 月 15 日,中共浙江省委书记赵洪祝在舟山调研期间指出:"网格化管理、组团式服务"模式,是我省基层党的建设和社会管理服务的一个创新之举。

党员培养成致富能手,把致富能手培养成党员,把党员致富能手培养成村干部"为主要内容的基层党建"三培养"活动,其核心是如何提高党员干部带领群众、服务群众的能力的问题。2005年,在中央提出开展保持共产党员先进性教育活动后,舟山市在全省率先开展了以"党群联心、共促和谐"为主题的渔农村党员联系和服务群众工作。工作伊始,基层党组织普遍采用了"一对多"的形式,即采取一名党员联系10~20户人家的方式,对群众进行联系和服务;对党员也只提出了笼统性、一般性的联系和服务要求。

随着工作的推进,一方面由于渔农村的青年骨干纷纷涌向城镇或忙于生产,在基层真正从事联系和服务群众的大多数为老年联户党员。虽然他们党性强、积极性高,但是精力总归有限,且一些老经验、老办法已经不太适应基层党建的新任务、新要求,不太适应群众思想和生产、生活方式变化的实际,在带头致富和带领群众致富上效果不明显。而年轻联户党员往往又缺乏足够的威信和做群众工作的经验,对公共事务的精力投入还不够到位,导致联系和服务的质量有很大差异性。另一方面,随着社会的进步发展、人民群众生活水平的提高,群众的眼界不断开阔、素质不断提升,需求呈现出多样化、多层次、高要求的特点。这样,在党员联系和服务群众工作推进过程中,联户党员的个体服务能力弱、服务资源有限和群众越来越多、越来越高的服务需求之间产生了矛盾。久而久之,联户党员与群众之间都产生了疲劳感。

为了克服这对矛盾,深入推进党员联系和服务群众工作,舟山市基层党组织在实践中进行了"组团服务"的探索尝试,不断创新党员联系和服务群众模式。2006年嵊泗县洋山镇和嵊山镇建立了"党员＋妇女代表＋青年骨干"联系服务模式,黄龙乡创建了"党员＋渔船老大＋入党积极分子"联系服务模式,五龙乡实行了"一名年青党员、一名'双带'党员和一名老年党员"联系服务模式。这些模式,就是"组团式服务"的雏形,能够有效地把优秀青年、妇女骨干、渔船老大和入党积极分子吸引到党员联系和服务群众工作中来,充分利用他们文化素质高、有一定带富能力、擅长群众工作等优势,开展组团服务,有针对性地解决一线党员和服务能力较弱党员的联系难题,有效提升了党员联系和服务群众的实际效果。

然而进一步的实践证明,由于这种"小组团"服务仅限于党内资源的整合,离有效满足群众多样化需求的要求相距甚远。同时,在调研分析中又发现,尽管群众的需求多种多样、千差万别,但也是有规律可循的,主要集中在就业致富、生病就医、子女就学、社会公平等方面。这就要求各基层组织充分发挥党的组织优势,把党内外面向基层的各种资源整合起来,使得组团服务从"小组团"时的党内资源整合延伸到诸如乡镇社区干部、医生、教师、片区民警等各种党外资源的整合,形成联系和服务群众的合力,切实提高综合性的联系和服务群众能力,让群众更加满意。于是,在实践中产生了相对比较固定的"组团式服务"的理念和做法。2008 年 3 月,嵊泗县在认真总结基层党组织各种联系服务模式经验时,第一次提出了"组团式服务"这一概念,并在全县渔农村各基层党组织全面推行,从而将优秀青年、妇女骨干、渔船老大、入党积极分子、文艺人才等社会力量充实到党员联系和服务群众工作中来。同时结合机关干部"进家庭、知民情、暖人心、促和谐"活动,又吸纳了一部分有一定服务能力的机关干部参与到联系和服务群众的工作中来,形成了以党员为核心,各种力量积极参与的"多对多"组团式联系服务模式,切实增强了联系服务群众的针对性和实效性。而岱山县则以东沙镇为试点,于 2008 年在全县乡镇和社区干部中启动实施了以"进百家门、知百家情、解百家忧、暖百家心"为内容的"四百工程",以"小组团服务"的形式,在全县掀起了关注民生民计、服务基层群众的热潮。并在高亭镇积极探索城市社区的"组团式服务",成立了宣传教育、扶贫帮困、文化娱乐、平安巡逻等党员志愿者队伍,构建起"五位一体"的管理服务体系。

(二)"网格化管理"理念的产生

2007 年,舟山市普陀区借鉴城市管理的有益经验,率先提出要在社会管理领域运用现代网格技术实施"网格化管理",推进社会管理转型升级。"网格化管理"理念的产生,主要基于三方面的考虑。

1.努力探索适应经济社会发展形势的基层组织管理服务新模式

近年来,普陀区总体上保持了经济快速健康发展、社会和谐稳定、群众安居乐业的良好态势。但是随着经济的快速发展和形势的不断变化,基层组织的管理服务模式、基层干部的工作方式已经与经济社会快速发展的形势要求不相适应,突出表现在:计划经济向市场经济过渡后,原有的高度政治化的基层治理方式瓦解了，新的治理缺乏基层组织方式的更新和适应，乡镇（街道）、社区（村）管理服务操作上的行政化倾向较为明显，习惯于通过条条实行自上而下的层层管理；传统的人性化管理服务方式被淡化，基层组织很大程度上只从事收费、统计等抽象化、官僚式的管理服务，没有很好地把握基层工作的核心和重点。这些问题的存在，直接导致了政府与群众沟通欠缺、互动性不强，造成干部与群众的情感隔阂，与群众的关系不够密切，进而影响经济社会发展的整体进程。为此，普陀区充分认识到改革现行基层组织管理服务模式已势在必行，而改革的核心就是逐步把基层组织和基层干部的工作重心转移到为群众提供优质高效、全覆盖、人性化的公共管理服务上来，组织基层干部把更多的精力投入到宣传、教育、联系、服务群众的工作上来，为加快推进普陀经济社会科学发展奠定更为扎实的群众基础。

2.努力探索完善新形势下做好基层群众工作的长效机制和载体

近年来，普陀区在密切联系群众方面进行了一些有益尝试和探索，开展了"民情日记"、民情恳谈会、"民情巴士"、党员联系服务群众等工作，较好地促进了党群干群关系的融洽和谐。然而群众路线需要长效的制度来维系，党群干群关系需要可持续的组织方式来运转。要继续保持原有的成功做法和先进经验的生命力、持久力，需要积极探索一种更加科学化、长效化的工作制度和载体，努力使党员干部联系群众的形式更加固定、范围更加广泛、对象更加明确、内容更加丰富，并通过这种制度、这项载体来组织、引导基层干部经常性入门串户，与群众面对面交流沟通，实打实解决问题，拉近与群众的距离，增进彼此的感情，从而进一步提高基层干部跟群众打交道的能力和水平，密切党群干群关系，建立健全为民办实事长效机制，促进基层和谐稳定。为此，普陀区提出要在乡镇（街道）、社区大格局不变的基础上，把乡镇（街道）划分成若干个单元网格，组建相应的服务团队，点对点、面对面地为群众提供服务，实现基层干部联系群众全覆盖、服务群众经常化，加快建设和培养一支"全型"、"万金油式"的基层干部队伍，从而达到强化政府管理服务职能、密切党群干群关系、完善为民办实事长效机制的目的。

3.努力探索更加精细化、全面化、个性化的基层工作方式方法

基层生产生活方式的深刻变革、群众民主意识的不断增强以及追求精神

文化层面需求的愿望日益迫切,都对基层干部的工作方式方法提出了新的更高要求。但是一些基层干部的工作方式方法还不够人性化,与群众之间的联系和沟通还不够紧密;基层管理的信息化、精细化水平还不高,各类信息资源还存在不够全面、共享程度不高等现象。为此,普陀区借鉴了乡里制、里甲制、保甲制等中国传统社会管理模式的合理内核,继承吸收了这些传统管理模式中以地缘、血缘或利益群体为范围,以户为单位,通过民间组织以及民间人士实施管理的宝贵经验,在注重基层干部联系服务群众的同时,积极吸收各类社会骨干力量参与基层治理,逐步引导群众实现自我管理、自我服务、自我教育,不断提高基层社会自我治理的能力。同时,注重传统与现代、人性化与数字化的有机结合,认真学习欧美等发达国家在社区管理方面的先进理念和模式,引入城市管理中"网格化"的理念和数字技术,借鉴网格化技术将某个区域按照一定规模划分成若干个单元网格,对网格内的管理对象进行清查、编号、定位,搭建覆盖全区域、涉及各领域、操作智能化的基层管理服务数字化信息平台,从而实现基层管理服务的精细化、全面化,进一步提高管理服务的质量和效率。

基于以上三个方面的要求,2007年,普陀区委书记吴晓东在桃花镇蹲点调研期间,结合桃花镇正在开展的"班子领导进村议政、机关干部联户交心"工作,提出了"网格化管理"这一工作思路,旨在探讨建立全方位、高效率、人性化、精细化的联系和服务群众工作新体系,实现基层干部联系群众全覆盖、服务群众经常化。

(三)"网格化管理、组团式服务"的试点推广

2007年底开始,桃花镇党委、政府从强化基层管理服务职能、转变干部工作作风、密切党群干群关系入手,开展了"网格化管理"试点工作,积极探索和建立健全为民办实事的长效机制,力求将乡镇行政管理模式向公共服务转变,由条线、单向的管理运行机制向网格、互动的管理运行机制转变,由简单、粗放的管理方法向科学、精细的管理方法转变。

随着桃花镇这项工作的深入开展,引起了舟山市委领导的高度关注。2008年4月份,根据"组工干部下基层调研"活动安排,市委常委、组织部长张兵专门赴桃花镇就"网格化管理"工作开展调研。在听取汇报、入户走访及综

合前阶段试点工作成效的基础上,张兵部长对桃花镇的"网格化管理"工作予以充分肯定,对工作名称作了"组团式服务"这一补充,并将其做法概括为"网格化定位、组团式联系、多元化服务、信息化管理",要求桃花镇切实在探索创新上再下工夫。2008年7月,市委梁黎明书记赴桃花镇就"网格化管理、组团式服务"开展专题调研,认为,桃花镇"网格化管理、组团式服务"模式的推出,整合了政府机关、教师、医生、民警等资源,统筹协调各方力量把工作重心下移,将机关干部静态转化为动态,通过服务手段创新搭建公共平台,把现代信息化理念运用到为老百姓服务之中,改变了干部"机关化"现象严重的状况,创新了政府管理综合社会事务、服务人民大众的理念,增强了党和政府驾驭整个社会的能力,找准了密切联系群众的落脚点,能真正解决群众的所思所虑、所求所盼、所困所难,密切了党群干群关系,提高了公务员队伍的号召力、凝聚力、战斗力,促进了社会和谐稳定,这种做法值得在全市推广。

在普陀区桃花镇试点经验的基础上,2008年8月8日,舟山市专门召开"网格化管理、组团式服务"工作会议,并下发《关于开展"网格化管理、组团式服务"工作的若干意见》(舟委〔2008〕13号),按照"网格化定位、组团式联系、多元化服务、信息化管理、全方位覆盖、常态化保障"的要求,在全市全面推行"网格化管理、组团式服务"工作,着力把"网格化管理、组团式服务"打造成舟山市一个新的工作品牌,使"网格化管理、组团式服务"成为舟山市"坚持科学发展、完善社会管理服务的一个具体实践;坚持和谐发展、建立维稳长效机制的一个制度创新;改善民生、加强基层政权建设的一个有效载体;固本强基,进一步密切党群、干群关系的一个重要机制"。

2009年5月20日,浙江省政法委全体(扩大)会议在舟山市召开。会议专门听取了舟山市"网格化管理、组团式服务"工作的情况介绍,充分肯定了舟山市在创新发展"枫桥经验"、建立维稳长效机制方面的积极探索。会议认为:舟山开展"网格化管理、组团式服务"工作,创新了基层组织管理模式,有效地整合了各方面资源,完善了社会防控体系,畅通了群众诉求渠道,夯实了维稳工作的群众基础,从源头上解决问题、化解矛盾,促进了社会和谐稳定,取得了很好的成效。

2009年7月7日,中共浙江省委书记赵洪祝对舟山市委党校与浙江省委党校吴锦良教授合作完成的调研报告《网格化治理：我国基层社会管理的全面创新——舟山市"网格化管理、组团式服务"调查》(刊载于浙江省委党校2009年6月1日《决策参阅》第37期)作出重要批示，指出："调研报告较好地总结了舟山市网格化管理的经验和做法。从中可以看出，'网格化管理、组团式服务'成效明显，坚持和发展了'枫桥经验'，完善了综治维稳机制，提高了党在基层的执政能力和领导水平；同时也为整合社会管理和服务资源、改进干部作风、密切党群干群关系，提供了新的载体，既是基层社会管理工作的创新，也是基层党建工作的创新。要大力支持舟山的这一改革实践，进一步完善总结，加以宣传，并在全省适时加以推广。"2009年7月13日，浙江省委书记赵洪祝到舟山市普陀区勾山街道调研时再次指出："'网格化管理、组团式服务'模式，是我省基层党的建设和社会管理服务的一个创新之举"。

2009年8月11日，浙江省"网格化管理、组团式服务"工作现场推进会在舟山市召开。会议要求，要站在新时期改进党在基层执政方式的高度，充分认识推行"网格化管理、组团式服务"的重要性，紧密结合各地实际，以创新的精神积极在全省推行这项工作，进一步夯实党在基层的执政基础，为开展第三批学习实践科学发展观活动做好准备。10月23日，中共浙江省第十二届委员会第六次全体会议通过的《中共浙江省委关于认真贯彻〈中共中央关于加强和改进新形势下党的建设若干重大问题的决定〉的实施意见》中，明确提出要"创新基层党组织的活动内容方式，推行和完善'网格化管理、组团式服务'工作模式"。

目前，"网格化管理、组团式服务"作为成功经验已经在浙江全省推开。作为新时期基层治理的一种新模式，"网格化管理、组团式服务"不同于北京、上海等大城市的网格化管理，别具特色，具有其独特的内涵。从舟山的实践来看，网格化管理，是一种数字化管理模式，主要运作方式是利用电子网格地图技术，根据属地管理、地理布局、现状管理等原则，将管辖地域划分成若干网格状的单元，并对每一网格实施动态、全方位管理。组团式服务，就是根据网格划分，按照对等方式整合公共服务资源，组织服务团队，对网格内的居民进行多元化、精细化、个性化的服务。"网格化管理、组团式服务"，就是依托信息网络技术建成的一套比较精细、准确、规范的综合管理服务模式，政府通过这一模式及时为辖区内居民提供主动、高效、有针对性的服务,从而提高公共管理、综合服务的能力和效率,建立起为民服务的长效机制①。从本质上分析,舟山市"网格化管理、组团式服务"是一种在公民本位、社会本位理念指导下,以社会公众的需求为出发点,以改善民生为服务导向,以多元参与为服务形式,以信息化手段为支撑,以推动科学发展、促进社会和谐为目的,依法承担全面、公平和高效的公共服务责任的基层社会治理新模式。

二、基本做法

按照"网格化定位、组团式联系、多元化服务、信息化管理、全方位覆盖、常态化保障"的要求,舟山市全面推进"网格化管理、组团式服务"工作,已经形成了"党政主导、城乡统筹、上下联动、条块结合、社会协同、公众参与"的基层工作新格局。

(一)划分管理服务网格,实现全方位覆盖

"网格化管理、组团式服务"的第一步,是在乡镇(街道)管辖区以下划分基层治理网格。网格划分的总体原则是:有利于党委、政府的管理服务职能覆盖到社区,延伸到网格;有利于网格服务团队上门调查、面对面服务、包干负责,以形成覆盖城乡、条块结合的市、县(区)、乡镇(街道)、社区、网格5级体系,提高基层综合治理水平。

各地在具体划分网格时,既顾及网格的规模、地理位置和历史沿革,又充分考虑到网格内的产业特点和群众的生产生活方式,坚持从实际出发,根据社区所辖范围、村域分布特点、人口数量、居住集散程度、群众生产生活习惯等情况,结合各乡镇、街道、社区党员干部和相关单位工作人员数量合理设置网格。网格范围大小不搞一刀切,渔农村一般以100户至150户组成一个网格,城市社区则适当扩大。截至2008年年底,舟山市已建立2430个基层治理网格,实现了基层管理服务"横向到边、纵向到底",网格服务团队"走村入户全到位、联系方式全公开、反映渠道全畅通、服务管理全覆盖",确保了"每一寸土地都有人管,每一项任务都有人落实",从而在组织体系上解决了基层管理与服务中

---

① 转引自中共舟山市委、舟山市人民政府:《关于开展"网格化管理、组团式服务"工作的若干意见》(舟委〔2008〕13号)。

"主体缺位"和"管理真空"问题。

同时,各地以网格为基础,调整党小组的设置,把同一网格内的联户党员编入一个党小组,形成了"管理服务团队＋党小组"的组织架构,并进一步明确每名党员所联系的群众,将党的基层组织体系与社会治理结构紧密衔接、互通互补,使基层组织和广大党员联系服务群众的层次更加清晰、任务更加明确、覆盖更加到位。

(二)健全管理服务体系,进行组团式联系

网格仅仅只是基层公共服务与管理的组织载体,"网格化管理、组团式服务"的重中之重是组建好管理服务团队。

舟山市各地根据辖区内干部人才资源的实际状况、经济社会发展情况、各网格的产业特点和群众的多样化需求,立足基层群众所需,因地制宜地将辖区内的科技人员、医生、教师、老党员、老干部、联户党员、乡土实用人才、文艺骨干、义工等充实到网格团队中,科学组建管理服务团队。每个网格团队一般由1至2名乡镇(街道)机关干部、1至2名社区干部、1名医护人员、1名教师和1名民警组成,网格团队对网格内的居民提供全方位的管理与服务。同时,采用"党小组＋管理服务团队"的组团模式,即将党小组全体成员和管理服务团队作为一个整体,与每个网格的所有群众(户)一一联系对应。到2008年年底,全市网格团队服务人员达13565人,其中县(区)工作人员772人、乡镇(街道)工作人员2479人、社区工作人员2011人,另有普通党员、医务工作者、片区民警、义工、教师、渔农科技人员和乡土实用人才8303人。管理服务团队的任务,是对所管理服务的群众进行每年至少4次的走访,将每一网格中所有居民的家庭状况、住房、就业、计生、优抚救助、党建群团、医疗、教育、土地承包等信息资料输入网格化信息管理系统,并通过多种方式及时收集和处理自己"责任区域"中的问题,主动帮助协调解决群众反映的问题和困难。

通过网格团队建设,全市形成了对社区群众管理服务的信息化、精细化和快速回应群众意见的长效机制,建立了新形势下"基层党建和社会治理良性互动"的管理服务新体系。

(三)整合管理服务资源,开展多元化服务

"网格化管理、组团式服务"的核心工作是做好群众的各方面工作,全面及时地回应群众要求,最大限度地整合资源,解决基层群众的各种实际问题。

以往乡镇(街道)干部和基层行政事业单位人员在开展工作过程中主要以条为主,而在块上的工作职责不明确、不到位,条与条之间的协同配合也不紧密。为此,舟山市借鉴了经济领域改革的成功经验,实行群众工作的责任承包制,即每个管理服务团队在本网格内"包管理、包服务、包教育、包提高"。要求每个管理服务团队向每户居民发放"网格化管理、组团式服务"联系卡,方便群众及时反映问题。同时通过定期或不定期地上门走访、电话联系、蹲点住家、沟通交流等形式,采用拉家常、道地会、交心谈心等群众乐于接受的方法,广泛收集群众在创业致富、子女就学、医疗保障、家庭生活、社会公平等方面的意见建议,并定期将各种情况汇总后按问题难易程度报各级网格办进行分类、汇总、梳理和处理。能够即时处理的即时处理,不能即时处理的则按规定提交相应层级的党政部门和班子讨论并提出解决办法、措施,加以解决和反馈答复。至 2008 年年底,舟山全市网格服务人员已走访家庭 306588 户,占全部家庭户的 83.9%,征集意见、建议 11616 条,解决问题 8089 个。

通过网格团队对"责任区域"内居民及时提供全方位、多元化、个性化和主题化的服务,使基层矛盾从"事后处置"向"事前预防"环节前移,实现了重点从社会防控向基层服务转移。

(四)搭建管理服务平台,实施信息化管理

舟山市结合"网格化管理、组团式服务"的需要,充分利用了现代信息网络技术,开发了一个综合性、集成式、共享性的"网格化管理、组团式服务"信息管理系统,将信息网络连通到县(区)、乡镇(街道)和每一个社区(村),是开展"网格化管理、组团式服务"的网络信息平台。

该系统包括基础数据、服务办事、短信互动、工作交流、民情日志和系统管理 6 个模块,具有数据查询统计、信息互动、工作交流和网上办事等功能。其中"基础数据"录入了网格内居民家庭和个人基本情况等信息,包括居民的家庭人员、住房、就业、计生、优抚救助、党建群团、医疗、教育、土地承包、遵纪守法等信息资料,把分散、孤立的信息进行汇总整理,建立数据库,并注重信息的日常收集积累和维护更新,使政府可以动态掌握、全面了解群众的实际情况,提高管理服务的精细化、动态化水平。"服务办事"系为全体网格居民开放的一个网上办事平台，也是政府有关部门为网格居民提供服务的协作平台。当群众有诉求以短信、电话或走访收集后输入信息系统，系统立即自动受理，并在系统内根据内容分类和流转程序传递给全市各级、各职能部门，由相关单位负责限时办理，做到了一口受理、一网协同、实时监控、双向考核，从而使各级各部门为群众服务的每一个环节都留有印记，确保群众反映的问题件件有回音、事事有落实。"短信互动"是网格服务团队、政府有关部门与网格居民之间的短信互动平台，居民可以随时或及时与网格服务团队成员沟通、反映情况，政府有关部门与网格团队也可以及时将有关信息发送给网格居民。"工作交流"是网格团队成员和机关工作人员就网格化管理进行工作交流的平台。网格团队成员可以通过这一平台记录联系服务群众的经验做法、心得体会、难点疑点、意见建议等，促进信息互通、经验共享、困难互帮，提高彼此的管理服务水平。"民情日志"是记录网格服务队员走访情况或体会写成的日志，尤其要反映走访中发现的所有问题。同时，该平台还记录对本日志中所描绘的事情进行具体的处理情况，如果网格团队服务人员无法自行解决，还可以开启流程，上报处理。并且，在每次处理完一篇日志所描绘的问题后，还要由相应的部门对本次处理的效果进行考核。"系统管理"是管理员维护系统正常运行的功能模块。

强大的网络信息平台不仅拓展了电子政务的功能，更全面有效地改变了政府的管理服务理念和方式、提升了办事效率和质量。

(五)完善管理服务机制，推进民主化治理

完善基层管理服务机制，推动基层民主化治理，促进基层社会的和谐稳定，是"网格化管理、组团式服务"的内在要求。

当前，我国正处于经济转轨与社会转型的特殊时期，新旧矛盾相互交织，社会冲突日趋明显，社会不稳定因素急剧增多。虽然造成这些不稳定因素增多的原因是多方面的，但是从某种程度上说，主要还是基层社会管理服务不到位，社会管理制度不完善，新时期公平民主的基层社会治理机制没有形成。如缺乏基层社会发展和管理的参与机制、缺乏重大事项的民主决策机制、缺乏基层社会矛盾和冲突的预警机制与协调机制等。同时，随着经济的快速发展和形势的不断变化,基层组织的管理服务模式、基层工作人员的工作方式与基层社会治理民主化的趋势不相适应。

近年来,各地在推进农村自下而上的民主化方面进行了一些有益的尝试和探索,诸如推广的"民情日记"、"民情恳谈会"等有效载体,均起到了积极的作用。舟山在借鉴其他地方有益经验的基础上,在推行"网格化管理、组团式服务"中,通过融合乡里制、里甲制、保甲制等中国传统社会管理模式,建立责任包干机制,使网格服务团队"走村入户全到位、联系方式全公开、反映渠道全畅通、服务管理全覆盖"有了保证,确保真正做到"每一寸土地都有人管,每一项任务都有人落实",为实现各级党政和群众共同治理提供了新的起点;通过建立民情民意研判和协调解决机制,集中梳理分析和研究解决群众提出的热点、难点问题,为畅通民意、集中民智、扩大民主提供了新平台;通过建立信息共享机制,为充分了解社情民意,及时化解社会矛盾,把不稳定因素消除在萌芽之中,实现信息全覆盖、服务全方位提供了新手段。通过"干部听民声、共说连心话"、"民情通议事会"、"电子民情日记"等实践,为深化民情恳谈、提高基层管理的民主化水平提供了新的工作载体,逐步把工作重心转移到教育引导、共谋发展和科学决策上来。

(六)建立管理服务机构,加强常态化保障

作为基层党建和社会管理服务的体制创新,"网格化管理、组团式服务"的有效运行离不开领导与组织保障。

为此,舟山在市一级成立了"网格化管理、组团式服务"工作领导小组,领导小组下设办公室,办公室下设 5 个小组:综治平安组,由市委政法委负责;团队管理组,由市委组织部负责;城区工作组,由市民政局负责;渔农村工作组,由市渔农办负责;技术保障组,由市府办(市信息中心)负责。县(区)、乡镇(街道)及社区也成立相应领导机构,从而建立起市、县(区)、乡镇(街道)、社区、网格 5 级体系(见图 3-1)。①

---

① 吴锦良、孙建军、汪凌云、丁友良:《网格化治理:基层社会管理的全面创新》,《决策参阅》2009 年第 37 期。

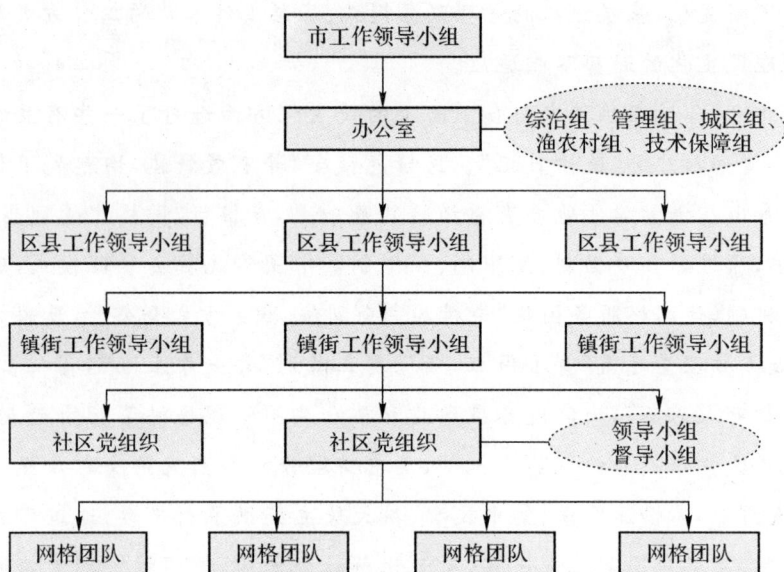

图 3-1 舟山市"网格化管理、组团式服务"领导与组织系统

三、运行机制

"机制"一词最早源于希腊文,原来是指机器的构造和动作原理。生物学和医学借用这个概念来表示当有机体内发生生理或病理变化时,各器官之间相互联系、作用和调节的方式。后来人们将机制一词引入社会科学研究,指的是社会有机体各部分之间相互联系、相互作用的方式。[①] 在任何一个系统中,机制都起着基础性的、根本的作用,系统必须通过一定的机制才能有效运行和更好地发挥作用。在理想状态下,有了良好的机制,甚至可以使一个社会系统接近于一个自适应系统,即在外部条件发生不确定变化时,能自动地迅速作出反应,调整原定的策略和措施,实现和优化目标。

舟山市"网格化管理、组团式服务"至少是由 5 大要素组成的系统,即目标、参与者、实现路径、运行机制和环境。这些要素缺一不可,整合在一起,就构成了静态的"网格化管理、组团式服务"要素整合系统。其中,目标是方向,参与者是主体,路径是实现目标的手段和方法,运行机制是对其他各要素进行

---

① 赵理文:《制度、体制、机制的区分及其对改革开放的方法论意义》,《中共中央党校学报》2009 年第 5 期。

整合的可能性的结构描述，环境是整个系统赖以生存和发展的各种因素的总体。

就实践而言，简要地说，舟山市"网格化管理、组团式服务"的目标就是联系群众、服务民生、凝聚人心、促进和谐、推动发展等，这是其工作的方向；各级党政组织、各党小组、各网格服务团队、社会公众等就是参与者，其中各级党政组织是掌舵手，"各党小组＋各网格服务团队"是枢纽，"党员＋网格服务团队成员"是主体，社会公众是管理和服务的对象；网格化定位、组团式联系、多元化服务、信息化管理、全方位覆盖和常态化保障等是其实现途径；推进"网格化管理、组团式服务"所需的人力、物力、财力、政策等因素组合在一起就形成了环境；而为了实现既定的目标，各类参与者的不同角色定位、争取和投入的各类资源以及发挥作用的不同途径和方式就构成了整个系统的运行机制（见图3-2）。正是这5大要素的有效整合，才使得"网格化管理、组团式服务"能够成为现实。

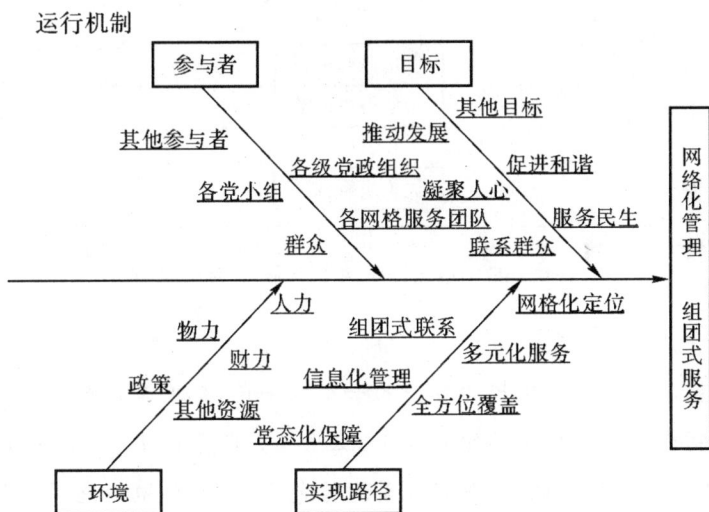

图 3-2　舟山市"网格化管理、组团式服务"系统结构图

作为一项系统工程，"网格化管理、组团式服务"的实质和灵魂是新时期基层治理的创新模式，而运行机制是其内在动力。没有运行机制，"网格化管理、组团式服务"就难以发挥系统特定的功能和作用。从舟山的实践来看，"网格

化管理、组团式服务"系统顺利运行,主要涉及责任包干机制、民意表达机制、民情研判机制、民主决策机制、分层解决机制、信息共享机制、考核激励机制和组织协调机制。这8项机制综合起来,构成了"网格化管理、组团式服务"运行机制的总体框架(见图3-3)。

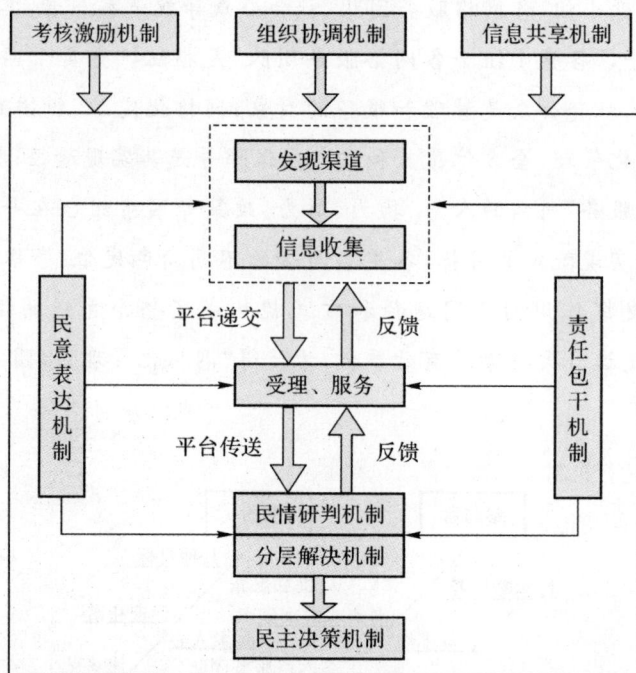

图 3-3 舟山市"网格化管理、组团式服务"运行机制示意图

（一）责任包干机制

我国基层社会管理中较为普遍的一个做法是,机关工作人员分片联系、责任包干的制度。如治安工作联系包干、卫生工作联系包干、计划生育工作联系包干、重点信访户联系包干、归正人员联系包干、重点环境隐患问题联系包干、重点困难户联系包干、消防安全联系包干等等,几乎各条线上均有不同形式的机关工作人员和骨干分子分片联系、责任包干的制度。然而,各条线的联系包干制度客观上具有分割性、临时性、局部性等特点,不同地方、同一地方的各条线上做法不一,差异很大,更没有使之上升到基层管理制度化的水平。

舟山"网格化管理、组团式服务"实行群众工作的责任承包制,要求每个管理服务团队在本网格内"包管理、包服务、包教育、包提高"，使联系包干责任制度"横向到边、纵向到底"，实现了联系包干的网状化、普遍化和制度化。同时充分利用现代信息网络技术改造联系包干制度，全面提升了联系包干制度的技术含量，提高了干部联系包干和承担责任的能力水平，从而建立健全了联系包干责任制度的长效机制。

（二）民意表达机制

畅通民意诉求渠道，倾听群众呼声，维护群众的合法权益，解决群众的困难，是现代国家政府所致力追求的目标，也是发展社会主义民主政治、构建和谐社会的内在要求。随着改革的不断深入，社会结构日益分化，群体利益更加多样化，社会公众对自身利益和权利的维护更加关注。在我国现有的政治体制下，民意表达有许多制度化的途径，如人民代表大会制度、政治协商制度、信访制度、行政领导接待制度等。但由于种种原因，体制内的民意表达渠道不是很顺畅，民意中蕴含的一些群众合理的利益要求无法及时得到满足，从而滋生出矛盾和不满，导致一些体制外表达或公民群体性事件时有发生，这就要求完善民意表达机制，建立合理、通畅的民意表达和利益传递的渠道。

近些年来，舟山市在畅通体制内民意表达渠道的同时，积极探索并建立了党员联系和服务群众制度、民情调查队等有效的民意表达机制，为了解社情民意、化解社会矛盾起到了积极的作用。而"网格化管理、组团式服务"则在这些机制的基础上，通过网格服务团队"走村入户全到位、联系方式全公开、反映渠道全畅通、服务管理全覆盖"，融诉求表达机制、矛盾调处机制、权益保障机制于一体，进一步健全和完善了民意表达机制，实现了民意表达经常化、全覆盖。这样，一方面可以使政府部门及时了解公众的需求、愿望和不满，获得反馈信息，提高政府对外在环境的敏感度，更好地改善公共产品和提供个性化服务；另一方面，也有利于提高公众对公共事业的参与热情，满足公众的真正需求，使公众加深对政府的认知、理解和忠诚感，形成政府与公众互相体谅、互相支持的良好氛围。

（三）民情研判机制

"网格化管理、组团式服务"的一个重要内容，是建立科学有效的信息采集、监督、反馈机制，提高党委、政府掌握信息的敏感度；同时运用所获得的信息,加以预测、预警,采取防范措施,把基层的情况特别是社会不稳定情况及时化解处理或上报。这就必须在畅通民意表达渠道、全面收集民意的基础上,科学、准确地辨别和把握社情民意。

舟山市在推行"网格化管理、组团式服务"过程中,建立和完善了民情研判机制。具体要求各网格组成员之间采取灵活的方式经常沟通,建立完善社区每月一次、乡镇(街道)两个月一次、县(区)每季度一次、市里每半年一次的网格化管理民情分析会;由各级机关、社区工作人员和社区民警、责任医生、党小组长、联户党员、群众代表等为参加对象,共同交流工作情况,分析社情民意,研究解决共性的或需要由本级层面集体研究解决的问题。遇有重要或紧急情况,及时研究解决。同时,市和县(区)网格办编制每月一期的群众诉求情况分析,对重大民情信息进行分析整理,提出建议和意见,形成高质量的分析材料,及时上报市、县(区)有关领导参阅,为市、县(区)党政及时了解工作动态,作出科学决策当好参谋和助手。

(四)民主决策机制

正确的决策是各项工作成功的重要前提。完善民主决策机制,推动决策的科学化、民主化,不仅有利于实现群众当家做主的强烈愿望,维护人民群众的切身利益,而且更有利于提高各级党政领导干部的执政能力和水平。

舟山市在"网格化管理、组团式服务"中积极探索实现基层民主的方式和载体,不断完善民主决策机制。通过发放联系卡、上门走访、开通短信互动平台等方式,在第一时间掌握社情民意,增强工作的预见性和前瞻性,完善决策的察觉机制和社会利益表达机制,奠定决策的民意基础,畅通决策的利益诉求渠道。通过在专门网站上开辟"服务办事"栏目、制定以公民满意为导向的考核办法、实施重大事项决策公示制等措施,使政府办事公开透明,完善决策的监督制约机制,保证决策权力的合法行使。通过探索"民心凝聚推进会"、社区议事室等一批以倾听民意、集中民智、解决民生为主要内容,以座谈交流、双向互动为主要形式,以解决问题、促进和谐为主要目的的服务平台,完善决策的民主协商机制,充分发挥群众在社会公共事务管理中的作用,切实保障人民群众的知情权、参与权、表达权和监督权。"网格化管理、组团式服务"运行中的这些举措,有力地推进了基层决策的民主化和科学化。

（五）分层解决机制

最大限度地整合管理服务资源，切实解决群众反映的各种实际问题，真正做到"听民声、集民智、解民忧、护民利、促民生"，这是"网格化管理、组团式服务"的核心所在。而积极探索行之有效的民生问题处理机制，是摆在舟山市各级党政面前的一项富有挑战性的任务。

经过理论探索和实践，舟山市逐步建立了以乡镇（街道）为中心的民生问题"分层解决机制"。具体层级包括：单元网格、网格片组（社区）、乡镇（街道）相关科室、乡镇（街道）、县（区）级和地市级。各个层级在各自范围内都建立相应的问题处理机制。以普陀区勾山街道为例，该街道建立了"五层级一平台"机制（见图 3-4）来分层分类解决各类问题，并取得了明显的成效。

所谓的"五层级"是指：对于一般性的问题，网格服务组当场对群众进行答复或解决，并做好政策宣传工作。对于群众提出的诸如建房、生育、就业等事项，由网格服务组长负责向社区（村）和街道有关职能部门联系落实后向网格内的服务对象进行答复。对于各科室、社区（村）无法协调解决的矛盾和问题，由网格服务组长会同相关科室、社区（村）负责人向街道分管领导汇报，解决后由网格服务组长及时向群众进行答复。对分管领导不能解决的或共性的问题，由网格服务组长会同分管领导向街道主要领导汇报，经街道领导班子会议研究后提出解决办法，并由网格服务组长予以答复。对群众反映强烈、需要沟通交流来解决的热点难点问题，通过各种座谈、居民代表会等活动进行协商解决。

所谓的"一平台"是指：对于各网格管理服务组提交上来的问题如果在街道层面不能解决、需要通过更高层级来解决的，则通过"服务办事"平台把问题提交到区网格办，提交给各相关职能部门在规定时间内予以答复或解决。

目前，从舟山"网格化管理、组团式服务"的实践来看，运行机制顺畅，群众反映的各类问题大多在县（区）级以下层面就可以答复或解决，有少部分超出县（区）级职权，需要市级层面来解决的问题，则由市"网格化管理、组团式服务"领导小组办公室牵头，汇总提交给相关部门，并由市委督查室予以督办解决。

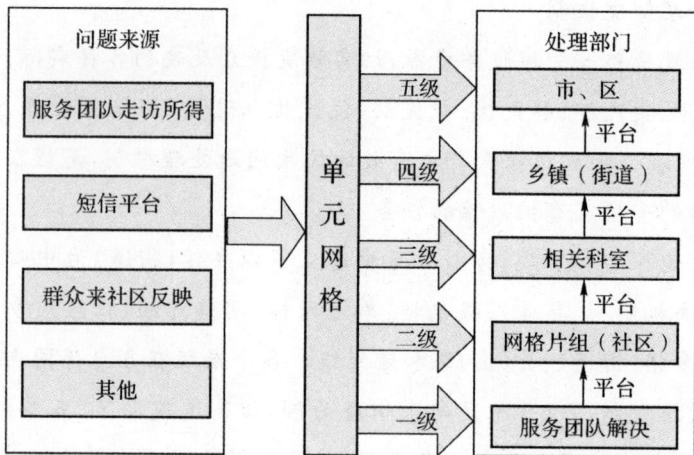

图 3-4　舟山市普陀区勾山街道民生问题"分层解决机制"示意图

（六）信息共享机制

信息是深入开展"网格化管理、组团式服务"的重要基础。加强信息共享，有利于减少信息重复采集和存放，降低行政成本；有利于实现数据"一数一源"，提高政府决策能力和水平；有利于准确把握群众需求，开展个性化和针对性的服务。依托现代信息化手段，开发专门的信息系统，实现信息资源共享，是舟山市"网格化管理、组团式服务"的一大特色。

为了实现信息共享，舟山市在"网格化管理、组团式服务"领导小组办公室下专门设立"技术保障组"，由市府办（市信息中心）牵头，负责整合全市电子政务网络资源，建设统一的网络平台，并提供日常维护的技术支持。在各乡镇（街道）、社区（村）均设立信息站，配备专职信息员，专门从事信息平台管理维护及信息输入、反馈工作。在此基础上，重点实现三类信息共享，即群众基础信息、工作信息、网格管理服务团队成员的工作体会信息。具体做法如下：

1.将网格中所有居民的家庭状况、住房、就业、计划生育、优抚救助、医疗、教育、土地承包、遵守法纪等信息资料输入信息系统，建立数据库，实现基础信息共享。并授权专人进行日常的管理、维护和更新，确保重要基础信息的绝对安全。同时，掌握群众服务需求信息，掌握重点人群信息。

2.建立经常性的联系沟通制度，实现网格内管理服务团队和党小组共享同一网格内的各类信息，以形成工作合力，更好地为群众服务。定期召开民情研判分析会,共享各种渠道收集的民情信息,共同交流、分析和探讨应对的措施和办法。根据需要,将不能解决的问题以信息的形式提交"网上办事平台"加以公开,由信息系统自动受理,按内容分类和流转程序传递给各级党政、各职能部门限时办理,使群众反映的问题在公开透明的情况下得以处理和反馈。

3.鼓励和督促服务团队成员利用工作交流平台撰写电子民情日记,记录工作情况和所思所悟,使好的工作方式方法、有益的工作经验和深度的工作思考在交流中得以共享。

(七)考核激励机制

舟山市结合工作实际,在征求多方意见的基础上,遵循突出重点、简便易行和群众参与的原则,建立起权责分明、导向明确、标准科学、体系完善的"网格化管理、组团式服务"考核评价制度。

1.考核对象。市级层面主要对乡镇(街道)和县(区)层面进行考核,而对城市社区、渔农村社区(村)、网格管理服务团队及其成员,则由乡镇(街道)和县(区)层面负责考核。

2.考核内容。主要包括组织机构情况、联系走访情况、民情记载情况、服务办事情况、民情研判情况、配合重点项目开展情况和群众公认情况,并将"工作创新情况"作为附加分项,采取年度申报制,由市网格办根据创新情况及实际效果来确定加分额度。

3.考核方式。考核采用百分制,以平台检查、暗访调查、满意度测评和项目督查相结合方式进行,其中平台检查和暗访调查占70%、群众满意度测评占20%、项目督查占10%。同时对两种情形实行一票否决制:一是乡镇(街道)职权范围内可以解决但没有及时解决,引发群体性上访或群体性事件的;非乡镇(街道)职权范围内可以解决的,但未及时了解、及时掌握、及时汇报,引发群体性上访或群体性事件的。二是因处置不力、矛盾化解不及时,导致事态恶化并引发恶性事件,造成重大影响的。

4.考核结果运用。市网格办最终根据考核得分,并按得分高低,对全市43个乡镇(街道)进行排名;各县(区)所辖乡镇(街道)考核平均得分即作为该县(区)考核得分,并按高低进行排名。对于各县(区)、乡镇(街道)得分的排名情况,市委以一定方式进行通报,根据得分排名确定若干名优秀予以表彰。并要求各县(区)把"网格化管理、组团式服务"工作纳入领导班子和领导干部考核目标,将考核结果作为领导干部提拔任用的重要依据。

考核激励机制的完善和实施,进一步强化了各级党组织的主体意识和责任意识,充分调动了各网格团队的积极性、主动性和创造性,构建了更加科学、更加规范、更具生机、更富实效的长效工作机制。

(八)组织协调机制

作为一项系统工程,"网格化管理、组团式服务"涉及的点多、面广,缺乏强有力的组织协调机制,将难以保障系统有效地运行。舟山市从 3 个层面建立起组织协调机制,确保"网格化管理、组团式服务"有效运转。

1.在市一级专门成立了"网格化管理、组团式服务"工作领导小组,各县(区)、乡镇(街道)及社区也成立相应的领导机构,从而建立起市、县(区)、乡镇(街道)、社区、网格 5 级组织保障体系。

2.明确要求各县区、各部门、各乡镇(街道)把本地、本部门开展的管理服务活动与"网格化管理、组团式服务"工作有机结合起来,以"网格化管理、组团式服务"为统领,将条条块块各项管理服务工作有机地整合到网格化治理体系之中,以强化条块协同,整合公共管理服务资源,使有限的公共资源发挥最大效能。

3.在全市建立"网格化管理、组团式服务"统一的问题协调解决机制,形成综合服务管理体系,真正做到组团式服务,切实解决群众反映上来的各种问题。

上述 8 大机制构成"机制丛",对"网格化管理、组团式服务"系统运行共同起作用。在运行机制内部,各组成部分和环节之间相互联系、相互制约、相互促进、相互作用。任何一个机制的变化,都会引起或受制于其他机制的变化,从而使"网格化管理、组团式服务"系统整体在一定时间和条件下保持着相对的稳定性。当某一机制的变化不符合系统整体的要求及其功能的发挥时,系统就会借助自身机制自动进行调节,以确保系统的正常运行。

四、主要特点

基于管理理念和技术的突破,舟山首创的"网格化管理、组团式服务"在管理服务理念、管理服务方式、管理服务手段、管理服务内容和组织结构等方面进行了全面创新,呈现出了5个方面的特点。

(一)管理服务机制:由条条变为块块

在计划经济年代,我国城乡居民都被纳入一定的"单位"之中,"单位"包揽基层社会管理与服务的全部事务。随着单位体制的消解和社区居民从"单位人"向"社会人"的转变,基层社会管理与服务的主体缺位问题日益显现,社区居民遇到的形形色色自身无法解决的问题,既不能像以前那样找"单位"予以解决,也不清楚基层组织中究竟该由谁来负责。基层社会管理与服务的"空白地带"由此产生。

"网格化管理、组团式服务"以社会的"细胞"——家庭为基本单位,在现有的社区(村)区划不变的前提下,着眼于消除基层社会管理与服务的"空白地带",以"尊重传统、便于管理、促进发展"为原则,根据社区(村)所辖范围、分布特点、人口数量、居住集散程度、群众生产生活习惯等情况,在城乡社区全面建立基层治理"网格",以"网格"作为基层治理的基本单元,组建相应的党小组和网格服务团队,努力实现政府管理服务由以往的条条、单向朝块块、点面结合转变,实现基层管理服务"横向到边、纵向到底"全覆盖,有效避免出现"真空"和"盲区"。

(二)管理服务资源:由零散变为整合

我国地方政府条块关系之间存在着一个共性的问题是:上级不同管理部门(条条)之间缺乏沟通协作,导致各自为政或政出多门,社会管理资源处于零散状态,不能得到有效整合和充分利用。舟山市在基层实行"网格化定位"的基础上,以"网格化管理、组团式服务"为统领,将各县区、各部门、各乡镇(街道)所开展的管理服务活动与"网格化管理、组团式服务"工作有机结合起来,强化条块协同,通过一网式服务实现了条条与块块之间的有效对接。

同时,舟山市注重乡镇(街道)层面管理服务资源的集中整合。充分考虑岗位职责、专业特长、年龄结构、性格特点等因素,以乡镇(街道)党政领导班子成员、机关和社区工作人员、辖区内行政事业单位工作人员为主,合理组建管理服务团队,将乡镇(街道)辖区内各种管理服务资源进行优化配置、科学组合,最大限度地发挥资源的集中优势,提高管理服务的整体水平。

（三）管理服务方式：由被动变为主动

舟山"网格化管理、组团式服务"的一个重要特点是：以"为民、惠民、便民"为宗旨，以"网罗民声、了解民情、化解民忧"为手段，以"得人心、暖人心、稳人心"为目标，全面、主动、及时地回应群众要求，最大限度地解决基层群众的各种实际问题。

在责任包干的要求下，各网格服务团队一方面加强对"责任区域"内群众的法律法规、党和政府方针政策的宣传教育，另一方面"寓管理于服务之中"，重点围绕民生问题动脑筋、想办法、谋对策，主动、及时地提供全方位、多元化的服务，从而进一步掌握各项工作的主动权，提高管理服务的主动性和预见性。

同时，在城市社区依托"1890"或"8189090"公共服务热线平台，向居民提供信息咨询、公益性服务和家政服务等居民日常生活经常需要的服务，积极探索实现政府、市场、社会等各种资源的充分集聚和释放的有效途径，不断拓宽渠道、充实力量，努力构建起党政主导、各类企业参与、社会力量协同配合的多元化公共管理服务新格局，从而有效利用各类管理服务资源，更好地满足群众个性化、多样化的服务需求。

（四）管理服务反应：由缓慢变成快捷

舟山"网格化管理、组团式服务"从依靠群众、联系群众、服务群众着手，畅通了群众诉求渠道，抓住了维稳工作"强基层、打基础"这个重点，从源头上夯实了维稳工作的群众基础。在具体开展的过程中，明确要求各网格服务团队通过多种方式及时收集和处理自己"责任区域"中的问题，主动帮助协调解决群众反映的问题和困难。同时负责时刻关注可能影响社会稳定的各种苗头和倾向，采取相应措施积极应对，并及时向党政机关汇报，努力使不稳定因素解决在萌芽状态、化解在初始阶段。

这种前置预防性管理，打破了传统"亡羊补牢"式的反馈控制性管理，它依靠网格服务团队"网罗"的最新可靠的信息，在出问题的临界点到来之前就发现苗头，动态性地采取预制纠偏措施，将问题解决在萌芽状态，从而有效地避免了矛盾纠纷的上交甚至激化，建立起快速回应群众意见的工作机制，形成了新形势下基层社会管理服务的新体系。这样，不仅有利于降低成本，减少破坏性，而且有利于基层提高应对处置突发事件的效率，有力地促进了社会和谐稳定。

（五）管理服务信息：由孤立变为共享

"依靠群众"、"加强源头控制"、"化解矛盾在基层"、"事前工作机制"等做法，是"枫桥经验"的精髓所在。舟山"网格化管理、组团式服务"的一大特色是在传统的"枫桥经验"基础上，注入了信息网络技术这一新的元素，实现了对"枫桥经验"的发展与创新。

舟山市运用先进的网格化技术和计算机网络技术，建立了综合性、集成式的信息化网络管理服务平台。这不仅借助网络技术实现了各部门相关工作的衔接和协同，有利于改变条条各自为政、相互不沟通协调的局面，而且实现了管理服务信息资源共享，有利于基层工作决策建立在广泛的民意民智基础上，促进了决策的民主化、科学化。同时促进信息互通、经验共享，有利于提高基层的整体管理服务水平。

五、理论意义

两年多来，舟山市在尊重基层首创的基础上，成功实施"网格化管理、组团式服务"，开创了"网格化管理、组团式服务"的舟山模式，在再造基层治理模式、构建基层联系和服务群众新体系、探索基层党的执政方式以及开创基层党建工作新格局等四个方面进行了实践探索和理论创新。

（一）实现了基层治理模式再造

新中国成立60多年来，随着基层政权设置的变动，我国农村基层治理模式的演进大致经历了乡政权制、人民公社制和"乡政村治"三个发展时期。作为当前我国基层的治理模式，"乡政村治"模式是国家在乡村社会废除人民公社、实行家庭联产承包责任制的特殊历史条件下实施的一种制度安排。在20世纪80年代登上历史舞台之初，这种模式具有其历史必然性和现实合理性，并在推动农村经济社会发展方面发挥了举世瞩目的效用。但是在新形势下，随着农村社会的急剧变革和村民自治的迅速发展，"乡政村治"治理模式内在的结构性矛盾不仅大大压缩了村治的发展空间，而且制约着乡村的治理，面临着行政化、权力二元化、城市化、民主化、管理科学化等诸多挑战。

20世纪90年代后期以来，面对"乡政村治"的无奈困境，理论界认为仅仅依靠一些局部性的改革已无法应对挑战,必须在体制改革上有新的突破①。并依据自治理论与国外自治实践,提出了"县政·乡派·村治"、"精乡扩镇,乡派镇治"、乡镇自治、"乡治·村政·社有"、大农村社区等不同的改革模式②。尽管这些治理模式的提出具有较强的科学性和说服力,但主要围绕基层政权建设的层面加以设计,未能抓住职能转变这一核心。从实践来看,在国家政治体制、政权体制总体框架不变的前提下,操作成本和风险高,不具有可取性。

舟山市推行的"网格化管理、组团式服务",则从职能转变这一核心着手,在公民本位、社会本位理念指导下,以社会公众的需求为出发点,以流程为中心,以"服务链"为纽带,以扁平化组织结构为支撑,以多元参与为服务形式,实现了基层治理模式从"管制型"向"服务型"的转变,在治理理念、治理主体、治理组织结构、运行流程、职能拓展等方面进行了再造(见图3-5)。这为转型期创新我国基层治理模式进行了有益的实践探索,更为理论研究提供了鲜活的案例。

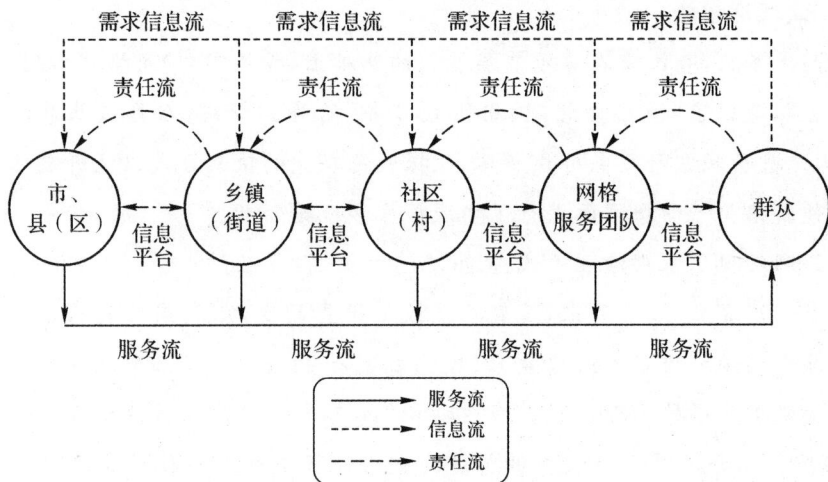

图3-5 "网格化管理、组团式服务"基层治理模式示意图

① 徐勇、吴理财:《走出"生之者寡,食之者众"的困境——县乡村治理体制反思与改革》,西安:西北大学出版社,2004年,第76页。

② 张慧卿:《社会主义新农村视野下乡村治理模式的重构》,《中共福建省委党校学报》2009年第5期。

1.治理理念重树:从权力导向到民本导向

现代治理是公民参与公共生活和公共事务管理的天然实验场。与传统的治理模式中公众消极、被动参与相比,现代治理强调的是公民广泛的、直接的、能动的、更加独立的参与。治理绩效的高低在很大程度上也取决于社会组织和公民参与的能力。这就要求新时期政府在实施公共事务管理的过程中,将以人为本作为政府对社会治理的出发点和落脚点,按照以人为本的理念,围绕实现公民的权利和利益,满足群众的合理需求,促进人的全面发展。

"网格化管理、组团式服务"活动之所以成功,就在于它充分体现和贯彻了民本导向与"寓管理于服务之中"的治理理念,坚持"以民为本",以民意为依据,通过各种有效的方式与手段,积极回应和满足社会公众的利益诉求,真正做到急群众所急,想群众所想,解群众所难,切实承担起相应的行政责任,努力实现群众的切身利益,对人民负责,让人民满意,从而树立起党和政府全心全意为人民服务的良好形象,赢得了群众的真诚拥护和支持。这与以"权力本位"为核心价值取向的乡政权制、人民公社制和"乡政村治"等治理模式相比,在治理理念上有着导向区别。

2.治理流程重建:从"自上而下"到"自下而上"

传统的治理模式强调对上级部门和官员的责任性,体现为向上的责任。这就决定了在治理流程设计上,以上级政府和部门的"头脑"意志为起点,之后经过"自上而下"的传导机制将信息传达到基层,再通过向下"压力型"的基层治理模式,动员辖区内民众合力配合完成任务。在这种模式下,为了便于自身控制和管理,整个社会运行都由政府在主导推动,政府提供什么样的服务以及怎样提供服务,根据政府的主观意志决定,较少考虑社会公众的真实需求。政府与公众之间是一种命令、服从式的单向关系,公众只能被动地接受政府的"恩赐"。

而现代治理则强调政府对公众的责任,强调对公民需求的回应性。回应性是政府在公共管理中,对公众的需求和所提出的问题作出积极敏感的反应和回复的过程。这就要求政府必须把服务对象的需求放在首位,采取"自下而上式"的治理流程,实现政府与社会公众双向互动。

舟山"网格化管理、组团式服务"就采取了"自下而上式"的治理流程设计。

在这种流程中,政府为了积极回应日益增长的公众需求,舟山市充分发挥"网格"这一神经末梢的"敏感效应",全面、及时地收集群众的需求信息,并依托信息管理平台,经过"自下而上"的传导机制,将需求信息从群众传导至处理问题的责任单位和部门[包括社区(村)、乡镇(街道)、县(区)、市及相应层级的有关部门],再经过分层分类解决的办法,实实在在地回应并解决老百姓的实际困难和问题,真正做到"察民情、解民忧、顺民心、保民安",从而推动科学发展、促进社会和谐稳定。

3.治理结构重组:从"金字塔—鸽笼式"到"扁平化—开放型"

官僚制行政体制下的组织建构,专注于各种规章制度及其层叠的指挥系统。在行政组织内部纵向关系上,依赖于等级制层层授权,上下级之间形成"命令—执行"、"监督—负责"的"金字塔结构";而在横向关系上,强调专业化分工,坚持"职能导向",形成了部门间相互隔离的"鸽笼式结构"。以层级制、专业化为主要特征的刚性组织结构使传统的基层治理模式信息沟通不畅,造成了行政成本加大,信息传递失真,行政效率低下,难以有效地回应外部环境变化。①

依托所开发的信息系统,舟山"网格化管理、组团式服务"在实施过程中,建立起以流程为主导的"扁平化—开放型"组织结构体制,以替代传统的"金字塔—鸽笼式"的层级制组织结构,从而在面向群众反映的需求和困难时,使市、县(区)、乡镇(街道)同一层级政府的职能部门由分立模式转变为以问题处理为导向的综合模式;使市、县(区)、乡镇(街道)不同层级政府的垂直职能组织转变为以流程为导向的水平组织模式,从而突破了组织内的壁垒,超越了传统组织的框架限制。这种"扁平化—开放型"的治理结构使得基层政府在回应公众需求、处理现实问题的过程中,尤其是解决公共危机问题时更加具有弹性化,同时也体现出更强的动态适应性。

4.治理职能重塑:从职能分工到链式流程

"网格化管理、组团式服务"的最终落脚点就在于实实在在地回应并解决老百姓的实际困难和问题,满足群众的合理需求,以推动科学发展、促进社会

---

① 胡德平:《政府流程再造的理论探讨及其实践路径》,《四川行政学院学报》2006年第4期。

和谐稳定。为了实现这一目标，舟山市坚持全方位、一体化的宏观取向，改变过去以职能分工为主导、按专业部门划分的模式，突破部门职能分工的界限，通过专门成立"网格化管理、组团式服务"领导小组办公室，建立起跨部门的综合职能组织，整合不同部门的职能，重构一种"直接面对公众"的全程链式服务流程，从而为社会公众提供以"服务链"为纽带的"订单式"服务。

其基本服务流程可以分为以下三个步骤：

一是接收公众"订单"。即将群众的每一次服务请求或反映的问题当成是向政府下的一次"订单"，主要由群众自主提出或者由"网格管理服务团队"通过各种途径获得信息。

二是分配"订单"任务。即由各级"网格化管理、组团式服务"领导小组办公室将需要相关部门完成的公众"订单"进行任务分解，依托信息平台转发到政府相关服务部门或综合职能组织加以处理。

三是完成"订单"任务。即根据"订单"要求，由相应层级的相关部门提供公共服务，并强调结果导向，主动接受社会公众的服务质量评定。

具体在实践过程中，舟山市采取分层解决问题的办法，形成以"订单"为中心、各级政府各个部门和岗位之间相互配合和协作的政府内部服务链，在提供服务的全过程体现出有序、畅通、整合的特点。

5. 治理主体重构：从单一主导到多元互动

我国传统的基层治理是一种"单中心"治理模式，其突出特征是公共权力资源配置主体的单一化和公共权力运行的单向性，主要采取行政命令的管理方式，而不是对话、协商、协调的共同治理方式。

"网格化管理、组团式服务"则适度收缩政府公共权力，尊重基层的自主性力量，充分发挥其在公共服务供给、社会秩序维系、矛盾冲突化解等方面的基础性作用，努力构建党委领导、政府引领、市场推动、民间组织合作、社会公众积极参与等多元主体的共治机制。在这种新型的治理模式下，基层治理不再是自上而下的单一政府行政性行为，而是一个上下、左右多元互动的共同治理过程。通过多元治理主体之间的合作、协商和伙伴关系来有效管理基层公共事务、解决公共问题、提供公共服务，从而推进基层社会和谐、有序、文明、协调地发展。

（二）构建了基层联系和服务群众新体系

党的十七大报告指出，要"拓宽党员服务群众渠道，构建党员联系和服务群众工作体系"。2005年，舟山市探索建立了"党员联系和服务群众工作制度"。作为一项基层党建工作的新机制，"党员联系和服务群众制度"的实施，建立了以"党员联户、党群联心、组织联动"为主要特征的基层联系和服务群众工作体系，在党和群众之间建起一条服务快车道，取得了显著的实效。而在此基础上，舟山市结合当前工作实际推行的"网格化管理、组团式服务"，则对其进一步加以改进和完善，从而构建起基层党员联系和服务群众工作的新体系。两者之间主要存在五个方面的差异（见表3-1）。

表3-1　两大"联系和服务群众工作体系"比较表

	党员联系和服务群众制度	"网格化管理、组团式服务"
联系方式	党员联户、小组团联系、"双结对"以及"行业＋支部"联系方式	"网格服务团队＋党小组"联户
服务方式	单兵作战、单体作战	组团作战、上下协同作战
服务内容	分层分类地开展以"党群连心、共促和谐"为主题，以"帮民富民"、"便民利民"、"助民惠民"、"亲民爱民"为主要内容的实践活动	面对面、点对点地联系和服务群众，开展组团式服务、主题化服务、个性化服务和全天候服务
服务平台	县（区）"党员联系和服务群众工作办公室"、乡镇（街道）"党员联系和服务群众工作中心"、渔农村新社区"党员联系和服务群众工作站"、"渔农村党员联系和服务群众工作岗"	"网格化管理、组团式服务"信息管理系统；各类议事平台；"1890"、"81890"公共服务平台
运行机制	一对多的联系和服务机制；缺乏问题分层解决机制和信息共享机制等	多对一、多对多的联系和服务机制；实施问题分层解决机制、信息共享机制等八大运行机制

1.联系方式不同

自实施"党员联系和服务群众制度"以来，舟山市结合实际，积极探索党员联户、小组团联系、"双结对"[机关企事业单位党组织与渔农村新社区党组织结对，机关企事业党员与渔农村有困难的党员、群众结对；乡镇（街道）机关党组织与渔农村新社区党组织结对，机关党员与渔农村有困难的党员、群众结对]以及"行业＋支部"的联系方式,不断丰富联系和服务的内涵,建立起多元化联系和服务体系。而"网格化管理、组团式服务"则针对当前群众多样化、多层次的需求与党员个体服务能力、服务资源有限这一突出矛盾,以尊重传统、着眼发展、便于服务和管理为原则,以自然村或相对集中居住区域为基础,以家庭为基本单位,将100到150户家庭划定为一个网格,对应每一网格内的群众,设置服务团队,并以网格为单位,在社区(村)党组织下面全面建立党小组,实行"网格服务团队＋党小组"联户方式,实现联系和服务群众的全覆盖。

2.服务方式不同

联系方式的不同,直接决定了服务方式的不同。从"党员联系和服务群众制度"来看,尽管存在着行业、城乡党组织与渔农村社区党组织之间的结对,也进行过把妇女代表、共青团员、老党员的力量整合起来开展"小组团服务"的尝试,但是,在党员联系和服务群众实践过程中,总体上处于利用党内资源联系和服务群众单兵作战、单体作战的局面。相比较而言,"网格化管理、组团式联系"则坚持统筹的方法,把城乡、党政、条块、社会等资源有效整合起来,对应每一网格,组建管理服务团队,实现基层组织和党员在联系和服务群众过程中呈现出组团作战、上下协同作战的良好局面。

3.服务内容不同

实施"党员联系和服务群众制度"过程中,舟山市将党员和党组织加以分层分类,以"党群连心、共促和谐"为主题,以帮扶困难群众为重点,在渔农村党员、城市社区党员、机关企事业党员、党员领导干部中分别开展以"帮民富民"、"便民利民"、"助民惠民"、"亲民爱民"为主要内容的党员联系和服务群众活动,不断拓宽联系和服务内容,增强联系和服务效果,努力解决群众生产生活中的实际问题,取得了实实在在的成效。而"网格化管理、组团式服务"则要求网格管理服务团队牢牢把握直接面对面、点对点联系服务群众这一关键环节,重点围绕如何帮助群众增收致富、如何引导群众创业创新、如何维护群众合法权益、如何解决群众就业、就医、就学等实际问题,开展组团式服务、主题化服务、个性化服务、全天候服务,从而赢得了广大群众的拥护和支持。

4.服务平台不同

舟山市构建起县(区)"党员联系和服务群众工作办公室"、乡镇(街道)"党员联系和服务群众工作中心"、渔农村新社区"党员联系和服务群众工作站"、"渔农村党员联系和服务群众工作岗"四级党员联系和服务群众网络体系,为畅通民意开辟了绿色通道,为解决问题分层级搭建了服务平台。"网格化管理、组团式服务"则依托先进的信息技术,在全市层面上开发了"网格化管理、组团式服务"信息管理系统,搭建起"一站式"网上为民办事服务平台;依托党组织领导下的充满活力的基层群众自治机制,积极探索和谐促进工作室、"相约星期五、大家有话说"、"民情说事室"、民情恳谈会等群众自我管理、自我服务、自我教育的有效平台,集中群众意见建议,民主决策解决实际问题,切实保障居民的知情权、参与权、表达权和监督权;依托"1890"、"81890"服务平台,整合政府部门的各种信息咨询、吸纳门类齐全的各类加盟组织,以无偿服务、低偿服务和有偿服务相结合的方式,为居民提供多元化、个性化的服务。

5.运行机制不同

从运行主体来看,"党员联系和服务群众制度"是一种"一对多"的联系和服务机制,而"网格化管理、组团式服务"则属于"多对一、多对多"的联系和服务机制。从运行过程来看,与"网格化管理、组团式服务"实施八大运行机制相比,"党员联系和服务群众制度"缺乏面上的问题分层解决机制和信息共享机制。

(三)创新了基层党的执政方式

党的十七届四中全会《决定》指出,要"改革和完善党的领导方式和执政方式,提高党的领导水平和执政水平"。"网格化管理、组团式服务"以巩固基层党的执政基础为着眼点,以提高党的执政能力为核心,以科学执政、民主执政、依法执政为方式,以推动科学发展、促进社会和谐为目的,对党在基层的执政方式进行了有益的探索。2010年7月下旬,浙江省委组织部和省委学习实践活动办公室联合组织专题调研组,就舟山"网格化管理、组团式服务"工作进行了深入调研。调研后认为,"网格化管理、组团式服务"既是基层社会管理的创新,也是基层党建工作的创新,综合起来是党在基层执政方式的创新。主要呈现出五个方面的创新亮点。

1. 基层执政的工作方式从粗放向精细转变

经济体制的深刻变革、社会结构的深刻变动、利益格局的深刻调整、思想观念的深刻变化,使舟山市许多基层群众由"单位人"变成了"社会人",群众生产生活的自主性增强,对组织的依赖程度减弱。同时,基层群众的需求又随着经济社会的发展,日益呈现多样化、个性化的特征。这就要求基层工作从粗放向精细转变。

"网格化管理、组团式服务"工作,借鉴国外先进的网格管理理念,细分责任网格,以家庭为单位提供个性化、全方位的服务,做到走村入户全到位、联系方式全公开、反映渠道全畅通、服务管理全覆盖,同时建立专门的信息管理系统,使管理服务的触角延伸到社会的最末端,极大地提升了管理的有效性和服务的针对性。

2. 基层执政的工作重点从管理为主向服务为主转变

在计划经济年代,社会生产由国家和集体单位统一组织开展,在基层工作中形成了以管理为主的工作体系。随着社会主义市场经济体制的确立,基层群众成为生产生活主体,基层党的组织和政权组织的职能面临着重大转变,既要履行管理职能,更要强化服务功能。推动基层工作重点从管理为主向服务为主转变,不仅是工作重点的调整,更是解决执政为民这一重大方向性问题的关键。

实行"网格化管理、组团式服务",要求党员干部下移工作重心,把管理作为基础,把服务作为关键,寓管理于服务之中,以到位的服务推动管理的加强,既是理念的变换,也是流程的再造。它使基层工作逐步形成了民有所想、我有所谋,民有所呼、我有所应,民有所求、我有所为的工作格局,党的全心全意为人民服务的宗旨在基层工作中得到了更充分的体现。

3. 基层执政的工作资源从条条为主向条块结合转变

长期以来,基层执政的工作资源处于条块分割的状况。作为最基层的村和社区,都是自治组织,自身拥有的工作资源有限,乡镇(街道)的工作资源也相对贫乏。执政的很多资源,具体掌握在县(区)以上的工作部门中,条上的资源没有很好地在块上集聚,特别是没有在最基层实现有机整合。

实行"网格化管理、组团式服务",通过管理服务团队将各方面资源整合到基层,使基层的问题从依靠基层力量、基层资源解决,变成了依靠各级力量、各级资源统筹解决,从而最大限度地发挥了党的组织优势,提高了服务基层群众的能力。

4.基层执政的工作决策从经验为主向民主科学转变

随着经济社会的不断发展,基层决策中涉及群众利益的问题越来越多问题的出现,而且由于从业的多样化带来利益的多元化,如何在决策中充分尊重和考虑各方利益,是一个非常现实的问题。以往的决策虽然也强调要听取民意,但往往存在民意表达不充分、不全面,掌握信息不广泛、不完整的问题,导致一些决策存在缺陷,执行受阻。

实行"网格化管理、组团式服务",经常面对面听取意见,并引进信息管理技术,使工作决策建立在广泛的民意民智基础上,促进了决策的民主化、科学化。同时,网格团队和党小组又是贯彻落实决策的基础和骨干力量,通过他们深入细致的工作,更有效地推进了决策的贯彻落实。

5.基层执政的工作格局从相对封闭向更为开放转变

党在基层的执政是一项全方位的工作,历来是为党的中心工作服务的。然而由于多种原因,原来党在基层执政的工作格局存在封闭运作多、开放运作少的情况。

实行"网格化管理、组团式服务",进一步提升了党在基层执政格局的开放性。从部门工作的角度看,不同的部门原来都比较重视自身的业务工作,舟山的实践,把各部门的工作都整合到政治、经济、文化、社会"四位一体"的大格局中去定位和实践,在为中心任务服务中实现了自身工作的全面发展。从基层党建的角度看,则突破了党建工作的党内循环,党建工作的参与主体从基层党员扩大到各类组织和骨干,党建工作的实施对象从组织内部转向基层群众,党建工作的重心从内部建设向党组织和党员联系服务群众转变,党建工作的成效从加强组织建设拓展到提高行政效率、加强社会治理、维护社会稳定、夯实基层基础。从基层工作的手段看,通过建立信息化工作平台,把问题的受理、责任单位、处理过程和结果都公开,提高了基层工作的透明度。从基层工作的组织架构看,打破了原来的层级界限,构筑了扁平化的组织体系,提高了基层工作的效率。

（四）开创了基层党建工作新格局

"网格化管理、组团式服务"的深入实施，初步形成了"党政主导、城乡统筹、上下联动、条块结合、社会协同、公众参与"的基层党建工作新格局。

1. 实现了"党建服务治理、治理促进党建"的良性互动

服务基层治理，是新时期创新基层党建工作的重要努力方向。当前有些地方已经在这方面进行了有益探索，如浙江省宁波市各县（区）在区域化党建、楼宇党建、基层党组织领导的和谐共建理事会建设等，都在往整合基层组织功能、推进基层党组织参与基层治理的方向创新基层党建新格局。舟山的"网格化管理、组团式服务"也在党政协调、统筹基层党建和基层社会管理工作方面走出了一条切实可行的新路子，开创了基层"党建服务治理、治理促进党建"的新格局，这对于其他地方基层党建工作的创新发展，具有重要的借鉴意义。

一是构建了新的党政协调领导体制。当代中国，基层党建工作主要由党委组织部门负责，基层社会管理由政府所属的各行政管理部门负责，两项工作分别隶属于党委和政府两条线领导，这样的领导体制不利于两方面工作的衔接、协调和整合。舟山市为构建起基层党建与基层治理互相整合、互相促进的新格局，专门成立了"网格化管理、组团式服务"领导小组，由市委书记、市长任领导小组组长，县（区）、乡镇（街道）也以相同方式成立领导小组，从而构建起党政协调的领导体制，为整合党政资源、协同党政两条线工作、实现基层党建和基层治理良性互动提供了组织保障。

二是创新基层组织设置模式。为了构建基层党建与基层治理互相融合、互相促进的新格局，舟山市在合理划分管理服务网格的基础上，专门下发文件，要求以网格为单位，在社区（村）党组织下面全面建立党小组，明确党小组长；党小组长一般由骨干党员担任，没有合适人选的，可以由社区（村）两委会成员兼任，党员人数较多的还可以设党小组副组长；已经建立的党小组要根据网格划分情况作适当调整。并采用"党小组＋管理服务团队"的组团模式，使党小组全体成员和管理服务团队作为一个整体，与每个网格的所有群众（户）一一联系对应，创新了基层组织设置模式。"网格团队＋网格党小组"的模式，不仅确保了新形势下基层党组织建设"横向到边、纵向到底"全覆盖，而且作为最基层的党组织，网格党小组在网格中的地位、功能定位和工

作任务十分明确,从而有效破解了当前基层党组织定位不明、职责不清及被边缘化的困境。

三是整合基层管理服务职能。"网格化管理,组团式服务"充分利用信息技术,搭建信息管理平台,既整合了职能部门管理和服务资源,还有效整合计算机资源,达到了一网多用和资源共享的效果。同时以群众为落脚点,统筹公共服务资源,较好地解决了过去党委、政府部门在管理资源上存在的"纵向充分利用、横向协同不足"的问题,从"多头管理"到"综合管理",从管理为主到寓管理于服务之中,找准了工作结合点,促进了整个社会层面的和谐。

2. 实现了党领导下的基层社会共同治理

在市场化、民主化、全球化的进程中,20世纪后期席卷全球的"再造政府"和"社团革命"浪潮,使公共治理模式的建构成为人类社会发展的一种趋势。多元主体协同共治,是公共治理理论所倡导的核心思想。这也意味着公民组织发展和公民积极参与社会公共事务管理,政府与公民之间建立相互信任、相互依赖与相互合作关系,是公共治理得以运转的社会与道德基础。所以治理的成功实施,非常需要有活跃的公民社会和公民精神。公民精神是公民对"公共"所持有的一种信念与承诺,"意味着公民对'公共'的热心、关爱与尊重,意味着公民对'公共'的责任与义务,意味着公民崇高的公共品德与素养。"①

为推进基层民主,发展社会主义民主政治,实现多元主体协同共治,党的十七报告指出,"要健全基层党组织领导的充满活力的基层群众自治机制,扩大基层群众自治范围,完善民主管理制度","发挥社会组织在扩大群众参与、反映群众诉求方面的积极作用,增强社会自治功能"。

"网格化管理、组团式服务"的实践过程,就是在基层党组织的领导下,培育公民精神与推进多元主体协同共治的过程。作为基层社会治理的一种创新模式,舟山市"网格化管理、组团式服务"在其实践中,积极吸收社会团体、民间组织、业主委员会等自治组织的骨干成员特别是义工志愿者、团员青年、妇女骨干、楼道小组长以及有一技之长的人士加入网格服务团队。这样,一方面,

---

① 党秀云:《公民精神与公共行政》,《中国行政管理》2005年第8期。

他们作为网格内的居民直接接受服务;另一方面,又作为组团服务的成员为公众解决问题,从而使公众能够在这种特定的场域中依据社会和自身双向价值准则,对政府及公共政策提出合理的诉求与期望,同时理性地看待政府对公众诉求和愿望的认同与实化。这对于培育公民精神,培养公民的公共责任和公共意识,推进政府管理服务与社区(村)群众自治的有效衔接和良性互动,实现协同共治,起到巨大的促进作用,也为维护社会稳定、构建社会主义和谐社会提供了重要支撑。

3.构建了城乡统筹的基层党建新格局

党的十七届三中全会《决定》明确提出,我国总体已进入以工促农、以城带乡的发展阶段,并指出要"健全城乡党的基层组织互帮互助机制,构建城乡统筹的基层党建新格局"。党的十七届四中全会《决定》则提出了更为明确的要求,要"统筹城乡基层党建工作,促进以城带乡、资源共享、优势互补、协调发展",要"加强城乡基层党建资源整合,普遍推行机关、企业、社区党组织同农村党组织结对帮扶等做法,推动城乡基层党组织互相促进"。

统筹城乡发展的新阶段,要求我们必须以统筹城乡的理念改进党在基层的执政方式,打破城乡区域界限,打破条块分割局面,积极创设集社会管理服务与基层党建工作于一体的工作载体,充分发挥党的组织优势,整合基层各类组织资源,充实党的工作力量,形成联系和服务群众的合力,为基层群众提供更加优质、高效的服务。

这些年来,舟山市相继实施"暖人心、促发展"工程、建设"渔农村新型社区"、开展统筹城乡七大行动等,在城乡统筹发展方面进行了积极的探索和创新,为构建城乡统筹的基层党建新格局提供了坚实的群众基础、组织基础和经济基础。而"网格化管理、组团式服务"的一个突出成效,就是借助这个新型的组织与管理系统,成功地将各县(区)、各部门、各乡镇(街道)的各种条块资源有机整合起来,使优化团队组合、整合资源,构建城乡统筹的基层党建新格局成为现实。

"参与型"公众环境利益诉求机制：以 H 化工事件为例

一、"H 化工厂事件"溯因：公众参与的缺失

H 化工厂是 Z 市引进重大临港型化工项目，主要生产芳烃等化工产品，生产原料是以重油和石脑油危险化学品为主。该项目于 2005 年 7 月经省发改委、省重点建设领导小组列为"省重点建设项目"。但 2008 年 2 月化工厂进入试生产调试阶段以来，排放废气导致间歇性异味泄漏，中间还发生瓦斯和硫化氢废气泄漏事件。当时附近居民闻到刺鼻气味后，多人出现不良反应，对于化工厂烟气污染问题，部分居民曾多次向政府和有关部门反映情况，问题却始终得不到有效解决，最终引发部分居民的强烈不满，一度以堵路阻拦等过激行为表达他们的诉求。参与阻拦事件的群众要求 H 化工厂立即消除异味，或者对周边村民实施整体搬迁；对因社会舆论误导致使当地菜农农产品滞销造成的损失，以及对身体健康造成的影响，从经济上予以补偿。6 月 20 日，省环境保护局就 H 化工超审批计划建设，擅改由环评批复的低硫油为高硫重油使用原料，并在三个月试生产期间内发生瓦斯气体和硫化氢废气泄漏事件，以及"对环境造成重大影响，引起污染纠纷"的事实，作出"罚款五万元"和"限期补办环评手续"处罚决定。然而，尽管收到环保局和有关部门的处罚和责令，该公司仍坚持超标排放烟气。H 化工厂污染事件引起了网民的高度关注和谴责。2009 年 2 月 12 日，H 化工厂经省发改委、省环保局批准，对安全防护距离为 700 米内房屋进行整体拆迁。但是这一政府监管行为并没使事件得到根本平息，特别是社区 700 米外的群众情绪激动，阻拦化工厂的车辆通行，并与政府发生冲突，提出政府为什么不按照国家颁发的《危险化工品安全管理条例》中危险化学品与居民区的安全距离为 1000 米标准进行拆迁？如此，群体性事件继续升级，部分居民组织到北京上访。

毋庸置疑，H 化工企业擅改由环评批复的低硫油为高硫重油使用原料，并在三个月试生产期间内发生瓦斯气体和硫化氢废气泄漏事件，以及"对环境造成重大影响，引起污染纠纷"的事实负有不可推卸的责任，化工厂完全置社会责任于不顾，也理应受到法律的严惩以及舆论的唾责。尽管如此，我们仍旧相信,政府在这一事件中应承担起相应的责任,理由并不复杂,案例中正由于政府部门没有及时采取合适的行为和决策选择,进而导致公众环境利益诉求的障碍,引发了群体性事件的发生和升级。事实上,在环境保护领域,通过向公民赋权,让他们参与到有关环境治理的决策制定和实施中来,这种通常被称之为"披露式规制"(Regulation by Revelation)的方法日益得到了公认,并成为环境治理框架的一个重要组成部分,它强调通过公民参与来实现环境保护这一公益物品的合理分配,以满足相关利益人的需求。在 Z 市的案件中,政府在引进 H 化工厂项目之初,公众对该项目的可能造成的环境污染问题的疑虑和担心就已存在(在当地网络论坛上相关的跟帖有 1700 余条),更有传闻此项目是 Z 市周边某一城市因环境污染严重淘汰的一个化工项目,对化工厂的危害各种猜测都有。面对公众的质疑,当地政府也广泛派送了化工知识小册子,积极普及化工知识,消除居民的恐慌,但这种仅具科普性质的信息,显然与公众诉求的真正知情和参与权相去甚远。迄今为止,关于该项目的环评报告,到底是哪些专家参与了此次项目环评分别发表了什么意见? 公众仍然无缘知晓。基于此,在笔者看来,根本上就需建构一种本文谓为"参与型"的公众环境利益诉求机制,通过这一机制的健全和完善,可以实现公众利益的公平和有效表达①。

二、"参与型"公众环境利益诉求机制:界说及建构

(一)"参与型"公众环境利益诉求机制界说

所谓"参与型"公众环境利益诉求机制是以公民环境权②为权利依据,以公众获得环境信息为前提,经法定的参与程序参与进入各项环境决策事项,通过公众与行政机关之间的信息交换,特别是行政机关对公众的意见和建议的吸纳程序约束,促使行政机关从公共利益考虑形成科学的、低风险的决策,保

---

① 王勇:《略论政府信用理性支出——以"奶粉事件"为例》,《华东经济管理》2009 年第 2 期。

② 关于环境权的定义,最被广泛接受的是《斯德哥尔摩人类环境宣言》中"原则"一章的宣告,"人类有权在一种能够过尊严的和福利的生活环境中,享有自由、平等和充足的生活条件的基本权利,并且负有保证和改善这一代和世世代代的环境的庄严责任。"20 世纪 60 年代以来,环境权理论研究取得了重大突破,环境权成为当代人权的重要组成部分。环境权的概念得到了国际社会的普遍承认,在一系列国际会议、公约和宣言以及一些国家的宪法中被确立下来。

护公众的环境利益;同时,在利益损失后,能通过诉讼途径实现公众环境利益的机制。

参与型公众环境诉求机制有利于公民享有的在不被污染和破坏的环境中生存的环境权作为公民的一项基本的人权,逐渐从应有权利向现实权利转化。首先,环境权是一项集体性人权。环境权的权利内容涉及今世后代,因而具有极强的社会性。其次,环境权作为一个权利束,是公权和私权的复合体。公权强调的核心在于环境民主,保护公民的知情权、参与权,而这些恰恰是公众参与的基本内容。再次,公众参与是环境权理论与实践发展的动力。环境权作为一项基本人权具有普遍性,环境保护运动、公众参与既是环境权获得道义上的支持的标志,也是法律确认的前提。另一方面,公共行政理论也为公众参与提供了理论基础与路径。由于环境行政过程中可能受到多方面利益平衡的牵制,加上环境问题复杂性与高度科技性,往往导致政府不积极行政或滥用行政权力以致环境公共利益受到损害。所以,政府行政权实际应是由政府、社会、公民共同行使①。公众参与环保正是公众及其代表参与与环境有关的政府决策与管理活动为内容的,顺应了国家权力社会化的历史发潮流,从而可以有效制约政府的自由裁量权,确保政府公正,并帮助政府提高决策的科学性与准确性,增加政府决策与管理的公开性、透明度。最后,现实的立法也为公民环境权及公众参与提供了依据。公众参与主要表现为立法上对行政权行使的制约,对行政机关附加吸收公众意见与建议的义务与程序的规定。如我国的《环境保护法》、《环境影响评价公众参与暂行办法》、《环境影响评价法》、《清洁生产促进法》等各项法律中对公众的健康权、知情权、检举权、参与权均作出了一些规定;目前正在制定的《公众参与环境保护办法》从制度上对公众参与环保进行立法保护。

(二)"参与型"公众环境利益诉求机制的建构

基于对 H 化工事件的上述分析,参与型公众环境利益诉求机制的建构具体可从以下几方面着手。

1. 强化公众参与项目决策的程序,完善公众参与环境利益诉求的表达权

---

① 张康之:《论"新公共管理"》,《新华文摘》2000 年第 10 期。

由于"新技术发展的刺激,直接推动了信息快速的扩展和传播,越来越多的公民……要求在公共政策过程中获得发言的机会"①,而且直接接触环境的公民可以给政府带来第一手的信息,这些信息有助于环境政策的制定。由于决策吸收了民众的知识和经验,这对政府降低新工程、新项目和新政策的风险大有裨益。此外,公众如果有机会"参与而且被诉之决策的缘由的话,公众也愿意接受对自己不那么有利的决策"②。另一方面,拒绝公共参与的环境决策往往要付出代价。如上述案例中由于公众不同意施工,使 H 化工厂的生产计划延期,这反过来会增加工厂的成本。因此,项目发起人,特别是政府,一定要权衡非参与型环境决策的代价,尤其是考虑到公民会干预他们未参与决策的项目时更应作此权衡。基于此,政府只有强化公众参与项目决策的程序,在决策时听取公民的意愿,并把他们的意见整合到环境决策中。譬如在项目决策过程中,公众或者利害关系人就应被允许采取口头辩论、书面意见、召开会议、开展咨询等多种形式,对申请的项目的环境影响发表意见、作出评论并反馈至行政机关,供其参考和吸纳,从而将行政机关的行为,转变为由公众与行政机关共同参与的双方活动。具体来说,在上述案例中,化工厂项目决策过程中,应包括综合决策部门或环保主管部门在进行开发该建设项目可行性论证时,必须有征询公众意见的程序;决策出台前的论证会有公众代表参加的程序;在该建设项目实施过程中,要随时听取公众意见,接受舆论监督的程序;在对环境纠纷处理后,要求行政机关必须指明事实根据和说明理由程序及在当事人参与下查明事实真相的程序;对有关的事实和法律问题充分发表自己的意见,提出证据,进行质证辩论,说明自己的利益受影响的程度的程序等等。

2. 强化事前、事中、事后的环境信息的公开、透明和真实,完善公众参与环境利益诉求的信息保障权

正像托马斯所言,"任何旨在预防和解决公共争议的措施的执行,其基础必然是拥有一个充分知情的公众群"③。进一步来说,准确、充分的环境信息

---

① [美]托马斯:《公共决策中的公民参与》,孙柏瑛等译,北京:中国人民大学出版社,2005 年,第 121 页。

② [美]彼德斯:《官僚政治》,聂露、李姿姿译,北京:中国人民大学出版社,2006 年,第 55 页。

③ 同①。

亦是公众参与环境利益诉求的基本保障,只有公众能够了解或掌握企业环境的有关信息,才能切实参与到环境评价决策过程之中,并且减少对相关决策的抵触和非议,给予决策行为更多的合法性支持。如果一个政府的运转是不透明的,那么它就不能赢得其民众的信任和支持。生活在信息封锁状态下的民众必然会对政府的所作所为产生怀疑。此时,谣言散播者及其合谋理论家就会成为信息源,这些"信息"加重了民众的怀疑和好斗心理,为此,完备而准确的信息披露,而不是有选择地发布一些不完整的(甚至是不准确的)数据信息公开制度,有利于督促政府和环境污染者直接向公民负责,从而真正可以确保公众参与诉求机制的有效运行。以本文所引案例而言,公众的信息保障权,即要求政府的规划编制机构在项目进行规划环评前,就应当事先向项目附近的公众、当地的社区、非项目所在地的资源使用者,负责海洋管理的相关政府部门,各类相关组织(环境保护组织、发展援助组织等)、媒体和学术机构、甚至是项目产品的最终消费者通告规划环境评价的主要内容(如项目选址、规模、布局、产业等),让公众知晓与工程有关的重要信息,并详细列出相关的法律依据,以便公众可以评议决策的环境因素,并参与决策。为了实施环境评估,环评单位要分析某项行动可能对环境造成的影响,并把这种影响告诉公众。我国与环境评估相关的法律是也是要求项目发起人在受项目影响的社区组织公开论坛,接受公众对拟建项目的评议的,关键是要有切实的程序保障环评单位与公众进行信息的真实交流和沟通;在污染事情发生后,政府更有及时披露真实信息的义务。

3. 建立环境公益诉讼制度、完善公众环境权利益诉求的司法救济权

环境公益诉讼,又称环境公民诉讼,是指为了保护环境和自然资源免遭污染、损害和毁灭,法律授权任何人(公民或组织)对违反环境法律的任何人(包括政府)提起诉讼的制度。建立环境公益诉讼制度,有利于政府环境管理行政行为或企业的污染行为使公民的环境权益遭到损害或可能遭到损害时获得司法救济,从而开辟了公民环境利益诉求的另一渠道。目前针对环境公益问题,我国长久以来实行的是政府行政管理的单轨保护体制。这种体制下,不可避免地存在行政体制紊乱和软弱、行政监督缺位与低效、环境行政执法中的地方保护主义等因素。另外,政府环境管理行政部门在行政决策过程中可能存在

政策的片面性,甚至行政权力本身对环境公益构成侵害,不能实施保护环境的行政行为。因此,设计适当的程序和渠道,引入环境公益诉讼,可以弥补或纠正政府对环境公益单轨保护体制的不足,更有利于惩罚环境违法者,保护公众的环境权益。同时,环境公益诉讼制度的建立,有利于积极吸纳社会团体和公众参与环境管理,可以改变环境保护不力的状况。其实,环境保护的一个重要方式是预防为主,在立法上,法律有必要在环境侵害尚未发生或尚未完全时就容许公民采用诉讼等司法手段加以解决,阻止环境公益遭受无法弥补的侵害。由于政府的力量不足以保护环境,民众必须参与环境行政行为和环境司法过程,它也是公众参与保护公民环境权和环境公共利益的需求。①

4.加强民间环境保护组织建设,拓展交流渠道,完善公众环境利益诉求的协商合作制度

当前,公众环境利益诉求的方式在合法性、公开性和透明性上还明显不足。很多强势利益群体除了利用不当方式(贿赂、暴力手段、个人关系、权力寻租等)影响地方政府,获取不正当利益,还利用合法手段(部门立法、地方立法等)实现不当利益。而弱势利益群体则由于资源有限,合法渠道又不畅,不得不诉诸激烈的甚至是非法的手段来表达环境利益诉求。鉴此,鼓励和更多依靠依法设立的民间志愿性环境保护组织来代表公民实施环境维权就有着很重要的意义。一方面,民间组织承担着大量的社会管理职能,它更贴近公民,可以与一定范围内的成员进行直接沟通与交流,能把政府的政策意图和对相关问题的处理意见转达给公民。对政府做出的合法合理决定,民间组织可以采用非权力方式对公民进行疏导和劝说,协助政府促使公民履行政府的决定;另一方面,一定范围的公民则可以借助民间组织的力量构成对政府的有效制约,民间组织能及时地把公民对政府的要求、愿望和建议集中起来,转达给政府,督促政府采纳与办理,对政府实施的违法与不当的行为,民间组织可以提出意见和批评,必要时甚至可以代表公民进行抵制,以促使政府纠正自己的行为,进而保护公民的合法诉求。通过这两方面,将更有助于创造一个公平正义、合

① 韦芳、胡迎利、万涛:《论中国环境保护公众参与制度的建设》,《环境科学与管理》2007年第10期。

理合法的利益诉求环境。

最后,也应特别强调对公众参与的激励,其实,在大多数公民并未意识到自身环境保护职责时,保护的积极性和努力程度不会高,改变这种现状不仅需要完善相关的法制机制,还须通过加大宣传和思想教育提高公众的参与意识,激励提高公众的参与热情和主动性。

三、结语

当前,公众为争取环境利益的抗争行为不断涌现。由于传统的体制内合法投诉方式失灵或遭遇不信任,一些公众开始踊跃尝试体制外群体性行为方式,这在部分实现和维护了环境权益的同时,也给社会治理秩序造成一定程度的负面影响。鉴此,本研究中选取了 Z 市化工厂事件中公众争取环境利益而做出的抗争行为来作为分析,进而设想了通过建构"参与型"公众环境利益诉求机制,通过完善公众参与项目决策中的环境权实现程序,进一步扩大事前、事中、事后的环境信息的公开、透明和真实,建立和实施环境公益诉讼制度,以及加强民间组织的参与以促进公民有组织地参与环境诉求表达等,最终可以使得公众环境利益诉求能够尽量纳入体制内的合法渠道,并且得以公平、有效地表达与实现。

第四章
社会建构下的非政府组织:
功能与路径

在社会建构的公共行政中,治理的主体由政府的一元化结构转化为多元的复合结构,其中,非政府组织对各国公共行政改革产生了重要的影响,这是当代公共行政走向社会建构的一个最重要的表征。正如美国约翰·霍普金斯大学政策研究所所长莱斯特·萨拉蒙(Lester M. Salamon)认为的那样:"如果说代议制政府是 18 世纪的伟大发明,而官僚政治是 19 世纪的伟大发明,那么,可以说,那个有组织的私人自愿性活动也即大量的公民社会组织代表了20 世纪最伟大的社会创新。"①它产生的重要性丝毫不亚于民族国家的兴起,其作用可能永久地改变了国家和公民的关系。那么,作为社会力量的代表性组织,非政府组织在当代治理中的功能体现在哪些方面? 如何更加充分合理地释放这些功能? 本章将对此进行探析。

第一节 新公共管理视阈下的非政府组织功能分析

20 世纪 70 年代末 80 年代初,为迎接全球化、信息化和知识经济时代的来临,英国、美国、澳大利亚和新西兰等西方国家开展了一场以提高国家的国际

---

① [美]萨拉蒙、安海尔:《公民社会部门》,载何增科主编:《公民社会与第三部门》,北京:社会科学出版社,2000 年,第 257—269 页。

竞争力和政府的运作效率,追求"3E"(economy, efficiency and effectiveness,
即经济、效率和效益)为目标的行政改革运动。这场行政改革运动被人们称为
"重塑政府"、"再造公共部门"的新公共管理(new public management)运动。
在这场运动过程中,尽管各国在发展路径和具体措施上存在一些差异,但其在
改革的价值取向上却都不同程度地体现了对传统公共行政模式的质疑和对市
场力量的信奉,如减少政府职能,尽可能将现有的公共部门服务"私有化";将
原来由政府监督的一些公用事业改由市场指导的私营机构提供;对于那些仍
需政府提供的服务和产品,也通过"准市场机制"、"使用者付费"等原则来调整
供求关系,以达到对资源的有效配置等。随后,这场以主张市场化、私有化和
反对国家干预为基础的新公共管理运动逐步扩展到其他西方国家乃至全
世界。

新公共管理运动的兴起不仅仅是一种政府管理形式上的变革或管理风格
的细微变化,而是在特定的社会历史背景下,对政府的社会角色及政府与市
场、公民关系方面所进行的一场全面深刻的调整。新公共管理运动的兴起,不
仅推动了各国政府机构的改革,而且"使政府退出了经济和社会生活的某些领
域,扩大了公民个人和民间组织的活动空间,从而为全球范围内公民社会的发
展创造了极为有利的条件"[①]。与此同时,进入 20 世纪 90 年代,以前理论与实
践日益暴露出其局限性,过分强调市场机制与私有企业作用的弊端日益显现,
社会不平等以及弱势群体和贫困人口得不到应有的重视等等纷纷出现。至
此,以国家为中心的发展模式和以市场为中心的发展都遇到了发展的困境。
这时,人们纷纷从国家和市场之外的社会量中寻找"第三条道路"(third way)。
由此,公民社会与非政府组织便进入社会各种力量的视野中。可以说,新公共
管理运动刺激了非政府组织的发展,也为非政府组织功能的发挥提供了有利
的空间。

---

① 何增科:《全球公民社会引论》,载李惠斌主编:《全球化与公民社会》,桂林:广西师范
大学出版社,2003 年,第 129 页。

(一)从政治方面看,非政府组织在制约政府权力、填补社会治理的"真空"、推动政治民主、保障公民权利、参与公共决策方面具有独特的优势

新公共管理运动的进行,打破了传统的官僚制的范式,用分权和适度放权的管理取代了权力高度集中和封闭的等级制管理。在公共行政改革过程中,政府的权力和职能逐渐地从某些领域收缩、"退出",而把相应的权力下放或还权于私人企业和非政府组织,并把自身塑造为职能和权限有限的政府形象。在这一情况下,伴随着公共管理运动而出现非政府组织的权力的扩大和回归可以有效地起到"以社会权力制约国家权力"的目的,防止了公权力的"反弹"或再次膨胀,同时也有效填补了国家权力收缩导致的在社会治理中出现的"空白区",保证了社会按照应然状态良性运转。如此便形成了非政府组织与政府一起共享公共管理权力的格局,这种共享的权力结构更具有灵活性和制约性。

同时,非政府组织在推动民主制度的建立和发展中也始终扮演着重要的角色。由非政府组织所构成的公民社会的本质就是民主的社会。民主不仅仅是一个政体,它是一个相互作用的系统。在这种系统里,一个部分如果得不到其他部分的支持,它就不能正常运行。作为民主的大学校,非政府组织不仅遏制了公权力专断的倾向,而且还为公民个体的利益表达提供了多样化的途径和方式。它将分散的、无系统的群众意见进行综合,并通过公民社会中特有的各种组织和渠道向国家表达,使政府面对的是已集中的意见,以便于形成决策或者促使政府对违法或不当行为进行改正。这样,非政府组织一方面培养了公民的民主参与意识,强化了民主的社会基础,另一方面也在整个社会中建立了"个体—组织—最高权力机关"这样一个有序民主参与程序和机制,有力地推动了民主制度的建立和发展。

(二)经济方面看,非政府组织为经济发展提供了一个良好的秩序环境,并且成为解决就业问题、推动经济改革和发展的重要力量

新公共管理运动的实践是在西方发达资本主义国家市场神话和国家神话都被打破的情况下产生的。在这一背景下,人们寻求将政府和私营企业"不愿做、做不好或不常做"的事情交给了政府与市场之外的社会力量。从这一角度出发,我们可以认为,非政府组织是传统公共行政陷入困境情况下出现的结

果,也是市场经济发展到一定阶段而出现的结果。在市场经济发展过程中,一方面,公民的个体倾向性越来越明显,另一方面,为了维护公民整体的利益,避免"哈丁公共用地悲剧"的发生,他们又基于一种普遍契约关系和契约精神共同组织起来,建立起了既不同于政治国家也不同于市场经济的公民社会。

非政府组织和公民社会不仅具有浓厚的契约精神和法制观念,而且以自由、平等、竞争为价值准则,这为市场经济的有序化和理性化运行奠定了秩序基础。从公民社会自身特点出发,它具有独立、自治的特征,许多成熟的行业协会、产业组织、工会等通过发挥自身优势,参与到制定市场规范和游戏规则的过程中,有助于解决市场经济发展过程中劳资矛盾、行业纠纷等问题。而且,由于公民社会与国家、市场共同构成了整个社会的架构,它还可以对国家和市场起到监督和约束的作用,这也有效地推动了市场经济的正常运转。

此外,非政府组织在促进就业、推动经济改革方面也发挥着重要的作用。在就业方面,据《全球公民社会年鉴2001》统计,早在1995年,世界上22个主要国家,在排除了宗教性团体之后,其非政府组织已经拥有了1.1万亿美元的庞大产业,拥有1900万全日制领薪员工,如果算上志愿人员,还要增加1060万名全日领薪员工。如果把这些非政府组织算作一个经济体的话,它的规模超过了巴西、俄罗斯和加拿大等国,相当于世界第八大经济体。[①] 以中国为例,2005年中国登记的319762个民间组织共有专职工作人员256万人,兼职工作人员320万人,志愿者416万人以上。我国非政府组织专职工作人员占社会就业总量的0.35%～3.31%。但在现实社会中,我国近90%的非政府组织是草根民间组织,并没有在民政部门正式登记。因此,非政府组织专职工作人员的数量实际上还更多。在经济改革方面,非政府组织积极参与各种经济改革,为经济发展和政策制定出谋划策,同样有助于经济的繁荣与健康发展。

(三)从文化层面看,非政府组织以实现公共精神为价值取向,通过自己的行为倡导和维护社会的正面价值观和道德诉求

公共精神是孕育于公共社会之中的,位于最深的基本道德和政治价值层

---

① Helmut Anheier, Marlies Glasius & Mary Kaldor. *Global Civil Society Yearbook 2001*. Oxford: Oxford University Press, 2001, pp. 8—9.

面的以公民和社会为依归的价值取向，它包含民主、平等、自由、秩序、公共利益和负责任等一系列最基本的价值命题。[①] 公共精神是现代公共管理的首要规范性价值取向和核心价值所在。对于非政府组织和公民社会而言，其价值取向必然与新公共管理的价值取向相一致。这是因为，非政府组织既处于社会治理的范围之中，又同其他治理主体一起积极参与社会治理。可以说，它既是公共管理的对象，同时也是公共管理的主体之一。非政府组织的价值取向与新公共管理的价值取向一致表现为两个方面：在实践上，非政府组织依据自身的特性，表现为追求安全的生活、公平的待遇，通过和平的手段解决人们之间的争端，通过建立在信任、忠诚和互惠基础上的相互依存关系使得协作行动能够在组织内得以开展和维持。[②] 同时，作为公民个体，要考虑自己的行为对他人安全和福利的影响，要促进平等与包容，要维护人类的长远利益并积极参与社会治理等。在理念上，多数非政府组织尊重自由、民主、正义和公平的普世价值，在成员之间倡导互惠、互助、友爱、信任、宽容、多元、开放与合作的基本理念，弘扬公共精神和社会主流价值。总之，它通过自己的行为起到了"社会价值守护者"的角色。

（四）从社会层面看，非政府组织通过发挥自身优势，整合社会资源，为社会治理提供必要的公共服务和产品，促进社会稳定健康发展

随着公共管理运动的推进和公共管理理念的传播，"国家—社会—市场"或"政治社会—公民社会—经济社会"的三元化趋势越来越明显。在现代社会治理过程中，政府是唯一的具有强大政治优势和强制效能的治理主体。它通过发号施令、制定和实施政策，强化对公共事务单一向度的管理，市场则是在"怀疑"和"利益"基础之上采取治理行动。而对于非政府组织和公民社会来讲，其治理的行为与政府和市场相比较则有不同之处。它既不能利用价格交换的游戏规则来采取措施，也不能像政府一样建立在统治权威和行政命令基础之上而采取行动，而是依靠内部各个成员之间对本组织的长期忠诚和成员

---

① 谭莉莉：《公共精神：塑造公共行政的基本理念》，《理论与改革》2002年第5期。

② 何增科：《全球公民社会引论》，载李惠斌主编：《全球化与公民社会》，桂林：广西师范大学出版社，2003年，第133页。

对组织声誉的关切来实践的,其行为是建立在相互认同、充分信任和自律基础之上的。

在治理过程中,不同类型的非政府组织充分发挥自身所具有的权威优势,依靠道义力量征集物质和人力资源,向社会提供教育、医疗、救济和扶贫等力所能及的服务,而且还在环境保护、公共安全等方面提供必要的公共产品。并且,他们与政府、有关组织等行动者形成一种分工合作、相互补充的关系。无论是提供公益服务还是提供公共产品,这些行动都不是由单一的非政府组织完成的,而是由多个非政府组织协同完成的。非政府组织的多样性、行动的多样性以及提供公共服务和产品的多样性在一定程度上有力地弥补了政府的"失灵"和"缺位",担当起了政府的"补充者"的角色,显示了自身所具有的独特优势和功能。

此外,随着社会生活和结构的深刻变化,经济成分和利益关系日趋多样化,人们的思想观念和价值取向也越来越多元化,由此导致的社会各种矛盾和潜在不稳定因素日渐增多,这已经成为影响社会稳定的重要因素。但是,由于非政府组织的多样性正好适应了多元社会的事实,他们的充分发展和壮大可以有效地代表社会中不同层次、不同群体的利益诉求和愿望,通过特殊的冲突化解渠道和矛盾协调机制,有效地化解矛盾,减少冲突,增进理解和宽容。由此,非政府组织在社会运行中起到"缓冲器"、"调节器"的作用,为社会稳定和谐发展作出贡献。

(五)从未来发展看,非政府组织通过充分挖掘并积累社会资本,为新公共管理的实践提供社会支撑

新公共管理运动主张政府的职能应该集中于"掌舵"而不是"划桨",它将绩效评估、企业管理、竞争机制、目标控制等引入政府管理和公共服务中,把社会公众看作是"顾客",坚持"顾客满意"为宗旨,希望在国家与社会、公民之间、个体利益与公共利益之间达到完美的统一。但是,如何让公民个人在追求和保护个人利益的前提下又维护社会的公共利益呢?针对这一问题,非政府组织通过充分挖掘和积累社会资本,在个体利益与公共利益之间建立起了良好的信任与沟通,可以有效推动两者的相互合作,实现个体利益与公共利益的"双赢"。

什么是社会资本呢? 它指的是社会组织的特征,例如信任、规范和网络,它们可以通过促进合作行动而提高社会效率,它包含的最主要内容是社会信任、互惠规范和公民参与网络。① 现代社会的政治、经济、社会事务越来越多地通过各式各样的组织来实现,而对个人来说,需要在一定的规范的约束下积极参与各种组织以维护自己的利益。由此,个人与组织、个人与个人之间便产生了信任、合作和互惠"关系"。人们把这种"关系"称为社会资本。② 这种"关系"互动越多,社会资本的价值就越大。人类社会除了在经济领域产生利益关系外,在教育、卫生、福利、环保、社会服务、慈善等方面大多数是以"非营利"形式出现的。纷繁复杂的"组织生活"使得人与人之间的交往不仅仅是个人与个人之间的信任,更多地表现为"组织信任",而非政府组织本身无疑便是这种"信任"的重要通道和载体。这种"信任"也是社会资本。③ 因此,非政府组织不仅对社会资本的"生成"和积累有积极贡献,而且是社会资本运转的通道和载体。当社会资本的积累与繁荣扩展到社会的民主治理中时,便产生了"使民主运转起来"的伟大效果;而民主的发展和公民参与意识的提高又加速了社会资本的生产与转化,这样便为新公共管理的实践营造了良好的社会运行环境和基础。

20 多年来,尽管新公共管理运动饱受争议,但是,它还是像旋风一样刮遍了大半个地球,成为世界上众多国家公共行政领域的时代潮流。非政府组织作为伴随着新公共管理运动而出现的社会创新主体,在目前的公共行政改革中已经开始发挥重要的作用。我们相信,在未来的社会改革和发展中,非政府组织将继续发挥应有的作用。

---

① [美]帕特南:《使民主运转起来》,王列、赖海榕译,南昌:江西人民出版社,2001 年,第202 页。

② 周红云:《当代西方社会资本理论述评》,载李惠斌主编:《全球化与公民社会》,桂林:广西师范大学出版社,2003 年,第 327 页。

③ 周红云:《当代西方社会资本理论述评》,载李惠斌主编:《全球化与公民社会》,桂林:广西师范大学出版社,2003 年,第 333 页。

第二节　中国社会和谐治理中非政府组织角色分析

改革开放以来,中国经济平稳快速发展,经济效益明显提高,人民生活显著改善,社会建设全面展开,各项事业稳步推进。与此同时,我国的社会发展中也出现了结构失衡、秩序失范、矛盾突出、问题增多、风险易发等一系列问题。如果无视这些问题,就可能引发剧烈的社会震荡;要解决这些问题,就必须进行社会和谐治理。而中国各类非政府组织在社会和谐治理中越来越扮演着重要的角色。

一、社会和谐治理内涵的一般分析

治理是各种公共的或私人的机构管理其共同事务的诸多方式的总和。它是使相互冲突的或不同的利益得以调和并且采取联合行动的持续过程。① 社会和谐治理就是以政府为核心的多元主体运用一定的治理理念和管理方式实现社会整体性均衡协调的过程,具体包含以下内容:

(一)目标维度:构建和谐社会

"建设和谐社会是当代中国社会新的社会治理的发展目标"②,社会和谐是人类实践生活的展开形式,社会治理的目标就是实现社会和谐。和谐社会是指构成社会的各个部分和要素处于一种相互协调的状态,是一个各方面利益关系得到有效的协调,社会管理体制不断健全的社会。和谐社会的主要要素是民主法治、公平正义、诚信友爱、充满活力、安定有序、人与自然和谐相处。具体体现为如下六个方面:社会主义民主得到充分发扬,依法治国基本方略得到切实落实,各方面积极因素得到广泛调动;社会各方面利益关系得到妥善协调,人民内部矛盾得到正确处理,社会公平和正义得到切实维护和实现;全社会互帮互助、诚实守信,全体人民平等友爱、融洽相处;能够使一切有利于社会

---

① 俞可平:《治理与善治引论》,《马克思主义与现实》1999 年第 5 期。
② 肖群忠:《"小康""大同"与"政通人和"——传统社会政治理想对当代和谐社会建设的启示》,《齐鲁学刊》2005 年第 6 期。

进步的创造愿望得到尊重，创造活动得到支持，创造才能得到发挥，创造成果得到肯定；社会组织机制健全，社会管理完善，社会秩序良好、安定团结；生产发展、生活富裕、生态良好。

（二）手段维度：注重综合治理

和谐社会状态不可能自然形成，必须借助一定的手段才能实现。综合治理是现代社会一种以政府为核心、以多个利益单元为载体、以均衡协调为手段、以社会和谐为目标的治理理念和管理方式。社会正是依靠综合治理手段，使在一定生产关系中的人、社会与自然联结成一个整体的生存单位，使这个生存单位的各个要素因适当和均匀的配合而处于均衡状态。要达到这种状态，意味着社会和谐治理不是一套规章制度，而是一种综合的社会过程；不以支配控制为基础，而以调和为基础；不是单一的治理对象，而是多元的利益单元。

（三）标准维度：实现均衡协调

社会和谐治理的效果需要以是否均衡协调作为评判标准。从社会经济角度看，社会和谐治理应当促进经济持续发展，能够满足不同利益群体的需求，不断提高人们的生活水平。从人、社会与自然之间的关系角度看，社会和谐治理应该体现出人们在各种社会关系中和睦相处、互惠互利，在社会生活和各种社会活动中各尽所能，充分发挥才干；在合理利用自然资源的基础上，实现人与自然的协调发展。在社会治理方面，社会和谐治理意味着公共治理的实现，能够保障人们在公共领域的权利，为人们提供方便、快捷、高质量的公共服务和公共产品。

（四）路径维度：依靠多元主体

社会和谐治理是一项系统工程，涉及社会领域的多元主体。随着市场经济体制的完善和成熟，公共服务型政府的理性回归，传统的科层式行政结构相对弱化，政府、企业、非政府组织间水平方向的活动影响将得到加强，社会治理体系呈现网络化趋势，治理方式呈现多样化前景。社会和谐治理主要不是依靠政府的权威，而是合作网络的权威，其权力方向是多元互动的，而不是单一自上而下的。社会和谐治理主体是一个涉及广泛的政府与非政府组织间的参与和协调主体，因此社会治理需要依靠多元主体的良性互动才能实现和谐。

二、社会和谐治理中非政府组织的角色定位

社会和谐治理缘起于社会问题,作用于社会领域,终结于社会和谐,自然离不开社会这块土壤,更离不开这块土壤孕育出来的各种社会组织。"对于所有各种版本的自由主义来说,社会的组织的基本模式是契约概念"①。以契约概念为基础的社会治理形态体现为社会组织体系的自组织治理。非政府组织是不以营利为目的且具有正式的组织形式、属于非政府体系的社会组织,由于社会自组织治理过程中解决了某些公共问题的需求,因此在社会和谐治理中扮演重要角色。

(一)公共机制的弥补者:社会机制是社会和谐治理的重要手段

社会和谐实质上是政治、经济和社会三种力量之间的和谐。政治力量的主体是国家,体现为政府机制;经济力量的主体是企业,体现为市场机制;社会力量的主体是公民,体现为社会机制。政府机制、市场机制和社会机制共同构成社会和谐治理的公共机制体系。当代中国处于计划经济向市场经济转型和工业社会向后工业社会转型的历史进程中,社会资源的配置是由不完善的市场和不完善的政府共同进行的。单纯依靠市场调节社会经济发展存在重大缺陷,单纯运用政府机制干预经济也会出现政府失灵。市场失灵和政府失灵的双重困境源于原有公共机制体系的结构性缺失,这种缺失客观上需要代表公民的非政府组织运用社会机制来弥补。

(二)公共精神的倡导者:志愿互助成为社会和谐治理的价值取向

社会和谐治理的关键是增强社会的道德意识,提升公民的道德品质。非政府组织以志愿精神为基础,倡导公共关怀、团结互助,追求社会公正、注重效率与合作的价值追求与构建社会主义和谐社会的本质要求具有高度的内在一致性。随着市场经济改革的深入、对外开放步伐的加快,越来越多的道德疑惑开始困扰着我们:诚信缺失、腐败泛滥、公共责任淡漠、功利主义盛行等社会问题越来越突出,大公无私、互帮互助、甘于奉献、团结友爱的公共精神日益匮

---

① [美]埃尔金、索乌坦:《新宪政论——为美好的社会设计政治制度》,周叶谦译,上海:上海三联书店,1997年,第122页。

乏。与此形成鲜明对比,非政府组织在实际行动中表现出来的志愿精神、社会公德、责任心和同情心成为一种积极向上的道德力量,成为社会公共精神的道德榜样。

(三)公共权力的监督者:规范政府是社会和谐治理的有效途径

美国政治学者罗伯特·达尔(Robert Alan Dahl)认为,政治资源的配置方式直接影响着政府公共权力的治理边界。[①] 随着政治民主化的发展和经济市场化的推进,非政府组织作为体制外力量的地位日趋突出,有力地制约了政府公共权力的无限扩张,促进了权力行使的公平性与开放性;非政府组织在经济社会中的活动为政府权力的运行增添了新的权利政治约束,各种非政府组织所倡导的一系列权利准则已日益成为政府存在的合法性基础,从而有效规避了公共权力的异化,规定了国家权力的尺度,规范了政府权力的运行。

(四)公共政策的参与者:表达利益是社会和谐治理的关键要素

公共政策的社会基础和路径选择直接关系到社会和谐的实现程度。当前我国公民存在浓厚的社会等级观念和狭隘的公共责任观念,缺乏自觉表达利益和主动争取权利的意识,利益表达渠道不畅,参政议政能力不强。“非政府组织在决策信息收集、专门问题研究、公共利益表达、监督政策实施等方面具有天然优势”[②],能通过参与政府活动来表达自身利益和关切问题,并将民间分散多元的利益诉求反映到政府决策场;通过提供丰富的信息和建议,促使公共政策更贴近利益相关者的需要;通过游说、舆论宣传和道德制裁活动促进公共政策制定的科学化和民主化,增强政策规则和内容制定的透明度和责任感。

(五)公共关系的协调者:平衡关系是社会和谐治理的核心内容

社会和谐的表征是社会多元主体之间关系的和谐。随着改革开放的全面深入和社会主义市场经济的不断发展,我国社会结构发生了重大变迁:社会阶层日趋分化,利益主体日趋多元,原有的利益集团和分配格局不断重组,新的经济组织和职业群体不断出现,政府、企业、公民之间的关系模式发生了深刻

---

① 王华:《治理中的伙伴关系:政府与非政府组织间的合作》,《云南社会科学》2003 年第3 期。

② 刘贞晔:《国际政治领域中的非政府组织》,天津:天津人民出版社,2005 年,第 199 页。

的变革。在这种背景下,基于不同价值旨趣和利益要求的社会主体之间的关系盘根错节,矛盾错综复杂,社会存在失谐风险。具有民间性和灵活性特征的非政府组织既能为不同主体提供相互协商、合作、妥协和制衡的渠道和机制,又能成为不同阶层和群体利益表达和关系协调的组织平台,弥合社会分歧,化解社会矛盾,促进社会和谐。

三、调适我国非政府组织角色,实现社会和谐治理

随着公民社会的兴起和民主进程的加快,社会自治要求不断提高,公民权利意识不断觉醒,传统体制的惯性和社会发展的理性之间引起的冲突和矛盾将构成社会和谐的重大挑战。如何应对挑战,实现和谐?关键就在于非政府组织能否调适自身角色,发挥角色功能。

(一)政府—非政府组织:明确界限,转变职能,为社会和谐治理提供制度保障

首先,立法建制善规,实现可控管理。政府要用法律形式明确非政府组织的性质地位、组织形式、经费来源和权利义务等基本内容,用制度形式规范非政府组织的结构运行、财务管理、绩效评价与过程监督等关键环节,用政策形式完善有关税收、人事、就业、福利保障等支撑体系,使非政府组织及其运行走上法律化、制度化和规范化的轨道。其次,深化体制改革,理顺管理关系。要建立和健全民主监督机制,克服官僚化和形式化的不良倾向,实现政府从部门到社会的角色转变;要按照政社分开和企社分开的原则,管住大的,放开小的,管住违法的,放开合法的,给非政府组织自主自律更大的发展空间;要推进管理制度从单向控制管理向监督与反监督管理转变,构建新型的政府—非政府运作机制。再次,明确职责范围,转变服务职能。政府要通过授权、委托或转移等方式将那些管不了、管不好、不能管的社会职能逐步转移出去;要有针对性地扩大非政府组织的覆盖面,为非政府组织的发展创造良好的条件;要加强对非政府组织的引导力度和管理水平,打破非政府组织内部的行政壁垒和地域界限,消除非政府组织间地域分立和层级分离的割据状态。

(二)非政府组织自身:加强建设,提高效率,为社会和谐治理提供组织保障

首先,增强独立自主性。非政府组织要积极拓展服务领域,主动承担公共事务,努力提高服务水平,扩大自身的合法性空间;要根据自身实际科学定位服务对象和服务标准,防止盲目承担社会职能的不良倾向;要弱化对政府的依赖关系,减少对其他经济单位的挂靠关系,增强非政府组织在经济上的自主性,保持非政府组织发展中的相对独立性。其次,重视人才队伍建设。人才资源是一个组织最宝贵的财富,更是非政府组织提供高质量专业化服务的重要依托。非政府组织要通过发展事业、优化环境、改革制度、提高待遇、增进情感来网罗、吸纳和稳定人才队伍,建立健全人才流动市场和人才激励机制,规范完善人力资源管理体系和人事政策法规体系,实现人才的自由流动和充分利用。再者,推行政事公开透明。民主始于公开,公正缘于透明,公开透明是非政府组织健康良性运转的重要保证。非政府组织要围绕事务公开和财务透明,积极建立公开透明的运行机制,拓展公开内容和范围,规范公开形式和载体,营造阳光行政的浓厚氛围,有效预防腐败和暗箱操作,提高组织形象和运行质量,增强组织的整体发展水平和公共服务能力。

(三)社会—非政府组织:增进互信,扩大交流,为社会和谐治理提供环境保障

首先,整合分散多元的社会阶层认同。统一的国家意志和多元的阶层认同是社会难以实现和谐的重要原因。非政府组织要建立健全社会信用机构,努力完善公共信任机制,忠实维护国家权威和秩序,积极倡导社会公平与正义,力求实现国家意志和阶层认同之间的动态平衡。其次,提供形式多样的公众交流平台。非政府组织可以在文化、慈善等公共领域组织开展各种社会公益活动,为非政府组织与政府、非政府组织与公众、公众与政府之间增加交流的机会与平台。通过交流互动,密切关系,加深理解,扩大共识,增进互信,促使公民认识、理解并参与非政府组织的活动,提高非政府组织的社会认同度和公众满意度。再次,构建开放多元的社会价值体系。继承和谐的传统文化,保护和而不同的本土文明,包容普世价值观念,尊重个体理性差异,塑造社会规

则意识,培养公民谈判思维,促进公民宽容心态的发展与群体妥协习惯的形成,逐步构筑起社会主义核心价值观框架下的开放多元的价值体系,为社会和谐奠定思想基础。

总之,非政府组织以其较为纯粹而超脱的公共利益旨趣而自在于社会和谐治理之中,成为构建社会主义和谐社会的重要依靠力量,同时也存在着来自方方面面的约束和诸多自身难以克服的障碍。因此,如何正确引导非政府组织的发展以实现中国社会的持久和谐仍将是一个需要长期研究的重大课题。

第三节　社会复合主体与治理:关系、路径与边界

21 世纪初,我们党提出了构建社会主义和谐社会的重大任务,使国家建设由经济、政治、文化建设的"三位一体"发展为经济、政治、文化和社会建设的"四位一体",特别明确了"社会建设"在中国特色社会主义事业的总体布局中的地位。在党的十八大报告中,又把中国特色社会主义事业布局"四位一体"拓展为"五位一体",突出了生态文明建设的基础性地位。当前中国正处于转型期,政府的角色正从"无限政府"向"有限政府"、"管制型政府、经济建设型"向"服务型政府"转变,让企业、非政府组织、个人去承担更多社会责任,小政府、大社会是发展的趋势和目标。在深入贯彻科学发展观的基础上,在浙江省委"创业富民、创新强省"推动浙江发展的总战略指引下,杭州市地方政府在诱致性和强制性制度变迁中开始地方治理的创新行动,创新出"社会复合主体"①。

一、"社会复合主体"产生的现实与理论背景

(一)"社会复合主体"产生的现实背景

地方治理关注环境的变化和挑战。在组织化生存的现代社会里,"只有组织起来才有真正的利益"。改革开放以来,随着社会主义市场经济体制的建

---

① 中共杭州市委调研组:《和谐社会主体建设的新模式——关于杭州市培育社会复合主体的调查》,《光明日报》2009 年 7 月 2 日。

立,社会组织和社会结构都发生了巨大而深刻的变化:工业化、现代化、城市化和市场化。在这种结构变化和分化中,导致了个性化发展和个体利益诉求及利益的各方和各种的矛盾冲突。此时,仅靠政府的强制力量来协调已变得越来越复杂和困难。政府只有创造一种新的协调多样化利益的多元利益治理主体才能应对转型带来的开放性变化及地方战略管理挑战。而杭州的"社会复合主体"就是这种性质的组织化的多元利益治理主体。

地方治理涉及多元治理主体的参与和投入。"社会复合主体"就是以事业发展、项目带动为立足点,积极鼓励和推进党政界、知识界、行业界、媒体界等社会主体之间的互动,形成多方参与、主要以协商方式解决所面临问题的合作形式。它是社会运行和社会组织结构的重大创新,是经济运行方式和社会创业机制的创新,是政府职能转变和社会治理的创新,也是共建共享和民主参与的创新。社会复合主体的产生和运行对于发挥社会民主、构建和谐社会、促进政府职能转变、适应社会组织网络化发展趋势具有重要的实践意义。

(二)"社会复合主体"产生的理论背景

"社会复合主体"产生在地方多中心治理、政府职能转变的理论背景之下,政府职能转变不是简单地把职权下放、放弃、放松管制,也不是简单地将其外包给非政府组织,而要和非政府组织结成伙伴关系,对公共事务实行复合治理,而且涉及行政分权理论、公共产品供给理论、伙伴关系理论、地方治理理论、公民参与等理论和实践问题。

其一,打破政府的"单中心"传统权威模式。中国传统的地方治理模式是以传统公共行政内含的政府单中心论为基础的,政府曾以无微不至的"父爱主义"的全能型政府角色出现,包揽对经济社会发展和社会事务的管理权,使国家权力日益集中于政府行政部门而导致权力异化,使市场经济自我调节功能及社会自主管理能力退化,同时公民对于公共决策的参与范围和程度都是较为有限的。这种社会治理模式和权力运行机制,留给社会和个人的空间狭窄,制约了人的积极性和创造性的发展,不利于社会的长远发展。

其二,建构地方多中心治理的渐进性。随着社会主义市场经济体制改革的深化,一方面市场配置资源的基础性作用越来越强,政府对社会资源的直接控制越来越少,另一方面人们对公共服务的要求越来越高,而公共服务是现代政府的合法性特征。党的十七大报告指出,要加快行政管理体制改革,建设服务型政府。而我国的社会组织发展不健全、不平衡,它们承担社会事务的能力还较弱,使政府职能的转移缺乏有效的社会支撑、填补。这促使政府在社会领域中要退却但不能退却太快,留下空隙。如果退却太快,而健康的社会组织还没有发育完成,则给"另类"社会组织和"黑社会"组织留下空间,所以政府在社会领域的退却应该和社会组织的发育动态衔接、不留空隙。

在目前阶段,政府不可能也不应该采取"行政包办"的办法来全面承担经济、文化、社会及城市建设和管理等领域的服务和建设项目。但是因为存在市场失灵,所以政府又不能"放之不管"。这就需要构建既能充分发挥党政引导作用,又能有序承接政府部分服务职能、公共事务的社会主体,鼓励公众参与决策和运作过程,形成新型的地方公共治理机制,改变政府重经济轻社会的理念,实现政府由经济建设型向服务型政府、从"全能政府"向"有限政府"的过渡。

二、政府、市场与"社会复合主体"的关系格局

(一)政府对"社会复合主体"的扶植与分权

在目前,杭州市政府对"社会复合主体"的管理是扶植和分权两方面。扶植就是对"社会复合主体"的管理实行宽大的政策,先组织起来运转,再一步步规范。由于我国社会的自主治理能力很弱,缺乏社会自主治理的主体,政府简政放权又面临着现实的障碍。在民间自发产生非政府组织的基础和传统缺乏的情况下,培育社会复合主体、由政府推动来发展社会自治主体是一条可行的途径,对于促进经济社会协调发展具有重要意义。但由于社会还缺少具有社会公信力、能独立承担社会责任的主体,所以这种转移应是一个渐进的过程,一开始政府一定要介入扶持,否则就会出现"一放就乱"的局面,应"先扶上马再送一程"。在这种情况下,构建社会复合主体,利用政府的公信力和延伸服务,对于保证社会发展的公平与秩序具有重要意义。

在地方治理中分权就是和政府机构改革及职能转变相关联,形成或聚集解决公共性问题的功能性社会网络。这个网络吸收相关利益人参与公共政策过程,解决社会公共问题,培育社会自我管理、自我协调能力。杭州地方政府对"社会复合主体"的分权就是通过新设机构,如行业管理协会、项目推进组

织、合作联盟等，使其承接一些过去由政府掌握的公共职能，更好地发挥新机构的灵活性、效率、创新精神及责任感。

（二）市场、政府对"社会复合主体"的需求与促进

"社会复合主体"通过大跨度的和深度的社会协作，使各个领域的社会行动主体建立起合作伙伴的关系，从而在一个大的范围中形成社会资源与社会机会的合理配置机制。从更长远的过程看，政府、市场和社会的合作伙伴关系对于利益关系和利益结构的动态协调是十分有意义的，因为，它不仅有助于我们避免陷入已经充分认识到的"市场失灵"和"政府失灵"的困境，而且有助于我们避免陷入尚未意识到的"社会失灵"的危险[①]。

经济社会发展中的很多项目，不宜由党政机关直接运作，但又需要党政的引导、调控和服务。党委、政府通过社会复合主体参与相关事业发展和项目建设，直接发挥党政的引导作用，实现党政机关的延伸服务、创新服务，使公平与效率、社会效益与经济效益的平衡得到切实维护，也使社会各主体在沟通合作中走向成熟。"社会复合主体"主要承接和承担的是过去由政府承担的社会管理职能，立足为公民的公共利益表达、公共利益的集中提供了多种共和渠道和形式，促使国家权力的公共行使。

（三）"社会复合主体"的社会性功能

"社会复合主体"最主要的特征就是复合，是党政界、企业界、科研界、媒体界、知识界不同组织的复合。这种主体是充满活力的创业主体，是创业的生力军。在社会结构日益复杂、社会职能日益增多的背景下，需要培育社会复合主体。社会复合主体以开放融合、多层复合的组织架构，构建了有着共同事业目标的不同组织、不同群体、不同人员共同参与、合作推进的组织平台与载体，有利于调动方方面面的积极性，整合各方资源，组合各方力量，处理好各方关系；有利于促进各主体之间的合作与交流，有效地增加彼此之间的理解和信任，把外部协调变为内部协调，降低协调成本，提高办事效率；有利于人的多样才能的发挥，构建了人在本职工作以外发挥才能和作用的新平台，促进人力资源的

[①]　杨敏：《我们何以共同生活——"中国经验"中的"杭州经验"》，《探索与争鸣》2009 年第 5 期。

充分开发和利用。

三、"社会复合主体"发展的现状、问题、途径

（一）现状：在调控与自发、有序和无序之间

在地方治理初期，治理制度具有自发创新的性质，但在地方治理发展到一定阶段，就必须建立一系列日益完善的制度。作为制度安排，地方治理主要体现为地方政府及其组织权力分配关系、动力机制和利益结构，这是地方治理实践得以进行的基础①。

杭州虽然是"社会复合主体"的提出者和率先实施者，但从目前探索的状况看，它们却仅仅是初步的雏形。概括起来讲，杭州现存的"社会复合主体"基本上处于一个自然和自发的状态，而并没有进入一个自组和自为的状态。与社会变迁的巨大需求相比，现在杭州的趋于公共组织的"社会复合主体"有两种基本的"两极化"表现形式和形态：一种是完全由政府倡导和主导的，呈现官民两重性特征。通过挂靠某政府部门获得法定地位与保障，其生存与发展受政府调控；另一种则是社会自发的、草根的，完全由民间自发和自组的。在严格准入条件下与政府管制下，许多这样的组织不能进行民政注册登记，只能以半公开或地下形式开展活动，处在法律政策调节规范的视角之外。而比较完备的沟通政府和社会的处于中间状态的"社会复合主体"则还是很少，还不能构成一个整体的"第三部门"，尤其是与社会的需要和需求极其不相适应。总之，由于现有指导社会复合主体发展的制度缺乏，导致现存的社会复合主体的发展处在有序与无序之间。

（二）问题：价值、体制和功能的多重不足

地方治理无非要实现两大根本目标：一是依靠治理机制，调动整个社会资源，发挥各个社会的有生力量的作用，共同解决地方的公共性问题，改善或提高公民生活质量，形成地方可持续发展能力。二是通过治理，改革地方政府的现有管理体制，重新定位地方政府的管理职能，调整政府与社会的关系，建立

---

① 孙柏瑛：《当代地方治理——面向 21 世纪的挑战》，北京：中国人民大学出版社，2004年，第 33—34 页。

政府与企业、公民组织之间的战略合作伙伴关系，提升地方政府组织管理社会公共事务的能力。

目前杭州所形成的"社会复合主体"主要面临内部机制、外部功能、社会作用以及与政府关系方面的冲突与挑战。

第一，稳定性差，事业和产业混同。其中主要原因是设立当时具有应急性和即时回应性，支持制度及配套政策缺失。审视杭州现有存在和起作用的"社会复合主体"就会发现，无论是某种行业的发展或某个整体城市发展改造项目，还是杭州市和大学的联盟，基本上都是为应急而建的，具有随机性和随意性，而很少规划性和计划性。如"运河综保复合主体"起初就是为了大运河申遗而设的，后来是为了工作的继续推进方才成立了"双轨制"的"综保委"的，进行"事业单位企业化运作"，呈现"产业与事业"的双轨角色、运行混同。

第二，独立性弱，利益表达的空间窄。政府对"社会复合主体"的指导是必要的和必需的，主要是政府代表着国家和社会的长远利益。但现有"社会复合主体"的从属性大于权利的平等性，其一般都是政府为达到某种公共目标或进行某种建设项目而设立的，所以政府主导的色彩比较浓厚。如具有典型意义的杭州现存 20 多个"社会复合主体"大多是在政府的大力推动下成立的，而其中具有相对独立性的"社会复合主体"却只有三个行业联盟。这将不利于提高其主体利益表达的组织化和自由化的程度，其组织空间、活动空间及媒介和工具还存在问题。所以，如何从社会体制改革及政府职能层面展开去深入地研究"社会复合主体"的内部机制、外部功能、社会作用以及与政府关系方面的问题，是一个值得深入探讨和研究的问题。

第三，层次境界低，定位性模糊。"社会复合主体"的目标定位是帮助和延伸政府的某种职能，只是表层地定位在"创业"而不是"创新"，是定位在"富民"而不是深层的"福民"，图的是经济单向发展，而不是谋社会的整体发展。所以，它往往缺少的是一种长期、长远和长效的机制。

第四，管理政策缺乏，存在体制性冲突。在目前的制度框架内，由于"社会复合主体"是新生事物，除了登记、注册一类象征性的政府管理外，政府没有对其进行日常性评估和监督管理方面的必要制度，表现为支持制度和配套政策缺失。而且其突破现存行政主导的制度惯性和刚性是很难的。

(三)路径:规范、有序和限度

由于"社会复合主体"的双重的两极化的特征,其培育及发挥作用需要一个渐进的过程,其路径应该是规范、有序和限度。

培育"社会复合主体"需要对若干理论问题或重大实践问题进行规范:一是社会复合主体中政府定位、工作方式和权力边界问题;二是社会复合主体中市场机制作用的发挥和激励约束问题;三是非政府组织作用发挥的问题;四是专家学者的激励约束问题。

加强对"社会复合主体"的规范化,要发挥公共政策的作用。其中,尤其要着重注意对能够协调经济、政治和社会关系的"社会复合主体"的建设、发展和完善。这就需要对"社会复合主体"的形成、建设和完善进行必要的规范。而通过政策进行规范是最佳的现实方法和渠道。因为政策既能够提供激励、禁止、规范,更能够保证主体的发展方向,又为其留有足够的发展空间。这就需要对促使和促进"社会复合主体"的政策和措施进行整理和整合,尤其是需要通过出台和实施有利于"社会复合主体"的形成、成长和发展的公共政策,从而促使和促进"社会复合主体"的形成、成长与融合。

一是总结经验、促进"社会复合主体"的规范化,推行依法设立、分类管理的公共政策。

二是将"社会复合主体"的应急性、拾遗补缺作用改变为基础性作用,在政府主导和商业运作之间保持平衡,加强主体自身的自律性、协调性。

三是为政府调控需要和灵活需要的平衡,"社会复合主体"发展应该遵循限度标准,有序承担社会公共事务。

四、委托与授权:"社会复合主体"履行公共职能的边界分析

从"社会复合主体"的组织性质看,"社会复合主体"就是一个公共利益的组织化共同体,是具有公共性的法团主义的公共功能组织。其承担的功能仍旧是政府职能的延伸,短时间内政府起主导作用。作为第三部门的社会、民间要素和行政本位的公共性要素会在很长一段时间内共存。"官主动退"和"民跟进"的转换要经历一个长期的准备和替代过程,任何激进的改革必然破坏结构连接、留有空档,引发政府失灵和社会失灵。因此,"社会复合主体"应该有

限度、渐进式承接政府的转移公共职能,这涉及两者的边界性问题,也是界定"社会复合主体"履行公共职能的合法性与合理性的范围。

(一)授权式委托:一种法团主义引导的分权

从授权委托的内容看就是在地方治理中政府将一部分社会服务与管理权通过参入式民主的形式分权给非政府组织,让其自我服务、自我管理,激发自主性,提高服务效率。这种治理设计中,可以实现一部分公共职能由政府向非政府组织转移和传递。这个分权是法团主义式的。法团主义在强调国家与社会间合作关系的前提下,并不否定各种社会组织的相对独立性。它注重社会通过制度化的渠道对国家的监督、控制与参与,同时也注重国家对各种社会团体的保护与促进。因此,法团主义对于当代中国社会的政治过程具有较好的解释与规范功能,而且也能为"强国家—强社会"的国家与社会关系模式的建构提供强有力的理论借鉴①。

政府法团主义式分权体现在政府对"社会复合主体"的介入方面。政府的介入,主要是引导力的介入、公信力的介入、服务的介入,主要提供一种协调、整合资源的平台服务,是政府总体引导、协调、服务职能的延伸,特别是在社会事业和文化产业中,在知识、文化与经济融合的过程中,政府依托其公信力、协调力发挥引导、协调、服务的作用至关重要。要把握政府介入的程度及方式,保证政府发挥协调服务职能,而不是直接的强制,这是防止社会复合主体走政企不分、体制固化老路的关键。

现实的"社会复合主体"在获得行政授权委托的过程中,主要有以下三类形式。

一是行业联盟组织:授权合作式委托。这类组织以某一行业或事业的发展为目的,政府授权或出资,以组织框架内不同身份的互补实现管理与经营职能相互关联、文化与经济相互融合,依据与政府各自的比较优势进行分工。在主体复合的方式上,主要以政府部门、专家学者与行业企业的联合为主。一是通过委员会或领导(协调)小组进行不同领域人员的整合,委员会人员组成中

---

① [德]费希特:《论学者的使命、人的使命》,梁志学、沈真译,北京:商务印书馆,1984年,第282页。

既有政府人士,又有专家、企业家;二是通过委员会或领导(协调)小组办公室、协会、基地等多层架构的组织框架实现行业资源整合、整体运作,提供行业公共管理服务,如杭州市丝绸、女装行业联盟、茶行业联盟、数字电视行业联盟、美食行业联盟等。

二是公共公司:项目推进式委托。这类组织以实施对城市整体发展具有重大意义、社会效益、文化属性显著,又需要经营运作、持续管理的项目建设为目的,政府通过外包或直接下放权力,成立责任主体,实现社会化、民营化。责任主体既是项目建设的协调管理者,又是开发经营者,整合党政界、知识界、行业界、媒体界资源,搭建市民参与的开放平台,向社会提供专业性公共服务。如西湖综合保护复合主体、运河综合保护复合主体、钱江新城建设复合主体、大良渚遗址综合保护复合主体等。

三是市校联盟组织:其他委托方式。这类组织以推进知识创业为目的,以项目为依托,形成高校和城市全方位、多层次、宽领域合作的战略联盟。这类组织在主体复合的方式上主要以党政与专家、党政与院校的联合为主,同时产生相关经济组织作为支持。如杭州市与浙江大学战略联盟,杭州市与中国美院战略联盟等。

(二)"社会复合主体"的公共性边界界定

地方治理是介于民族国家治理和社区治理之间的治理层次。由于现有的"社会复合主体"替代政府的领域过于复杂,并且社会转型期的宏观环境决定了社会公共组织变动的基本特征,因此很难精确罗列社会复合主体的组织承接、替代政府公共职能的内容。而如果要追求政府和社会复合主体的复合效应,就必须保证双方组织的独立性,明晰相互的责任,即在社会复合主体和政府部门、市场之间存在一个合理边界,否则任何一方的越界就会破坏已经或者可能达成的合作平衡。

其一,政治性边界:提供准公共产品及服务。提供社会产品及服务的组织根据组织属性和产品及服务的功能分为:行政管理组织——公共产品及服务;社会服务组织——准公共产品及服务;市场经营组织——私人产品及服务。进而将社会服务组织和产品及服务细分为:单一型社会服务组织——一般性准公共产品及服务;复合型社会服务组织——特定性准公共产品及服务①。从"社会复合主体"的公共经济角度看,一个组织存在的合理性在于这个组织能够为成员提供单个个体无法生产而又需要的某种公共产品或集体产品。这些"社会复合主体"是以某种层次的社会公益为主要目标的主体组织形式,它提供的是一部分"准公共产品"或具有公益性质的"俱乐部"产品。

其二,社会性边界:倾向于"第三部门"。"社会复合主体"具有事业发展性质,突出公益性、专业性,同时又采用社会化运作方式,具有自我"造血"功能,实现可持续发展。其活动的边界是:从事一些对于政府或市场做不好的、带有风险性、前景明确的社会性活动。它以文化价值实现为导向和动力,以社会公益为主导,通过多样的创造和表现空间,推动社会发展,不以营利为首要目的,通过开创多样的创造和发展空间,推进社会事业和行业发展。

其三,经济性边界:有效整合和配置公共与私人资源。社会复合主体的着眼点应放在社会主体与经济主体的复合上。面对知识经济的发展,社会与经济交织融合的非常复杂但又充满生命力的态势,需要产生一种既承担社会责任、以社会事业为导向,但又要经营运作、可持续发展的在社会与企业之间的一种边界组织。它能够整合、协调各方资源,做到投入与产出的平衡,在经济上实现自我运作、自我积累,进而实现对社会事业的反哺。②

第四节　非政府组织促进就业的功能及其制度路径

就业是民生之本,促进就业是安国之策,是保障和改善民生的头等大事。党的十六大以来,我国确立了就业优先发展战略,健全了促进就业的法律体系,并通过发挥市场机制作用和强化政府责任等一系列举措,使就业促进工作取得了显著的成效。但我们应该看到,在世界上人口最多、劳动力数量最大的发展中国家,解决就业问题是一项长期、复杂、艰巨的任务。尤其是国际金融

---

①　傅允生、葛立成:《复合主体的创业动力与发展能力——基于特定准公共产品及服务需求与供给的考察》,《浙江社会科学》2008年第7期。

②　本章第三节内容原载《安徽行政学院学报》2010年第2期,题为《"社会复合主体"与地方治理:关系、路径与边界》。

危机对我国就业的不利影响短期内不会减弱,劳动力总量供求矛盾仍然突出;技术进步、结构调整和发展方式转变过程的加快,使就业结构性矛盾更加尖锐。总体来看,今后我国就业形势将更加复杂、严峻。

就业问题不仅是一个经济问题,更是一个社会系统内在协调性和制度均衡性的问题。在很大程度上,就业是国家、社会、市场的权力关系格局及其制度安排下的一个结果。非政府组织能够弥补就业系统中市场和政府的功能有限性,极有可能发展成为促进社会充分就业、公平就业和均衡就业的一个重要渠道。本节从非政府组织促进就业的逻辑基础、功能体现和制度路径三个层面展开探讨。

一、非政府组织促进就业的逻辑基础

第二次世界大战以后,学界对就业问题的研究逐渐突破古典经济学和凯恩斯经济学的界限,从劳动力市场、经济变动、产业转型以及政府干预的分析延展到对社会变革大背景的分析。20 世纪 80 年代以来,随着"治理"(governance)理念的提出和"全球结社革命"(global associational revolution)的蓬勃发展,人们逐渐认识到,非政府组织不仅在积累社会资本、提高公民自治水平、提供公共服务、缓解社会矛盾等方面效能突出,而且在促进社会就业方面大有作为。这一观点的提出,既有现实依据,又有深层的内在逻辑。

(一)非政府组织促进就业的实然逻辑

从全球发展来看,非政府组织作为一个重要的就业渠道和一支重要的经济力量,在就业促进中的实际效能引人注目。萨拉蒙(L. M. Salamon)等学者分别于 1999 对 22 国、2004 年对 36 国的非政府组织就业情况进行了分析。结果显示,国外非政府组织就业的平均规模大约是:占非农就业人口的 5%,占所有服务业就业人口的 10%,占所有公共部门就业人口的 27%,相当于各国最大私营企业就业总和的 6 倍多。若将志愿者计算在内,这些国家非政府组织的就业人口平均占非农就业人口的 7%,甚至占所有公共部门就业人口的 41%。在领域分布上,非政府组织的就业人口集中在教育(30%)、卫生保健(20%)、社会服务(18%)等领域。在动态发展上,从 1990 年到 1995 年,在有时间系列数据的 8 个国家中，非政府组织就业的平均增速为 24％，而这些国家的同期总就业增速仅为 8％，非政府组织就业增速的绝对优势集中在卫生保健、社会服务和教育领域。[①] 同时，发达国家与发展中国家的非政府组织就业并不平衡，这与各国政府、市场、非政府组织之间的权力架构和制度环境的差异性有很大关联。

在经济社会转型发展时期，尤其是经济危机和社会重大变革的背景下，非政府组织的就业表现出一定程度的持续性和反经济周期性。萨拉蒙的实证研究表明，在传统的工业、农业甚至服务业提供的就业岗位不断下降的情况下，非政府组织提供的就业岗位却不断提高。[②] 里夫金(J. Rifkin)从世界信息技术革命的"两面性"着手进行分析，认为人类将由此进入一个"后市场时代"，这个时代中存在的"结构性失业"将引起根本性的社会变革，使更多人进入"社会公益的就业领域"。[③] 另有学者在美国 2001 年之后经济衰退和"9·11"恐怖袭击对经济形成严重冲击的背景下研究就业状况，发现当经济衰退使大部分企业减少就业岗位的时候，许多非政府组织却创造了比平时更多的就业岗位。[④] 当前，随着全球金融危机向实体经济的蔓延，就业危机正成为继次贷危机、金融危机、经济危机后的全球新一轮危机。而中国所要应对的则是经济周期和结构转型的双重冲击。借鉴全球发展经验和对未来社会变革的预期，非政府组织极有可能成为一条重要的就业渠道，它在促进就业方面凌驾于一般经济体系之上，是劳动力的"蓄水池"。

（二）非政府组织促进就业的应然逻辑

非政府组织的蓬勃发展及其功能释放与"治理"理念的勃兴有着表里呼应、相互激发的内在关联。在"治理"语境下，就业问题实质上是一个依托多元复合主体予以共同解决的公共问题。政府、企业、非政府组织作为社会系统三

---

① 温艳萍：《民间非营利组织的社会与经济效能研究》，上海：上海人民出版社，2008 年，第 143－145 页。

② 同①。

③ ［美］里夫金：《工作的终结》，王寅通等译，上海：上海译文出版社，1998 年。

④ 温艳萍：《民间非营利组织的社会与经济效能研究》，上海：上海人民出版社，2008 年，第 143－145 页。

大部门中的主要组织实体,在依存、互补、协调、合作的过程中共同维系着社会系统的平衡,对社会公共问题共同分担责任。因而,治理理论实则从制度均衡性的角度为实现社会系统的内在协调提出了一种合作式的制度构想。静态上,治理是"政府与社会力量通过面对面的合作方式组成的网状管理系统"①;而从动态上看,"治理"就是通过社会系统中三大部分之间的"权力转移"和"权力分享",形成合作的共同愿景、行动策略和制度过程。在就业促进中,不同行动主体的功能都具有不可替代性,只有激发并协同运转各自的行为逻辑,才能从根本上扩大整个社会系统的就业承载力,真正实现充分就业、均衡就业和公平就业的目标。

在就业领域中,企业、政府和非政府组织的行为逻辑各异。企业基于对利润最大化的追求,以效率为轴心,当企业资本为追求规模经营、提高生产效率时,劳动力被机器所排斥。对于企业的外部市场而言,经济周期或经济波动必然引起劳动力市场供求失衡,因而"失业"就成为"市场失灵"(market failure)的一个最显著的表现。相比之下,政府以民主和公平为轴心,它出于精简机构、转化职能的社会要求,对劳动力的容纳能力有限,但可通过鼓励、支持、扶助、引导、服务、监察等各种与劳动力市场运作有关的公权行为促进就业,保障公民的就业权和维护就业公平。但是,政府通过干预市场来促进就业的"凯恩斯主义"(keynesianism)是以一个强势政府为前提的,因而存在政治合法性的争议;同时,对"凯恩斯主义"的奉行曾导致西方国家在 20 世纪 60 年代中期到 70 年代出现了恶性通货膨胀与经济停滞、失业量并存的"滞涨"局面,因此又遭到现实有效性的质疑。在金融危机背景下,美国奥巴马政府推出的"就业刺激计划"虽然使经济自 2009 年下半年出现反弹,但失业问题仍未得到明显改观,出现了"无就业复苏"的尴尬情境。正如人们所担忧的那样,政府"大而全"的干预方式有可能复演"凯恩斯主义"的负面后果,不仅无力从根本上解决"市场失灵"引发的就业危机,反倒可能会因为政府的举措失当而陷入"政府失灵"(government failure)的泥沼,从而在市场和政府双重裹挟下导致经济危机愈

---

① D. Kettle. *Sharing Power: Public Governance and Private Markets*. Washington: Brookings Institution, 1993, pp. 9—22.

演愈烈。与政府和企业有所不同，介于它们之间的非政府组织以公益（同情和利他主义）为轴心，具有利润的非分配性、非营利性特征，主要涉足企业不愿介入、政府不能做和做不好的领域，为全社会提供准公共物品。非政府组织基于公益性质的就业容量、就业准则、就业准入方式不完全等同于政府和企业，且就业弹性较大，在促进就业的过程中具有极强的"社会内生力"，创造了一个以公益为核心追求的崭新的就业空间。上述三者在就业领域中的行为逻辑虽有很大不同，但在治理网络中又均是具有反思理性的"复杂人"，可以通过持续对话和博弈来调整各自的行为，发挥各自的就业功能，增进社会系统的整体利益。

通过上述分析可见，就业问题的解决要从根本上摆脱"逻各斯中心主义"思维，不能单纯从市场或政府内部寻找答案，而应该在"治理"语境之下，通过社会系统的适应性优化行为及其合作过程，化解单一主体的功能失灵和非均衡增长带来的就业压力。社会的充分就业、均衡就业量不仅仅如经典宏观经济理论所说，取决于就业总供给与总需求之间的平衡，还取决于社会三大部门就业量之间的平衡。只有三大部门的合作治理，才能从根本上保证社会可持续地充分就业、公平就业和均衡就业。

二、我国非政府组织促进就业的功能体现

我国非政府组织促进就业的功能按照由"显"到"隐"的层面，可以划分为"直接功能"（直接容纳就业人口）、"间接功能"（通过各种就业服务间接促进就业）和"潜在功能"（缓解结构性就业矛盾、促进社会系统均衡就业）三个维度。笔者分别将其比喻为"蓄水池"、"催化剂"、"平衡器"三种效应。

（一）直接吸纳就业的"蓄水池"效应

如前文所述，世界各国非政府组织所容纳的就业人口都占据相当的比重。而在中国，非政府组织直接吸纳的就业人口很难精确计算，这主要是因为我国非政府组织的外延较难厘定。一般认为，典型的非政府组织应具有组织性、民间性、非营利性、自治性、志愿性、非政治性、非宗教性等特点，类似于萨拉蒙所说的"非营利组织"，但实际上，因我国社会转型的"过渡性"特征，完全符合上述条件的非政府组织并不多，且相当一部分缺乏政府的合法性认可，游离于政

府部门的登记范围之外。另一方面,获得政府合法性认可的非政府组织中,有许多带有明显的"半官方性",甚至类似于政府部门或可视作政府的延伸机构。这其中除人民团体、国家规定的免登记社团以及事业单位外,还包括在民政、工商、劳动人事、卫生等部门登记的社会组织。这里我们以在民政部门登记管理的社会组织作为对象进行探讨。

根据民政部发布的《2011 年社会服务发展统计公报》,截至 2011 年年底,我国在民政部门登记管理的各类社会组织 46.2 万个,直接吸纳就业人口599.3 万人。结合《2011 年度人力资源和社会保障事业发展统计公报》中的数据可计算得知,社会组织就业人口占总就业人口的 0.78%,占非农就业人口的 1.67%,占全部服务业就业人口的 2.2%。2007 年至 2011 年,社会组织就业人口的年平均增长率为 5.3%(2009 年金融危机背景下的增长率高达14.5%)。其中,社会团体的人员主要分布于农业及农村发展、社会服务、工商业服务等领域;民办非企业单位的人员主要分布于教育、社会服务、卫生三个领域。可见在绝对数上,我国社会组织已为社会创造了可观的就业岗位,是一条不可忽视的就业渠道。根据谭永生、杨宜永的动态计算,假设社会组织吸纳就业人数占非农就业人口的比重年均增长 0.12%,"十二五"期末该指标将达到 4.82%,与国际均值基本持平。据此他们估测我国"十二五"时期社会组织吸纳就业人口的潜力平均为 127 万,对弥补城镇就业缺口的贡献平均在7.9%左右。[①] 再以社会服务业这一各国非政府组织吸纳就业的重点领域进行探讨,如果我国社会服务业人口能提升到非农就业人口的 20%(世界多数国家的这一比值约为 18%~30%),并按照社会组织就业人口占社会服务业人口的 18%来计算,仅社会服务领域中的社会组织就可吸纳就业人口至少892 万。[②] 同时,上述判断只是基于民政口径的社会组织而言,因此仍然低估了其直接吸纳就业的功能。王名教授指出,在中国范围内开展公益或互益活

[①] 谭永生、杨宜永:《"十二五"时期应充分发挥社会组织促进就业的作用》,《宏观经济管理》2010 年第 2 期。

[②] 杨团:《促进非营利部门就业是新社会政策时代的社会产业政策》,《学习与实践》2009年第 10 期。

动的非政府组织大概是 300 万家,其中真正按现行法规登记注册的只有
1/10;①俞可平教授也认为,"全国已经登记和未经登记的乡村两级的民间组
织至少有 300 余万个,占全国民间组织总数的 2/3 以上"②。总体上估测,我国
非政府组织的真实数量大约 10 倍于在册登记量,因而其直接吸纳就业的空间
和潜力还很大。

(二)间接促进就业的"催化剂"效应

所谓"催化剂",是用以借喻我国各类非政府组织通过参与就业服务体系
而发挥的间接促进就业的功能效应。非政府组织不仅是转岗分流、下岗失业
人员、农民工、其他困难人群社会富余人员就业和再就业的广阔天地,也是对
这些人员开展各种公共就业服务的重要基地。

在法律层面,我国《就业促进法》第 9 条规定:"工会、共产主义青年团、妇
女联合会、残疾人联合会以及其他社会组织,协助人民政府开展促进就业工
作,依法维护劳动者的劳动权利。"这为我国非政府组织参与各种就业服务提
供了法律依据。目前,我国以下三类非政府组织在间接促进就业方面较为典
型。一是劳动就业服务类非政府组织。其功能涵盖了职业介绍、职业指导、职
业培训、职业鉴定、就业信息服务、职业心理咨询等方面,从而在各级政府人力
资源和社会保障部门提供的就业服务主渠道之外,拓展了公共就业服务的范
围和内容。特别是扎根于乡镇、街道、社区的非政府组织,能较准确把握基层
就业服务的切入点,及时满足了多样性、多层次和不断变动的就业服务需求,
同时通过基层社会服务安置一定量的就业人口。二是教育培训类非政府组
织。目前政府与此类非政府组织在合作开展就业培训方面积累了不少经验。
如上海市普陀区政府平均每年向民办学校、培训机构购买服务的资金约 300
万元左右。这种由政府大规模购买非政府组织提供的服务成果的做法值得借
鉴。还有一些行业社团设有职工培训的专门机构,有的还创办了职业学校,致
力于提升劳动者的就业能力。三是农业及农村发展类非政府组织。我国此类

---

① 王名:《非政府组织 90% 在法律框架之外》,《公益时报》2006 年 6 月 22 日。
② 俞可平等:《中国公民社会的兴起和治理的变迁》,北京:社会科学文献出版社,2002
年,第 200 页。

非政府组织主要包括提供农林牧渔业生产销售和技术推广等服务的经济类社会团体、农民主办或领办的各类农村民办非企业单位、农民自发组织的公益性社会文化团体等。其中分布最广、带动辐射人数最多、间接促进就业的效能最突出的是各类农村专业经济协会，它们广泛开展行业人才培训活动，为农村劳动力转移就业作出了贡献。

非政府组织间接促进就业的"催化"效应与市场、政府在促进就业中的"催化"作用有所区别，主要体现在它通过社会内生的力量，借助强烈的社会责任感和灵活的运作机制，以一种追求社会公益、利他主义的行为逻辑来促进就业，因而在救济弱势群体、促进社会公平方面具有市场和政府不可比拟的优势。例如，远东慈善基金会作为国内首家定向资助残疾人就业培训的非公募性慈善基金会，自2007年成立以来，实施了身障大学生远东帮扶计划，建立了远东身障人培训基地，创办了身障人士创业一条街，为身障人士尤其是农村身障人士创业就业提供支持。同时，非政府组织在困难人群就业保护、就业援助和就业服务过程中，如能与政府、市场结成合作伙伴关系，可以更好地使这种关系转化为一种"共同催化就业"的关系。例如，2009年为应付金融危机背景下农民工"返乡潮"造成的就业压力，河南省平顶山市劳动部门为每位返乡的务工人员发放面值600元的培训券，持券者可以在政府认可的若干家民办培训学校中，自主选择符合自己要求的机构接受培训。其中，民办培训学校作为社会力量的代表，是就业服务的直接提供者；政府负责该计划中民办培训学校的准入和对其监督，同时通过免费发放"培训券"为农民工接受就业培训服务而"埋单"。这里的"培训券"类似于美国经济学家费里德曼（Frideman）所说的"教育券"：接受培训者凭学券可以自由选择政府认可的培训机构免费学习，培训机构凭收到的学券到政府部门换取经费。这种设计的逻辑起点是认为培训机构的"市场竞争"可以促进办学的改革和培训质量的提高，从而在公共服务中巧妙地引入市场竞争机制，是政府的顾客导向和非中心性自主决策的一种体现。由此，政府、社会、市场三方力量在优化就业公共服务过程中形成了一种合作伙伴关系。

（三）促进均衡和公平就业的"平衡器"效应

前面谈到的"蓄水池"、"催化剂"效应主要是从现象层面上对非政府组织吸纳就业人口和提供就业服务的过程进行说明,而"平衡器"效应主要是就其在缓解结构性就业矛盾、促进社会系统均衡就业的深层意义上而言。需要注意的是,以往人们关注的结构性就业矛盾主要是指劳动力市场的供求关系矛盾、劳动力素质结构与市场供求结构的矛盾、就业分布的人群结构、产业结构、城乡结构、区域结构中存在的矛盾等,未能延展到社会系统性均衡的视角。我们认为,应从社会系统三大部门的均衡视角来重新审视结构性就业矛盾问题。

随着发展经济学研究的深入,人们发现经济增长与就业增长的正相关的关系程度和方向不是恒定不变的。在经济转型发展时期,由于资本和技术对劳动的逐步替代,国民经济和三次产业与就业的正相关的关系会不断减弱,甚至在部分产业、部分时期出现产业发展与劳动就业的负相关的关系。多年以来,全国就业弹性系数一直处于下降状态,"奥肯定律"在中国失效,出现了所谓的"无就业增长"。我国从"九五"期间 GDP 年均增长 8.6%、"十五"期间的9.5%到"十一五"期间上升至 11.2%,年均增加的就业人数却从"九五"期间的 804 万人、"十五"期间的 748 万人下降到"十一五"期间的 543 万人。与此同时,平均就业弹性系数不断下降。"无就业增长"现象一方面说明经济蛋糕的做大并不能自动地解决就业问题;另一方面,如果结合我国的政府主导型经济发展模式,上述现象实质上反映出市场和政府在就业领域中的"双重失灵"。

在世界范围内,非政府组织吸纳就业的主要领域是教育、卫生、社会服务领域,属于第三产业范畴;其中,社会企业由于其提供社会服务的独特作用,将成为非政府组织发展的主流方向。一般认为,社会企业泛指所有依据企业战略组织,但主要目的不是利润最大化,而是实现某些社会目标和经济目标,且具有一种为社会排挤和失业问题带来创新性解决办法的社会经济组织。通过非政府组织向社会服务领域的拓展,推动具有社会企业性质的非政府组织的发展,有助于缓解"无就业增长"的压力。

首先,随着经济社会的发展,公众对社会服务的需求日益增加,而我国社会服务业的发展还非常缓慢。政府在社会公共服务中存在的"失灵"现象要求其必须打破垄断,引导非政府组织或企业的介入;而企业在社会公共服务上存在先天的动力不足,这就需要以公益为主要目标导向的非政府组织承担这种公共使命。其次,在新旧产业转移之中,第一产业游离出众多的劳动力,第二产业明显呈现出"高增长"、"低就业"的挤压态势,而教育、卫生、社会服务所归属的第三产业成为转移和吸纳就业最有希望的领域。由此,非政府组织在上述服务业中的功能拓展,对结构性就业矛盾的解决将起到很大的作用。再者,从未来发展看,具有社会企业性质的非政府组织将造就一种新的"社会经济",它能够使"就业"与"保障"同步发展,弥补就业领域中的"市场失灵"和"政府失灵"。一方面,具有社会企业性质的非政府组织不以营利为目的,但为了自身的生存和发展,又允许其按规定收取一定的费用,并且可以盈利,只是其盈利主要将继续用于社会公益事业。这种运作模式有助于强化其自身的"造血"功能,实现持续促进就业的目标。另一方面,具有社会企业性质的非政府组织,因其"公益"属性而能够成为政府社会福利政策的新的承载者,其就业功能具有"保障"性质。这不仅弥补了完全由市场配置资源的缺陷,保证公共服务的充分供给,而且就业准入门槛相对较低,政府的政策支持使其受到经济周期和市场竞争的影响较小,因而其就业促进功能具有相当的稳定性和可持续性。

三、我国非政府组织促进就业的制度路径

非政府组织促进就业的功能释放取决于两股推动力量:一是通过政府主导、自上而下的"强制性制度变迁"(induced institutional change),再造一个鼓励和支持非政府组织的发展的制度环境,实现社会就业系统的"权力转移"和"权力共享"。二是通过社会驱使、自下而上的"诱致性制度变迁"(induced institutional change),为非政府组织促进就业夯实内在基础。就我国而言,对强制性制度变迁的依赖是首要问题。

新制度经济学观点认为,强制性制度变迁是指"由政府命令和法律引入实行的",诱致性制度变迁是"个人或一群人,在响应获利机会时自发倡导、组织和实行"。① 改革开放以来,我国非政府组织管理体制的演变主要是一种强制性制度变迁的过程,党和政府的制度安排在很大程度上主导了非政府组织的发展情况和变迁轨迹,这种力量要大于非政府组织自身的发展对于制度变迁

---

① J. Y. Lin. An Economic Theory of Institutional Change: Induced and Imposed Change. *Cato Journal*, 1989(9).

形成的影响。诚然,从宏观上看,"中国共产党所制定的一系列重大方针、政策,如推行社会主义市场经济,进行农村和城市管理体制改革,推进村民自治等基层民主,建设社会主义法治国家和政治文明,鼓励党政分开和政企分开,提高党的执政能力等,所有这些方针政策客观上都为民间组织的发展创造了合法的制度空间"①,但在微观制度环境上,政府借助于以管制和约束为主导的法规条例,通过给非政府组织的登记和成立设置过高门槛,对非政府组织进行分级等级和双重管理,对其活动经费、范围和内容进行严格限制,对非政府组织进行周期性的清查和整理,表现出对非政府组织的一种强大的政治管制和行政干预。在这方面,政府的制度供给是"过剩"的。同时,对非政府组织的制度供给又存在着许多空白地带,主要体现在缺少管理非政府组织的一般性法律,一些现行管理条例缺乏针对性、协调性,难以适用于社会的真实情境。这就造成不少非政府组织无所适从,也使政府对非政府组织管理实际上拥有过分的"自由裁量权"。整体上看,上述"制度过剩"与"制度匮乏"并存的制度安排,首先出于满足政府部门的管制需要和规避风险的考虑,而不是以促进非政府组织发展为目标的,这就严重限制了非政府组织发展及其促进就业等各种功能的释放。

就非政府组织促进就业的制度供给而言,在法律层面上,尽管《中华人民共和国促进就业法》在"总则"中赋予非政府组织协助政府开展促进就业工作的权责,但对其功能定位是"协助"性质的,而不是"合作"性质的,政府在促进就业中占据中心地位。在"政策支持"一章中,该法仅对政府促进就业的责任和对企业促进就业的政策支持进行了说明,缺失对非政府组织促进就业给予政策支持的表述。在其他章节中,仅提到"地方各级人民政府鼓励和支持社会各方面为就业困难人员提供技能培训、岗位信息等服务",但这种"鼓励"和"支持"还缺少必要的制度设计和配套政策。此外,在现存的就业促进制度模式中,由于长期计划经济模式下政府的主导趋势和刚性体制特征,对"政府解决就业"的"路径依赖"凸显,缺少更加灵活的安置就业的制度安排;另一方面,市场的就业排挤现象十分突出。在这种情境下,新的就业空间未能得到有效

---

① 俞可平:《中国公民社会成长的制度空间和发展方向》,《中国社会科学》2006 年第 1 期。

开发。

　　清华大学 NGO 研究所 2000 年的调查表明,我国非政府组织面临的主要问题是:缺乏资金、缺乏活动场所与办公设备、缺乏人才、政府的支持力度不够、组织内部管理问题、缺乏信息交流与培训机会、开展的活动得不到社会的回应、相关法律法规不健全、缺乏项目、政府的行政干扰太大等。[①] 上述问题中的绝大多数与外部制度困境有关,迫切需要政府通过制度再造为非政府组织提供一个支持性的发展环境。以此论之,借助国家层面的强制性制度变迁,重新拟定"游戏规则",可以在耗费较少成本的情况下扩大非政府组织促进就业的规模和覆盖面。对此,笔者提出如下建议。

　　(一)国家应将开发非政府组织促进就业的功能作为一项中长期战略

　　如前文所述,非政府组织是多元化时代社会发展与改革的生力军,在经济社会转型发展时期,非政府组织的就业表现出一定程度的持续性和反经济周期性,对弥补就业领域中的"市场失灵"和"政府失灵",进而在促进充分就业、均衡就业和公平就业方面有着不可替代的功能。目前,一些地方政府已将开发非政府组织促进就业的功能纳入战略视野,积累了制度创新的经验。如上海市六个局(委)联合颁布了《关于鼓励本市社会组织吸纳大学生就业指导意见》,目前上海依法登记的 9000 多家社会组织中,有 70% 的从业人员具有高等学历,社会组织已成为吸纳高校毕业生就业的有效渠道。北京、广东、浙江等地在支持非政府组织发展以及政府购买非政府组织的服务等方面有许多制度创新。建议在这些地方经验的基础上,国家将鼓励非政府组织的发展以及开发非政府组织促进就业的功能作为一项中长期战略。政府应树立三大部门就业协调发展的思想,打破市场和政府力量对就业的绝对垄断,构建三大部门合作发展的伙伴关系和制度体系。尽快修订《促进就业法》,明确非政府组织在促进就业中的权责及相关的支持政策。在发展策略上,政府应首先将开发非政府组织在促进就业方面的"催化剂"效应作为重点,并鼓励非政府组织向第三产业发展,推进一批就业促进型社会企业的建立。在此基础上,随着中长期

---

　　① 邓国胜:《中国 NGO 问卷调查的初步分析》,载王名主编:《中国 NGO 研究 2001——以个案为中心》,北京:联合国区域发展研究中心、清华大学 NGO 研究所,2001 年,第 24 页。

政府治道变革的推进、市场经济的日益完善、非政府组织自身的发展壮大,非政府组织在直接吸纳就业方面的"蓄水池"效应和解决结构性就业矛盾的"平衡器"效应才能充分体现出来。

（二）由管制约束导向的非政府组织管理体制转向培育支持导向的管理体制

现行的双重管理体制的最大特征是登记机关和业务主管单位的审批登记制度,这使得大量非政府组织因找不到合适的业务主管部门或达不到登记的其他条件而无法获得合法性身份;同时也造成了业务部门对所管理的非政府组织过分的行政干预。对此,应尽快修改有关法规,实行直接由民政部门登记注册而无需必备业务主管单位的新方式。目前,广东省在降低非政府组织准入门槛、改变管理模式和提高扶持力度方面先行先试,除特别规定、特殊领域,非政府组织的业务主管单位改为业务指导单位,非政府组织可直接向民政部门申请成立。地方政府将管理重心从事前审批登记转变为事后监督,同时进一步强化非政府组织的自律和社会监督。

除了为非政府组织的登记注册适当"松绑"之外,政府要加大对非政府组织的培育与扶持。一是转移政府职能,真正让渡空间,除了法律法规另有规定的之外,政府部门应将公民、法人和其他组织能够自主解决,市场机制能够自行调节,非政府组织能够通过自律管理的事项转移出去。二是重点培育和扶持教育、卫生、社会服务、文化等领域的非政府组织,出台对非政府组织的财政扶持政策,其中要对税收优惠、政府向非政府组织购买服务、政府给非政府组织提供直接的财政支持、设立非政府组织发展专项基金等内容予以明确规定。三是加快推进各类非政府组织与主管行政部门在机构、人员、资产、财务等方面彻底分开,逐渐实现非政府组织的自我管理和自主发展。四是出台旨在提高非政府组织就业人员工资福利待遇的政策,把非政府组织就业人员的社会保障纳入国家正常社保体系,解决其后顾之忧。五是出台支持非政府组织就业人员向职业化、专业化发展的政策,提高其社会服务的能力和质量。

（三）在政府与非政府组织之间建立起以政府购买非政府组织服务为主要方式的合作伙伴关系

从国外经验来看,政府购买非政府组织服务已成为政府支持非政府组织发展并释放其就业功能的重要手段。按照政府转变职能和事业单位改革的要求,对政府分离出的或新增的社会管理和公共服务事项,凡可委托非政府组织承担的,通过政府采购等法定方式,向符合条件的非政府组织购买。此外,政府应建立起对非政府组织的奖励及资助制度。按照突出重点、分类实施的原则,在工商经济、社会福利、公益慈善和社区非政府组织等近期重点发展领域的优先扶持项目中进行试点,根据非政府组织提供社会管理和公共服务的数量、质量、绩效水平以及服务创新等情况,开展考核评估工作,根据考评结果对非政府组织予以奖励和资助。上述做法可以有效地解决目前非政府组织发展的资金瓶颈:一方面,非政府组织可以用这部分资金吸纳更多的就业人口,扩大社会服务的规模和覆盖面,不断发展壮大;另一方面,充分的资金保障有助于提高非政府组织就业人员的工资福利待遇,吸引更多高素质的人员加入其中。政府支持非政府组织发展是为了双方形成合作伙伴关系,为解决包括就业问题在内的社会公共问题而共同探索、共同努力,最终实现治理和善治的变革目标。①

第五节　非政府组织在公共危机治理中的功能路径

伴随着全球风险社会的来临,人类步入了一个"危机丛生"的时代。与此同时,传统的公共危机管理也在面临着一场前所未有的思想危机。一个重要标志在于,建立于理性官僚制基础上的"管理型"公共危机应对方式不断地被解构,而面向社会、面向公民的"治理型"话语体系正在形成。"治理"意味着政府不再是社会唯一的权力中心,非政府组织、企业、公民等都可能成为不同层面的权力中心。由此,在从"公共危机管理"走向"公共危机治理"的范式变迁过程中,非政府组织作为促进人类行动的社会结构性资源,愈来愈发挥着积极的功能,不断地推进公共危机治理的效能化、民主化进程。然而,在我国传统

---

① 本章第四节内容原载《中国行政管理》2012年第11期,题为《社会组织促进就业的功能与制度路径》,系浙江省2012年度哲学社会科学规划立项课题"浙江省社会组织促进就业的功能评估与制度路径研究"(编号:12YD55YB)的阶段成果。

的公共危机管理体系下，非政府组织的功能并未得到充分认识，其功能的释放也存在诸多障碍。本节着重对非政府组织参与公共危机治理的逻辑基础、行动特质、功能体现、功能障碍和释放路径进行分析。

一、从管理到治理：非政府组织参与公共危机治理的逻辑基础

传统的公共危机管理存在于一种"契约主义"和"理性官僚制"的封闭体系中，它往往通过强化政府一元主导的"控制型"角色，自上而下地实施公共政策，建设层级化、专业化、技术化的应急管理架构，从而将作为"事件"的公共危机纳入到政府的可控范围内。但是，传统公共危机管理模式的缺陷是显而易见的。

首先，公共危机管理中的"政府中心论"无力解决日趋复杂、动态多发的公共危机问题，而且时常引发公共决策失败、政府机构的低效率、政府内部性与扩张、政府的寻租活动等"政府失灵"现象。"在现代社会，任何一个行动者，不论是公共的还是私人的，都没有解决复杂多样、不断变动的问题的知识和信息；没有一个行动者有足够的能力有效地利用所需要的工具；没有一个行为者有充分的行动潜力去单独地主导（一种特定的管理活动）"[1]，"因为在公共服务中面临资源的缺乏或日益加剧的'无法管制'的环境，政府对其他社会行为者的依赖性正在增强"[2]。这就意味着，公共危机管理的主体结构应该是多元化、互赖性和合作式的；政府在其中不是扮演"控制型"、"划桨型"角色，而是扮演"协调性"、"掌舵型"角色。

其次，传统公共危机管理中自上而下的政策执行方式也有着很大的局限性。在"自上而下"的政策执行模式中，政策本身是由多个法令和规章共同构成的，一些政策并没有支配性的机关或法令规章，而且政策执行主体是多元化的、有限理性的，政策执行过程也是不断变化的。上述这些因素都会影响公共危机管理的有效性和协调性。此外，传统自上而下的政策执行方式在某种程

---

① J. Kooiman and M. Bavinck. Governance Perspective. Kooiman et al. (eds.), *Fish for Life: Interactive Governance for Fisheries*. Amsterdam: Amsterdam University Press, 2005, p. 18.

② J. Pierre & B. G. Peters. *Governance, Politics and the State*. Stuttgart: MacMillan Press, 2000, p. 4—5.

度上未能充分发挥非政府组织影响政策目标的实际能力和潜在能力。因而，它无法满足公共危机管理中的效能和民主原则。

再者，层级化、专业化、技术化的应急管理架构只是公共危机管理体系的一个方面。罗伯特·希斯(Robert Heath)在《危机管理》一书中指出了一系列危机发生时可能的组织结构：已建立的、扩展的、延伸的与紧急的。① 其中，"扩展的"组织由志愿者组成，在不同的危机情境中与常规组织一起共担责任，从而使应急能力得以扩展。"延伸的"组织是指那些在特殊情况下加入危机管理组织，提供诸如建设或清洁服务之类援助的国内组织。"紧急的"组织是指临时召集的职业性组织，主要从事危机管理中的救援工作。事实上，上述组织都是非政府组织的构成，并不仅仅关涉理性官僚制架构下的政府部门。

最后，公共危机不仅是一个个独立的事件，而是一个包含着潜伏期、发展期、爆发期和恢复期的整全生命周期，这就决定了公共危机管理不仅是突发事件的应急管理，而是一个包含着事前、事中、事后所有方面的过程管理。

基于上述传统公共危机管理的弊端，张成福②、刘霞③、张勤④、夏志强⑤等学者提出要构建一种新的公共危机治理模式。其实，"治理"理论并不是公共危机管理理论的具体创新，而是当代公共行政学范式进步的一个重要体现。治理理论诞生于20世纪后期福利国家危机、全球化和区域化的大背景之下，包括主张治理主体多元化、主体间责任界限模糊化、主体间权力的互赖与互动、建立自主自治的网络体系、重新界定政府作用范围及方式等观点。在思想史上，治理理论受到了社会建构主义思潮的洗礼，体现着政府与非政府组织在分享、互动基础上对于合作治理所达成的共识。因此，它是对非政府组织参与治理过程的倡导，也是对政府与非政府组织之间积极互动关系的张扬。由此出发，公共危机治理模式的关键在于由"管理"到"治理"的变化：它意味着政府

---

① ［澳］罗伯特·希斯：《危机管理》，王成等译，北京：中信出版社，2001年，第70页。

② 张成福：《公共危机管理：全面整合的模式与中国的战略选择》，《中国行政管理》2003年第7期。

③ 刘霞：《公共治理体系与危机管理创新研究》，清华大学博士后出站报告，2005年。

④ 张勤：《公共危机治理的社会组织参与耦合机制探微》，《理论探讨》2010年第2期。

⑤ 夏志强：《公共危机治理多元主体的功能耦合机制探析》，《中国行政管理》2009年第5期。

与非政府组织在公共危机治理中的多元合作、权力互赖、责任共担；意味着公共危机治理中的政策过程不仅是自上而下的，也是自下而上的，政府要重视并推进非政府组织对于政策过程的积极影响；还意味着对于公共危机治理不仅是突发事件的应急措施，而是一个对公共危机全生命周期的治理过程。

综上，笔者认为，公共危机治理是指政府通过与非政府组织、企业、个人的协同合作，针对潜在的或当前的公共危机，采取自上而下与自下而上相结合的政策模式，开展全生命周期的监测、预警、应急、恢复和评估活动及其过程。如是观之，公共危机治理不是政府单方的责任。由于其主体、客体和过程都具有一定的社会性，特别是公共危机治理的客体——公共危机，它所具有的突发性、破坏性、复杂性和社会性等特点，因此要求人们调用各种社会资源进行预防、应对和恢复，而非政府组织正是一种可被调用的社会结构性资源。

二、非政府组织在公共危机治理中的行动特质

(一)非政府组织治理公共危机时的行动以"互惠"为基础

研究公民社会和中国问题的著名学者戈登·怀特认为："公民社会是国家和家庭之间的一个中介性的社团领域，这一领域由同国家相分离的组织所占据……这些组织在同国家的关系中享有自主权并由社会成员自愿地结合而形成以保护或增进他们的利益或价值"[1]，其重要的任务之一就是维护成员的共同利益，使成员之间在共同行动的基础上取得"共赢"。因此，当公共危机来临时，非政府组织便采取积极的措施去应对危机所带来的侵害。非政府组织采取行动的基础是"互惠"。当公共危机发生时，成员之间的"互惠"共同行动以及建立在信任、忠诚和互惠基础上的相互依存关系是其采取行动的基础。此外，非政府组织的这种"互惠"行为不仅仅限于组织内部，而且更多是在组织之间去"共享"。当汶川地震发生后，非政府组织一面及时向政府传达信息，使政府能够得以迅速施展救援措施，尤其是推动了政府集中有效地分配救灾资源。他们还联系相关企业，以利于企业在安置房搭建、受灾社区基础设施建设和社区日常管理等方面发挥其专业特长。此外，他们在联络多方参与主体、构筑多

---

① 何增科：《公民社会与第三部门》，北京：社会科学文献出版社，2000年，第64页。

位一体的危机治理体系方面,发挥了强效的中介作用,使得各方主体能够有效利用资源并各尽其责、高效有序参与、各尽其能、各得其所。

(二)非政府组织治理公共危机时所依靠的手段是"关系"

在这里,所谓"关系"实际上是指的"促进两个或更多个人之间的合作的实际的非正式规范"①。当然这种"关系"不仅仅是个人之间协作的资源,而且也是集体行动的资源,更是整个社会有效运作提高效率的资源。人们把这种"关系"称为社会资本。当治理危机时,市场是按照价格机制或者是利益驱动原则采取措施和行动的;政府则是按照例行程序启动应急预案采取应对危机的措施和行为。而对于非政府组织来说,既不能利用价格交换的游戏规则来采取措施,也不能像政府一样建立在统治的权威和行政命令基础之上而采取行动。面对公共危机,非政府组织的治理是基于"成员之间对本组织的长期忠诚和成员对组织声誉的关切"来实践的,其权威是建立在相互认同和充分信任基础之上。汶川地震发生后,有数百家非政府组织和 300 多万名志愿者立刻开赴灾区,开展抗震救灾工作。他们采取行为不是因为政府的统一指挥,也不是因为利益的驱使,而是因为他们具有"那种特殊的浸透着道德力量和自主性的个体和私人观念"的"相互关系","尽管他们未被赋予正式的权力,但在其活动领域内也能有效地发挥功能"②。

(三)非政府组织治理公共危机的行为个体和方式是多样的

公共危机发生后,不同类型的非政府组织依据自身不同的性质和特点,将向社会提供教育、医疗、救济和扶贫等公益服务,而且还在环境保护、公共安全等方面提供公共产品。他们依靠道义力量征集物质和人力资源,并且与政府和有关组织等行动者形成一种分工合作、相互补充的关系。无论是提供公益服务还是提供公共产品,这些行动都不是由单一的非政府组织完成的,而是由多个非政府组织协同完成的。在地震灾害、河流污染以及其他的公共危机发生后,非政府组织的行为表现足以证明这一点。公民社会个体的多样性、行动

---

① 李惠斌:《全球化与公民社会》,桂林:广西师范大学出版社,2003 年,第 327 页。

② [美]罗西瑙:《没有政府的治理》,张胜军、刘小林等译,南昌:江西人民出版社,2001年,第 5 页。

的多样性以及提供内容的多样性在一定程度上有力地弥补了政府在危机治理过程中的"失灵"和"缺位",克服了政府行动的程序繁琐,显示了自身所具有的独特优势和功能。

(四)非政府组织治理公共危机的行为向度是多元的、相互的

一般来讲,公共危机的发生不是单一因素导致的结果,而是多种因素综合作用诱发的。因此,公共危机的治理过程也应该是全方位、立体式的。在公共危机解决过程中,传统型的政府往往通过发号施令、制定和实施政策,强化对公共事务的单一向度的管理,而市场则在"怀疑"和利益基础之上采取治理行动。因此,无论政府还是市场,在治理危机过程中不可避免地存在"主观意向性"和"片面性"。对于非政府组织来讲,在治理公共危机时的行为是一个上下互动的过程,主要是通过合作、协商、建立伙伴关系、确立共同目标、实施共同行动的方式实施对公共事务的管理。它的行为是基于合作网络的权威,行为向度是多元的、相互的。每个非政府组织在治理公共危机中的行动作用点和着力点不同,更加有利于建立一个全方位、立体式的公共危机解决渠道。

(五)非政府组织治理公共危机的作用范围可以超越国家的界限

随着全球化进程的加速推进,导致世界"扁平化"的趋势越来越明显,而且政府在"扁平化"的世界里,其职能和作用已经受到较多的限制。在解决公共危机特别是跨国之间的公共危机的过程中,政府不能把解决危机的作用范围仅限定在自己的领土上,而且其解决危机过程中的效率和能力越来越受到非政府因素的影响和制约。从性质上分析,非政府组织的"非政府性"使其行为减少了政治越界"顾虑"。詹姆斯·N·罗西瑙(James N. Rosenau)在谈及非政府组织的作用时提出了一个新的概念——"权威空间"(SOAs)。他强调主权国家和政府属于权威空间,但是大量非政府的超国家组织和次国家组织也都在权威空间之内。非政府组织可以弥补国家间在治理国际公共危机作用方面因信任"不足"而产生的没有必要的消耗,而且在一定程度上可以使两个敌对状态国家或地区有所缓和,从而为解决共同的问题而走到一起。

三、非政府组织在公共危机治理中的功能体现

（一）非政府组织的自组织性有助于壮大公共危机治理的力量

非政府组织具有很强的自组织性,它们不仅拥有自组织的社会民众,更有许多政府无法掌控的社会资源,因此,可以在很大程度上弥补政府单方应对公共危机所带来的力量不足问题。此外,健康的非政府组织可以引导人们主动互助自救,从而降低公共资源的消耗,发掘社会中应对公共危机的潜在资源。例如,汶川地震发生的次日,自然之友、绿色和平、绿家园志愿者等就联合发起了一个叫作"小行动＋许多人＝大不同"的非政府组织抗震救灾行动,号召公众为救灾"有钱出钱,有力出力",一天内便有来自北京、四川、云南、贵州、广西、湖南、陕西等地的近30家非政府组织加入。可见,在公共危机治理中,除了政府这一个主体之外,非政府组织也是必不可少的主体。它们发挥了弥补政府缺陷的作用,很好地配合了政府的抗震救灾活动。有了非政府组织的参与,政府在公共危机应对中着重做好居中协调和调度工作,使社会各组织与部门之间确立统一的行动规范和相互间的信任,从而建立良性的沟通与合作机制。

（二）非政府组织的灵活性有助于提升公共危机治理的效率

非政府组织分散于社会各阶层、各方面,因而相较于整合的、庞大的政府力量而言具有相当的灵活性。非政府组织较少受到层级结构、程式运作及绩效考核等体制性因素束缚,具有相对独立、快捷的决策和行动能力。例如,汶川地震发生仅两个小时后,"中国首善"陈光标便亲自率领由60辆挖掘机、吊车等大型工程机械组成的救灾队伍,浩浩荡荡开往四川抗震救灾。由此可见,非政府组织具有高度的自主性和较快的反应性,在公共危机来临时,往往最先到达现场,马上开始行动,立即凝聚成一种组织力,提供多样化、多层次的救援。此外,非政府组织的参与过程造就了一种开放、竞争的机制,各方非政府组织需要通过行动树立自己的正面形象和建立社会公信度,因此,它们有积极的动力和自觉的意识,能对社会需求作出迅速反应,从而有助于提升公共危机治理的效率。

（三）非政府组织的草根性有助于推进公共危机的民主治理

在应对公共危机的过程中,政治动员和行政动员由于其强制性和官方性的特点而与公众之间形成了一道天然屏障。相比之下,非政府组织源于社会、根植于社会,具有很强的草根性、亲民性,因此拥有政府无法比拟的感染力、号召力。由于公共危机具有突发性、不确定性和影响广泛性等特点,社会公众在面对危机时心理极易不稳定,甚至形成恐慌情绪,因此,公共危机从一定意义上说也是一种信任危机。健康的非政府组织易于树立公认的价值观念,创建共同的规范,从而凝聚应对主体的力量参与到公共危机治理的过程中。更为重要的是,非政府组织参与到公共危机治理中,使公共危机决策中体现了自下而上的民主化特征,民众的观点和诉求被吸纳到政策过程中,从而使公共危机治理真正做到以社会为本、以公益为本。

（四）非政府组织的专业性有助于解决危机治理的技术难题

非政府组织涉及社会生活的方方面面,长期的市场经济竞争环境使得不同的非政府组织在其自身所处的领域中往往具有较强的专业优势,加之对于相关领域的科学研发和资金投入,使得其在技术、人才、物资等方面具有独特的优势。例如,汶川地震发生后,山水自然保护中心马上启动了"熊猫卫士项目",中心的科学顾问、北京大学大熊猫研究中心的王大军带领学生着手整理和分析震区的信息资料,向灾区特别是受灾保护区提供紧急援助,并为今后的恢复和重建提出建议。"绿色和平"把工作重点放在地震可能引起的化学污染上,他们就在四川存在隐患的化工厂的情况与政府沟通,希望政府加强安全避难的宣传,提醒灾民到更安全的地方避难。"地球村"的创始人廖晓义则号召他的团队与当地村民一起完成了"乐和家园"项目。此外,还有大量志愿者参与到震后灾民心理康复治疗工作中。可见,非政府组织在公共危机治理中可以发挥其专业技术优势,缓解政府在应急专业人员、技术、设备上的短缺,提供快速、科学、系统的技术支援和经验支持,从而有助于破解公共危机治理的技术难题。

三、我国非政府组织参与公共危机治理的主要障碍分析

目前,国内的非政府组织由于结构功能障碍、政府认知障碍、法律政策障

碍、合作机制障碍等诸多因素的制约,往往无法找到有效参与公共危机治理的路径。

(一)非政府组织的结构功能障碍

诚然,非政府组织在公共危机治理中发挥了积极功能,但是,由于非政府组织自身结构功能方面存在的问题,致使其在公共危机治理中发挥的功能有限,甚至有时起到反作用。截至 2010 年底,在民政部门登记注册的各类非政府组织数量由 2005 年底的 31 万个增加到 44 万个,其中,基金会数量从 975 个增加到 2168 个,许多非政府组织将公益慈善作为其服务宗旨。全国已建立 3.1 万个经常性社会捐助工作站(点)和慈善超市,初步形成了多种类型、分工协作的社会捐赠网络。但是,我国非政府组织的地区分布很不均衡,活动范围十分有限,多数非政府组织缺乏规模性,资源筹集能力和管理能力较弱,对政府存在过度的依赖性,少数非政府组织甚至存在违法违规运作的现象。上述因素实质上造成了"非政府组织失灵",严重制约了非政府组织参与公共危机治理的实践。另一方面,如果缺乏有效的引导和协调,非政府组织也可能起到负面功能,形成"恶性社会资本"。例如,2003 年我国的"非典"危机中就存在这种情况。张国清认为,"非典"疫情揭示了公共危机没有处理好以下关系:一是没有正确处理医院和患者的关系;二是没有正确处理医院和医生的关系;三是没有正确处理医院之间的关系;四是没有正确处理患者和民众的关系;五是没有正确处理患者和社区的关系;六是没有正确处理社区之间的关系;七是没有正确处理政府和社区的关系;八是没有正确处理政府之间的关系。[①] 这就是说,在"非典"疫情爆发初期,非政府组织之间缺乏有效的信息沟通和行为互动,期间民众大量抢购碘盐、醋等物品以及各种谣言的大量传播等都说明了这一点。再如,在汶川地震救援中,由于信息沟通不及时和缺乏统一的组织协调机构,很多非政府组织和志愿者到了一线以后不知该往哪去,一些民间车辆拥堵在去往灾区救援的途中,造成了很大的交通压力;另外,一些非政府组织排斥与政府组织合作,宁可单打独斗也不愿听政府协调组织者大有人在。这些

---

① 张国清:《公共危机管理和政府责任——以 SARS 疫情治理为例》,《管理世界》2003 年第 12 期。

问题都严重影响了非政府组织在公共危机治理中的功能效果。

（二）政府对非政府组织的认知障碍

长久以来，我国政府一直习惯于树立全能政府的模式，受这种模式影响，政府总是习惯性地独自承担起所有治理责任，采取从中央到地方的纵向动员、政治动员、行政动员的方式，将公共危机治理视作由自己主导的军事战役对待。再者，"全能政府管全面事务"的观念也让一些政府工作人员养成了"高高在上"的官本位心态，这种"官本位"意识使其难以认识到非政府组织、企业和公民在公共危机治理中的价值，反倒使他们认为非政府组织仅仅是政府可以动员、调用的资源而非可以参与治理的平等主体。纵然一些非政府组织参与到公共危机治理中，其权责也往往缺乏清晰的定位，这势必会影响其治理公共危机的效率和效果。

（三）非政府组织的法律政策障碍

在我国现有的法律条款中，非政府组织在公共危机治理中扮演的主要是义务主体的角色，即法律只是强加了一些义务而缺少对其相关权利的规定。例如，《社会团体登记管理条例》对社会团体的主体资格、登记管理办法、监督机制等都作了详细规定，却独缺对相关权利的规定，只是以"国家保护社会团体依照法律、法规及其章程开展活动，任何组织和个人不得非法干涉"一笔带过。这种权责不对等的现象极大地影响了非政府组织参与公共危机治理的自主性、积极性和规范性。与世界上大多数国家不同，我国现行的非政府组织管理实行的是双重管理体制，即由登记管理机关和业务主管单位分别行使对非政府组织的监督管理职能。在实际运作中，无论登记管理机关还是业务主管单位，首要的目标都是如何减低政治风险和规避责任，非政府组织的发展则被置于次要的目标上。因此，能否找到愿意承担责任的业务主管单位就成为非政府组织能否获准登记的首要条件，而同意监管的业务主管单位对非政府组织的行政干预也就在所难免。这样造成的结果是：一方面，大量的非政府组织被拒之于合法登记的门槛之外，另一方面，一旦获准登记成为合法的非政府组织便万事大吉，缺乏必要的政策支持和引导，对其行为的制约和监管也极为有限，由此使非政府组织参与公共危机治理陷入了无序化。

(四)非政府组织的合作机制障碍

公共危机治理是各治理主体相互合作的过程,其合作基础是信任关系。一般而言,各主体间越互相信赖,合作的可能性越大,而主体间信任度越低,则越难以实现协同治理。马克斯·韦伯通过研究,得出了中国是一个低度信任社会的结论。他认为,中国人的信任是建立在血缘或亲缘性关系基础上的特殊信任,是信任范围仅局限于家庭和私人朋友圈的人际信任。即便是这种信任,在多次革命运动中也受到了强有力的冲击。① 随着经济体制的转轨和社会结构的转型,传统的家族、血缘信任控制机制日益衰微,而市场经济环境下依靠法律、制度维系的制度信任和普遍信任尚不健全,无法发挥应有的作用。由此,社会出现了信任文化的断层,社会成员之间小心谨慎、互相提防。各公共危机治理主体间也是如此,政府与非政府组织间缺乏有效的沟通机制,使得双方不能互相理解甚至产生猜忌:政府担心非政府组织的参与和权利的扩张会对自己的控制力产生威胁,非政府组织则因与政府的天然对立性和"政府失灵"的现象而对政府心存芥蒂。此外,分工协作机制、权利保障机制、利益平衡机制的不健全也是双方合作治理公共危机的机制障碍。

四、我国公共危机治理中非政府组织的功能释放路径

(一)优化非政府组织自身结构功能,提升其参与公共危机治理的能力

首先,各非政府组织要加强自身的制度和机制建设,完善自身的自律机制、激励机制、监督机制、财务制度和绩效评估机制,提高自我认知能力和成员素质,建立良好的社会公信力。

其次,可以利用市场经济的竞争环境,强化非政府组织的竞争和淘汰机制,培养非政府组织的竞争意识,使其主动加强危机应对能力建设。另一方面,政府应对非政府组织加以引导和帮助,在财政方面予以支持,增强非政府组织的资金储备和设备配置,促进其提升专业技术水平。

再者,寻找公共危机治理中的服务空间,明确服务目标。在现代公共危机

---

① 黄志坚、吴健辉、方文龙:《公共危机的社会资本作用分析》,《华东经济管理》2008 年第 9 期。

治理中,政府的政策取向受制于民主体制下大多数民众利益的制约,非政府组织则可以更多地关注被民主忽视的"少数人",尤其是在公共危机中处于边缘状态群体的利益,从而与政府的标准化、统一化危机救济方式形成互补,并以此谋求与政府进一步合作的资本。非政府组织也应当充分发挥其草根性、亲民性的优势,充当利益表达者的角色,参与并影响政府在公共危机中的决策,增强公共危机治理主体的回应性、民主性。最后,要加强非政府组织间的信息沟通和协同行动,在公共危机治理中建立统一的领导协调机构,并通过与政治机会和限制的"迂回"、与大众媒体的联合,与网络的联系和与国际 NGO 的交流合作,以不断建构、螺旋上升的方式赢得越来越大的发展空间和活力。

(二)转化政府对非政府组织定位,鼓励非政府组织参与公共危机治理

其一,政府要重新认识非政府组织:在公共危机治理中,非政府组织不是在与政府争权,而是在帮助政府解决公共问题;政府在很大程度上依赖于非政府组织来获取治理危机所需的结构性资源,并以此缓解政府自身的合法性危机;由于市场竞争环境的影响,许多非政府组织在自身的专业领域掌握着庞大的技术和人才等资源,因此可以作为与政府独立的主体参与公共危机治理。

其二,转变政府观念。由于政府组织和非政府组织存在天然的对立性,两者的价值追求也不甚相同,以致政府和非政府组织的相互认识存在一定误解。政府要实现善治,就要摒除非政府组织会妨碍其对治理过程的绝对掌控权的观念,树立起协同治理,即非政府组织是公共危机的平等治理主体的新观念。另外,政府要认清两者的权责划分,政府在危机治理过程起的是居中协调和引导的作用,其目的是充分调动多方主体共同参与,最大限度地发挥非政府组织的积极作用,达到更好的治理效果。

其三,鼓励非政府组织参与治理。非政府组织掌控着大量的社会资源,且对于公众有着很强的公信力和号召力,在危机应对中可以对政府的行政动员和政治动员起到很好的补充作用。政府必须正视这股力量,积极引导其发展并寻求与非政府组织的合作,鼓励和号召更多的非政府组织参与到公共危机治理的过程中来,充分发挥其专业技术和资源方面的优势,以便更有效地应对公共危机所带来的挑战。

（三）调整非政府组织法律与政策，保障其有序参与危机治理的权利

"法治"与"规范"有紧密的联系，正如史蒂芬·安吉尔（Stephen C. Angle）所说，法治在各个自由社会中始终被当作维护社会秩序的工具。① 从国外发达国家的公共危机治理实践来看，其成功经验之一就是他们有着全面、统一、细致的公共危机治理法律框架，对于在公共危机面前政府应该做什么、非政府组织应该做什么、公民应该做什么等问题都有着详尽的规定。因此，我国的公共危机治理实践也应该走向法治化、规范化、程序化的轨道。《中华人民共和国突发事件应对法》应当对于是否需要非政府组织参与公共危机治理、参与的主体范围、程序方式等问题做出明确规定。此外，要调整非政府组织的双重登记管理制度，逐步放松对非政府组织过多的行政干预和全面控制；调整公共危机治理中的资源调控策略，打破公共资源的行政垄断，培育开放、竞争的公益市场，采用政策手段推动非政府组织有序参与公共危机治理；鼓励自下而上自发兴起的非政府组织的发展壮大，为其创造一个宽松的制度环境；培育社会公众的"普遍交往理性"，塑造公民的公共意识、公益精神以及公共危机的理性应对能力。

（四）完善公共危机合作治理机制，构建政府与非政府组织合作网络

一是建立有效的沟通机制。良好的沟通是建立信任关系的前提，政府与非政府组织要转变观念、协同治理，首先必须建立有效的沟通机制，形成信息的良性交流循环，让各方主体在交流中重新互相认识，以便去除误会，达成共识。另外，公共危机的突发性特征使得危机发生地的情况瞬息万变，及时、有效地信息传递也有助于各方主体在危机治理过程中及时掌握情况，实施有效救助。

二是明确各方主体的权责划分。在公共危机治理过程中，政府除危机应对职责外，还要肩负起协调各方主体和资源的职责，居中调度，有效整合各方力量，实现资源的优化配置；非政府组织则要充分发挥其组织性、灵活性、草根性、专业性等特点，充分号召社会人员，调动一切可以调动的社会资源参与到

---

① ［美］安格尔：《合宜的民主集中制》，刘智利、吕增奎编译，《经济社会体制比较》2006年第 4 期。

公共危机治理过程中来。

三是建立有效的监督激励机制。良性的合作网络除了要各方主体相互信任外,还需要有效的监督机制的制约,及时发现不守信的行为并加以惩戒,以保证各方主体在公共危机应对过程中齐心协力、有序治理。此外,不管是政府还是非政府组织,都有着各自的利益诉求。政府作为公共权力的行使者,其行动往往带有很明确的权力合法性、效率化诉求,而非政府组织拥有的志愿服务、亲和力、企业和个人捐助等资源有助于增进政府的合法性及工作效率。非政府组织的存在和运转需要政府的承认和支持,而政府拥有的财力、制度、行政资源可以满足非政府组织的这一诉求。可见,政府与非政府组织之间存在着双向依赖、双向建构的可能。这需要构建双方在公共危机治理中的利益平衡、权利保障、责任监督机制,激励双方在公共利益的指引下双向沟通、内外协调、积极行动,最终建立公共危机治理中的合作伙伴关系。

第六节　对大众传媒在公共危机治理中的角色分析

随着当今世界经济、科技的飞速发展以及社会的改革和调整不断深入,各国公共危机事件频发,如果公共危机不能得到有效控制,将会对国家政治、经济和社会的发展产生严重的威胁。在危机来临时,无论是国家、市场还是被许多人寄予厚望的公民社会都无法单独承担起应对风险的重任,正因为如此,全体社会成员都必须责无旁贷地担当起治理公共危机的责任和义务。作为在信息公开与透明方面具有重要作用的大众传媒,有必要在公共危机治理中扮演好自己的角色。

一、社会环境的守望者

人类生活在两个环境里,一为现实环境,一为虚拟环境。大众媒介的出现和发达,特别是网络时代的到来,使得虚拟环境在人们生活中的影响的比重越来越大,人类认识真实世界的可能性越来越小。当前,我们依赖媒介生活,我们经历的环境有许多是通过媒介处理之后的虚拟环境。这种环境是否真实姑且不论,重要的是我们不能不基于这种环境去认知世界。面对着这种真假混存的信息环境,如何去分辨和选择真实的信息就成为摆在公众面前的一道难题。而媒介从它诞生的那天起就担负了社会环境的守望者的角色。这种"守望"表现在:它监视周围环境,及时向受众提供并告知新闻。当然,传媒的力量在于说真话,特别是在面临重大公共危机时,确保新闻真实,切实尊重受众知情权更是新闻媒介不可推卸的行业道德和新闻工作者的职业道德。当危机来临或突发事件发生时,媒介的这种功能通常表现为关注突发性、灾害性的事件,向人们发出危险预警和报道。

近几年,我国无论是金融危机事件发生,"3·14"拉萨暴力事件的出现,还是在汶川地震发生时,大众媒体都在最初的时间,以最快的速度给予如实充分的报道。他们以公开透明的姿态及时发布信息,以独立负责的姿态,及时向公众通报事实,让公众知道更多的真相,消除公众的信息饥渴,责无旁贷地尊重、维护和保障公众的知情权。因此,大众媒体的"守望者"角色的扮演给人们了解危机提供了一个有利的渠道。

传播学奠基人拉斯韦尔(Lasswell)指出,环境监视、社会协调和社会遗产传承是媒体最基本的三项功能,而监视、守望环境是新闻传播活动最基本的社会功能,它主要是通过媒体向公众及时提供准确和最新的信息来实现的。媒体在危机期间的报道不仅满足了向公众提供危机事件零散的信息,还随着事态的进展,在分析整合信息的基础上向公众及时报道对事态发展趋势的估计,并通过自身的途径聚合有关社会力量,为危机解决献计献策。

二、政府与公众之间的沟通者

重大危机事件发生之后,作为掌握巨大公共资源的政府会在非常短的时间内集合强大的力量投入到危机事件的处置和解决过程中。那么,政府的行动是否迅速、采取的措施是否有效、危机解决的进展如何、公众对于政府治理危机的措施持何态度,这些都需要向社会及时公布,让公众及时了解和掌握。因此,媒体在做好社会环境守望者的同时,还应该扮演好政府与公众之间的沟通者的角色。

作为负责任的大众媒体,在高度发达的社会条件下,它是政府与公众之间建立良好关系最重要的信息桥梁。突发事件发生后,大众传媒的协调沟通角色更加凸显，媒体要发挥社会聚合能力，使特殊情况下的舆论引导、监督和信息沟通更为顺畅。面对危机事件，公众非常关心政府应对突发事件采取的措施；政府也希望了解公众的态度，通过媒体协同赢得公众的信任和支持。为此，政府需要传媒通过各种传播手段和渠道，把有关情况传递给公众，公众知道得越多，政府获得的支持度就越大。同时媒体也要搜集、表达公众的意见，把公众的态度传递给政府，形成互动，取得全社会的支持与配合，促进公众和政府共同应对突发事件。信息的公开能够减少猜疑、增强公众的信心和力量，培养公众对政府的信赖感。所以在危机来临之时人们呼吁：政府要给民众更多信心，民众要给政府更多信任。

在汶川地震发生一个小时后，中央电视台等媒体就开播了关于地震的直播节目，滚动报道前方抗震救灾的情况，同时有大批记者在机场等待奔赴灾区。大众媒体以信息的高透明度，充分解答公众最关心的问题。在整个过程中，他们每天发回大量及时准确的新闻报道，报道事件的进程和前因后果，最大限度地满足了公众的信息需求，也使公众和政府共同投入到这场对抗自然灾害的斗争中。

三、社会舆论的引导者

在人际传播、手机传播、网络传播等信息传播渠道多元化的今天，当危机来临时，如果公众不能从正常、权威的渠道获取信息，就难免猜测臆断，造成小道消息满天飞，流言、传闻泛滥成灾，造成不必要的心理恐慌，使社会舆论处于无序和混乱状态。所谓"舆论"，就是众人之言。因此在危机传播的过程中，媒介还将充当"意见领袖"的角色。"意见领袖"力量的存在有时将影响一段时间内受众的判断能力和思维方式。

在危机状态下，恐慌心理扰乱了正常的社会心理，公众容易形成集体无意识，甚至失去社会责任感和自控力。因此，大众传播不仅应满足公众的知情权，还可进一步影响其思维和情感，及时疏导公众的理性，建立舆论导向。舆论导向，即指通过新闻媒介传播舆论信息以影响人们的意识、引导人们的意向进而左右人们的思想和行为的社会活动。在危机发生过程中，传媒、政府和公众是三支最重要的力量，舆论就是以此三者为主的各种因素之间的互动。大众传媒应当充分发挥建设性作用,以冷静、客观、理智的方式报道危机现象,剖析危机的本质,探讨应对方法,增强公众战胜危机的希望和信心。在铺天盖地的有关突发公共危机的"信息轰炸"中,作为信息传播主力军的各大传媒应下一番"去粗取精"、"去伪存真"的工夫开展调研采访工作,牢牢把握正确舆论导向,传达出公众所需要的社会公信力极高的"权威"声音,启迪公众以科学理智的精神思考危机,以勇敢积极的心态随时调整行动、应对危机。

2008年,由美国次贷危机引发的国际性金融危机使国际经济和金融面临严峻挑战,也给我国经济社会发展和人们的生产生活带来较大影响。面对金融危机的袭击,人民日报充分发挥言论优势,认真做好应对金融危机的舆论引导工作,准确、全面地阐明了我国政府对国际金融危机的原则立场,宣传了中央政策,对危机的成因、影响及对策作出了深度剖析,向公众传递了我国政府完全有信心、有条件、有能力保持中国经济平稳较快发展的信息。大众传媒通过持续不断的宣传、解释,提高公众的风险意识和应急能力,及时有力安抚了公众情绪,对避免大规模的恐慌情绪蔓延起到了重要作用。

同时,大众传媒具有一种为公众设置"议事日程"的功能。大众传媒以危机作为"大事"加以报道的同时,危机也作为"大事"反映在公众的意识当中。在危机传播时,传媒的新闻报道以赋予各种"议题"不同程度的显著性的方式,影响着人们对周围世界的"大事"及其重要性的判断。人们根据大众媒体对一个议题的强调而判断应该对此给予怎样的重视。面对突如其来的危机事件,新闻媒体在协调多方利益的前提下,必须积极有效地发挥自己的议程设置能力,通过对报道的主导方向进行精心策划,系统地安排和设计报道的节奏、规模、手段、形式,不断调动公众的注意力,构建公众关心和讨论的中心话题,控制、减轻和消除突发事件引起的严重社会危害,缓解各方矛盾,减少负面效应的扩大与传播,这样才能最大地化解公共危机,为社会和谐稳定发展作出贡献。

四、为公共危机的治理献策建言

美国危机管理专家危机罗伯特·希斯认为,媒体的积极贡献在于提供信息,指导公众在不同下危机情境中的行动;增强公众的危机意识;危机发生时警示公众……①公共危机发生后，作为社会有机体的一部分，大众传媒同其他社会力量一样投入到危机解决过程中，不同的人员、组织和机构都以不同的方式进行积极参与。因此，作为大众传媒，他们有责任和义务利用自身的优势和特点集聚社会力量，积极进行建言献策和社会动员。

例如，汶川地震发生后，许多媒体都将关注具体的救灾工作作为播报的一个重要内容。它们从以下三个方面进行积极的探索，为抗震救灾贡献自己的力量：首先是为抗震救灾建言献计：一是对救灾工作的战略建言，二是对于悼念活动的建言献策，如建议"全国降半旗"和设立"国家哀悼日"；三是对救灾过程中的具体操作方法建言献策，其中包括了对于借鉴唐山大地震时的一些救灾经验在灾后防止次生自然灾害、加强灾区心理干预等话题的进一步评论。其次是积极进行政治动员，无论是发表社论还是发表时评，它们都在灾难发生的第一时间内发表自己的看法，完成公众舆论的期待。广大媒体纷纷对政府、社会、组织和个人发出呼吁，在全社会形成了抗震救灾的整体氛围。应该说，从媒体的作用上看，这段时间内它们更多的是辅助政府完成了思想上、战略上、情感上、行动上的社会动员。第三是积极关注灾后重建工作和其他后续工作。媒体在关注抗震救灾工作的同时，还把关注的目光放在了未来灾区重建和未来发展问题上。

五、解决危机的监督者

大众传媒作为超脱于传统政治权力之外的新型权力，具有政治权力所没有的独特优势和功能，特别是随着网络的兴起和普及，其功能和优势得到了明显强化。

在危机解决过程中和"危机后时期"，无论是政府还是社会其他的力量，都在积极为危机的解决和秩序的恢复寻求解决之道，为此，大众传媒应该承担起相应的监督责任。危机过后，传媒应该协助有关人员和组织对引发公共危机的原因进行分析和解决，对解决危机的决策过程、执行过程以及其他的方面加强监督，对过程中出现的不正常现象进行及时"纠正"和反馈，以尽快结束危机

---

① ［美］希斯：《危机管理》，王成、宋炳辉、金瑛译，北京：中信出版社，2004年。

所带来的不良局面和影响,使社会尽早恢复到危机前的常态。同时,大众传媒作为一支独特的力量,还应该及时向社会反馈公共危机处理过程中的经验教训,存入信息资源库,为以后的危机管理提供参考。

在汶川地震、毒奶粉事件解决过程中以及事后的恢复过程中,我国的许多大众传媒主动承担起监督者的角色,它们对政策的执行情况、资金的使用情况、危机后当地的恢复情况进行了及时的跟踪报道,对于一些不正常现象和错误行为给予及时的曝光和纠正,这有利于危机的早日解决和危机后社会秩序的早日恢复。

总之,当前世界形势依然不安定,而我国社会正处在经济体制、文化理念的重大转型时期,社会心理和价值等各方面受到巨大冲击,各种利益矛盾冲突以及不确定和不稳定因素还较多,公共危机突发频率也随之增加。面对公共危机事件,大众传媒如何有效地进行舆论引导,促进社会稳定,既是考验媒体实力和社会责任的标杆,也是媒体的目标和使命,还需要我们今后进一步摸索和实践。

第七节　中国非政府组织的立法现状及其完善策略

一、中国非政府组织的立法现状

由于非政府组织的迅速发展和作用的日益增强,使得我们对非政府组织的权利义务、活动行为等进行全方位的立法成为必要和可能。纵观我国有关非政府组织的立法,其体系比较零散,散见于一般性和特别性的法律规范之中。

一是宪法。宪法第 5 条第 4 款:"一切国家机关和武装力量、各政党和各社会团体、各企业事业组织都必须遵守宪法和法律";第 35 条:"中华人民共和国公民有言论、出版、集会、结社、游行、示威的自由";第 36 条第 1 款:"任何国家机关、社会团体和个人不得强制公民信仰宗教或者不信仰宗教,不得歧视信仰宗教的公民和不信仰宗教的公民",以及第 111 条关于居民委员会、村民委员会的规定等。

二是专门性法律。如《红十字会法》、《中华人民共和国城市居民委员会组织法》、《中华人民共和国村民委员会组织法》、《中华人民共和国工会法》、《中华人民共和国公益事业捐赠法》等。

三是各部门法中的规定。如《民法通则》中有关法人的规定,《刑法》有关单位犯罪的规定以及《消费者权益保护法》、《妇女权益保障法》、《残疾人保障法》、《体育法》、《注册会计师法》、《律师法》、《职业教育法》等针对非政府组织的专章或专条规定。

四是行政法规。主要包括《社会团体登记管理条例》、《基金会管理条例》、《事业单位登记管理暂行条例》、《民办非企业单位登记管理暂行条例》、《外国商会管理暂行规定》等。

五是部门规章。主要有《民办非企业单位登记暂行办法》、《社会团体分支机构、代表机构登记办法》、《取缔民间非法组织暂行办法》、《民政部主管的社会团体管理暂行办法》等。

六是地方性法规。如《天津市社会团体登记管理规定》、《深圳市社会团体组织通则若干规定》、《上海市促进行业协会发展规定》等。

七是国际条约对非政府组织的法律规定。我国已经加入的《世界人权宣言》(1948)第 20 条第 1 款规定:人人有权享有和平集会和结社的自由。我国加入的国际条约《公民权利和政治权利公约》(1966)第 22 条也规定,人人有权享有和平集会和结社的自由,包括组织和参加工会以保护自身的利益的权利。

由上可知,目前我国对于非政府组织所涉及的主要法律关系,从其设立、变更、注销到实体上的权利义务与责任,在现行立法上都已有所规范和调整,虽然尚不完善,但已经初步形成了一套规制体系。

二、中国非政府组织立法存在的问题

虽然改革开放以来,我国非政府组织立法取得了令人瞩目的发展,结束了从前无法可依的状况,并搭建起了基本的法律框架;但是总体来看,仍然相当滞后于非政府组织本身发展的客观需要,与真正实现公民的结社自由权利存在着较大差距。①

(一)立法位阶过低,内容庞杂

从立法层次上来说,我国现行非政府组织立法位阶太低。虽然我国宪法等法律对此也有相关规定,但基本都是概括式的原则性的条文。对于一般非政府组织立法,并没有一个专门的非政府组织法律,其主要的法律渊源是国务院的几个行政法规,其中最重要的是《社会团体登记管理条例》,但是其内容太过简略,所以在实务操作中实际发挥作用的是作为社会团体登记管理机关的民政部发布的行政规章和其他规范性文件,作为社会团体业务主管机关的国务院各部委发布的行政规章和其他规范性文件,以及地方政府发布的地方性法规和其他规范性文件。它们数量庞大、内容庞杂,其中除了少数属于行政规章因而具有较严格的形式要求外,大量的规定是行政机关内部的文件、通知,是上级对下级机关的工作指示,并没有制度化的渠道,其内容,制定、发布的程序,是否公开以及何时公开都带有相当的随意性。

(二)法律规则内部存在矛盾冲突

由于我国非政府组织法律规范体系庞杂,导致不少规定存在矛盾冲突。例如,政府机关认可的非政府组织的类型与我国民事基本法根本衔接不上。《民法通则》将法人分成企业法人、机关法人、事业单位法人、社会团体法人四种,其中企业法人由于目的的营利性,机关法人和事业单位法人由于身份的官方性而排除在非政府组织之外,民事基本法规定的非政府组织仅有社会团体法人一种。但是现实生活中的非政府组织的类型却非常丰富,民政部下设的"民间组织管理局"管理的民间组织包括社会团体、民办非企业单位、基金会和境外基金会的分支机构四种。现实生活中的非政府组织除了社会团体之外,另外三种非政府组织根本无法包括在民事基本法的主体制度中。

又如,《民办非企业单位登记管理暂行条例》第2条规定,民办非企业单位是"非营利性社会服务活动的非政府组织"。按照目前学界关于"非营利"的一般理解,非营利法人可以从事一定的经营活动来赚取利润,只是不得将所获利

---

① 陈斯喜:《现状与未来——我国社团立法状况述评》,《环球法律评论》2002年夏季号。

润分配给出资人，只能作为维持事业运作的经费开支。这就是关于非营利法人的所谓"禁止分配"原则。① 但是，依《民办教育促进法》第 51 条的规定，民办学校在扣除办学成本、预留发展基金以及按照国家有关规定提取其他的必需的费用后，出资人可以从办学结余中取得合理回报。这一项规定在特定时期或许确有其合理性，但是不可否认的是，该规定与《民办非企业单位登记管理暂行条例》第 2 条的规定存在冲突，而且正因为如此，导致某些民办非企业单位实际上已经成了营利机构。

(三)现行法规对社团组织的限制过于严格

其一，我国社会团体行政管理体制的最鲜明的特点是双重管理。1998 年颁布的《社会团体登记管理条例》，对社团会员人数、财产数额、发起人和拟任负责人等问题均作了比其他国家严格得多的限制，有些条件甚至可以说是相当苛刻的，在一些经济落后的地区，它几乎剥夺了普通人民自行组织社会团体的可能性。从结社自由角度看，这种剥夺是不合理的；从社会团体发展的角度来说，大规模、有代表性、组织和管理水平高的社会团体的充分发展，一定是建立在大量存在的、小规模和较为松散的社会团体的基础之上的。由于法律规定的苛严条件，加上行政审查的繁琐，大量社会团体处于未经注册的状态。

其二，现行法规限制社团之间的竞争。《社会团体登记管理条例》第 13 条 2 款规定，在同一行政区域，已有业务范围相同或者相似的社团组织，没有必要成立，政府机关对于社团组织的成立不予批准。不仅如此，有关机关还主动将其认为业务上有重复或者没有必要存在的社团，予以撤销或合并。这种规定和做法所反映出的政策取向，就是限制社团组织之间开展竞争。允许同类社会团体的存在，不仅仅是维护结社自由的需要，而且竞争的存在也将是促进"官办"及"半官半民"社会团体转变机制的主要动力之一，以达到实现社会团体公共责任的外部约束。而《社会团体登记管理条例》的规定完全否定了竞争存在的可能。

其三，现行法赋予有关行政机关的权限过大，审查的范围过于宽泛。如《社会团体登记管理条例》规定的对社会团体是否"符合社会需要"必须进行严

---

① 金锦萍：《论非营利法人从事商事活动的现实及其特殊规则》，《法律科学》2007 年第 5 期。

格的审查,不符合要求的便禁止其成立或将其撤销。而在法律上并没有明确这种"符合社会需要"的标准到底是什么,实践中完全由行政管理机关说了算,体现出极大的随意性。

(四)外部法律配合不够以及其他内容的缺失

现行的社团法规中行政管理的规定占据了绝大多数,而对更为重要的有关社会团体的内部组织、财产关系、税收优惠、社团破产等的规定则极为薄弱。其他相应的法律法规如《民法通则》、《税法》、《破产法》等虽然对相应问题有所规定,但是内容非常简单,操作起来依然常常会陷入无法可依的困境。此外,我国对社团的立法,主要是从行政机关如何对其进行管理的角度规范的,但缺乏政府如何保护社会团体的独立地位和合法权益的相关规范,如它在规定政府对社会团体进行各种管理的权力的同时,没有规定政府对社会团体应尽的义务,从而导致了权利义务的失衡。

(五)法律规定虚化,难以实际操作

法律规定虚化,实际操作难,是我国各个法律法规中普遍存在的问题,而这个问题在有关非政府组织的法律法规中尤其严重。虽然我国在宪法中明确规定了结社自由,但有学者提出,由于我国没有违宪审查制度,所以在法律实践中没有直接的意义。一方面,有关非政府组织的专门性法律法规多是程序性的登记规定,实体性规定甚少。如《社会团体登记管理条例》、《事业单位登记管理暂行条例》、《民办非企业单位登记管理暂行条例》、《外国商会管理暂行规定》等都主要是规定登记程序的,而即便是综合性的专门法律如《中华人民共和国红十字会法》、《中华人民共和国城市居民委员会组织法》、《中华人民共和国村民委员会组织法》、《中华人民共和国工会法》等,有关非政府组织权利义务和责任的条款所占比例也甚小。另一方面,即使散见于各个相关的具体法律法规中的有关非政府组织的条款也普遍虚化,很难在实践中操作。①

---

① 杨庆华:《中国非政府组织立法概况及存在问题分析》,《中共杭州市委党校学报》2007年第 6 期。

三、国外非政府组织立法情况

（一）国外立法关于结社自由权的规定

一国非政府组织的法律制度不仅指非政府组织立法本身，还涉及整个第三部门（the third sector）所根植的法律环境，是在特定的法律体系中建立非政府组织法律、法规的可能范围。而对公民基本权利的保障，如言论、非暴力的集会或游行、结社自由以及保护私有财产等等，这对于非政府组织的正常活动是至关重要的。在大陆法系国家，结社自由的法律保障在宪法或宪章中予以了明确规定，这就做到了有法可依，能更好地保护权利行使；而在普通法系国家的法律体系之下，结社自由的法律保障特征却很模糊，例如美国，虽然历来承认公民的自由结社权，但在美国宪法及其修正案中却找不到明确的表述。事实上它根植于宪法的其他权利，并散见于 200 多年来颁布的浩如烟海的判例意见中。这两种立法方式各有其优缺点。但值得一提的是，结社自由并非是绝对的、无条件的。因为非政府组织毕竟是一种集团利益的代表，体现着社会利益的冲突与整合，难免有非法的行为和"劣性"社团出现的可能，应区分合法行使结社自由权与滥用结社自由权的界限。因而很多国家的宪法也规定了自由的限制性条款，对公民的结社自由进行规范。同时，对损害国家、社会和其他公民的权利的社团组织行为进行限制是世界各国通行的法律准则。

（二）国外非政府组织立法的结构体系

尽管各国非政府组织立法各不相同，但总的来说，都对非政府组织的资格认定与登记管理问题、资本与财务问题（主要涉及税法上的规定）、内部机构设立与运行问题及社团组织活动问题等等进行了法律规制。在法律结构上，大都包括以下几个部分。

1. 非政府组织的宗旨与目的

国外常见的具有代表性的非政府组织类型除了非营利公司外，还有信托公司（英美法系）和基金会。各国非政府组织立法都规定非政府组织的活动必须遵守国家的宪法和法律，并且要符合自己章程所明确载明的目标。其中很重要的一点就是，非政府组织活动不得有违其非营利性的根本特征。

2.非政府组织的登记条件和程序

首先,要明确的是非政府组织如何申请法人资格和享有纳税优惠待遇。各国法律规定可以通过两种方式:异议原则和登记原则。前者在普通法国家最为流行,是指非政府组织创办时只要符合法律程序没有异议,即被视为合格的非政府组织;异议机关可由税务机关提出,也可以由类似于英联邦慈善委员会或美国州检察长等法律机构提出。而登记原则适用于大陆法系国家,是指要取得相关资格的非政府组织,必须到政府有关部门去登记,并向该部门证明其已具备条件。其二,要规定登记机关的职权范围和责任义务,这是制定登记程序是最重要的因素。其三,登记机关的设置,它可以设置在国家或地方的法院或者行政机构内;并且在有的国家,不同的非政府组织在不同的机关登记。其四,登记注册的有效时间也是一个需要明确的重要方面,非政府组织的资格是永久的还是仅保持一段时间,期满后再续;后一种方式的优点是便于经常检查,保证非政府组织符合其设立时的初衷,但这也为政府机关施加不适当的政治控制提供了条件。此外,该部分的内容还包括申请登记的非政府组织的权利义务等。

3.非政府组织的税收政策

非政府组织的税收问题是一个相当复杂也非常重要的问题,税收和减免程度直接关系到非政府组织的生存与发展。对非政府组织予以税收优惠政策的理论依据是:非政府组织这一非营利性组织提供了社会需要的"公共物品"或"半公共物品",其作用是追求利润的商业组织无法替代的。有数据表明,由减免税优惠政策的激励而产生的私人捐助的增长要远远超过政府税收的损失。有关非政府组织税收法律规定包括两个方面:一是对非政府组织自身的课税规定及纳税优惠。二是向非政府组织捐赠的个人、公司或者其他组织的纳税优惠。

非政府组织的税收规定与非政府组织的类型、国家税收的目的、税种等因素相关。有些国家法律规定只有某些类型的非政府组织才有资格享有税收优惠待遇;而在某些国家,组织的宗旨而不是其法律形式成为其纳税待遇的主要依据。例如,通常各国都将最为优惠的税收政策留给那些为公益(而非互益)目的的非政府组织。对于非政府组织的多种收入,有些国家的所得税法可能只对其中某些实行减免。例如在美国，一般免交所得税的公益组织对来自与免税目的无关的商业活动的收入仍然要交所得税。通常能享受免税优惠的收入包括赠与收入、开展与非政府组织目的相关的活动所获得的收入及利息、股息或者其他来自投资的收入等。此外，减免税申请的管理等也是其中应予以明确规定的问题。各国政府通常允许捐赠者在纳税时可以从他们应纳税所得额中扣除捐赠的部分，以鼓励捐赠者向非政府组织提供捐赠。

4.非政府组织的内部结构与管理

对非政府组织机构和管理予以约束的原因可以从社团的特征上来理解：非政府组织的组织性特征，决定了其在法律上需要取得法人资格，因此各国法律都规定了相应条款，以证明其具有一定的管理结构特征；非政府组织的公共特征和享受纳税及其他优惠政策也要求非政府组织内部管理活动的透明性和公平性；此外，为了保持非政府组织的自愿性，其内部管理程序必须能为其成员提供参与组织活动的机会。由是观之，在制定非政府组织内部管理的法律时必须权衡两个方面：一是非政府组织是自治的而且国家应尽可能不干预其组织内部的事务；另一方面是非政府组织又必须具有某种组织决策结构和保证向公众公开的透明性。

5.非政府组织的资本积累

非政府组织需要一定规模的资源来维持其存续及开展活动，为此，可能需要从事某些法律允许的经济活动和向公众募集资金，因此法律必须明确其可以从事哪些行为和禁止从事的活动。一般来说，非政府组织经济活动包括：投资、购买股票与获利以及某些法律允许的经营活动等。另一方面，为防止非政府组织在集资尤其是募捐活动中的欺诈与滥用行为，法律应对这一敏感性问题加以限制。募捐活动一般需要在特定的机关登记注册并得到批准，募捐行为必须符合法定标准，公众必须能够得到募捐的所有信息，如募捐金额中实际用于非营利目的的数额，法律对募集活动中行政管理成本费用同募集基金的总额限定了最高的百分比（如 15%～35%）。以上活动所得必须用于指定的特定目的而绝对不能用于非政府组织自身成员、董事和官员的利益，违反法律法规的募捐必须受到严厉的惩罚。

6.非政府组织对公众的社会责任

这主要有两种:一是忠实义务,指管理不属于自己的财产时不为个人利益服务的责任,二是管理非政府组织时的公开性和透明性。关于管理者的忠实义务,国外特别关注对非政府组织资产的管理、管理者和普通成员应承担的个人财物责任,有的国家还会考虑对个人利益的限制(如对管理人员的报酬限制)、利益冲突和自我交易的标准等问题。在普通法中,法官要求慈善性非政府组织的管理人员负有负责义务、忠实义务和遵守义务三种基本义务:负责义务指非政府组织负责人在管理资产时不仅应谨慎、合理,并且还应在作出决策之前仔细全面地进行调查和分析;忠实义务的含义是管理者必须避免利益冲突,并绝对禁止利用权力谋取私利;遵守义务是指遵守有关法律和非政府组织的章程。为保证非政府组织的公开性和透明度,有关法规要求其建立报告制度和披露制度。通过非政府组织的一般报告、向监督机关报告、管理机关对非政府组织的财政审计、税务审计报告等多种途径让人们了解非政府组织从事的活动是否符合其宗旨,是否将资源都用于实现这些目的。

7.非政府组织的终止与解散

这部分主要规定非政府组织终止或解体的条件和程序。各国规定非政府组织终止的原因主要有:非政府组织总会决议解散、章程规定解散事由的出现、社员人数少于法定人数、社团目的已经达到或不能达到、主管机关的撤销许可、法院宣告解散和破产等。

8.非政府组织的制裁条款

制裁条款主要针对特定的违法行为,如非政府组织成员之间的自我交易、不当公共募捐等,制裁的手段主要有罚款、补缴税款甚至强制解体等。

(三)国外非政府组织立法的外部法律配合

大陆法系国家宪法中关于结社自由的规定是非政府组织合法性的基础。然而,非政府组织的立法并不是孤立的,一个合理的、积极的、可操作性的非政府组织立法体系除了非政府组织法外,还需要其他相关法律制度的支持与配合,其主要包括以下几个方面。

一是民法与公司法。典型的大陆法系国家如德国、日本,都在民法典中规定了法人制度的分类、模式及较为详细的相关组织制度与财产制度;同时明确了社团法人与其他形式的法人享有的权利、负有的责任及违反法律所受的相应制裁等等。此外，公司法中规定的企业的社会责任及其相关的权利义务也适用于非政府组织。

二是税法。大多数国家都在税收立法上明确了非政府组织的法律地位，并因为非政府组织的非营利性和公益性给予其程度不同的税收减免等优惠政策。

三是竞争法。社团行为天然的联合性，必然隐藏着不正当竞争和垄断的风险，正如美国学者指出的：社团有天生的反托拉斯法的"爆发力"。实践中也证明，非政府组织的消极作用和对健康市场秩序的威胁自古有之。这决定了非政府组织不可避免地成为竞争法的规制对象。如德国和欧盟的竞争法，日本的禁止垄断法都对此作出了规定。

四是破产法。社团法人在不能清偿债务的条件下，其破产清算、剩余资产的流向与分配等规定，与企业法人应是有所不同的。国外法律的一致做法是允许非政府组织破产，有的国家在破产法中用一定的篇幅来规定社团组织相关法律问题。

五是相关的行政法规支持。对非政府组织的登记和监督等管理涉及行政管理机关的权责罚的规定，需要与其相配套的一系列行政法规、规章从各方面予以规范。

各国制定的规范非政府组织的法律，有的集中在一部法典中，有一个普遍使用的社会团体或非营利组织法；有的则在多部法典中。前者如法国1901年7月1日通过的法律，使以各种宗旨结社合法化；日本采用的是后一种方式，它在特定邻域诸如"医疗法人"是由《医疗服务法》规定的，"宗教法人"是由《宗教团体法》加以限制的；其他领域如社会服务、教育、科研等都有单独的法律条文制约，但在这些领域以外成立非政府组织的权利却很有限。

非政府组织的相关立法是在全国统一性的还是在各地区有所不同，各国的情况也不一样。如在美国，社团等非政府组织由州和全国性法律共同规范，前者规范社团的构成和地方税，后者规范这些组织的国家税收待遇。

四、中国非政府组织立法的完善策略

通过以上的分析和考察，我们可以看出，尽管改革开放以来我国非政府组

织立法取得了一定的成就,形成了以《宪法》为统领,以两个登记管理条例为主、与之相配套的地方性法规、部门规章为辅、一般法与特别法相结合的法律法规体系,但是与国外相对完善和成熟的立法相比,仍然存在着不少的缺陷和漏洞,仍然相当滞后于非政府组织本身发展的客观需要。因此,必须在宪政框架下,加快相关立法进程,对现有的有关非政府组织的规制体系进行完善。

(一)新的立法方面

首先,应该制定一部《非政府组织基本法》(或《社会组织基本法》、《公民结社法》等)。结社属于宪法规定的公民基本权利,从立法层次来看,有关结社的立法应当由全国人大及其常委来制定,这样才能保障立法的权威,也才可能真正将宪法规定落实。同时,要解决非政府组织规制体系不严谨,法律规定之间相互冲突、不协调、不配套等问题,也必须明确规定非政府组织的基本原则、组织形态、组织分类、主体条件、权利义务、经费财产、法律责任等基本问题。其次,与基本法相衔接,还应当制定实施细则和单行法规,与这些法律、法规衔接的部门规章和地方立法以及与这些法律法规、规章制度相衔接的社团组织的工作章程与制度,①如制定实施办法、登记备案条例等。再次,在上述立法之下,由国务院以及地方根据具体情况作出进一步规定。

(二)完善现有法律法规

应该适时修改《社会团体登记管理条例》等现有的法律法规。社会团体是独立的社会主体,它依法享受权利、履行义务并对自己的违法行为承担责任。国家应对社会团体实行鼓励、扶持的政策,并依法对其进行监督和管理,但这种管理应当是正常的行政管理层面的管理,而不是上下级领导层面的管理。由于受计划经济的影响和专门性实体法的缺失,我国《社会团体登记管理条例》、《事业单位登记管理暂行条例》、《民办非企业单位登记管理暂行条例》等登记程序方面的法律法规仍然具有浓厚的上下级领导层面的管理色彩,不能适应我国社会经济制度由计划经济向社会主义市场经济转型的需要。因此,应参照公司企业法人方面的立法惯例,在制定统一实体法的同时,将《社会团体登

---

① 应松年:《非政府组织若干法律问题》,《北京联合大学学报(人文社会科学版)》2003 年第 9 期。

记管理条例》等法律法规修改为纯粹的登记程序方面的法律法规，并删除标题中的"管理"一词，以淡化行政机关对非政府组织根深蒂固的上下级领导管理意识。

（三）非政府组织立法外部的法律配合

民法方面，主要是我国现行《民法通则》对法人分类的不当，另一方面，我国《民法通则》对法人的规定非常简略，相比之下，国外民法典对法人特别是社团法人有非常详细的规定。

税法方面，我国现行的税收立法只是着重于参加市场经济活动并有相关收入、财产的企业和个人的税收义务，对非政府组织的税收问题并不重视，并未确立一套适用于非政府组织的独特制度，其有关规定都散见于各类法律、法规和规章之中，这种立法状况与现实是不相适应的。非政府组织不同于一般的市场主体，因此在税收立法上也应有其特殊地位。许多国家和地区都在税法上用一定的篇幅来规定非政府、非营利组织的税收问题，对其给予相应的减免优惠措施，以鼓励企业向非政府组织捐赠。相比之下，我国税收立法虽然有一些这方面的规定，但优惠的力度仍然太小。所以应该突出非政府组织的特殊税收地位，在有关税法优惠或税法的适用除外规定方面，对非政府组织作出专门的规定，以形成有关非政府组织的一套税法制度。此外，还应借鉴国外对非政府组织慈善捐助的税收减免政策。在此方面，我国目前对向非政府组织捐赠者的税收优惠还很小，这固然有国家在税收政策上的考虑，但由于非政府组织具有部分代替政府提供公共物品等特殊的公益性价值，因此，国家对这种捐赠应该在税法上予以鼓励，特别是对捐赠企业的优惠力度可进一步提高。

在竞争法方面，非政府组织行为具有天然的联合性，必然隐藏着不正当竞争和垄断的风险，其中尤以各种行业组织为甚。近几年国内发生的"行业自律"下的停产保价、价格同盟等事件也说明了这一点。国外立法对这些不正当竞争行为都已有约束，然而我国现行法律中仅有《价格法》对物价进行规定，在更高的层次上缺乏统一的反垄断法进行相应的规制。随着我国产业化、社会化水平的不断提高，社会团体的联合与规模将会越来越大，假借社会团体之名实施不正当竞争和垄断行为将大量涌现，只有及早作出相应的竞争法对策，规制社会团体的不当竞争，才能使我国的社会团体更加有序地发展。

在破产法方面，非政府组织具备法人资格，理应通过破产来承担债务责任。然而,我国现行的《破产法》和《民事诉讼法》中的企业法人破产程序,都适用于企业法人,而不适用于其他种类的法人。从国外较普遍的做法来看,社会团体法人也可以破产,这个问题随着我国社会的发展必将日益显现出来,所以破产法也应予以在这方面进行完善。

我国的非政府组织正处于一个迅速发展的进程中,在社会生活各个领域中扮演的角色越来越重要,发挥的作用也越来越大,但是与非政府组织相关的立法却相对落后,从而影响了非政府组织的发展。世界银行出版的《非政府组织的立法原则》中指出,以支持的立场来制定非政府组织相关法规,至少有六大理由:履行国际法和各国宪法保障的结社自由权,支持社会多元化与宽容性的发展,促进社会管理与适用法律原则,促进服务效率,弥补公共部门的功能失灵,增强经济发展的条件。在中国,如何兼顾培育发展和监督管理两种需要,加强对非政府组织的法律规制,为非政府组织提供广阔的发展空间,是法律界必须面对的一个课题。相信随着当前社会公众民主自治意识的觉醒,随着国际国内非政府组织发展形势的推动,随着法律界对非政府组织法律问题研究的不断深入,中国的非政府组织立法将取得新的突破,我们也期待这样的一天早日到来。

个 案 研 究

我国民间志愿性慈善组织的困境与政府管理创新

一、案例:温州老板坚持施粥 65 天被迫停止[①]

4 日早上 5 点多,林如新载着一车粥、馒头、小菜来到义乌市香山路人才市场,和志愿者们支起雨篷。

这时施粥摊前已经排起了百来人的长队。从今年大年初五开始,在义乌打拼多年的温州老板林如新开办的施粥摊已经坚持了 65 天,"每天要分掉 1000 碗粥,2000 个馒头。"

而这天却是施粥摊的最后一天,林如新神色黯然地和领餐者一一告别。

---

① 陆玫:《温州老板坚持施粥 65 天后被迫停止》,见 http://old.jfdaily.com/news/xwshehui/200904/t20090407_595119.htm。

"一开始最要命的是资金、人手问题。现在天气越来越热,卫生条件实在是难以保障。"谈起收摊的原因,林如新很是无奈。

每天花费1200元

从正月初五施粥摊开办以来,早报记者就一直追踪采访林如新。"起初只想做15天的,因为春节后半个月往往是义乌人才市场民工最集中的时间。"林如新说,可是没想到受经济危机的影响,这段日子聚集在人才市场的打工者越来越多,"很多人一大早就等在这了,就是为了能喝上碗热粥,一直找不到工作他们连饭钱都成问题。看到他们颤颤巍巍的手,我总觉得要想办法把粥摊撑下去。"

林如新在郊区租了间民房,请了两个师傅熬粥做馒头。他算了一笔账,每天2000个馒头需要500元,1000碗粥是400元,小菜150元,一次性筷子50元,还有送粥的车租金要100元,加起来是1200元/天。

爱心接力"不差钱"

"比原先料想的要累多了。"林如新毕竟还有自己的公司要打理,实在腾不出这么多精力,"更重要的是如何让一份爱心在大家手中传下去。"林如新开始在朋友圈里四处宣传"1200元就能帮助1000人"的想法。

上月底,林如新回温州老家,向温州的同学、朋友"推销"施粥摊的义举,得到了他们的全力支持,"其中一位同学就答应出资20万。"与此同时,来自社会上的热心捐款也多了起来,"有位义乌人拿出了4800元,还有位诸暨老板捐了1万元。"

林如新此前在接受早报记者采访时说,资金困难问题不大了。至于缺少固定的志愿者则可以雇人,"每天早上不到1小时就能分发完粥和馒头,人手的费用支出还是可以解决的。"

"管"与"扶"的尴尬

4月1日,义乌当地卫生监督部门工作人员到施粥摊检查,并口头提出了一些存在的问题。"主要是两方面,一是施粥人员没有健康证;二是如何保证碗筷的消毒。"林如新对卫生监督部门提出的意见很理解:"1000多号人万一出点什么事,我们的责任很大。"反复商量的结果,林如新决定从5日起停办施粥摊。"如果政府部门能在卫生、场地等方面给一些指导,我还是很想继续把施粥摊办下去的。"林如新说。

"政府部门对这类民间慈善活动有没有必要去管理,一管会不会'管死',会不会适得其反?我们也一直在讨论探索。"浙江省民政厅一位不愿透露姓名的负责人分析称。他认为,如果施粥摊要继续办下去,"社会团体必须要有业务主管单位才能在民政部门注册",仅仅这一点就是一个难以逾越的门槛。

二、我国民间志愿性慈善组织的生存困境:一种善治的视角

丹尼尔·贝尔(Daniel Bell)曾经说,全球化使得国家不仅因太小而无法解决大问题,而且也因太大而无法解决小问题。① 全球公民社会的到来,一方面是全球化推动的产物,另一方面也是为了应对国家的治理危机而来。更主要的是,治理作为全球化进程中政府管理社会的重要工具越发具有越来越大的作用。换言之,政府若拒不接受治理的理念和实践将日益寸步难行,难以维护整个庞大的上层建筑。皮埃尔(Pierre)和彼特(Peter)据此认为,治理的兴起总体上体现了这样一个事实,即国家既不再垄断专家技术,也不再独占统治所必需的经济或制度资源。② 从整个意义上说,治理意味着分权和国家与社会的合作共治,其合理的目标和结果应是善治。按照俞可平的说法,善治就是使公共利益最大化的社会管理过程,其本质是政府与公民对公共生活的合作管理,是政治国家与公民社会的一种新颖关系,是两者的最佳状态。③ 它有十个基本要素称"衡量一国善治水平的原则性标尺",即合法性、法治、透明性、责任性、回应性、有效性、参与、稳定、廉洁和公正。④ 这些政治和管理价值是人类社会一直孜孜以求的,其根本理由就在于它们是人民应当拥有的良善的政治德性,这种理念应成为每一个国家的政府的伦理准则。

与西方国家不同,我国没有经历一个社会与国家、政府相分离、形成自主化的阶段或过程。社会在一开始就是融入国家的,甚至本就是一个社会不断被政治化的过程,相对于国家、政府的独立社会或者说民间力量没有成长的空间和机会。然而,伴随着我国积极参与全球化进程以及社会主义市场经济的

---

① [英]吉登斯:《失控的世界》,周红云译,南昌:江西人民出版社,2001年,第8—9页。

② Peter. *What Is Governance*. New York: MacMillan Press, 2000, p.68.

③ 俞可平:《民主与陀螺》,北京:北京大学出版社,2006年,第32—33页。

④ [英]威廉姆斯、杰克逊:《治理:世界银行与自由主义理论》,《政治研究》1994年第42期。

发展，公民社会在快速生长，这是国家权威回归社会的过程，是国家理性与社会理性的鲜明表达。"作为一种现代话语的公民社会意味着更多的意蕴。它以富有同情心的公民为基础，但不是它的简单集合。公民社会是一个具有'公共精神'的、能够平衡政府权力、参与公共治理的自主领域。如果不是这样，那么民间的捐助、献血、关怀和一切志愿者行动，就还只是说明这个社会是一个好人的社会，还不是公民社会"①。公民社会鲜明的特点是公共领域与私人领域的分离。其中公共领域又分为国家政府主导的政治公域和社会主导的社会公域。非政府社会组织是主导社会公域的重要主体。非政府社会组织种类繁多，作用各异，本案例中涉及的"民间志愿性慈善组织"即为典型的非政府社会组织，它是在我国公民社会发展过程中由公民自发志愿成立的以救助弱者为基本目标的公益组织。其主要特点一是社会性、二是自发性、三是自治性、四是慈善性或公益性。如果我们从政府伦理来审视民间志愿性慈善组织，政府应当信任它能够分享或分担政府的一部分社会管理职能，应充分理解社会公民的公共伦理诉求，因为从根本上来说，人首先是一个社会动物，然后才是一个政治动物。人心向善是人的社会本能即对同类悲天悯人式的爱和扶持，也是人自我实现、自我确证的手段。

然而从我国某些政府对待民间志愿性慈善组织的态度来看，不得不说，我国的政府特别是基层政府缺少全球公民社会中政府应有的善治力，甚至可以说政府表现出对非政府组织在治理中的去国家化、去政府化的恐惧和担心，根本原因在于政府对其失去占有性利益的心理抵制。

在本案例中，由公民自发组织的"施粥摊"给暂时生活困难的人们提供免费饮食，这本是一种社会的"义举"，但它在活动 65 天后就被义乌卫生监督部门查禁了。与政府的态度形成对照的是，广大网民对待"施粥摊"的社会作用却抱有积极的认知态度。截至 2009 年 4 月 8 日的网络调查，可以看出，51.7% 的人认为"不管处于何种目的，至少让吃不饱饭的人吃上一顿热乎乎的饭，这就够了"，23.01% 的人"诚望工商、城管、卫生等职能部门不要捣乱"，20.31% 的人认为"这种很务实的捐助法宜在全国推而广之"，只有 5% 的人认

---

① 郁建兴、周俊：《中国公民社会在参与中成长》，《学习时报》2008 年 7 月 28 日。

为"这是旧社会的做法,不值得提倡"。在问到"这类民间慈善活动有没有必要取缔"时,觉得这样的施粥点比餐厅干净,不该关闭的人占 25.01%;认为"这年头好人难做"的占 69.5%,对于"卫生很重要,施粥关乎人的生死,没有健康证,就该关闭"的只有 5.45%。笔者认为,政府取缔"施粥摊"的行政行为欠妥,它在一定程度上戕害了社会自主性意识,是政府全能主义的遗风,是对个人主义和公民结社权的践踏。哈耶克说,"个人主义的基本特点,就是把个人'当作'人来尊重,也就是承认在他自己的范围内,纵然这个范围可能被限制得很狭窄,他的观点和爱好是至高无上的,也就是相信人应能发展自己个人的天赋和爱好"[①]。然而在我国,政府对民间力量的作用还怀着深深的怀疑和不信任,致使政府公共物品和公共服务供给不足,造成政府职能"弱位"和"虚位",也造成以非政府组织为主要载体的公民社会处于"生存弱势期"。为了促进非政府组织和公民社会的成长,矫正政府职能的"弱位"和"虚位",促进政府与公民社会组织的合作善治,我们有必要检视和改善我国民间志愿性慈善组织生长的政策环境。

三、我国民间志愿性慈善组织成长的政府管理创新

全球公民社会的兴起,导致了非政府组织的异常活跃,使人们看到了它们在社会治理中的巨大能量。"非政府组织的再度兴盛,意味着人类正在探索一种具有更多灵活性的社会治理方式。如果说工业社会早期的社会自治力量是对政府治理行为的补充,那么,在 20 世纪后期新兴的非政府组织与政府之间却是一种平等互动的关系"[②]。这种治理不再是以政府为中心由社会自治力量为辅助的治理,而是政府与社会自治力量的合作治理。正是从这个意义上讲,善治体现了人类未来公共管理的发展方向。其实,治理理论的目标取向是避免"无效治理"的"善治",意味着公民促使政府并与政府一起共同提供公共产品和公共服务。对政府来说,做好社会弱者的赈济工作,使每人都拥有最基本的社会保障,是政府为社会提供的公共服务。既然政府单中心的治理无效,

---

① [英]哈耶克:《通往奴役之路》,王明毅、冯兴元译,北京:中国社会科学出版社,1997年,第 21 页。

② 张康之:《走向合作治理的历史进程》,《湖南社会科学》2006 年第 4 期。

那么,"西方治理与善治制度的实践是对公共领域的危机或民主政治衰败作出的拯救性回应"①。在治理语境下,我国政府可以利用社会自组织的救济力量,有力地协助政府提供公共服务,因为社会民间组织不仅能够动员和集中大量的社会力量和资源来参与公共物品的提供,而且它在政府作用力相对薄弱的领域中拥有很大的能量,能够帮助政府解决一些容易被忽视的边缘性问题,推动社会广泛关注和帮助在经济和社会发展中出现的贫困群体。对于处在工业化和现代化进程中的超大型后发展的我国来说,确定政府和公民社会之间良好的伙伴关系,具有重要的治理价值。政府引导、扶持和培育民间公益性组织,民间公益性组织则合法、自律、有序地参与社会公共产品和公共服务的提供。这样,一方面,政府减轻了一定的财政负担,节约了公共资源,改善了公共物品供给的绩效,另一方面,实现了公民的参与公共事务的宪政权利,培养和训练了公民精神和公民伦理。过去,政府习惯于通过发文件,发出爱心指令,下达捐献任务,而不注重公民爱的情感的自主性,忽视了民间力量的自我组织与自我发展能力,致使民间的爱心患上了一种"文件依赖症",民间力量长不大,作用有限。我们知道,乐于助人是人的一种天性,每个人都需要爱和愿意爱,这是政府可资利用的社会资源,政府应当对民间力量寄予厚望,把民间自发的爱心组织起来,相信爱心一旦自我组织起来,就会加速生长,变得强大而高效。政府应放手让它自我组织,以自我组织增强其号召力,以自我组织强化其可靠性和专业性。整个国家社会保障体系,也要给民间力量保留若干"专座",信任它并依靠它,让它尽情发挥。这是其一。

其二,政府要对民间志愿性慈善组织给予相当大的信任度,这是政府践行公共德性的基本要求。"信任体现着对他人作为自主个体的自由的承认,信任是个体间交往、团体活动以至公民社会的基础。但公民社会也面临着信任的危机,重建信任政治的公民社会是新世纪的挑战"②。既然善治是政府与社会的合作治理,那么,两者之间如果缺失必要的信任,善治是不可能存在的。政府对社会的信任能否产生呢? 帕特南(Putnam)认为,社会信任能够从互惠规

---

① 孔繁斌:《治理与善治制度移植:中国选择的逻辑》,《马克思主义与现实》2003年第3期。
② [美]赛里格曼:《信任与公民社会》,《马克思主义与现实》2002年第5期。

范和公民参与网络两个相互联系的方面产生,因为它们降低了交易成本,促进了合作。① 在一个社会里,如果人们确信他们的信任会得到回报,互信就很可能产生;不断持续的互信行为,会鼓励着普遍互惠规范的发展。笔者认为,政府信任公民组织,是一种可贵的政府德性。麦金太尔(MacIntyre)认为,德性是一种人类必须具备的素质,拥有它并运用它就可以使我们获得那些实践所固有的福利,没有它则会阻碍我们获得那些实践所固有的福利。② 弗雷德里克森(Frederickson)认为,行政人员作为代表性公民应具有这种仁慈的德性,它是民主生活中公共行政人员伦理的核心。③ 作为政府德性的信任,只有被深深内化为政府人员的道德品质,才能保证既与组织目标之间保持和谐,又与社会公民义务之间保持一致,它是政府机构有效运转的必备条件。政府具备了这样的德性,就能够站在公民的立场上,践行代表性公民角色,践行宪法和法治原则,珍视公民的参与权利,秉持政府行为的公共服务原则,从而"建立对公共权力公共性的信仰"④。

就以上案例来说,政府首先要做的事情是反思政府提供公共产品和公共服务的能力,认识到自身能力的有限性,信任并"鼓励全体公民参与慈善捐赠、社会捐助活动,弘扬团结互助、扶贫济困的良好风尚,激发全社会关注民生、改善民生的积极性"。所以,面对全球公民社会的兴起以及我国科学发展观的要求,有必要对社团管理制度进行改革,给民间自组织适当松绑,改审批制为备案制,且不必一定有上级业务主管部门。这样,政府为社会提供更多参与公共事务管理的机会,为多元治理的发展提供实验场。笔者相信,政府只有真正树立了公共管理的公共性、人民性时,才能切实实现管理民间志愿性慈善组织的创新。

其三,政府在让民间志愿性慈善组织划桨的同时,政府的掌舵职能还不可

---

① [美]帕特南:《使民主运转起来》,王列、赖海榕译,南昌:江西人民出版社,2001年,第202页。

② [美]麦金太尔:《追寻美德》,宋继杰译,南京:译林出版社,2003年,第242页。

③ [美]库珀:《行政伦理学:实现行政责任的途径》,张秀琴译,北京:中国人民大学出版社,2002年,第158—159页。

④ 张康之:《公共行政中的哲学与伦理》,北京:中国人民大学出版社,2004年,第277页。

或缺，不能对民间志愿性慈善组织完全放手不管，政府主要做好规划、提供资助、专业指导和培训、监管等工作，以促进其服务社会能力的提高。政府需要建立合理的民间组织监管和协调机制，以保证民间社会的有序运行。与此同时，民间社会自身也应当通过完善内部治理结构、学习和借鉴国际NGO发展经验、提供更具竞争力的产品和服务等方式提升治理能力，积极参与公共事务管理，争取更多与政府合作治理的机会。

综上所述，我国民间志愿性慈善组织的生存发展遭遇了困境，表现在：政府取缔像"施粥摊"这样的民间志愿性慈善组织，要求民间志愿性慈善组织必须要有所谓的上级主管部门，对民间志愿性慈善组织参与政府的社会救助抱有深深的怀疑和不信任。这说明我国政府特别是基层政府还缺少全球公民社会中政府所应有的善治力。基于善治理论视野，政府与社会合作提供公共物品是必要的，也是可行的，可以有效应对我国政府公益性公共物品供给不足和民间志愿性慈善组织发展的双重困境。因此，作为能动性强大的政府，其管理创新就显得尤为重要，政府应对民间志愿性慈善组织参与社会救助给予相当大的信任度，改审批制为备案制；政府需要对民间志愿性慈善组织的发展作出规划、提供资助、专业指导和培训以及服务，以促进其提高社会公共服务的能力。

个案研究

灾后生态重建中NGO的参与：以汶川地震为例

随着中国经济的快速运转和日渐严峻的环境形势，中国的非政府组织（NGO）登上了历史舞台。如果说在1976年的唐山大地震和1998年的南方特大洪灾救援中，我们还很少看到中国NGO的身影，那么，在2008年的南方冰雪灾害和"5·12"汶川大地震中，中国的NGO可以说是真正行动起来了。它们活跃在各个灾区，积极参与抢救伤员、筹集物资、灾后生态重建等方面的工作，取得了较为显著的成绩。大灾必有大启示，我们将透过汶川地震这一重大事件，在分析汶川地震对灾区环境影响的基础上，重点评述NGO在震后生态重建中的表现及其遇到的困境，并针对困境提出解决对策，冀期于促使我国

NGO在灾后生态重建等公共危机的治理事务中发挥更显著的功能。

一、我国非政府组织的发展现状

非政府组织是英文 non-government organization 的英译,英文缩写为NGO。非政府组织是指介于政府与营利性组织之间,依靠会员缴纳的会费、民间捐赠或政府财政拨款等非营利性收入,从事前两者无力、无法或无意作为的社会公益事业,从而实现服务社会公众、促进社会稳定与发展的宗旨的社会公共部门,具有非政府性、非营利性、组织性、自治性、志愿性等五大特征。其中,非政府性和非营利性是其核心特征。对于非政府性的理解,可以理解为民间性,即非政府组织是独立于政府体系运作、社会自发组建的;非营利性则表明了非政府组织与市场经济组织的区别,即它是不以营利为目的、利润不用于成员之间分红的。

国内官方通常将"非政府组织"称为"民间组织"或"社会组织",这反映了政府希望"政社分开"的改革取向。我国社会组织主要包括"社会团体"(简称"社团")、"民办非企业单位"和"基金会"三类。其中,根据《中华人民共和国社会团体登记管理条例》,所谓社团是指中国公民自愿组成,为实现会员共同意愿,按照其章程开展活动的非营利性社会组织。国内社团包括学会、协会、商会、基金会、研究会、促进会、联谊会等称谓的社会组织。而民办非企业单位是指企事业单位、社会团体和其他力量以及公民个人利用非国有资产举办的,从事非营利性社会服务活动的社会组织。其主要包括一些民办的教育机构、卫生机构、科研机构等机构。根据《基金会管理条例》,基金会则是指利用自然人、法人或者其他组织捐赠的财产,以从事公益事业为目的而成立的非营利性法人。

我国的NGO中在环保、生态重建方面较为著名的组织主要包括国际的驻华机构,如世界自然基金会(WWF)、绿色和平组织(green peace)、地球之友等;官办的NGO,如中华环境保护基金会、中国环境文化促进会等;经由民间部门注册的民间NGO,如地球村、自然之友、绿家园等;非民政系统注册的草根组织和高校环境社团,如清华大学绿色协会、四川省绿色江河环境保护促进会等。

近年来,我国在民政部门登记注册的非政府组织总体上呈稳步增长态势,个别类型发展迅速。民办非企业单位增长速度虽有所放缓,但内部质量有所提升。上述变化一方面来自我国非政府组织加强自身建设的努力,另一方面也与民政部门加强执法检查工作、更加注重非政府组织的内涵式发展有密切的关系。截至 2011 年底,全国在民政部门登记的社会组织 45.8 万个,比上年增长 3.9%。其中社会团体共有 25.3 万个,比上年增长 4.1%;民办非企业单位共有 20.2 万个,比上年增长 3.6%;基金会共有 2510 个,比上年增长 15.8%。① 与前几年相比,2011 年我国官方统计的非政府组织总体增长速度有所下降。(见表 4-1)

表 4-1　1999—2011 年全国非政府组织数量关系情况

年　份	总　体		社会团体		民办非企业单位		基金会	
	数量(个)	增长率	数量(个)	增长率	数量(个)	增长率	数量(个)	增长率(%)
1999	142665	—	136764	—	5901	—	—	—
2000	153322	7.41	130668	−4.46	22654	283.90	—	—
2001	210939	37.58	128805	−1.43	82134	262.56	—	—
2002	244509	15.91	133297	3.49	111212	35.40	—	—
2003	266612	9.04	141167	5.90	124491	11.94	954	—
2004	289432	8.56	153359	8.64	135181	8.58	892	−6.50
2005	319762	10.48	171150	11.60	147637	9.21	975	9.30
2006	354393	10.83	191946	12.15	161303	9.26	1144	17.33
2007	386916	9.18	211661	10.27	173915	7.82	1340	17.13
2008	413660	6.91	229681	8.51	182382	4.87	1597	19.18
2009	424784	4.32	234552	7.41	188425	4.43	1843	15.41
2010	441368	3.76	243203	3.41	194612	3.17	2168	17.63
2011	457973	3.85	252621	4.12	201842	3.59	2510	15.78

数据来源:1999—2011 年《全国民政事业发展统计报告》。

当前我国非政府组织虽然在总体规模上不断加大,但是在发展过程中依然存在着一些突出的问题,主要体现在三个方面:首先是 NGO 仍处于发展的

① 国家民政部民政事业统计季报(2011 年 4 季度),见 http://files2. mca. gov. cn/cws/201202/20120209154838112. htm。

初级阶段,经费紧张、人才缺乏、能力较弱。其次是 NGO 功能不清、不健全,行政化色彩浓厚,部分 NGO 行为不规范,自律和活力不足,社会公信度不高,服务社会的功能不强。再者,管理体制成为制约 NGO 发展的"瓶颈"。我国现行的管理体制偏重于对 NGO 的约束和管制,而促进和引导的功能体现得不充分。所谓的"双重管理"制度存在着多头管理、职能交叉的问题,还使得新产生的 NGO 很难找到主管部门,发展空间狭小,与经济和社会发展的现实越来越不适应。

二、NGO 在汶川地震后生态重建中的表现

2008 年 5 月 12 日下午 2 时 28 分,四川省汶川县发生了强度为里氏 8.0 级、烈度达 11 度的强烈地震,灾害波及甘肃、陕西、云南等 20 多个省市。突如其来的强烈地震,引起了巨大的人员伤亡和环境的破坏,直接经济损失达 8452 亿元人民币。四川省受灾最为严重,占总损失的 91.3%。根据民政部的报告,截至 2008 年 9 月 25 日 12 时,四川汶川地震已确认 69227 人遇难,374643 人受伤,失踪 17923 人。

就汶川地震对自然生态环境造成的破坏而言,根据四川省环保局从生态重要性、生态系统脆弱性、环境容量、环境经济等方面进行的评估来看,地震灾害环境质量整体上稳定,地震对灾区土壤保持功能的损伤及影响程度最大,灾区环境和空气质量总体良好。[①] 但是,地震对灾区的植被覆盖面积、珍稀动物、地形地貌影响重大。(见表 4-2)

表 4-2　汶川地震造成的自然环境破坏情况

植被覆盖面积		珍稀动物(以熊猫为例)			地形地貌			
林地损毁	森林覆盖率(%)	自然保护区毁损(个)	栖息地毁损(万亩)	死亡(只)	滑坡(处)	泥石流(处)	崩塌(处)	堰塞湖(座)
493	-0.5	19	180	1	3949	670	2424	34

数据来源:四川省环保局。

就汶川地震对人类生产生活环境造成的影响来看,首先是固体废物的污

---

① Sichuan Environment Protection Bureau. *Assessments of the Scope of Disaster-hit Areas in Earthquake*, *Disaster Damage Degree and Bearing Capacity of the Resource Environment*, 2008.

染问题。据统计,汶川地震倒塌房屋达 778.91 万间,毁坏房屋 2459 万间,这将会产生近 6 亿吨、4 亿立方米的建筑垃圾,如何清理和有效利用建筑垃圾成为各方关注的难题。其二,灾后人员的集体安置及地震对化工企业设备的破坏,构成灾后的两个重要污染源。首先,生活垃圾、生活污水和腐烂动物尸体等有可能造成土壤、江河、湖泊、水库的污染甚至疫情。其次,如果危险化学品泄漏,可能引发火灾、爆炸、有毒有害物质在大气中逸散和水体中扩散,造成土壤、河流、水库、地下水和大气污染。其三,地震对基础设施和农业生产造成了严重破坏。地震灾区的农田、渔业养殖水域、厂房以及交通与水电设施均遭受了巨大的损坏,人们衣、食、住、行都出现严重问题,基本生活得不到保证。其中,地震灾区中房屋受损 2314.3 万间,倒塌 652.3 万间。道路交通、通讯设施、水利设施、电力设施等基础设施也受到较为严重的破坏,如高速公路受损 24 条,农村公路损坏 8618 条;光缆损毁 28765 公里,通信电线杆倒断 142078 根;水库受损 1803 座,农田水利排灌站堤坝受损 966.4 公里;水电站受损 764 座。[①]

就汶川地震对自然景观和历史文化遗产造成的破坏而言,森林景观损毁 456 处,且大多属于 3A 景区以上;都江堰—青城山、二王庙、伏龙观以及青城山的部分古建筑严重受损;文物损毁 1839 间,其中珍贵文物 151 间。古迹古文物的损坏是不可弥补的损失,而自然景观的破坏也需要漫长的休整期。[②]

对于灾区的救灾活动大体可以分为两个阶段,即灾害发生时的抗震救灾阶段、灾害发生后经济社会的恢复与重建阶段。在汶川地震灾后生态重建的过程中,NGO 积极地配合政府,发挥了重要的作用。

(一)NGO 在灾后生态重建中的社会动员功能

一方面,NGO 反应迅速,自发组织,为生态重建提供资金支持。汶川地震发生后,NGO 反应迅速与政府相呼应,积极投身于抗震救灾行动中。5 月 12 日 14 时 28 分,中国红十字会总会反应极为迅速,启动了一级救灾应急预案。当晚 19 时,中国红十字会紧急拨发价值 78 万元的救灾物资。截至 5 月 17 日

---

① Shen Maoying. Feature of the Afflicted People in Wenchuan Earthquake and Its Living Environment Change. *Northwest Population Journal*, 2008(6).

② Shi Jianguang, Deng Hua & Lin Shuzhi. Discussion on Recycling and Reusing Way of Building Waste Left by Wenchuan Earthquake. *Fujian Architecture & Consturction*. 2008(11).

中午 12 时,中国红十字总会及地方各级红十字会接收到来自国内外捐赠的款物达 18.3 亿元,向灾区提供了价值近 4 亿元的救助款物。① 5 月 12 日 19 时,爱德基金会到达成都,成立紧急救援办公室,拨付 100 万元用于采购救灾物资,以及今后的灾后生态重建工作。当晚,中国扶贫基金会与新浪网共同发起"我们心在一起——汶川地震紧急救援行动"募捐活动。5 月 15 日,地震发生第三天,南都公益基金会理事根据"支持民间公益"的宗旨和资助型公益基金会的定位作出决定,紧急安排 1000 万元专项资金,为社会组织参与救灾和灾后生态重建提供资金支持。②

另一方面,NGO 广泛号召,全国动员,为生态重建汇聚社会资本。NGO 中的环境 NGO 是一种动员群众、教育群众、保护环境的有效途径。同时,环保是较少有政治争议的领域,从普及环保意识入手进行环境教育也是较为容易开展的方式。我国环境 NGO 经常通过组织环保公益活动、出版书籍、发放宣传品、举办讲座、组织培训、加强媒体报道等方式进行环保宣传、教育和动员,为环保作出了突出贡献。在汶川地震灾后生态重建中,NGO 广泛汇聚社会资本的优势得以延续,并有了新的发展。5 月 13 日,地震发生第 2 天,中国青少年发展基金会、南都公益基金会、中国扶贫基金会、中国初级卫生保健基金会等一批知名基金会和民间公益组织联合起来,发起了"中国民间组织抗震救灾行动联合声明"活动,呼吁发挥民间组织力量,共同支援灾区,恢复生态重建。5 月 14 日,"自然之友"、"绿色和平"、"绿家园"等 NGO 召开紧急会议,发起了以"小行动+许多人=大不同"为主题的活动,发布《呼吁:请关注地震可能引发的自然灾害》,一天之内便有来自四川、北京、贵州等地的近 30 家 NGO 参与。14 日上午,自然之友办公室致电四川会员及合作伙伴,告知灾区情况及会员参与救灾的渠道。6 月 1 日,自然之友灾区救援先遣队在四川茂县为灾区的孩子们过了一个有意义的、与环保教育及生态重建结合起来的儿童节。7 月 28 日,由自然之友主办的"绿色多边论坛——地震灾区重建中的绿色学

---

① 徐辉:《5·12 汶川大地震,NGO 联合投入赈灾》,《学会》2008 年第 5 期。
② 黄晓勇、潘晨光、蔡礼强:《中国民间组织报告(2009—2010)》,北京:社会科学文献出版社,2009 年,第 94—95 页。

校建设"研讨会在北京召开。10 月 11 日,"社区参与建造生态厕所"项目第一期工作营在广元青川开营,成都根与芽及四川本地多个草根 NGO 参与,对生态厕所建设的项目点组织人员进行环保教育、生态技术建设多方面的培训。

(二)NGO 在灾后生态重建中的项目支持功能

NGO 参与评估地震造成的环境影响,为生态重建开展信息服务。评估地震对人们居住环境、生态系统的影响是生态重建之前必须开展的关键性工作。对此,国际上一些致力于环境保护的 NGO,在抗震救灾中很快地体现了自身的专业性特点。相比之下,我国的 NGO 在这些工作中还有些力不从心。国际环境 NGO 是通过设立在中国的工作点发挥参与作用的。世界自然基金会在成都与西安都有项目工作室,并与当地林业部门和保护区有着密切合作。世界自然基金会在参与灾后重建的计划中步步为营,它很清楚地将救灾工作分成三步:紧急救援、地震环境影响、大熊猫自然保护区和周边社区的绿色重建。从 2008 年 6 月份开始的半年左右时间,是"评估"阶段。6 月 18 日,该组织与四川省林业厅在成都联合举办了"大熊猫自然保护区地震影响评估研讨会",初步确定在唐家河保护区与千佛山保护区开展地震影响评估试点;同时,该组织和陕西省林业厅、陕西省动物研究所合作在秦岭地区开展了灾后影响评估。5 月 13 日,有着国际环境 NGO 背景的山水自然保护中心(简称山水)启动了"熊猫卫士项目"。震后第三天,山水科学顾问、北大大熊猫研究中心的王大军便带领中心的学生着手整理和分析震区的信息资料,向灾区特别是受灾保护区提供紧急援助并为今后的恢复和重建提出建议。5 月 17 日,由世界自然基金和山水联合推动成立的七人野外探察队就前往高川乡收集灾情信息。[①]

(三)NGO 在灾后生态重建中的知识资本效应

NGO 参与规划实施生态方案,为生态重建提供项目支持。国际 NGO 和我国 NGO 通过与政府、企业、专家、民众的合作,在震后生态重建的方案规划、项目实施中发挥了重要功能。例如著名环保人士、地球村的创始人廖小义认为,灾后居民的重建是使乡村建筑走上生态文明之路的契机,因此要求新建

---

① 王书明、李岩:《汶川地震中环境 NGO 的表现及评价》,《佳木斯大学社会科学学报》2009 年第 2 期。

房屋必须是节能、节地、节材的生态民居。廖小义和地球村发挥 NGO 充分整合社会资源、擅长沟通协调的优势,请来著名生态民居专家刘加平和他的建筑团队做义工,为遭受巨大创伤的四川彭州通济镇大坪村设计符合当地传统的生态民居;请来地质专家进行地质评估。整个过程中,地球村与当地村民一起商讨,最终完成了"乐和家园"项目报告。2008 年 8 月 13 日,地球村申请的红十字乐和家园建设项目得到批准,该项目和南都基金会支持的"乐和家园服务平台"一起,致力于完成六个方面的建设即乐和人居——建造乡村生态民居;乐和生计——发展乡村生态经济;乐和伦理——修复乡村精神家园;乐和治理——完善村民参与机制;乐和养生——建立乡村保健诊所;乐和生态——实施乡村环境管理。这一项目获得"2008 中华慈善奖最具影响力慈善项目",中国红十字会高度评价该项目"不仅对四川灾区重建具有标杆意义,而且对人类生存与发展具有前瞻意义。项目本身具备了可复制和可推广性"。

三、NGO 在汶川地震灾后生态重建中的困境

"5·12"汶川地震发生后,大量的 NGO 从全国各地奔赴灾区,都争取在第一时间内到达,从事着力所能及的救助工作。他们不仅主动捐赠钱物、抢险救人、维持秩序,而且还逐步将活动领域拓展到提供运输车辆、无线电通信、心理救助、灾后生态重建等专业性较强的救助项目。在这次抗震救灾工作中,NGO 秉承着奉献自己、服务他人的态度,他们积极的表现让世界瞩目。但是在灾后生态重建过程中,我国 NGO 的功能发挥还面临不少障碍和困境。

(一)NGO 在灾后生态重建中的法制障碍

身份的合法性始终是一个困扰 NGO 发展壮大的瓶颈。现行的《民办非企业单位管理条例规定》和《社会团体登记管理条例》都规定,民间组织登记注册由各级民政部门来管,而日常事务由业务主管单位来管,从而形成双重管理体制。这种双重把关的审批体制,致使 NGO 获得合法性身份门槛过高,且同一地区,两个以上同种性质的组织,只能登记注册一个,大量的 NGO 被拒之门外,于是一些 NGO 转而采取工商注册的形式,或者在其他党政部门的支持下取得变相的合法形式,或者甘冒不登记注册的风险。大量的 NGO 纷纷绕开现行法规的结果,导致其法律地位的缺失。目前,我国 NGO 致力于环境保护、生态重建方面工作的环境 NGO 只有 10% 是正式注册的,90% 都不能注册,这就使其在对灾后生态重建工作中面临着身份合法性的障碍。

(二)NGO 在灾后生态重建中的主体障碍

一是 NGO 组织能力薄弱。与国际 NGO 相比,我国的 NGO 起步较晚,与政府机构之间的有效沟通、信息传递也不多。在此次抗震救灾中,有的志愿者单枪匹马赶赴灾区,有的与亲朋好友一起参与救援,导致一哄而上的局面十分普遍。因此,仅就志愿者的分配、调度而言,NGO 就遇到了相当多的困扰。一些受灾严重的地区出现了人满为患、救灾物资和援建项目过剩的局面,如四川成都周边地区的绵竹、都江堰、彭州。而一些受灾程度一般的地区却备受冷落,如四川的广元、巴中地区。NGO 组织能力的薄弱性,致使其在服务供给的过程中产生了非均衡性和混乱的情况。

二是 NGO 专业人才匮乏。在灾后的生态重建过程中,许多国际的 NGO 所做的事情更为集中,较好地体现了职业特色与专业化水平。如国际有关于环境治理方面的 NGO 在参与救援中,立足于自然生态环境、生产生活环境、自然景观和历史景观的某方面,因地制宜开展紧急救援、信息调研、影响评估、项目规划、政策咨询、绿色重建等专业化服务,发挥了自己的重要角色功能。但是,我国该方面的 NGO 则还仅仅停留在捐款捐物、宣传动员等一般性的工作上,专业化水平明显不高。因此,我国的 NGO 必须立足于自身组织的特色,找准定位,吸纳相关专业人士,为灾后生态重建提供更好的人才资本。

三是 NGO 自身建设不健全。由于我国许多环保 NGO 没有开宗明义的纲领和长期发展目标的规划,组织人员多数由志愿者组成,组织纪律相对松弛、涣散,缺乏长期有效的工作目标和组织管理机制。还有一些环保 NGO 内部议事制度、财务管理制度、工作人员录用、考核与奖惩制度无章可循、有章不循的问题同时存在。这必然导致 NGO 自身建设不健全。NGO 财务的不公开、项目运作信息的不透明、挪用公款、存在欺诈等方面问题的暴露,使得其公信力大打折扣。中华慈善总会和中国红十字会等官方组织控制着国内的大部分慈善事业,然而,普通百姓们对这类官方 NGO 组织却心存疑虑。2008 年汶川地震救灾中,中国红十字会的"65％管理费"、"万元帐篷"、"虚开发票"等事件制约了人们的捐赠行为。NGO 得不到群众的信任和支持,使其在灾后生态重建中屡屡受挫。

（三）NGO在灾后生态重建中的资金障碍

资金是组织的生命之源，任何组织的生存与发展都有赖于充足的资金。NGO的资金不足是普遍现象，但我国显得尤为突出。很多的NGO每年的活动经费支出都在十几万元，成本较高。尽管在灾后生态重建中许多NGO都慷慨解囊，但是时间一长，资金短缺的现象便凸现出来。一些NGO由于资金严重不足而无法进行正常活动。一些NGO为了维持生存，从事着自身职责范围以外的经营活动。合法性身份的缺失，导致他们向政府、企业、社会民众募集资金困难重重。而且，国内NGO喝"洋奶"的现象依然很普遍，来自本土的企业捐款、来自本地政府的资金依然不足，政府采购尚未惠及民间组织。许多NGO因资金不足、培训不够、办公条件差、工资待遇低，志愿者职业前景发展不确定等因素，很难吸纳优秀人才，从而影响NGO的整体水平和素质。

（四）NGO在灾后生态重建中的政治障碍

我国政府机构在灾后生态重建中的工作呈现的特点是力度大、工期短、硬件多。一切行动都是统一行动，一切任务都是政治任务，政治的高度决定行动的力度。在这种理念的支配下，灾后生态重建工作虽然是"一刀切"、"一盘棋"，步调统一，雷厉风行，具有规模效益，但是其工作不够深入细致，人员缺乏观念转换，效果缺乏质量保障。以社区生态重建规划的制定为例。陕西省妇源汇性别发展培训中心（简称"妇源汇"），主张根据村民需求、意愿及财力来设计重建规划，整个重建过程村民全程参与，既当设计者，又当实施者。而当地政府工作人员则主张统一安排、统一时间、短期完工。在重建点的选择上，妇源汇主张重点投向地处偏远而又灾情严重的村（组），而当地政府工作人员则认为需要扶持离公路和城镇较近、发展基础较好的村（组）。[①] 由于政府与NGO在工作理念上存在分歧，政府对NGO参与灾后生态重建管控太多、过于严密等因素，导致了两者在工作方法上的差异，而且每次矛盾的发生又都需要进行多次沟通和协商，这样严重阻碍了NGO参与灾后生态重建的工作效率。因此，为了使NGO在灾后生态重建工作中进展顺利，必须处理好与政府的关系。

---

① 冯桂林：《试论灾后重建过程中NGO与政府的合作模式建构：以陕西省妇源汇的实践为例》，《广西大学学报（哲学社会科学版）》2011年第6期。

四、建立 NGO 在灾后生态重建中的长效机制

（一）明晰 NGO 在灾后生态重建中的法律地位

建立健全 NGO 相关法律法规，明晰 NGO 在灾后生态重建中的法律地位，是维护其合法性、独立性和组织权益的要求，是 NGO 健康发展的重要保障。目前，我国涉及 NGO 的法律法规，只有国务院颁布的《民办非企业单位登记管理暂行》、《社会团体登记管理条例》以及《基金会管理条例》，民政部颁布的《取缔非法民间组织暂行办法》、《民办非企业单位登记暂行办法》等，还没有专门适合 NGO 成长的法律，尤其是缺乏 NGO 参与灾后生态重建的相关规定。因此，目前对政府而言，首先，要建立健全 NGO 相关法律法规，理顺 NGO 的性质、职能、权利、社会责任，明晰 NGO 在灾后生态重建中的法律地位。其次，要调整登记管理策略，逐步放松对 NGO 过多的行政干预和全面控制；调整资源调控策略，打破公共资源的行政垄断。再次，培育开放的竞争性公益市场，对 NGO 开放财政资源；鼓励自生自发、自下而上兴起的环保 NGO 的发展壮大，在注册登记、筹措资金、改进技术等方面予以扶持，为环保 NGO 创造一个宽松舒适的制度环境。最后，政府要为 NGO 参与灾后生态重建提供最便捷的渠道、最优惠的政策、最良好的服务，充分调动社会力量为灾后生态重建项目贡献智慧、资金，从而使 NGO 真正成为灾后生态重建的一支主力军。另一方面，NGO 要努力与环保部门、关心环保和社会公益性事业各方面的社会力量进行联合，并在一段时间内集中推动人大等机构在 NGO 立法方面的突破，NGO 自身也要积极参与政治、特别是立法过程，推动相关法律的出台。

（二）提高 NGO 在灾后生态重建中的主体能力

其一，提升 NGO 的人才素养。这里所谓的人才素养指的是具备一定知识、技能、能力，从事于生态重建工作的人才。一旦 NGO 中拥有这方面人才，那么，就可以大大提高灾后生态重建工作的进度及质量。因此，NGO 首先应明确这方面的重要性，制定合理的人才准入机制，积极开展人才培养工作，建立一支高素质的专职人才队伍。其次，对环保 NGO 中的高层管理人员的职业和管理能力进行培训，使其成为推动 NGO 参与生态重建中规范化管理的中坚力量。再者，营造有利于环保 NGO 人才成长、稳定发展的环境，把环保 NGO 人才纳入市民人才管理和服务范畴，让其享受相关的政策和待遇。

其二,加强 NGO 的自身建设。灾后生态重建是一个关于动员和利用社会资源、检验社会和谐发展能力的过程,也是考验 NGO 是否可持续发展的标志之一。要加强 NGO 的自身建设,提高其可持续发展水平,一是要推动以章程为核心的制度建设,确立章程在 NGO 中的根本准则地位,明确章程的核心作用。在章程中,通过规定 NGO 的宗旨、基本活动准则和治理结构等,保证 NGO 健康合理的发展方向,为其更有效地进行自我管理提供制度保障。二是建立健全 NGO 的内部治理结构,明确会员大会、理事会、会长、秘书长、监事的职权。三是要完善 NGO 内部的管理制度。健全会员大事会、会长、秘书长、办公会议等议事规则,健全秘书长工作、财务管理、信息公告制度等内部管理制度,促进 NGO 在生态重建中的规范化和公开化。同时,要以创新社会管理方式为出发点,对 NGO 在灾后生态重建中的绩效、信用进行评估。

(三)增强 NGO 在灾后生态重建中的筹资能力

首先,NGO 要与政府处理好关系,促使政府增加对灾后生态重建的资金投入;赢得银行信贷的支持,实行适当倾斜的信贷投入政策。其次,通过政府性资金的引导,建立灾后生态重建基金,通过资本市场赢得资金。再次,NGO 在开展公益活动时,在不违背宗旨的前提下,可以适当提高经营性的收入,来扩充组织资金。如日本环境 NGO 的资金来源不仅包括会费、捐赠、赞助等一般民间团体的资金渠道,还包括 NGO 自身经营企业和开展有偿服务的收入。最后,NGO 在不断拓宽筹集资金渠道的同时,要争取政府、公民、企业等各种形式的捐助。同时,NGO 要改进财务管理制度,明确自身责任意识,提高公信力。其中财务管理制度包括资金盈余分配管理、支出比例控制、日常账目公开规制。通过以上几种措施,以解决 NGO 参与灾后生态重建以及今后发展中的资金不足问题。

(四)优化灾后生态重建过程中 NGO 与政府的关系

NGO 和政府的关系直接影响着 NGO 参与灾后重建工作的进展及其未来的健康发展。各类非政府组织进入公共服务领域,充分发挥其在公共物品提供方面的作用,与政府分担责任,可以使政府从具体的公共事务中解脱出来,从而以一种监察者和指导者的身份,审视公共服务的质量和效益。不过,与其他组织一样,NGO 也存在着自身的局限性。政府对 NGO 进行的适当监管是有必要的,但不可干预过多。如前文所述,对于灾后生态重建工作,政府常常是一种自上而下的思维方式，注重面上的规模效益；而妇源汇则是一种自下而上的思维方式，注重点上的微观效应。两者思维方式的不一致以及政府干预的过多，最终会给灾后生态重建工作产生负面的影响。因此，首先，政府与 NGO 要在灾后生态重建等公共服务领域方面理清职责权限，实行政社分开。其次，政府应该在事关全局的关键事件中承担更多的责任，而将涉及微观管理的事务更多交给社会其他公共组织完成。最后，政府和 NGO 在灾后生态重建等公共服务领域中的关系，应该是一种合作关系。政府可以将一些不能或不愿做的事情充分授权，委托给 NGO 来执行，发挥 NGO 的作用，如在灾后生态重建中政府进行总体的规划，具体的工作交由 NGO 负责，而政府只对他们的工作进行监督、评估。这样有利于提高灾后生态重建的效率，进而提升 NGO 在公共事务领域的服务水平。

专题研究

非政府组织促进就业的效能评估：以河南省为例

20 世纪 80 年代以来，在"治理"理念的推动下，全球掀起了一场轰轰烈烈的政府改革的浪潮，与此同时，发展中国家和发达国家里非政府组织的蓬勃发展已经引发了一场"结社革命"（associational revolution）[1]。就我国而言，民政部公布的 2008 年 12 月全国民政事业统计数据显示，我国现有民间组织总数近 40 万家，其中社会团体 22 万家，民办非企业单位 17.8 万家，基金会 1390 家。[2] 非

---

[1] L. M. Salamon. The Rise of the Nonprofit Sector. *Foreign Affairs*, 1994, 73(4).

[2] 目前，国内尚未对非政府组织的概念形成明确而统一的认识，这一点从其称谓的多样性中可见一斑，其中最常见的是"民间组织"、"社会组织"、"非营利组织"。在我国，非政府组织的官方称谓是"民间组织"，是指相对于政党、政府等传统组织形态之外的各类民间性的社会组织，主要包括社会团体、基金会、民办非企业单位、部分中介组织以及社区活动团队。2006 年10 月，党的十六届六中全会提出"推进新经济组织、新社会组织的党建工作，扩大党的工作覆盖面"。自此，官方亦将民间组织称为"新社会组织"、"社会组织"。自 2007 年起，国家民间组织管理局将原来的"民间组织统计数据"改称为"社会组织统计数据"，"民间组织"、"新社会组织"、"社会组织"在官方语言中经常混用。国家民间组织管理局的官方网站名为"中国社会组织"。应该说，上述称谓都体现了政府希望"政社分开"的决心和取向。但是，它们并不完全等同于"非政府组织"。在从计划经济向市场经济转型的过程中，不仅传统的民间社团，即使是新生的民间社团也不可避免地需要现有体制的权威认可，从而具有特定的官民二重性。

政府组织作为一种公共服务的提供者和公共责任的承担者,在公共治理中发挥着越来越重要的功能。从全球发展来看,非政府组织不仅在增进公众信任与合作、提高公民自治水平、动员社会资源、缓解社会矛盾、提供公共物品等方面效能显著,而且在吸纳和促进社会就业方面也大有作为。

所谓"非政府组织",又称为"非营利组织"(non-profit organizations,简称NPOs),"第三部门"或"第三域"(the third sector),民间组织或公民社会组织(civil organisations or civil society organisations,简称CSOs)等,它是指介于政府与营利性组织之间,依靠会员缴纳的会费、民间捐款或政府财政拨款等非政府性收入从事前两者无力、无法或无意作为的社会公益事业,从而实现服务社会公众、促进社会稳定与发展的宗旨的社会公共部门,它与政府、营利组织(企业)一同构成了现代社会。美国霍普金斯大学学者萨拉蒙曾归纳出非政府组织的五个基本特征,即组织性、民间性、非利润分配性、自治性和志愿性。中国有着不同于西方的社会结构和制度文化,如果完全按照上述西方标准界定和理解,一方面很难找到严格符合这些性质的组织,另一方面,在中国社会经济转型的时期,又确实存在并不断新生着一些与政府、企业所不同的"第三领域"的组织,上述特性无法准确反映中国非政府组织的发展状况。因而,我们在本个案中将非政府组织定义为:不以营利为目的,主要开展公益性或互益性活动,独立于党政体系之外的正式的社会组织。目前,按照官方的分类方法,在民政部门登记注册的非政府组织有社会团体、民办非企业单位和基金会三种类型。

西方经济社会发展的事实表明,非政府组织在吸纳和促进社会就业方面功能巨大。萨拉蒙曾通过大量的调查和研究得出结论:除了社会和政治影响之外,非政府组织首先是区域中的一种重要的经济力量,因为它在就业和国家支出中占有非常重要的比例。从世界发展的潮流来看,非政府组织作为一个重要的就业渠道,凌驾于一般经济体系之上,具有强大的劳动力吸纳能力,在社会经济发展中扮演的角色越来越举足轻重。[1] 就国内而言,在安置就业方

---

[1] L. M. Salamon. *Global Civic Society: Dimensions of the Non-Profit Sector*. 参见温艳萍:《民间非营利组织的社会与经济效能研究》,上海:上海人民出版社,2008年,第144—145页。

面,非政府组织正在成为提供就业的重要渠道,具有很大的发展潜力。国内学者邓国胜调查得出结论:2002 年中国非政府部门创造的就业机会将近 300 万,比金融等许多行业的就业规模都要大,[①]并指出,加速发展非政府组织至少可提供 3000 万就业机会[②]。以上海为例,在直接就业方面,仅 2004 年全市非政府组织就业人员已超过 11 万人;在间接就业方面,有约 180 万家全市性的社会团体通过行业协调、中介服务、咨询服务等方式促进就业,民办非企业单位在这方面成效更加明显,297 家职业培训类和 20 家职业介绍类民办非企业单位通过开展职业介绍和职业培训,使很多人走上工作岗位。[③] 但是,目前尚未有学者对河南省非政府组织在促进就业方面的效能进行实证的调查评估。

就业是民生之本。扩大就业是构建社会主义和谐社会的四个切入点之一(其余三个切入点分别是完善社会保障体系、理顺分配关系和发展社会事业)。[④] 当前,国际金融危机的影响进一步蔓延,大环境的经济形势不容乐观,我国新增就业难度加大,劳动者失业风险增加。河南省是全国的人口大省、农业大省,就业形势更加严峻。目前,河南省有近 6000 万的就业大军、至少 1200 万以上需要转移的农村劳动力以及城镇至少 100 万个就业缺口。在这样的背景下,国内一些学者认为,非政府组织将成为"我国未来增加就业机会、解决就业问题的主要途径之一"。[⑤] 2009 年全国"两会"期间,一些委员也提出了通过发展非政府组织来扩大就业的议案。[⑥] 杨澜委员认为:"据不完全统计,我国

[①] 邓国胜:《邓国胜:中国非政府部门的价值与比较分析》,见 http://www.tecn.cn/data/25792.html。

[②] 邓国胜:《邓国胜:加速发展 NGO 至少可提供 3000 万就业机会》,见 http://finance.ce.cn/rolling/200705/30/t20070530_11544949.shtml。

[③] 《上海民间组织年鉴(2005)》,北京:汉语大词典出版社,2005 年。

[④] 邓国胜:《非营利组织评估体系研究》,《中国行政管理》2001 年第 10 期。

[⑤] 邓国胜:《民间组织评估体系:理论、方法与指标体系》,北京:北京大学出版社,2007 年,第 9—10 页。

[⑥] 这里主要指全国政协委员林嘉騋、杨澜等。具体的提案内容参见《全国政协委员提议建非政府组织解决大学生就业》,http://www.ngocn.org/? action-viewnews-itemid-41594;《杨澜委员:重视社会组织对大学毕业生的"就业潜力"》,http://www.chinanpo.gov.cn/web/showBulltetin.do? id=34187&dictionid=1940。

目前社会组织的数量处于 400 至 800 万之间,以每个组织有 3～5 名工作人员计算,就蕴含着 1200 万至 4000 万就业机会,超过民政部两年前作出的 300 万人的估计。"我们将从扩大社会就业的视角,提供有关河南省非政府组织(本研究中我们主要探讨社会团体、民办非企业单位)发展动态,在官方数据统计分析、问卷调查、国内外及省际比较研究的基础上,对河南省非政府组织促进社会就业的效能进行评估。

一、国内外相关研究综述与基本概念的界定

(一)国外相关研究综述

从全球发展来看,非政府组织作为一个重要的就业渠道和一支重要的经济力量,在社会经济发展中扮演的角色越来越重要。这方面研究中,代表人物当属莱斯特·M.萨拉蒙、海尔穆特·K.安海尔、Moore、Cassie 等。他们的相关研究认为,非政府组织是一条重要的就业渠道,在增加就业方面凌驾于一般经济体系之上,是劳动力的"蓄水池"。

萨拉蒙等学者分别于 1999 对 22 国、2004 年对 36 国进行了调查。1999 年的调查选取了 9 个西欧国家、4 个其他发达国家、4 个中东欧国家和 5 个拉美国家作为样本,并获得 1995 年的完整基础数据。2004 年的调查所选取的样本有荷兰、比利时、爱尔兰、美国、英国、以色列、法国、挪威、瑞典、澳大利亚、德国、芬兰、奥地利、阿根廷、西班牙、日本、意大利、南非、埃及、韩国、秘鲁、哥伦比亚、乌干达、肯尼亚、智利、坦桑尼亚、菲律宾、巴西、摩洛哥、印度、匈牙利、巴基斯坦、斯洛伐克、罗马尼亚、波兰、墨西哥等。

数据资料显示,在排除了宗教团体之后,22 国的非政府组织提供了相当于近 1900 万个全职工作,相当于非农就业人口的 5%,服务业就业人口的 10%,政府公共部门就业人口的 27%,相当于各个国家最大私营企业就业总和的 6 倍多,甚至于就业人数超过了这些国家的公用事业、纺织制造业、造纸和印刷或化学制造业的就业人数;如果将志愿者计算在内,那么这些国家非政府组织就业比重平均占非农就业人口的 7%,甚至占到所有公共部门总就业人口的 41%。并且,全部非政府组织就业的 2/3 集中在 3 个福利服务的传统领域:教育占 30%,卫生保健占 20%,社会服务占 18%,娱乐和文化紧随其后,占非政府组织就业的 14%;在传统的工业、农业,甚至服务业提供的就业岗位不断下降的情况下，非政府组织提供的就业岗位却在不断提高。① 但是，各国间的发展很不平衡，从有酬员工规模来看，比重高的如荷兰、爱尔兰、比利时等均占到非农业就业人口的 10% 以上，低的如墨西哥、罗马尼亚、斯洛文尼亚等均不到 1%，美国、英国、日本分别为 7.8%、6.2%、3.5%。对 36 国的调查显示，非政府组织吸纳了相当于 4550 万的就业人口，占经济活动人口的 4.4%，其中包括 2530 万的支薪员工和相当于 2020 万全职工作人员的志愿者。②

在有时间序列数据的 8 个国家中，非政府组织就业 1990—1995 年平均增长 24%，而这 8 个国家的总就业在同期的增长速度仅为 8%，非政府组织的就业增长速度与总就业的增长速度为 3∶1；对非政府组织就业增长的来源分析，发现就业增长的绝对优势集中在两个领域：卫生保健和社会服务，前者占非政府组织就业增长的 40%，后者占 32%，非政府教育组织也占了 14% 的就业增长比例。萨拉蒙在对 4 个西欧国家（英、法、德、荷）的调查研究中发现，这几个西欧国家非政府组织对就业增长的贡献非常显著，约占总就业增长的 40%，并且主要集中在社会服务方面（50%）和发展性组织（38%）的就业增长上。他认为，这与欧洲国家政府以及欧盟对工作培训和发展项目的倾斜重视不无关系。

以世界上民间非政府组织最发达的美国为例，非政府组织的就业数已超过机械制造、交通工具制造、食品制造三个制造业就业人口的总和，要远远大于商业服务、金融、房地产和保险业。1995 年美国非政府组织的开支大约为 5020 亿美元，占国内生产总值的 6.9%，组织提供的全职就业岗位大约为 860 万个，代表全国 8.7% 的非农就业人口，其中卫生保健类非政府组织提供的就业岗位为 398 万个，教育类非政府组织提供的就业岗位为 185 万个，社会福利服务类非政府组织提供的就业岗位为 63 万个，其他类为 98 万个。如果计入志愿者，非政府组织的全职职员仅次于零售业，就业数量正呈现出稳定的增长

---

① L. M. Salamon. *Global Civic Society*：*Dimensions of the Non-Profit Sector*. 参见温艳萍：《民间非营利组织的社会与经济效能研究》，上海：上海人民出版社，2008 年，第 144－145 页。

② 邓国胜：《民间组织评估体系：理论、方法与指标体系》，北京：北京大学出版社，2007年，第 9－10 页。

趋势。从 1997 年至 2001 年，美国非政府组织的就业增长率为 2.5%，而同期企业部门和政府部门则分别为 1.8%和 1.6%，到 2001 年非政府组织的就业人数已达到 1250 万人，占美国总就业人口的 9.5%。[1] 而且，美国知名大学和医院大多数是非政府组织。另外，美国学者针对美国 2001 年以来的经济衰退以及"9·11"恐怖袭击对经济的严重冲击，研究非政府组织的就业状况，发现当经济衰退使大部分企业部门减少就业的时候，一些非政府组织却显示了反经济周期的特性，即经济衰退时创造出了比平时更多的就业岗位。比如美国的医疗卫生行业，"2001 年经济衰退已经很明显，但我们却又过了一段时间才真正感受到经济衰退的后果，非营利部门的衰退被推迟了"[2]。

（二）国内相关研究综述

目前国内学界对非政府组织的研究成果主要集中在五个方面：一是基于个案和问卷的实证研究以及在实证研究基础上的评估、战略和法律政策环境研究；二是透过国家社会关系视角对中国非政府组织的属性及其发育特征和路径的探索；三是在国家社会关系基础上对政府与非政府组织的关系、政党与非政府组织的关系及其特征的深入剖析；四是在既有政治体制和社会转型背景下对非政府组织的立法框架、路径和特征的研究；五是着眼于公民参与、社区自治或社会资本对于非政府组织的政治功能或社会功能的观察、分析和研究。此外，还有学者针对非政府组织的国际比较展开研究。但是，国内学界目前鲜有学者对非政府组织促进社会就业效能进行实证评估，针对非政府组织促进就业效能的学理分析、路径探讨、策略研究很少，对河南省非政府组织促进就业的效能研究仍为空白。

现有的相关成果中，国内学者邓国胜、温艳萍等认为，按照我国目前非政府组织的发展速度和规模，在安置就业方面前景非常好。温艳萍认为，我国目前至少应该有 1325 万非营利组织就业人员，比当前的 250 万人还多 1000 余

---

[1]　Cassie J. Moore. Nonprofit Organization Are Hiring Workers at a Faster Pace Than Government, Business. *Chronicle of Philanthropy*, 2004(4). 参见温艳萍:《民间非营利组织的社会与经济效能研究》,上海:上海人民出版社,2008 年,第 143 页。

[2]　温艳萍:《民间非营利组织的社会与经济效能研究》,上海:上海人民出版社,2008 年,第 143 页。

万人。她还指出，目前我国新增劳动力供给增长迅猛，但创造就业的能力和实际需求量却在明显下降，就业增长率和就业增长弹性明显下降，劳动力供给的快速增长和劳动需求数量的大量减少造成劳动力的严重过剩，高失业率几乎成为必然的结果。在这样的社会和经济背景下，借助民间非营利组织的发展来带动就业，是一个明智的选择。① 王名认为，开发非政府组织的就业效能，关键在于政府购买非政府组织提供的公共服务。

清华大学 NGO 研究所课题组于 2003 年在全国范围内进行了一次抽样调查。调查共抽取了 6 个省（东中西各 2 个省、南北各 3 个省，分别为辽宁、广东、山西、江西、甘肃和云南），每个省抽取了 3 个市，共 18 个市进行问卷调查。调查对象包括 18 个市所有在民政部门登记注册的社会团体和民办非企业单位。除此之外，调查对象还包括所有全国性的和 6 个省的部分省级社团、民非②。邓国胜根据调查结果估算，2002 年，中国非政府部门提供了 275 万全职就业机会（不包括志愿者），占全国经济活动人口的 0.36％，占服务业就业的 1.32％，相当于机关事业单位就业的 7.4％。其中，社会团体提供的全职就业机会为 71.1 万，民办非企业单位提供的全职就业机会为 203.9 万。在计算志愿者的贡献后，非政府部门总共提供的全职就业机会大约为 283.9 万，占全国经济活动人口的 0.38％，占服务业就业的 1.34％，相当于机关事业单位就业的 7.7％。从绝对量看，中国非政府部门已经为社会创造了相当可观的就业机会，是一条不可忽视的就业渠道。2002 年，中国非政府部门的就业量超过了金融业（259.1 万）、房地产业（107.1 万）、科学研究和综合技术服务业（151.2 万）等许多行业的就业规模。然而，从相对数看，中国非政府部门的就业量占整个经济活动人口的比例不仅低于发达国家，也低于发展中国家。与派拉蒙 2004 年调查的 36 个国家相比，中国非政府部门就业量占经济活动人口的比例是所有国家中最低的。这一方面说明中国非政府部门还非常落后，

---

① 温艳萍：《民间非营利组织的社会与经济效能研究》，上海：上海人民出版社，2008 年，第 146 页。

② 在 2004 年《基金会管理条例》出台以前，中国的基金会被归为社会团体。因此，在 2003 年的调查中，基金会仍然被归属在社会团体之中。中国的社会团体相当于国外的会员性非营利组织或社团法人，民办非企业单位相当于国外的非会员性非营利组织或财团法人。

与其他国家相比还有很大的差距；另一方面也说明，中国非政府部门在提供就业方面还有极大的潜力可挖。假设中国的非政府部门提供的就业机会占经济活动人口的比重达到 36 国平均水平 4.4％的话，那么中国的非政府部门将能够提供 3316 万就业岗位。这意味着中国的非政府部门将能够增加 3000 万左右的就业岗位，不仅可以吸纳政府部门转移出来的人员、促进政府的职能转移，也可以吸纳大量农业转移人口、推进中国的城市化进程。此外，邓国胜还指出，与西方国家类似，中国非政府部门的就业也主要集中在公共服务领域，特别是非会员性的民办非企业单位。例如，仅教育、卫生与社会服务类民办非企业单位就提供了 180.1 万全职就业机会，占整个非政府部门就业的 63.4％。[①]

丁元竹教授的相关研究指出，2002 年我国公益部门的从业人数占该年度全部从业人数的 4.42％，而同期在经济部门从业的人数占全部从业人数的 74.61％。与其他国家比较，我国公益部门从业人口的比例与奥地利（4.5％）和西班牙（4.5％）接近。如果我国公益部门从业人数增加 1 个百分点，将增加 700 多万个就业岗位；如果达到英国 1995 年的水平（7.2％），将增加 1266 万个就业岗位；如果达到荷兰 1995 年的水平，将增加 5820 万个就业岗位。由此，他认为公益部门是一个充满就业机会的领域。丁元竹还指出，在就业问题上，必须走出只有经济部门可以创造就业机会的误区，应树立社会部门也可以创造就业机会的理念；要加速国有事业单位的改革，推动民营公益部门的发展；对于现有的事业单位进行分类改革；要加强对社会发展领域特别是社会福利领域的投入；要加速建立和完善有关公益部门的法律法规，为公益部门的发展创造一个有利的环境；要积极推进教育事业的发展。[②]

李亚昆等学者以北京市为例分析了政府型、行业或社团型、民办、中外合资合作就业服务机构的现状，他们认为，目前的行业和社团就业服务组织缺乏产业经营特色且不能形成竞争优势；民营就业服务组织管理不规范，严重影响

---

① 邓国胜：《邓国胜：中国非政府部门的价值与比较分析》，见 http://www.tecn.cn/data/25792.html。

② 丁元竹：《公益部门：蕴藏巨大就业潜力的部门——关于扩大我国就业途径的一些思考与建议》，《经济社会体制比较》2002 年第 6 期。

了自身的发展。他们建议，政府应按公益性和非公益性重新对各类就业服务组织进行划分，明确各类就业服务组织的性质和功能；公益性就业服务组织主要应以促进下岗、失业人员和其他社会弱势群体的就业为自己的中心工作；规范对民营就业服务机构的管理，提升市场竞争力。[①]

综上所述，目前国内学界已经开始关注非政府组织在促进社会就业方面效能，但是多停留在对西方相关研究的介绍、国内宏观情况的统计描述、开发策略的定性分析方面，对非政府组织促进就业的效能进行区域性实证调查的比较少，而且主要关注上海等发达地区。针对河南省非政府组织的实证调查本身就很少，更缺少对河南省非政府组织促进社会就业的效能评估。

（三）基本概念的界定

1. 就业、效能

本研究将"就业"界定为：人们通过合法程序得到职业，参加工作，从事社会劳动，以获取报酬和社会承认的活动过程。这个定义表明，就业应具备三个基本条件：一要从事社会劳动；二要获得劳动报酬或收入；三要得到社会承认。具备这三个条件者，就是已经就业。不具备或不完全具备这三个条件者，不能算是规范的或正式的就业。因此，本研究中所说的"就业人口"只包括专职人员，不包括兼职人员和志愿者。

根据《现代汉语词典》的解释，"效能"主要是指"贡献"、"功效"、"效率和效果"。正如前文"基本思路与主要内容"中所述，本研究把"河南省非政府组织促进社会就业的效能"操作化为"直接效能"（直接吸纳就业人口的贡献）、"间接效能"（通过培训等方式促进社会就业的功效）、"潜在效能"（促进社会均衡就业和公平就业、纾解目前突出的就业问题与矛盾、构建社会主义和谐社会的贡献）三个方面。

2. 非政府组织及其分类

无论在国内还是国外，非政府组织都并非是一个具有明确内涵和外延的术语，各个国家和地区根据自己的实际情况有不同的侧重。各国一般将具有

---

① 李亚昆、史贵生、李春玲：《完善北京市就业服务组织的发展对策》，《北京社会科学》2006 年第 3 期。

以下几方面属性的组织称为"非政府组织",即组织性、民间性、非营利性、自治性、志愿性、非政治性、非宗教性。①

新中国成立以来,中国是在计划经济体制下,建立以单位制度为基础的社会组织结构,其中包括政府机关、企业单位、事业单位、社会团体四种主要的类型;反映在法律上,表现为四大法人:机关法人、企业法人、事业法人和社会团体法人。改革开放以后,随着市场经济的发展,政府职能的转变,以及伴随改革开放的社会生活的日益多样化,一部分事业单位开始与政府机关脱钩逐步走向自治,社会上也出现了一些民办非企业单位。这样,从客观上来看,在政府机关与企业单位之外,形成了由事业单位、社会团体与民办非企业单位构成的第三部门(当时基金会是以社会团体的一种形式存在)。其中非营利性事业单位是国家为了社会公共利益目的,由国家机关举办或者其他组织利用国有资产举办的从事教育、科技、文化、卫生等活动的社会服务组织,显然不符合民间性特性。因此,这个外延上的非政府组织与国外学者普遍所理解的概念存在差距。即使在国内,学术界也存在很多争议,焦点就在于事业单位的归属。

国内对非政府组织的界定,大多倾向于从推动和促进非政府组织发展的角度出发,不将定义定得过于严格。目前比较有代表性的观点有:邓国胜认为②,对中国非政府组织的定义应采取沃夫的观点,即非政府组织是指那些有服务公众的宗旨,不以营利为目的,组织所得不为任何个人牟取私利,组织自身具有合法的免税资格和提供捐赠人免税的合法地位的组织。按照邓国胜的定义,我国非政府组织大概包括社会团体、民办非企业单位、基金会、国有事业单位等几种类型。这也是我国目前采用较多的界定方法。依据中国的实际情况而定,尽管引起颇多争议,也只能理解为中国特色了。王名从活动内容的角度对非政府组织进行了定义③,他认为非政府组织是不以营利为目的、主要开展各种志愿性活动的非政府的社会组织,其基本属性包括三个方面:非营利

---

① 王名:《中国的非政府公共部门(上)》,《中国行政管理》2001年第5期。
② 邓国胜:《非营利组织评估》,北京:社会科学文献出版社,2001年,第125页。
③ 王名:《非营利组织管理概论》,北京:中国人民大学出版社,2002年,第7页。

性、非政府性、志愿公益性或互益性。但是在分类上,王名又依照组织构成和制度特征,提出了一个范围更广的非政府组织的界定,将我国非政府组织分为会员制组织和非会员制组织。其中,对于会员制组织,根据它们所体现的公益属性的类型,将其划分为互益型组织与公益型组织。对于互益型组织,按照它们体现的经济社会关系的性质,进一步分为经济性团体(行业协会、商会、职业团体等)和社会性团体(学会、同学会、联谊会、兴趣团体等);对于公益型组织,则按照其会员的成分,将其分为团体会员型组织和个人会员型组织。互益型的社会团体和公益型组织都具有远离市场的特点,属于非政府组织的核心。对于非会员制组织,首先可以依据组织活动的类型,将其区分为运作型组织和实体型社会服务组织。对于运作型组织,按照其运作资金的性质和类型,进一步将其区分为运作型基金会和资助型基金会;对于实体型社会服务组织,则根据其主要的资金来源或所有制(参照我国的情况),区分为民办非企业单位和国有事业单位①。康晓光主张从经济学出发,借助私人物品与公共物品的概念对非政府组织进行界定。他认为,只要是依法注册的正式组织,从事非营利性活动,满足志愿性和公益性要求,具有不同程度的独立性和自治性,即可称为中国的非政府组织。还有学者主张采用剩余法来定义非政府组织,即把非政府组织看成是除政府部门与营利部门之外的所有社会组织的总和。

笔者认为,在我国,对非政府组织的界定,比较适合采用一个笼统的概念,广义的非政府组织内涵更能体现国内目前的组织发展模式。结合国内外学者对非政府组织的界定,笔者认为非政府组织应是不以营利为目的,具有组织性和公益性的社会组织,包括社会团体、民办非企业单位、基金会、国有事业单位等几种类型,其中前三者更符合民间性、非营利性的特点,比较接近西方国家所提之的概念内涵。2004 年以前,我国民政部门将非政府组织划分为社会团体、民办非企业单位,2004 年之后,我国民政部门在对非政府组织进行统计

---

① 各种国有事业单位包括各种国有的医院、学校、剧团、养老院、研究所、中心、图书馆、美术馆,归属中央编制委员会。民政部门所统计的非政府组织未将其列入其中。此外,还有大量的未登记或转登记团体(工商注册等)以及人民团体等,民政部门亦未将其统计在内。

时,将基金会单列出来,即将非政府组织划分为社会团体、民办非企业单位、基金会。另外,考虑到河南省基金会截至 2007 年年底只有 22 个,且直接吸纳的就业人口较少,加上现有统计资料和研究条件的限制,本研究主要探讨河南省社会团体、民办非企业单位在促进社会就业方面的效能。

社会团体是指按《社会团体登记管理条例》的规定,由中国公民自愿组成,为实现会员共同意愿,按照其章程开展活动的非营利性社会组织,包括学术性社团、行业性社团、专业性社团和联合性社团,不包括工会、共青团、妇联、残联、工商联、中国红十字会、中国福利会、中国保护儿童委员会、社联、文联、科协、宗教团体等。学术性社团是指主要由专家、学者和科研人员组成的各类学会、研究会等。行业性社团是指主要由经济领域各行业相同的企业组成的行业协会、同业公会等。专业性社团是指主要由经济社会各领域的专业人员和专业组织组成的各类协会等。联合性社团是指主要由不同利益需求的人群或各类社团组成的联合体,如联合会、商会、促进会、俱乐部、校友会、联谊会等。行业协会是行业性社团中的一种,是由同业经济组织以及相关单位自愿组成的非营利性的社团法人。民办非企业单位是我国立法上首次使用的概念,在1998 年 10 月国务院颁布《民办非企业单位登记管理暂行条例》之前,这类组织被称为"民办事业单位"。根据《民办非企业单位登记管理暂行条例》的规定,所谓民办非企业单位,是指企业事业单位、社会团体和其他社会力量以及公民个人,利用非国有资产举办的从事非营利性社会服务活动的社会组织。如从事非营利性社会服务活动的各类民办学校、民办幼儿园;民办医院、诊所;民办艺术表演团体、文化馆、图书馆、纪念馆;民办体育场、馆、院、社、俱乐部;民办中介机构等,都属于民办非企业单位。从结构特点上来看,目前我国民办非企业单位中,教育类占绝大多数,其他类型民办非企业单位均比较少。近年来,在中国民间组织管理局的统计公报中,将社会团体、民间非政府组织均划分为科技与生产、生态环境、教育、卫生、社会服务、文化、体育、法律、工商业服务、宗教、农业及农村发展、职业及从业组织、国际及涉外组织等类别。

二、评估思路、内容与方法

本研究拟解决两个关键问题:一是对河南省非政府组织目前的就业效能

进行实证评估,检验"通过发展非政府组织来促进社会就业"这一思路是否具有现实可行性。二是探讨河南省非政府组织就业效能的开发路径和开发策略。如表 4-3 所示,本研究将"河南省非政府组织促进社会就业的效能"操作化为"直接效能"(直接吸纳就业人口)、"间接效能"(通过培训等方式促进社会就业)、"潜在效能"(促进社会均衡就业和公平就业、纾解目前突出的就业问题与矛盾、构建社会主义和谐社会)三方面。

具体而言,本研究首先分析河南省非政府组织发展的总体现状。然后,分析河南省非政府组织促进社会就业的直接效能,着重考察河南省民办学校、民办医院、行业协会、社会服务类、文化艺术类非政府组织吸纳就业的效能。之后,分析河南省非政府组织促进社会就业的间接效能。着重考察河南省劳动就业服务类非政府组织、行业协会、民办学校、农村专业经济协会通过培训等方式间接促进社会就业的功能。最后,分析河南省非政府组织促进社会就业的潜在效能,着重探讨非政府组织在实现均衡就业、公平就业、构建社会主义和谐社会方面的功能及其现实切入点。

表 4-3　河南省非政府组织促进社会就业效能的评估体系

	一级指标	二级指标	重点考察的内容
河南省非政府组织促进就业的效能	直接效能（"蓄水池"）	河南省非政府组织就业人员总规模	重点考察河南省民办学校、民办医院、行业协会、社会服务非政府组织（尤其是基层社区服务类）、文化艺术类非政府组织吸纳就业的直接效能
		河南省平均每个非政府组织的就业人员规模	
		河南省非政府组织就业人口占全省就业总人口的比重	
		河南省非政府组织就业人口占全省城镇就业人口的比重	
		河南省非政府组织就业人口占全省第三产业就业人口的比重	
		河南省非政府组织就业人员的行业分布特点	

续表

一级指标	二级指标	重点考察的内容
河南省非政府组织促进就业的效能	间接效能（"催化剂"） 促进就业的受益人数 培训、交流、项目咨询的次数 促进就业的方式和途径 促进就业的效率和效果	重点考察各类劳动就业服务类非政府组织、行业协会、民办学校、农村专业经济协会通过提供信息、培训教育、鉴定考试、中介代理、社区服务、交流咨询、协调引资等方式发挥促进就业的间接效能
	潜在效能（"减压阀"） 破解"无就业增长"的效能 缓解劳动力总量长期供大于求的矛盾的效能 缓解劳动力素质结构与市场需求结构之间的矛盾的效能 纾解高校毕业生的就业难题的效能 纾解河南省弱势群体就业难题的效能 缓解公共就业服务体系与实现充分就业目标不适应的矛盾的效能	重点考察上述非政府组织在目前金融危机背景下纾解河南省突出的就业问题与矛盾，促进社会均衡就业、公平就业、构建社会主义和谐社会过程中发挥的效能

从逻辑起点上看，本研究主要运用的是"社会系统"理论和"网络治理"理论。此外，在具体探讨某一方面问题时，还运用到了经济学、统计学的相关理论。

逻辑上，政府、营利部门和非政府组织共同构成社会系统的"三足鼎立"之势，并在相互依存、互补、协调、合作的过程中共同维系整个社会系统的平衡。"网络治理"从静态上看，"是政府与社会力量通过面对面的合作方式组成的网状管理系统"①，从动态上看，就是对合作网络的管理，即为了实现与增进公共利益，政府部门和非政府部门（私营部门、非政府组织或公民个人）等众多公共行动主体彼此合作，在相互依存的环境中分享公共权力，共同管理公共事务的过程。只有发挥各自的行为逻辑，构建合作的行动策略，才能从根本上扩大社会对就业人口的承载力，解决就业难题，促使社会系统全面和谐可持续发展。

就业问题不仅是经济问题，也是社会问题。纵然是解决经济问题，也不能

---

① D. Kettle. *Sharing Power*：*Public Governance and Private Market*. Washington：Brookings Institution，1993，p. 9.

仅从经济系统内部寻找答案,而要打破"传统思路",通过社会系统的适应性优化行为,提高全社会系统对劳动力的承载力,化解非均衡增长的就业压力。社会系统最大规模的就业容量,不独取决于营利部门,还取决于政府部门和非政府组织的就业容量。这三个部门有着不同的运行逻辑:企业出于对利润最大化的追求,以效率为轴心,对劳动力的容纳能力有限,所能支持的劳动力的最大数量最终必然存在一个极限;政府部门以民主和公平为轴心,客观上需要精简机构、转化职能,对劳动力的容纳能力也有限;介于两部门之间的非政府组织,则以公益(同情和利他主义)为轴心,具有利润的非分配性、组织目标的非营利性等特征,它涉足营利组织不愿涉足、政府部门不能做、做不好的领域,为全社会提供准公共物品。基于公益性质的就业容量、就业准则、就业准入等就不完全等同于其他两部门,就业弹性较大,也就是说,非政府组织的就业容量是可以拓展和挖掘的。另一方面,尽管政府、营利部门、非政府组织行为逻辑各异,但是在合作治理的网络中又都是具有反思理性的"复杂人",可以在持续的对话中调整各自的行为,发挥各自的就业效能,增进社会系统的共同利益。

"经济社会全面、协调和可持续发展"已经成为当代社会的时代特征。社会的充分就业、均衡就业量不仅仅如经典宏观经济理论所说,取决于就业总供给与总需求之间的平衡,而且取决于社会三大部门就业量之间的平衡。在逻辑上,政府与非政府组织的关系总是不断地从对抗走向统一,趋向由不良的结构上升为良性结构。虽然目前双方的合作关系还处于初级阶段,但只要双方在公共利益的指引下坚持双向沟通、反思抽象、内外协调、积极行动,就能够在"平衡—不平衡—平衡"的螺旋发展中不断接近构建合作伙伴关系的目标。[①]因此,过去那种单纯依靠经济部门解决就业问题的观念和政策要作出相应调整,树立经济社会的协调发展包括三部门就业协调发展的思想。衡量一个国家或地区的就业率和就业数量,也要看劳动者在非政府组织的就业率和就业数量如何。因为后者在某种程度上是社会系统实现均衡就业、公平就业的一大标志,有利于公正、公平、和谐等社会目标的实现。建构政府与非政府组织

---

① 高猛、赵平安:《政府与 NGO 合作关系的逻辑与生成——建构主义的视角》,《学术探索》2009 年第 2 期。

之间的合作伙伴关系,共同致力于开发非政府组织的就业效能,应该成为我国中长期就业的指导战略。

在研究方法上,本研究综合运用官方数据统计分析、问卷调查法、个案研究法、比较分析法,力求将定量研究与定性研究相结合,将应然研究与实然研究相结合,既对河南省非政府组织就业效能的开发现状进行科学客观的评估,又对其未来开发路径和策略进行初步分析。

本研究的数据主要根据国家统计局、国家民政部、国家教育部、中国民间组织管理局、河南省民政厅、河南省教育厅、河南省劳动和社会保障厅、河南省统计局发布的统计年鉴和统计公报计算整理而得。统计数据中的非政府组织就业人员只包括专职人员,不包括兼职人员和志愿者。

三、河南省非政府组织发展的总体现状

从社会系统理论出发,非政府组织在促进社会就业中能够发挥多大的效能,主要取决于两方面的因素:其一,非政府组织系统内部的健康和可持续发展,是非政府组织发挥促进就业效能的前提和基础。这包括非政府组织的发展走势、发展规模、活动状况、硬件状况、财务状况、治理机制、公共关系、社会影响等多个维度。其二,取决于非政府组织系统外的环境因素及其与非政府组织之间的关系形态。对于我国而言,某种程度上讲,非政府组织促进社会就业效能的发挥,取决于政府对非政府组织的一定的制度安排。在这一部分中,笔者运用官方数据分析和问卷调查相结合的研究方法,着重对于几个比较直接关乎河南省非政府组织促进社会就业效能发挥的主体性因素——发展走势、发展规模、活动状况、硬件与收支状况进行总体上的分析,为后文对河南省非政府组织促进社会就业的效能评估埋下伏笔。

(一)调查设计

官方数据的统计是针对于在民政部门登记注册的非政府组织进行的。在问卷调查的样本选取中,考虑到问卷发放和回收、研究的现有条件等可行性因

素,以及问卷法本身的局限性,在借鉴了学界相关调查经验的基础上①,本调查以截至 2007 年年底在民政部门登记注册的 9261 个河南省社会团体、7706 个河南省民办非企业单位为总体制定抽样框。为了增加样本的代表性,在现有研究条件的基础上尽可能多抽取一些组织做调查,大致按 1/20 的比例进行等距抽样。对抽取到的 848 个样本(社会团体 463 个,民办非企业单位 385 个)于 2008 年 10 月至 2009 年 2 月进行问卷调查。调查采用邮寄填答法和个别发送法相结合的方式进行。

本研究中的官方数据主要来自于国家民政部、教育部、中国非政府组织管理局、国家统计局、河南省民政厅、教育厅、统计局、发改委等部门发布的统计年鉴或统计公报。

在河南省民政厅的支持和帮助下,我们获悉了民政部门所统计的河南省非政府组织的具体地址和负责人姓名。由于一些非政府组织本身地址并不稳定,所抽取的样本中有 1/4 左右的非政府组织依据其登记地址无法找到。另外,相当一部分非政府组织没有专职人员,而负责人又因公务繁忙,在调查期内无法找到,还有一些组织人员拒绝接受调查,因此,本次调查共计收回问卷312 份,其中社会团体填答的问卷 168 份,回收率为 36.3%,民办非企业单位填答的问卷 144 份,回收率为 37.4%。在回收的问卷中,有效问卷 303 份,有效率为 97.1%。由此,已能看出河南省非政府组织中存在的部分问题了,这

---

① 本调查借鉴了清华大学 NGO 研究所于 2001 年、2003 年在全国范围内开展的实证调查的方法和经验。2001 年的调查依据 1998 年专利文献出版社出版的《中国社会团体大全》、1999 年电子工业出版社出版的《中国社会团体》数据库光盘和课题组掌握的少数其他 NGO 名录,总计约 50000 家。调查方法采用了多级抽样方法,调查方式主要是利用学生暑假期间以发送问卷为主,并辅之以邮寄问卷。此次调查实际发放问卷 10000 份,回收 1564 份,回收率15.64%。其中有效问卷 1508 份,有效率 96.4%。2003 年的调查改进了调查方法,共抽取了 6 个省(东中西各 2 个省、南北各 3 个省,分别为辽宁、广东、山西、江西、甘肃和云南),每个省抽取了 3 个市,共 18 个市进行问卷调查。调查对象包括 18 个市所有在民政部门登记注册的社会团体和民办非企业单位。除此之外,调查对象还包括所有全国性的和 6 个省部分省级社团、民非。此次调查共发放社会团体问卷 8127 份,回收有效问卷 3438 份,回收率为 42.3%;发放民办非企业单位问卷 3954 份,回收有效问卷 1733 份,回收率为 43.8%,回收率较 2001 年的调查得到较大提高。参见王名:《中国 NGO 研究 2001——以个案为中心》,北京:联合国区域发展中心、清华大学 NGO 研究所,2001 年;邓国胜等:《民间组织评估体系:理论、方法与指标体系》,北京:北京大学出版社,2007 年,第 12 页。

也是对非政府组织进行问卷调查所存在的困难之一。清华大学 NGO 研究所于 1998 年、2003 年所做的两次全国范围的非政府组织现状调查,回收率也不高,分别为 15.64% 和 42.3%。尽管非政府组织问卷回收率相对一般以个人为研究对象的调查要低,但每一份问卷代表的都是一个组织的情况,300 多个组织已有较强的代表性,而且本研究又结合运用了官方数据的统计分析、个案研究等方法。

本研究采取定量和定性相结合的方法。在对河南省非政府组织发展总体现状的分析过程中,除了对其自身发展现状进行描述分析外,还将相关数据与国内外或其他省(自治区、直辖市、部本级)的情况进行比较研究。对定量数据的统计分析借助 Excel 软件完成。

(二)河南省非政府组织的发展走势

河南省非政府组织的总体发展走势与全国基本一致。改革开放以后随着我国市场经济体制的建立和不断完善民主法制建设的不断推进,公民的结社意识日益浓厚,更加积极地参与到社会管理的过程中,成立非政府组织的申请越来越多,发展步伐逐步加快。从民政部门登记注册的非政府组织数量看,1989 年,全国非政府组织只有 4446 家,2007 年增长至 35.4 万个。1998 年实行修订的《社会团体登记管理条例》后,经民政部门登记注册的社会团体数量处于比较高的水平①,先是略有下降,然后基本处于稳中有升的态势。前期的略有下降,与 1997 年开始的对社会团体进行的全面整顿工作不无关系。2002年之后,社会团体规模处于整体发展阶段,且稳中有升。我国民办非企业单位的数据统计是从 1999 年开始的,当时《民办非企业单位登记管理暂行条例》刚刚发布。之后,我国的民办非企业单位有了迅猛发展,其发展速度与规模甚至有超过社会团体的明显趋势。

---

① 2004 年以前,我国民政部门将非政府组织划分为社会团体、民办非企业单位。2004年之后,我国民政部门在对非政府组织进行统计时,将基金会单列出来,即将非政府组织划分为社会团体、民办非企业单位、基金会。为保持前后时期数据分析的连贯性和统一性,在没有做特别说明的情况下,基金会是按纳入社会团体处理的。

表 4-4　1998—2007 年河南省 NGO 发展规模　　（单位:个）

	2004 年	2005 年	2006 年	2007 年
NGO 总数	12653	13762	15341	16965
社会团体	6550	7331	8282	9253
民办非企业	6054	6415	7034	7690
基金会	*	16	25	22

数据来源:河南省民政厅《关于行业协会改革与发展调研报告》,2008 年。

注:2004 年 3 月 8 日国务院正式颁发《基金会管理条例》后,6 月 1 日河南省全面启动了基金会登记和换发证书工作。2004 年年底,已经批准换发证书的公募基金会 1 家,新成立登记的非公募基金会 1 家,正在进行审批登记前期准备工作的 4 家,经过咨询正在申报的 11 家。

就河南省而言,1991 年各类非政府组织仅有 3900 多个[①]。近年来,随着经济体制转轨、行政体制改革和社会结构转型,河南省非政府组织有了很大发展。由表 4-4 可知,2005、2006 和 2007 年,河南省非政府组织单位总数、社会团体单位数、民办非企业单位数较前一年度都有较大幅度增加,年增加率分别为 8.76%、11.47% 和 10.59%。其中,社会团体单位数的年增加率分别为 11.92%、12.97% 和 11.72%,均保持在 10% 以上的较快速度;民办非企业单位的年增加率分别为 6.03%、9.65% 和 9.33%,近几年发展速度也趋于 10%。

（三）河南省非政府组织的发展规模[②]

就河南省非政府组织整体而言,如表 4-5 所示,截至 2007 年年底,河南省非政府组织共计 16965 个,居全国各省(市、自治区、部本级)第 8 位。其中,河南省社会团体 9253 个,居全国各省(市、自治区、部本级)第 6 位(见图 4-1);河南省民办非企业单位 7690 个,居全国各省(市、自治区、部本级)第 8 位(见图 4-2);河南省基金会 22 个,与吉林省数量相同,居全国各省(市、自治区、部本级)第 15 位(见图 4-3)。

---

① 河南省民政厅:《关于行业协会改革与发展调研报告》,2008 年。

② 本部分数据根据中国民间组织管理局发布的《2008 年 12 月全国民政事业统计数据》、《2007 年度社会组织统计数据》进一步整理计算得到。

表 4-5　截至 2007 年年底河南省 NGO 单位数在全国(不包括港、澳、台地区)的排位

(单位:个)

地 区	非政府组织			地 区	非政府组织		
	社会团体	民办非企业单位	基金会		社会团体	民办非企业单位	基金会
全国	211661	173915	1340	河南	9253	7690	22
部本级	1758	33	107	湖北	8884	10014	19
北京	2992	3080	82	湖南	9006	4028	71
天津	1983	1857	33	广东	10818	12027	152
河北	8621	6629	16	广西	8521	3652	14
山西	5054	3286	19	海南	1187	849	12
内蒙古	4319	1981	35	重庆	3885	2811	14
辽宁	9156	7893	20	四川	14784	11703	50
吉林	4661	2883	22	贵州	4238	1435	8
黑龙江	4809	5617	16	云南	6889	2294	27
上海	3220	5092	84	西藏	280	9	9
江苏	16722	11504	144	陕西	5902	4335	21
浙江	12915	11290	140	甘肃	5766	3158	19
安徽	7891	4056	19	青海	1499	549	7
福建	8609	3227	69	宁夏	2314	440	16
江西	5597	4039	12	新疆	4468	2117	21
山东	15660	34337	40				

数据来源:中国民间组织管理局发布的《2007 年度社会组织统计数据》。

　　河南省非政府组织的单位规模在全国处于靠前的位置,在中部地区位居领先。从省际比较来看,非政府组织的省际截面分布非常不平衡,省际非政府组织的发展规模与经济水平并非完全相关。直观上看,东部地区的江苏、浙江、山东和广东省非政府组织的发展规模很大,而这些省份也基本上代表了国内经济发达的省份;但是中西部以河南省为代表的几个省份,其蓬勃发展的非政府组织与相应的经济发展水平之间的相关性不是那么明显,甚至相悖。抛开经济因素,人文历史、治理格局和政策等方面的因素对省际非政府组织的发展也有着重要影响。

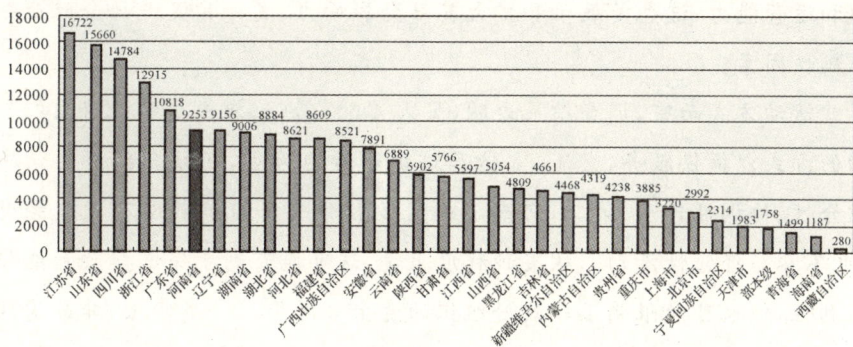

图 4-1　2007 年河南省社会团体单位数在全国（不包括港、澳、台地区）的排位（单位：个）

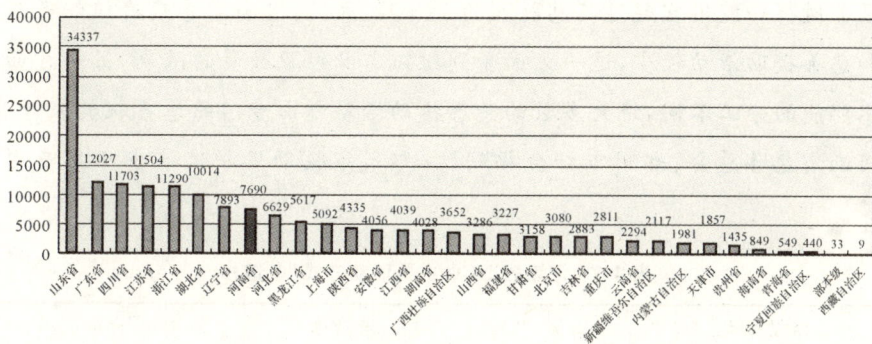

图 4-2　2007 年河南省民办非企业单位数在全国（不包括港、澳、台地区）的排位（单位：个）

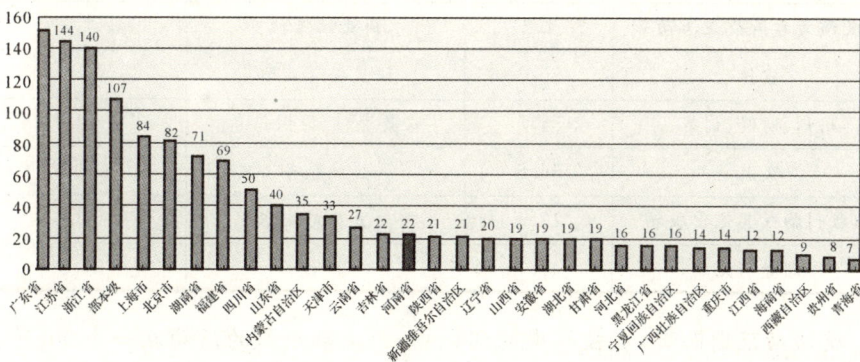

图 4-3　2007 年河南省基金会单位数在全国（不包括港、澳、台地区）的排位（单位：个）

（四）河南省非政府组织的活动状况

活动状况是非政府组织就业人口的动态指标，它体现了非政府组织的生命力和运营能力,这也是展示和扩大其社会影响力、发挥其促进社会就业效能的基础性因素。

就活动方式而言,调查结果表明(见表4-6):第一,河南省非政府组织开展活动的方式以提供服务、交流、宣传和培训等活动为主,在社会经济生活中发挥中介性、协调性作用;第二,河南省绝大多数非政府组织都没有设置经营实体,也不参与经营性活动。从某种程度上说,这可能有利于保证非政府组织的非营利性,但也可能限制了非政府组织的资金来源渠道。事实上,非政府组织不以营利为目的并不是说非政府组织不能从事经营性行为、不能盈利,而是指其盈余不得进行成员分红。当然,作为非政府组织,其以市场价格提供的产品与服务所得一般不宜超过其总收入的1/3。① 第三,河南省非政府组织开展公益和慈善援助活动较少,这一方面受到组织本身经费数量的限制,另一方面是组织职能的分工不同,绝大多数的慈善援助活动都由专门的慈善机构来开展,如河南省慈善总会、郑州市社会福利院、郑州市救助保护流浪少年儿童中心等等。

表 4-6 河南省 NGO 主要活动方式(多选)

活动方式	比例(%)	活动方式	比例(%)
提供资金、物资等援助	9.3	开展启蒙性活动	18.9
提供服务	61.5	政策建议、提案	16.5
义演义卖等公益活动	4.2	商业性活动	8.3
宣传	55.3	设置经营实体	6.5
培训、研修、训练	54.3	收集资料、提供信息	42.1
交流	56.6	热线服务	3.3
出版刊物或其他出版物	12.0	培育基层组织	29.6
调查研究	48.7	其他	7.5

就活动范围而言,在被调查的组织中,大多数组织的活动在一个市、区、县范围内(57.3%),然后降序排列依次为河南省内(25.7%)、国内跨省(或自治

---

① 邓国胜:《中国NGO问卷调查的初步分析》,载王名主编:《中国NGO研究2001——以个案为中心》,北京:联合国区域发展中心、清华大学NGO研究所,2001年。

区、直辖市、港澳台地区)(10.9%),仅有 4.4%的非政府组织的活动范围为跨国或跨境。由此可见,河南省非政府组织的活动以在一个市、区、县范围之内为主,而其他类型的非政府组织相对较少。但就社会团体而言,据国家民政部《2007 年度社会组织统计数据》,截至 2007 年年底,河南省地级和县级社团比例高达 90.74%,省级社团仅占 9.26%。结合走访调查的成果,这至少能够说明两个问题:其一,河南省一些地方性社团,尤其是一些致力于扶贫开发的非政府组织的活动范围可能超出了某一个行政区域;其二,民办非企业单位的活动范围相对社会团体而言更为开阔。

就活动次数而言,在被调查的组织中,2008 年有 79.6%的组织开展社会活动在 10 次以下,开展活动在 11~30 次的非政府组织占 17.2%,30 次以上的占 3.2%。这说明河南省非政府组织开展社会活动的平均次数不多。

就活动人数而言,我们对调查样本中 2008 年开展过活动的 272 个组织平均每次的活动人数进行了调查。在被调查的组织中,有 68.4%的组织平均每次参加活动的人数在 100 人以下,有 11.8%的组织平均每次参加活动人数在100 到 200 人之间,平均每次参加人数在 200 人以上的占 15.8%,另外,还有4.0%的组织没有回答该问题。结果表明,河南省非政府组织开展社会活动的人数规模不大,多数为 100 人以下的小型社会活动。

就活动人员而言,从调查结果看,在 2008 年开展过活动的 272 个组织中,参加活动的人员最多的是组织个人或团体会员(87.7%)、组织内部工作人员(66.7%);其次是上级领导,占 39.8%;再次是社会其他人员与兼职人员或志愿者,分别为 18.3%和 2.8%,另外有 5.3%的受访者选择了其他项。由此可见,河南省参加非政府组织活动的人员以组织会员、内部工作人员和上级领导为主,社会其他人员与兼职人员或志愿者参与得较少,这说明河南省非政府组织社会活动的志愿性及其社会影响力还有待加强。

(五)河南省非政府组织的硬件与收支状况

硬件状况是非政府组织吸纳社会就业的前提条件,也是非政府组织生存和发展现状的基础型指标。就办公场所而言,在被调查的组织中,由主管部门提供办公场所的组织有 40.3%,有 32.0%的组织使用租赁的专用办公室,有16.2%的组织有自己所有的专用办公室,还有 3.8%的组织的办公室设在组织领导或成员的家里,另外,4.6%的组织表示没有办公室,还有3.1%的组织选择了"其他"项。就办公设备而言,在被调查的组织中,有办公桌椅以及电话等基本设施的组织最多,分别占96.3%和88.7%,有电子邮箱的组织占80.3%,有电脑的组织占78.8%,有打印机的组织占38.3%,有传真机的组织占32.4%,还有18.5%的组织有扫描仪。但是,有网页的组织仅占8.7%,以上均没有的占1.7%。清华大学NGO研究所曾做过的一项关于中国非政府组织的调查显示[1],当时有电脑的非政府组织仅占50.6%,有电子邮箱的仅占11.1%,有网页的仅占7.8%。可见,随着信息技术的发展和网络时代的到来,河南省非政府组织中办公设备的现代化程度日益提高。但是,河南省非政府组织的网站建有量很低,现有的非政府组织网站建设的质量和更新速度等方面还需要改进,这直接影响到河南省非政府组织的社会影响力和公共关系,间接制约了其吸纳和促进社会就业效能的发挥。

收支状况是反映非政府组织发展规模和总体实力的重要指标,而且分析非政府组织对总量GDP的贡献,也有助于我们从传统经济理论的角度把握其经济贡献与就业效能的关系。笔者首先对国家民政部《2007年度社会组织统计数据》进行了进一步分析,计算出了2007年河南省非政府组织收入增加值在全国的排位情况。如果不包括部本级非政府组织,在社会团体、民办非企业单位、基金会的收入增加值排位上,河南省分列全国第20位(5582.1万元)、第22位(10090.1万元)、第6位(710万元)。总体来看,河南省非政府组织的收入数额较少,筹资能力不强。在收支平衡的逻辑下,收入规模限制了支出规模,因此,初步估计河南省非政府组织支出规模低于全国平均水平。

在笔者调查的303个河南省非政府组织样本中,2008年支出规模在1～5万元的组织所占比例最高,为31.7%,其次是金额在5～10万元的组织所占比例较高,为18.8%,支出规模在10～50万的组织所占比例为12.5%,而支出规模在50万元以上的组织仅占6.3%。这表明,河南省非政府组织的支出规模较少,多集中在1～50万元之间,目前对全省总量GDP的贡献很有限。

---

① 邓国胜:《中国NGO问卷调查的初步分析》,载王名主编:《中国NGO研究2001——以个案为中心》,北京:联合国区域发展中心、清华大学NGO研究所,2001年。

再由表 4-7 可知,在被调查的组织中,最主要的收入来源是会费收入、政府提供的财政拨款、补贴和项目经费,而居其次的几项主要收入来源比例差距并不大,这说明河南省非政府组织的资金来源有多渠道发展的趋势。尤其是企业提供资助和项目经费、营业性收入作为主要收入来源的增多,在某种程度上表明河南省非政府组织的竞争性和自主经营性有所增强,但是与发达地区相比仍然存在较大差距。此外,河南省非政府组织的跨省、跨境筹资能力还有所欠缺。

表 4-7　河南省 NGO 的主要收入来源(多选)

类　型	比例(%)	排　序
会费	41.6	1
营业性收入	20.8	3
政府提供的财政拨款和补贴	17.7	4
政府提供的项目经费	11.5	6
国际组织、国外政府及其他组织提供的资助和项目经费	1.7	11
企业提供的赞助和项目经费	22.4	2
国内其他基金会提供的资助和项目经费	0.3	12
募捐收入	2.0	10
资本运作收入	2.3	9
会费以外,特定成员提供的个人赞助	13.8	5
贷款或借款	0.3	13
前一年度盈余资金	8.9	7
其他	7.3	8

笔者进一步将河南省非政府组织的收支状况与国内外其他地区相比:(1)就国内而言,根据清华大学邓国胜等人调查的结果,可推算出 1998 年中国社团的平均支出规模为 19.97 万元,社团的总支出规模约为 362 亿元。按 1998年中国国内生产总值和第三产业指标计算,中国社团总支出占 GDP 的比重为0.46%,占第三产业产值的 1.44%。民办非企业单位至今没有有关支出规模的具体数据,保守估计其规模应该明显高于社会团体,那么我国非政府组织的总体支出规模应该在 GDP 的 1% 以上,占整个第三产业产值的 3% 以上。如

果考虑到 1998 年全国个体与私营经济的纳税额为 700.07 亿元,也仅占 GDP 的 0.89%,非政府组织对经济的影响算是比较可观了。(2)国际上,根据萨拉蒙等学者对 22 个国家的调查,这些国家的非政府组织是一个 1.1 万亿美元的产业,相当于这些国家国内生产总值的 4.6%;如果将其比作一个单独的国家,那么它将成为世界第八大经济大国。综上所述,河南省非政府组织对经济的影响与国内外发达地区相比还有较大差距,如果目前仅靠其对全省总量 GDP 的贡献来拉动就业增长并不现实。

四、"蓄水池":河南省非政府组织促进社会就业的直接效能

本研究结合国内外萨拉蒙、邓国胜、温艳萍等学者的研究成果,在前期大量探索式研究的基础上,将"河南省非政府组织促进社会就业的效能"操作化为"直接效能"(直接吸纳就业人口)、"间接效能"(通过培训等方式促进社会就业)、"潜在效能"(促进社会均衡就业和公平就业、纾解目前突出的就业问题与矛盾、构建社会主义和谐社会)三个方面,分别将其比喻为"蓄水池"、"催化剂"、"减压阀"。

(一)指标体系与指标评估

在世界各国,非政府组织所吸纳的就业都占一定比重。萨拉蒙等学者认为,非政府组织是一条重要的就业渠道,在增加就业方面凌驾于一般经济体系之上,是劳动力的"蓄水池"。为了比较全面客观地反映河南省非政府组织在吸纳就业方面的直接效能,本研究用 6 个分指标对其进行衡量:(1)河南省非政府组织就业人员总规模;(2)河南省平均每个非政府组织的就业人员规模;(3)河南省非政府组织就业人口占全省就业总人口的比重;(4)河南省非政府组织就业人口占全省城镇就业人口的比重;(5)河南省非政府组织就业人口占全省第三产业就业人口的比重;(6)河南省非政府组织就业人员的行业分布。

1.河南省非政府组织的就业总规模[①]

从绝对值上看,截至 2007 年年底,河南省在民政部门登记注册的非政府组织年末职工数 137209 人,其中社会团体年末职工数 54237 人,其中女性

---

① 本部分数据根据中国民间组织管理局发布的《2007 年度社会组织统计数据》进一步整理计算而得。

12000 人(见图 4-4),民办非企业单位年末职工数 82736 人,其中女性 27842 人(见图 4-5)。可见,河南省非政府组织已经为社会创造了一定的直接就业机会,是一条不可忽视的就业渠道。但是,这一数字与河南省近 6000 万的就业大军、至少 1200 万以上需要转移的农村劳动力,以及城镇至少 100 万个就业缺口①相比,所提供的直接就业岗位还是显得太少。

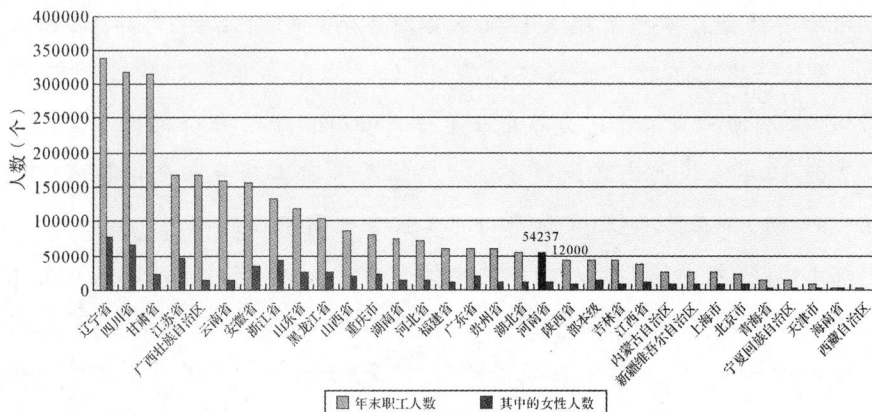

图 4-4 2007 年河南省社会团体年末职工数、女性职工数

及其在全国(不包括港、澳、台地区)的排位(单位:人)

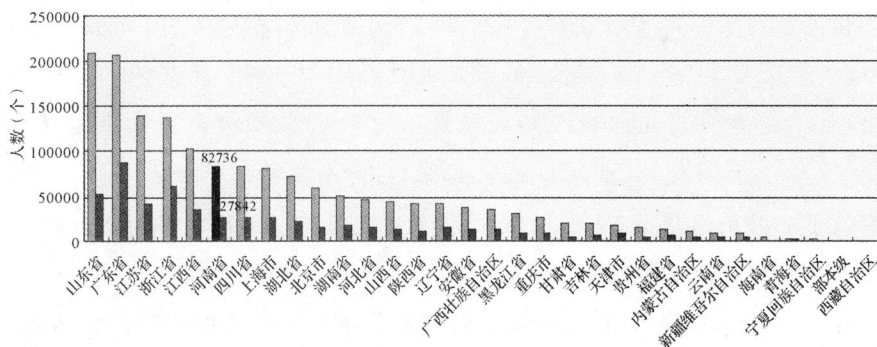

图 4-5 2007 年河南省民办非企业单位年末职工数、女性职工数

及其在全国(不包括港、澳、台地区)的排位(单位:人)

———————————

① 蔡树堂:《河南就业形势分析与对策》,载林宪斋主编:《2009 年河南社会形势分析与预测》,北京:社会科学文献出版社,2009 年,第 200 页。

2. 河南省非政府组织的单位平均就业规模①

截至 2007 年年底,河南省在民政部门登记注册的非政府组织共计 16965 个,平均每个非政府组织有职工数 8.09 人,而全国平均每个非政府组织有职工 11.81 人。就社会团体而言,截至 2007 年年底,河南省共有社会团体 9253 个,平均每个社会团体有职工 5.86 人,而全国平均每个社会团体有职工 13.63 人。河南省社会团体年末职工总数在全国各省(市、自治区、部本级)排在第 19 位,单位平均职工数在全国仅排第 27 位。就民办非企业单位而言,截至 2007 年年底,河南省共有民办非企业单位 7690 个,平均每个民办非企业单位有职工数 10.8 人。河南省民办非企业单位年末职工总数在全国各省(市、自治区、部本级)排在第 6 位,单位平均职工数在全国排第 10 位。

综上所述,河南省非政府组织的单位平均就业规模较小,尤其是社会团体的平均单位职工数还不足 6 人,不到全国平均值的一半。整体而言,虽然河南省非政府组织的单位数在全国位居前列,但是就业总规模、单位平均就业规模在全国排位都较低。因此,全国横向比较来看,河南省非政府组织在吸纳就业方面的直接效能偏低。

3. 河南省非政府组织就业人口所占的比重

相关资料显示②,截至 2007 年年底,河南省就业总人口 5772.72 万人,其中,城镇就业人口 958.16 万人,第三产业就业人口 1365.45 万人。按照这一数据,河南省非政府组织所吸纳的就业人口约占当年河南省就业总人口的 0.24%,占河南省城镇就业人口的 1.43%,占河南省第三产业人口的 1.00%,分别低于全国平均值 0.54%、1.48% 和 1.71%。可见,目前河南省非政府组织自身吸纳的就业人口比重不大,对就业的直接拉动力较弱。

与国外的情况相比,我们可以参照萨拉蒙等学者于 1999 年对 22 国、2004 年对 36 国进行的调查。1999 年对 22 国的调查显示,在排除了宗教团体之后,22 国的非政府组织提供了相当于近 1900 万个全职工作,相当于非农就业人

---

① 本部分数据通过对中国民间组织管理局发布的《2007 年度社会组织统计数据》进一步整理计算而得。

② 相关数据根据河南省劳动和社会保障厅发布的《2007 年度河南省劳动和社会保障事业发展统计公报》进一步整理计算而得。

口的 5%,服务业就业人口的 10%,政府公共部门就业人口的 27%,相当于各
个国家最大私营企业就业总和的 6 倍多,就业人数超过了这些国家的公用事
业、纺织制造业、造纸和印刷、化学制造业。如果将志愿者就业计算在内,那么
这些国家非政府组织就业比重平均占所有非农业就业人口的 7%,甚至占到
所有公共部门总就业人口的 41%。但是,各国间的发展很不平衡,从有酬员
工规模来看,比重高的如荷兰、爱尔兰、比利时等均占到非农就业人口的 10%
以上,低的如墨西哥、罗马尼亚、斯洛文尼亚等均不到 1%,美国、英国、日本分
别为 7.8%、6.2%、3.5%。2004 年对 36 国的调查显示,非政府组织吸纳了相
当于 4550 万的就业人口,占经济活动人口的 4.4%,其中包括 2530 万的支薪
员工和相当于 2020 万全职工作人员的志愿者。经笔者保守估算,如果河南省
每个非政府组织所提供的直接就业机会能够达到全国平均值,那么至少还能
提供将近 6 万多个就业岗位,而如果能达到 36 国的平均水平,则至少能够提
供 240 万个就业岗位。

4.河南省非政府组织就业人员的行业分布①

由于目前并没有河南省非政府组织就业人员的行业分布的详细统计资
料,我们只能假定河南省不同行业的非政府组织就业人口密度近似,从而根据
河南省非政府组织的行业分布特点,对就业人员的行业分布状况进行估评。
由图 4-6 可知,截至 2007 年年底,河南省在民政部门登记注册的社会团体中,
所涉及的主要行业领域是农业及农村发展(15.98%)、社会服务(12.76%)、文
化、艺术(10.16%)、工商业服务(9.23%)。相应的,社会团体所吸纳的直接就
业人口也主要分布于上述几个行业。与全国情况相比,高于全国平均比例的
是社会服务类、文化、艺术类、工商业服务类、生态环境类、职业及从业类。

与全国的平均情况相比②,河南省社会团体所占比重与全国平均比例基
本持平的是教育、卫生、法律、宗教、国际及涉外活动类;而低于全国平均比例
的主要有科技与研究类、体育类、农业及农村发展类。

由图 4-7 可知,民办非企业单位中,河南省与全国的总体布局基本相似,

① 相关数据根据中国民间组织管理局发布的《2007 年度社会组织统计数据》整理计算得出。
② 同①。

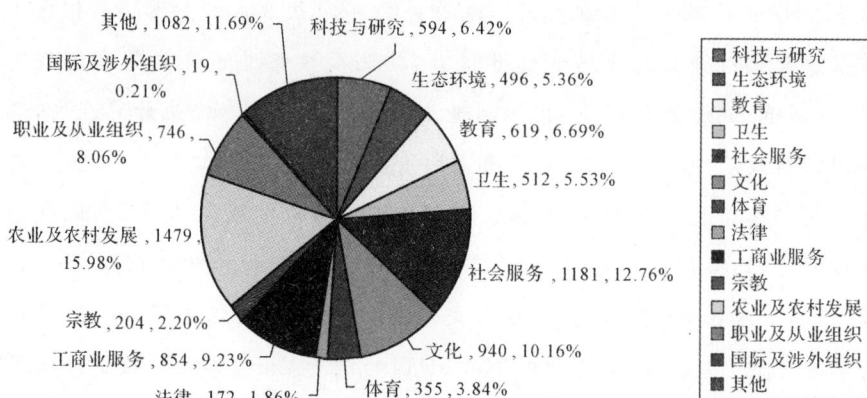

图 4-6　河南省社会团体的领域分布

表现为明显的"教育主导型"（39.48％），也就是说，民办教育行业吸纳的直接就业人口最多，而民办医院等民办非企业单位吸纳的直接就业人口相对较少。尽管如此，一个很明显的差距是，河南省民办教育行业所占比重仍低于全国平均值近 10 个百分点，民办教育在吸纳就业方面的功效尚未得到充分释放。

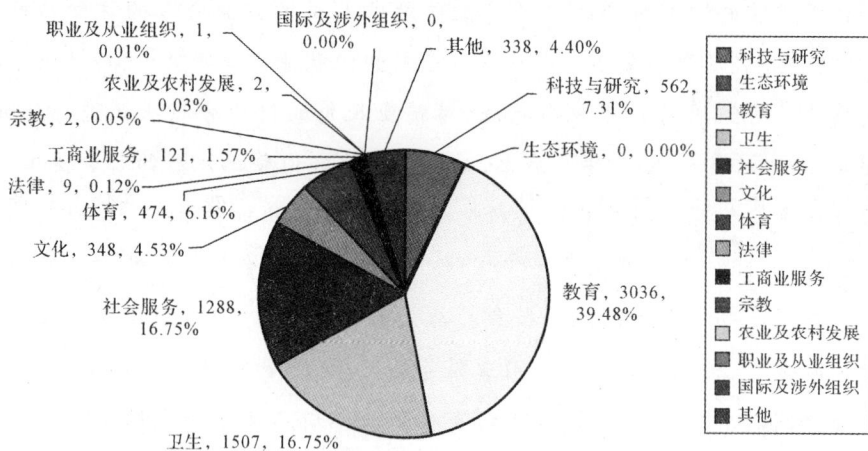

图 4-7　河南省民办非企业单位的领域分布

（二）现状分析与开发策略

1. 民办学校

河南省"教育主导型"的民办非企业单位结构，决定了民办学校在促进社会就业过程中所发挥的显著效能。据统计①,2006年,河南省各级各类民办学校已达4938所,其中独立设置的民办普通高校11所,高中阶段学校331所,普通初中501所,普通小学797所,幼儿园3268所。就河南省的民办本科高校来说,1998年只有1所,2006年就增加到了11所。而在民办学校中,所占比重最大、发展速度最快的是民办幼儿园,有学者认为这"与创办幼儿园的利润空间有很大关系"②。应该说,民办学校的快速发展与人们对教育的"过度需求"③和"差异需求"④,以及与河南省近年来比较重视民办教育的发展是分不开的。《中华人民共和国民办教育促进法》贯穿了教育的公益性和非营利原则,同时也规定"举办者投入学校的资产属举办者所有。民办学校在扣除办学成本和按国家有关规定必须提取的费用后,举办者可以取得合理回报",从而一方面体现了保证民办学校健康发展的立法宗旨,另一方面也发挥了积极引导举办者办学的导向作用。

由于目前河南省的教育统计中,关于民办教育的数据不完备,而且尚未建立统一的统计指标体系,因此,无法准确描述河南省民办学校的教职员工数量。但是,根据全国民办教育统计的有限数据⑤和目前河南省民办教育发展在全国的排位,我们可以推及估算出河南省民办学校教职员工的大概情况。就全国平均而言,高等教育和幼儿园占全国该类教育机构的40%和50%以上,而初等教育机构所占比重最小,仅1%多一点。但是,与民办学校单位所占的比重相比,民办学校教职工所占比重较少。例如,民办高校单位数占高等教育机构⑥单位数的41.3%,但民办高校教职工数仅占高等教育机构教职工

---

① 数据来源:《河南省统计年鉴2007》、《河南省教育年鉴2007》。

② 温艳萍:《民间非营利组织的社会和经济效应研究》,上海:上海人民出版社,2008年,第119页。

③ 过度需求,指的是当公立学校容量小于全部希望入学的人数(即政府在公立学校上的支出不能满足社会总需求),且教育的私人收益很高时,被排除在公立学校之外的人就会将民办学校作为一种"次优"选择。

④ 差异需求,指的是在都能够进入公立学校的情况下,由于人们对教育有着不同需求和偏好,如种族、语言、宗教信仰、教育特色等要求,而选择能够满足他们要求的民办学校。

⑤ 相关数据根据国家教育部发布的《中国教育年鉴2008》整理计算得出。

⑥ 这里的"高等教育机构"包括普通高等教育、成人高校和民办的其他高等教育机构。

数的 10.4%；民办中学单位数占中等教育机构①单位数的 29.1%，但民办中学教职工数仅占中等教育机构数的 9.0%，这从侧面反映了公办教育与民办教育在人力资源方面的差异，因此，河南省民办教育在直接吸纳就业方面的潜能还亟待进一步激发。

目前，河南省民办学校所发挥的直接就业效能还远远落后于发达地区。从数量上看，2006 年河南民办学校所占比例为 8.1%，与全国的 10% 还有明显差距。从教育投入上看，河南省一些民办学校资金短缺，办学条件差，办学质量低。究其原因，一是出资人本身经济实力不足，无后续资金投入，学校靠以学养学，发展困难；二是政府支持力度不够，同时在征地、建校等政策上的扶持不到位，民办学校在办学过程中比公办学校要花更多的资金，增加了办学成本；三是社会融资渠道少，银行对民办学校贷款审批过严，社会各界资金扶持少。从学校管理和社会影响上看，河南省名牌和具有特色的民办学校少，省内民办学校地区分布很不均衡，个别民办学校管理混乱，矛盾很多，存在招生欺诈和乱收费等现象，加上社会对民办学校也存在一定偏见，民办学校的社会公信力和美誉度不够。最后，从与吸纳就业最直接相关的师资状况看，河南省民办学校教师大多数为兼职教师或临时聘用人员，有的学校兼职教师占到 50% 以上，在民办高校中专任教师以 30 岁以下的年轻教师（有一部分在读研究生）和 60 岁以上的老教师居多。上述因素不可避免地影响到学校的可持续发展，也影响到民办学校在直接吸纳就业方面的效能发挥。

综上所述，目前在河南省的民办非企业单位中，民办学校促进社会就业的直接效能最为突出、空间广阔、潜力巨大，但是与发达地区相比，这一效能还需要大力开发。在未来的开发策略上，应该着重从以下几个方面着手。

首先，优化河南省民办教育的结构，充分发挥职业教育、学前教育在吸纳社会就业方面的效能。从现阶段河南省教育事业发展来看，国家目前财力达不到的领域，正是施展民间力量的舞台。因此，在当前和今后一段时期内，职业教育（包括中职、高职）和学前教育是民办教育发展的两个重点方向，也是吸纳就业人口的宽广平台。

---

① 这里的"中等教育机构"包括高中阶段教育、初中阶段教育和职业技术培训机构。

其二，进一步加强《中华人民共和国民办教育促进法》与《中华人民共和国民办教育促进法实施条例》的宣传，提高全社会对民办教育的认识，消减对民办教育认识上的误区和偏见，要使全社会都清楚，发展民办教育是河南省经济社会发展的必然要求，是创新办学体制和机制、缓解河南省教育经费不足、推动教育事业发展的重大举措。政府要为民办教育的发展创造舆论环境、生存环境和发展环境，进而吸引更多的人出资兴办教育事业。

其三，加强和完善对于民办教育的制度供给，为民办教育的发展创造良好的法律治理环境。首先，要切实解决平等待遇问题，各级政府和有关部门要认真落实《民办教育促进法》及其《实施条例》中已出台的扶持政策，真正做到对民办学校与公办学校一视同仁。其次，政府结合省情出台扶持民办教育发展的政策，在资金、师资上予以扶持。其三，政府要加强和完善对民办教育的引导管理，在学校招生、收费、发证以及管理方面加强引导，针对民办学校当前存在的问题，教育行政部门应尽快出台规范性文件。

其四，社会公信力和美誉度是民办教育发挥直接就业效能的基础，因此，民办学校在办学过程中，要有自律意识，诚信办学，将社会效益放在首位，逐步完善民办学校内部管理体制和运行机制，建立健全学校董事会等机构，正确处理决策机构与管理机构的关系，形成自我约束、自我管理的机制。

2. 行业协会

改革开放以来，随着社会主义市场经济体制的逐步建立和政府职能的转变，包括行业协会在内的河南省各类民间组织，得到了快速发展。根据笔者走访河南省民政厅得到的材料，1991年，河南省各类行业协会858个，约占登记注册的非政府组织总数的22.0%。此后，为适应经济社会发展的需要，按照培育发展和管理监督并重的方针，河南省制定了一系列的法规政策，促使河南省行业协会快速发展。[1] 河南省目前有行业协会3571个，基本涵盖了国民经济各个门类。[2]

---

[1] 河南省民政厅：《关于行业协会改革与发展调研报告》，2008年。

[2] 河南省民政厅孟超同志的讲话：《抓住机遇，乘势而上，努力开创社会组织建设与管理工作新局面》，2008年6月25日。

行业协会发挥的功能反映了各协会对就业人员的需求结构。就河南省而言,行业协会的作用主要是通过法律法规、政府部门授权,或者通过会员代表大会决议,依照章程的规定,对本行业开展行业管理、行业服务、行业自律、行业维权等活动来体现的。首先,在行业管理方面,在所调查的 1481 个行业协会中,参与行业管理的有 1111 个。其中法律法规授权的 71 个,约占 4.8%,政府部门授权的有 192 个,约占 13.0%;申请政府批准的有 211 个,约占 14.2%;会员代表大会通过决议的 637 个,约占 43.0%。受法律法规授权的如河南省注册会计师协会,具有的职能有负责行业管理监督、业务培训、注册会计师注册考核等;受政府部门委托的如河南省旅游协会,具有 A 级景区评定、星级酒店评定、旅游城市评定、旅游示范点评定的职能,由会员代表大会决议通过的如省家用电器维修协会,具有对全省范围内家用电器维修站、点进行资质评定和价格指导的职能。第二,行业服务方面,河南省行业协会弥补了政府职能之不足,起到拾遗补缺的作用。在所调查的 1481 个行业协会中,2005年,共编辑刊物 88 个,建立省级网站、电子信箱 209 个,完成调研项目 1031个,列入政府决策项目 342 个。有 667 个行业协会参与了行业标准的制定工作,有 448 个行业协会参与了行业统计工作,有 353 个行业协会参与了资质评审工作。省住宅产业商会 2005 年成立以来,连续 2 年召开房博会,参会人员50 万人次,成交住宅 3100 套,成交金额 11.8 亿元。第三,行业自律方面,在所调查的 1481 个行业协会中,有 848 个行业协会制定有行规行约,如河南省银行业协会、报业协会、保险业协会、洗涤业协会、家电维修协会等。通过订立行规行约,建立了公平有序的行业竞争秩序,消除了恶性竞争、无序发展的不良现象。第四,行业维权方面,行业协会利用各自优势充分发挥桥梁和纽带作用,积极向政府有关部门反映行业诉求,求得政府支持;还有许多行业协会创造条件,主动为行业企业排忧解难,维护行业企业的合法权益。①

由此可见,近年来,河南省行业协会发展迅速,相应的,其吸纳社会就业的效能较强。据调查,目前河南省的社团以行业性、职业性社团为主,联合性社团的比例最低。2000 年以来,河南省行业协会发展最快,全国每年新登记的

---

① 河南省民政厅:《关于行业协会改革与发展的调研报告》,2008 年。

社团中，几乎一半是行业协会，而且行业协会是所有社团中相对最能够吸纳就业人数的类别。但是，目前河南省行业协会存在以下几个方面问题，严重制约了其吸纳社会就业的效能发挥。

其一，由于历史、体制等原因，河南省自上而下的行业协会比重都相当大，出现了不少"一套人马两套牌子"的现象，有的行业协会成了"第二政府"，行政色彩重，行政兼职严重，人事安置方面自主性不强；部分行业主管部门将行业协会看成是安置闲散人员的就业机构；有的甚至把行业协会看作是政府的负担，是与行政争权的对手，对本应转移到行业协会的管理职能和事务性工作紧抓不放。这些不正确的思想认识影响了行业协会的存在与发展，也使行业协会在吸纳就业方面的效能打了折扣。

其二，河南省行业协会的整体素质尚需加强。河南省行业协会发展整体结构不够优化，尤其规模尚小、数量较少、服务社会的能力还比较弱。少数行业协会法制观念淡薄，内部管理制度不完善，自律机制不健全，有的缺乏社会公益、社会责任、社会服务、社会诚信和自觉接受监督的意识，且有不当营利行为，公信度不高。部分行业协会职能定位不准确，官办色彩浓厚，或与机关合署办公，或党政领导干部兼职过多，利用行政职权乱收费、强拉企业入会等扰乱经济发展环境的不良现象时有发生。上述三方面因素都不同程度地间接制约了行业协会吸纳就业的效能发挥。

其三，河南省行业协会法制治理环境亟待优化。一方面，由于缺少行业协会法，使得行业协会的设立、性质、地位、作用及职能等没有进一步明确和规范。对不同类别、不同层次行业协会缺少相应的具体登记管理办法，影响了行业协会的分类管理。另一方面，我国行业协会管理实行的是业务主管单位和登记管理机关双重管理的体制，这致使一些行业协会因找不到业务主管单位而得不到登记。此外，管理监督工作滞后。一些业务主管单位对其管理工作不重视，或者放任自流，不履行业务主管单位职责，与登记管理机关不相配合。

在未来开发策略上，最关键的是，我们需要从根本上明确：非政府组织的就业容量不是一个固定不变的数值，而是一个在上下限区间内游离、移动的动态值。其数值高低取决于非政府组织与政府或市场的耦合度。在英美等市场经济体制完善、政府职能较规范的发达国家，非政府组织的规模和就业量就较大,而在我国这种计划体制向市场体制过渡的时期,非政府组织与政府的耦合度较高,政府管制作用大于市场调节作用,非政府组织还很弱小,对劳动力的承载力还处在较低水平上。因此,在中长期战略上,河南省应加快按市场要求建设行业协会的步伐,支持自下而上型行业协会的成立和发展,减少不必要的行政干预,鼓励行业协会自主发挥其在吸纳就业方面的效能。在此基础上,优化行业协会的法律治理环境和社会监督环境,为行业协会吸纳社会就业创造良好的条件和氛围。

3. 社会服务类非政府组织

目前,河南省社会服务类非政府组织在直接吸纳就业方面发挥的效能较大,潜力更大。如前文所述,目前河南省社会服务类社会团体占 12.76%,社会服务类民办非企业单位占 16.75%,这两个数字均高出我国平均比例(11.62%、13.84%)。几年前,河南省地方政府就开始试行社区居委会和街道管理干部向应届大学生就业敞开门槛,并通过社区服务安置一定量的下岗职工,这是值得推广的经验。就发展趋势而言,社区服务组织作为其中的重要一类,涉及的服务范围十分宽广,可以提供温馨家庭、心理咨询、犯罪预防、提高教育程度和质量等各种服务,力求通过社区服务推进形成"老有所养、幼有所托、孤有所扶、残有所助、贫有所济、难有所帮、学有所教、需有所供"的新局面,同时拓宽社会就业的机会。当然,这种设想的前提是:服务的组织方式或者制度选择发生变化,比如社区公共服务的决策机构与执行机构分离,不再只由政府负责公共服务供给,而是公共机构负责规划、组织、融资和管理监督,任何社会机构——企业、志愿组织、公共服务组织、社区都可以通过谈判和签约方式承担公共服务生产者的职能,从而形成提供者与生产者各司其职的常规性、制度化的产业链。

合作开发就业服务类非政府组织在直接吸纳就业方面的效能,需要政府自身深化职能改革并提供积极的政策引导。但是,与发达地区相比,政府将原来自己包揽的社会服务功能通过各种形式外放给非政府组织承担的力度还不够。目前,国内外政府与非政府组织合作类型主要有三种:一是政府支持非政府组织运作。政府为非政府组织提供一定的人力、财物、政策、合法性等支持,并对其进行相应的监督管理;非政府组织则在相应的规范、监管下运作,动员和整合各种社会资源（包括政府财政补贴、社会慈善资源及国外资源），进而提供社会所需的各种公共物品。目前我国政府与非政府组织的关系大多近似于此类。但其中仍旧存在政府支持力度不高、募捐来源不稳定、筹资方式单一，非政府组织自律机制不健全、竞争不充分、运作不透明等问题。此外，许多这一类非政府组织是在政府机构改革中从政府系统中剥离出来或是由政府自上而下筹建的组织，具有"官办"和"第二政府"的特点，缺少独立性和自主性，对政府高度依赖。二是政府委托非政府组织经营。政府将公营机构委托给非政府组织经营，规定其必须开展一定数量的社会福利项目，完成一定的公共服务；非政府组织作为经营者，在完成相应服务的前提下自负损益。此类关系实现了由所有权和经营权"二位一体"转变为所有权和经营权的相互分离，有利于激发社会公共机构的活力，提高其运营能力。上海浦东罗山市民会馆的经营模式就是此类样板，我国的一些公营福利机构都在根据具体情况按照这类合作关系进行改革。但是，此类合作关系也有一定缺陷：在政府监管不力或者非政府组织的运作、动员能力不强的情况下，容易导致公共产品总量减少和质量下降的现象。三是政府购买与非政府组织生产。政府作为公共物品的购买者，非政府组织以投标竞标的方式获得某种或某类公共产品的生产者资格，而受益对象则是该产品的"消费者"。这类关系具有公开、平等、竞争充分等优点。然而，它的要求条件也较高：必须存在成熟、多样的非政府组织，实现多元参与和充分竞争，建立完善的监管机制、互律合作机制等。香港、深圳、上海等地在此作了许多有益的探索并取得了成功，但这类合作关系在中西部地区尚不多见。

在这方面，河南省还需要更多地借鉴发达地区的经验。例如，深圳民政部门积极开发社工岗位，有计划地培养和配备社工人才，其专攻项目分别是"照顾孤寡老人"、"学龄儿童托管"、"青年劳务工的性与生殖健康"、"境外家长培训"和"边缘青少年帮教"等5项服务。根据《深圳市推进向社会组织购买服务工作的实施方案》，政府转变职能，进行事业单位改革。对于政府分离出的或新增的社会管理和公共服务事项，通过政府采购等法定方式，向符合条件的社会组织购买，在工商经济类、社会福利类、公益慈善类和社区社会组织等近期重点发展领域的优先扶持项目进行试点，逐步建立健全政府购买服务的组织架构、程序、监督机制等,以差额、全额和部分补助等三种方式,向社会提供资助。上海普陀区民政局每年都要向民办的"民欣乐为老服务中心"出资约 80 万元购买居家养老的服务成果;街道、镇每年出资 400 万元左右购买就业成果;真如镇采取了每解决一位失业下岗人员就业,财政给以每人每年 100 元到 130 元不等的奖励,调动非政府组织及其工作人员开发岗位、提供服务。总而言之,社会服务类非政府组织吸纳就业效能的开发,需要政府自身深化职能改革并提供积极的政策引导,关键在于政府在多大程度上购买非政府组织提供的公共服务。

4. 文化艺术类非政府、民办医院

如前文所述,依托于河南丰富的文化资源,河南省文化艺术类非政府组织比例较大,并不断将河南省独特的文化资源和广阔的文化市场优势转化为非政府组织吸纳就业的功能,在一定程度上成为河南省社会就业"蓄水池"。但是,就个案调查的情况看,目前阻碍河南省文化艺术类非政府组织发挥其就业效能的主要问题有:第一,整体实力不强、规模不大、层次较低、人才缺乏,自主创新能力尚显不足。不少文化艺术类非政府组织处于活动经费少、开展活动少、缺乏创新活力、难以维持生计的窘境,资金短缺成为制约其发挥就业效能的一个直接因素。第二,在市场逐利逻辑的诱使下,一些文化艺术类非政府组织缺乏自律精神和公益性,转化为片面逐利的营利机构,甚至作出违法行为,严重影响了非政府组织的公信力和其吸纳就业的效能。例如,2007 年,河南省个别地方一哄而起搞所谓的"拜祖"活动,一些不法分子借非政府组织之名骗取钱财,危害群众生命财产安全,扰乱了社会秩序。在这样的情形下,2007 年 7 月 18 日,河南省民政厅下发了《关于规范民间组织"拜祖"活动的通知》,明确提出,全省所有地方举办"拜祖"活动,必须经省委、省政府把关审批,其他任何地方、单位和个人都无权批准举办此类活动。

在合作网络中,任何一方的"失信"和"违规"都会成双方合作进行就业效能开发的桎梏。因此,文化艺术类非政府组织要在加强自身管理、提升公信力、改善创新体制、保证公益导向等方面作出更多的努力,此外,要加强政府、社会对文化艺术类非政府组织的外部监督,优化非政府组织的法律治理环境,完善对非政府组织的问责究责制度,也只有这样,文化艺术类非政府组织的产

业优势才能转化为可持续发展的就业效能。

由于我国医疗体制方面的特殊国情，河南省民办医院所占比例较少，所吸纳的就业人口比例远低于西方国家。目前美国的医院，公立医院占27％，均为非营利医院，私立医院85％左右是非营利的，在5200家综合医院中，营利性医院只有700家，不足15％。[①] 而我国处于垄断地位的医疗事业单位，一方面存在严重"官僚化"倾向，缺乏顾客导向和服务意识，效率低下；另一方面也存在着过分"营利化"倾向，不仅自身严重扭曲，甚至排挤了作为非营利组织存在的道德基础的社会利他主义，大大限制了自身发展以及创造更多就业机会。由此，医疗事业单位体制改革势在必行，可以将部分事业单位转化为非政府组织，强化其"非政府性"和"非营利性"，引入竞争机制，进一步挖掘民办医院在吸纳就业人口方面的潜力。

五、"催化剂"：河南省非政府组织促进社会就业的间接效能

非政府组织不仅是吸纳就业的"蓄水池"，也是促进就业的"催化剂"。河南省各类劳动就业服务类非政府组织、行业协会、民办学校、农村专业经济协会通过提供信息、培训教育、鉴定考试、中介代理、社区服务、交流咨询、协调引资等方式发挥促进就业的间接效能，不仅是转岗分流、下岗失业人员、农民工、社会富余人员就业和再就业的广阔天地，也是对这些人员进行培训的重要基地，为促进社会就业作出了巨大的贡献。

（一）劳动就业服务类非政府组织

根据走访调查，目前河南省劳动就业服务类非政府组织主要包括以下五种：第一，就业信息服务类非政府组织。第二，教育和职业培训类非政府组织。组织成员对求职者提供力所能及的教育和职业培训，诸如电脑、英语、家政、餐饮、财会、司机、家电维修、实用电工培训等。第三，职业鉴定、资格考试类非政府组织。这类机构取得职业鉴定和资格考试的资格需要得到政府相关部门的考核、认定和监督。第四，职业介绍和劳务代理类非政府组织。职业介绍和劳动事务代理是劳动就业服务系统中距就业仅一步之遥的重要环节，其作用在于将具有市场需要技能的劳动者输送到就业体系中去。第五，社区服务类非

---

① 王名等：《民间组织通论》，北京：时事出版社，2004年，第219页。

政府组织。社区服务类非政府组织容吸纳就业和促进就业为一身,它们扎根于社区,是社区成员生活方面所面临困难的最早知情者,能够较准确把握促进就业的切入点,及时给需要帮助的成员提供就业服务,另一方面,社区服务类非政府组织本身可以直接吸纳就业,通过社区服务安置一定量的就业人口。

但是,调查中也发现,河南省劳动就业服务类非政府组织的发展还不够规范,尤其是一些打着"非营利"幌子的职业介绍和劳务代理机构,甚至采取欺骗和敲诈手段,伤害求职者,给社会造成了很坏的影响。改变这种状况,一方面需要政府制定法律法规,规范这些机构,也需政府相关部门加强监管。

(二)行业协会、民办学校

在河南省的社会团体中,各类行业协会和民办学校不仅具有吸纳就业人口的直接就业效能,即"蓄水池"效应,在间接促进就业方面还发挥了很大的"催化剂"效应。

河南省民政厅对河南省1481个行业协会的调查显示①,仅2005年就举办各类培训班540571次,举办和召开各种技术交流会、座谈会5058次,开展咨询项目13892个。河南省浙江商会2004年成立以来,会员企业从成立时的110家发展到现在的800余家,涉及房地产、高新技术产业、光学化工等30多个行业,广大会员企业在豫投资已超过530亿元人民币,为河南各地直接安排就业岗位60多万个,安排就业100多万人。此外,河南省民办非企业单位在促进就业方面效能也很明显,不仅是转岗分流、下岗失业人员、农民工、社会富余人员就业和再就业的广阔天地,而且也是对这些人员进行培训的重要基地。

在河南省的民办学校方面,政府应该采取更多的措施鼓励和引导民办学校提供技能培训,促进社会就业。2009年,为了应对农民工"返乡潮"造成的就业压力,河南省平顶山市劳动部门为每位南方返乡的务工人员发放了面值600元的免费培训券,持券者可以选择符合自己专业特长的职业培训学校进行学习,而在正式授课之前,职业培训学校的负责人都会把这些返乡农民工召集起来,针对每个人的特点制订培训计划。② 这种兼顾了竞争原则和公平原

---

① 河南省民政厅:《关于行业协会改革与发展的调研报告》,2008年。
② 中央电视台:《经济半小时》2009年1月12日。

则的发放消费券的做法,无疑是一种有益的尝试。

他山之石,可以攻玉。在开发行业协会、民办学校促进社会就业的间接效能方面,我们需要进一步借鉴国内外的好经验。一方面,行业协会和民办学校应将各自促进社会就业方面的优势进行整合,例如,在意大利和日本,许多行业社团都设有职工培训的专门机构,有的则创办了职业学校。如日本的包装协会创办了包装学校,以帮助初步掌握职业技能的劳动力进入本行业。德国的工商联合会和手工业中央联合会则把审查批准和监督实施劳资合同和职工培训计划,作为自己的重要任务和活动内容之一。[①] 另一方面,在条件成熟的地方,推行政府购买行业协会、民办学校提供的促进就业再就业的服务成果。近年来,上海市普陀区政府平均每年向民办学校、培训机构购买服务的资金约300万元左右。这种大规模购买民办学校提供的服务成果的做法值得我们借鉴。

(三)农村及农村发展类非政府组织

河南省农业及农村发展类非政府组织近年来得到了很大发展,在加强农村就业人口培训、提高农民收入等方面意义重大。据走访调查,目前,河南省事实存在的主要有三类农村非政府组织:一类是主要提供农林牧渔业生产、销售、技术推广等服务的经济类社会团体。截至 2006 年,河南省登记的农村专业经济协会有 2255 个。另据河南科协材料,各类农业专业技术协会分别达到 1.6 万个和 1.2 万个。此外,还有着一些用水户协会等团体。二是农民主办或领办的各类农村民办非企业单位。如乡村学校,卫生站所,科研、文化体育、法律服务机构等。三是农民自发组织的公益性社会文化社会团体,包括在许多乡村事实上大量存在的老年协会、计生协会、红白喜事协会、戏剧协会等,由于登记注册的较少,具体数目不详。在这些非政府组织中,分布最广、带动辐射人数最多、发挥间接就业效能最突出的是各类农村专业经济协会。据调查,实际上早在 1980 年代中期,河南某些农村地区就曾出现农民自发组织的种、养协会。自 2003 年民政部出台《关于加强农村专业经济协会培育发展和登记

---

① 郁建兴等:《民间商会与地方政府——基于浙江省温州市的研究》,北京:经济科学出版社,2006 年,第 45 页。

管理工作的指导意见》以来，河南省各级党委、政府因势利导，积极培育，单2006 就确定重点扶持 100 个协会，并在财政税收、金融信贷、登记管理等方面给予优惠政策。

虽然近年来河南省农业及农村发展类近年来得到了较大发展，但是，河南省在"农业及农村发展类"社团所占比例上（15.98%）仍低于全国平均值（17.08%）。而且与其他农业大省相比，河南省在这一指数上也低于山东省（28.64%）、黑龙江（19.11%）、吉林省（18.34%）、安徽省（16.82%）。河南省是全国第一农业大省，有着近 7000 万的农村人口，在目前金融危机对河南农民工外出打工造成巨大影响的情况下，一方面，各类行业协会、技工学校、劳动就业服务类非政府组织应充分发挥培训服务、促进就业的功能；另一方面，应进一步扶持发展农村及农业发展类非政府组织，为返乡农民工提供更多的技术服务和创业支持。

六、"减压阀"：河南省非政府组织促进社会就业的潜在效能

从现实背景看，由于国际国内经济形势以及河南省的特殊省情，河南省面临着严峻的就业压力和就业矛盾，非政府组织在纾解河南省目前突出的就业矛盾方面有着自身的巨大优势，在某种程度上是社会系统实现均衡就业、公平就业的一大标志，有利于公正、公平、和谐等社会目标的实现。

（一）缓解"无就业增长"压力的突破口

美国学者曾针对美国 2001 年以来的经济衰退以及"9.11"恐怖袭击对经济的严重冲击，研究非政府组织的就业状况，发现当经济衰退使大部分企业部门减少就业的时候，一些非政府组织却显示了反经济周期的特性，即经济衰退时创造出了比平时更多的就业岗位。[①] 这启发我们，非政府组织在社会经济发展的困难时期还具有特殊潜在效能。

随着经济发展和经济增长理论、发展经济学研究的深入，发现经济增长与就业增长的正相关关系程度和方向不是恒定不变的，在经济发展的不同阶段，由于资本和技术对劳动的逐步替代，国民经济和三次产业与就业的正相关关系会

---

① 温艳萍：《民间非营利组织的社会与经济效应研究》，上海：上海人民出版社，2008 年，第 143 页。

不断减弱，甚至在部分产业、部分时期出现产业发展与劳动就业的负相关关系。

河南省目前正处于工业化中期、经济结构大幅调整时期，资金密集型产业发展很快，相同资金带来的就业增长自然比过去减少。在河南省经济增长的推动因素中，投资和出口效应较大。由于投资的构成主体是基础设施、基础工业、国有企业和外资企业等，随着技术进步和资本含量的提高，资本有机构成不断提高，相应会减少对劳动力的需求。根据河南省发展和改革委员会的估测[1]，2006—2010年，河南省第一产业就业弹性系数将由 0.735 下降到 0.190，五年平均就业弹性系数为 0.308；第二产业就业弹性系数将由 0.372 上升到 0.747，五年平均就业弹性系数为 0.707；第三产业就业弹性系数将由 0.755 上升到 0.874，五年平均就业弹性系数为 0.891。以上估测，可能由于统计数据取得的系统性误差（代表性误差等）和数学模型构建对现实世界模拟的偏差，其精确度可能受到影响，但已大致明确地勾勒了 2006—2010 年河南省三次产业就业弹性的演变趋势：第一产业就业弹性将持续并较大幅下降，第二产业仍是吸纳劳动力的主阵地之一，第三产业发展对劳动就业增加的拉动能力最强。

截至 2007 年年底，河南省非政府组织占河南省第三产业就业人口的 1.00%，低于全国 1.71% 的平均比例，而 22 国非政府组织平均占服务业就业人口的 10%，是河南省这一比例的 10 倍。就行业分布看，民办医院、社会服务、民办学校等在国外及国内发达地区具有大容量就业效能的行业，在河南省所发挥的效能则相对较弱。在美国，从 1997 年到 2001 年，在非政府组织中就业增长最快的是社会服务，就业增长率达到 17%。社会服务领域中，家居服务就业增长最快，增长率为 19%。根据美国劳工统计局的报告，卫生保健服务和社会服务有着较好的就业前景，2000 年到 2010 年，卫生保健服务部门将增加 280 万个就业岗位，社会服务部门将增加 120 万个就业岗位，新增岗位主要集中于护理、医院和家居服务。实际上，卫生保健和社会服务两个部门已经成为非政府组织就业增长的主要源泉。因此，必须改变就业的"部门"结构，打破市场力量和政府力量对就业的绝对垄断，发展非政府组织这种就业效果明显的大容量就业载

---

① 河南省发展和改革委员会课题组：《河南省经济增长与就业承载力问题研究》，http://www.hndf.org.cn/zhongdianketi1.html。

体,增加就业吸纳量,这或许是缓解"无就业增长"压力的一个突破口。

(二)缓解劳动力总量长期供大于求的就业矛盾

河南省人口基数大、劳动年龄人口总量大、农村富余劳动力规模大,这个基本省情决定了劳动力总量将长期供大于求,金融危机导致的河南农民工"返乡潮"更加剧了这一矛盾的严峻性。"从'十五'期间经济增长对就业的拉动情况看,河南 GDP 每增长一个百分点可以带动 10 万人就业,若'十一五'期间 GDP 能保持在每年增长 10.0% 的速度,城镇每年可新增就业岗位 100 万个,城镇就业岗位与实际需求仍然相差 100 万个左右",截至 2008 年 6 月底,"至少还有 1200 万以上的农村劳动力需要转移就业"。[①] 受国际金融风暴的影响,我国沿海部分企业生产萎缩或者倒闭、歇业,造成农民工失业返乡。据河南省统计局、劳动保障厅在滑县、邓州、太康、民权、平舆等 5 个劳务输出大县对 50 个村民小组的返乡农民工的快速调查表明:截至 2008 年 12 月 20 日,返乡农民工占外出就业劳动力总数的 20.4%,其中省外返回占 17.5%。按上述比例推算,全省返乡农民工 377.4 万人。据 2008 年 12 月底对 110 个企业用工状况调查结果显示,从业人员比年初下降 4.5%。放假、缩短工时、轮岗和下岗职工达 7.6%。2009 年有招工计划的企业只占调查企业的 34.6%。装备制造、纺织、化工、钢铁和有色金属冶炼行业影响较大。在 110 家企业中,装备制造业中员工放假、缩短工时、轮岗和减员占该行业被调查企业从业人员的 21.8%,纺织业占 20.7%。由于投资增速下滑,新开工项目减少,建筑业、房地产业人员减少较多,建筑业中员工放假、缩短工时、轮岗和减员占该行业被调查企业从业人员的 28%,在调查的各行业中所占比例最大。[②] 如前文所述,河南省非政府组织在吸纳就业和促进就业方面都具有较大的潜力,能够在一定程度上缓解劳动力总量供大于求的矛盾,维护社会和谐稳定发展。

(三)缓解河南省劳动力素质结构与市场需求结构之间的矛盾

目前,河南省近 1000 万城镇从业人员中,技能人才仅占 1/3,高级工以上

---

① 蔡树堂:《河南就业形势分析与对策建议》,载林宪斋主编:《2009 年河南社会形势分析与预测》,北京:社会科学文献出版社,2009 年,第 200—202 页。

② 河南省统计局:《2008 年河南省国民经济综合发展报告》。

人员低于全国平均水平近 4 个百分点。在已经转移就业的农村劳动力中，小学文化及文盲占 10.8%，初中文化程度占 61.4%，高中及以上占 27.7%。在城镇新增劳动力中，中等职业学校毕业生仅占 10.0% 左右，技工学校发展缓慢，制约了高技能人才的增长。而河南省 2008 年第二季度职业供求状况表明，各技术等级的求人倍率均大于 1，技术工人需求大于供给，其中高级工程师、高级技师和高技能人才的求人倍率分别为 2.08、1.96、1.71。[1] 通过前文分析可知，河南省非政府组织在促进就业方面的功效大于直接吸纳就业的功效，尤其是劳动就业服务类非政府组织、行业协会、技术培训类民办学校、农村专业经济协会在加强劳动力培训、提高劳动力素质方面发挥着不可替代的"催化剂"效能，是纾解劳动力素质结构与市场需求结构矛盾的"减压阀"。

（四）帮助纾解高校毕业生的就业难题

目前，河南省高校毕业生就业问题也日益严峻。据统计，2008 年河南省应届高校毕业生人数达 33 万人，待业大学生的数量达到近年来的峰值，大学生将面临形势严峻的就业"寒冬"。国务院总理温家宝在《2009 年政府工作报告》中明确地指出，要"千方百计促进就业"，"把促进高校毕业生就业放在突出位置"。解决大学生就业难的问题，非政府组织大有用武之地。一方面，在一些基层社区、慈善机构、社团组织等地方，让大学毕业生先工作几年，在积累工作经验的同时发现自己的兴趣和长处，以便在今后的求职过程中占据优势；另一方面，通过对 303 个河南省非政府组织的问卷调查得知，目前，河南省非政府组织的职员文化构成中，硕士研究生以上学历者比重较小，缺乏现代信息技术等高级人才；通过对河南省郑州大学 2008 届社会工作专业本科生的就业情况调查得知，其中 98% 的社会工作专业毕业生没有进入非政府组织从事社会工作，而更多地选择了考取公务员或进入企业。这也反映了河南省非政府组织发展的一个特点：非政府组织的专业化建设不足，支持性的非政府组织薄弱，尤其缺乏社会工作专业人才。

在这方面，国内发达地区有一些好的做法。例如，上海市民政部门今年举行"公益创投大赛"，吸纳高校毕业生进入社会组织创业，充实到民族宗教、计

---

① 河南省民政厅：《关于行业协会改革与发展调研报告》，2008 年。

划生育、卫生、教育等领域的社会组织中去。25周岁以下、符合招考条件的应届和历届大学毕业生都可以参加报考。被录用的大学生见习时间为一年,见习期生活补贴费为每月1500元。如果能有更多的高学历、高科技和社会工作专业人才加盟,河南省非政府组织的发展将具备更强的支持性和指导性力量。与此同时,现有非政府组织的发展也可为高校毕业生带来更多的就业机会,是个双赢的理性选择。

(五)帮助纾解河南省弱势群体的就业难题

目前,河南省城镇"零就业家庭"①和下岗职工的就业、残疾人就业问题仍然严峻,金融危机的蔓延以及农村劳动力转移就业规模扩大等问题愈发突出。就业作为社会问题,单纯的经济政策效应的局限性是相当明显的,单纯依靠经济手段治理社会问题必然有失偏颇。市场力量和市场机制只能自发地导致失业或不充分就业、收入差距扩大、社会不平等和社会不公正。因此,只有通过一定的制度安排才能主动扩大全社会就业容量,维护社会公平。目前,河南省对弱势群体的援助基本上是由政府主导,主要有就业援助、法律援助和精神援助等,就业援助是其中最基础性的工作。尽管政府在这方面付出了很大努力,但由于财力不足,仍存在着很多局限。国际经验表明,在扶助弱势群体上,非政府组织可以发挥更大的作用,取得更好的效果。一般而言,非政府组织有其自己的使命和信念,有能力动用更多的社会资源,有相对灵活的运行机制,可以针对弱势群体的需求变化迅速作出反应。同时,因其非官方性质也使得他们在工作中能够更好地接近弱势群体,获得充分信息,从而提高工作效率。此外,非政府组织相对独特的劳动力需求结构也使得其能够更好地解决弱势群体的就业问题。发展面广量大的城市社区服务类非政府组织和农村自助性质的"草根组织",会对纾解当前河南省城市下岗职工、农村剩余劳动力等弱势群体的就业问题作出独特的贡献。

(六)缓解河南省公共就业服务体系与服务需求不适应的矛盾

目前,面对社会日益增长的公共就业服务需求,特别是面对各类服务对象

---

① 所谓"城镇零就业家庭",是指城镇居民户籍家庭中,在法定劳动年龄内有劳动能力且有就业愿望的家庭成员无一人就业的家庭。

的多元化、个性化服务需求,发展还不均衡的公共就业服务机构功能发挥不足,存在着服务信息不畅通、服务内容单一、服务程序繁琐等问题,服务的公益性尚未得到充分体现,服务的质量和效率难以让服务对象满意。在这方面,劳动就业类非政府组织对补充和完善河南省公共就业服务体系功能显著、意义重大。

七、结语

(一)评估总述

1.河南省非政府组织目前对全省总量GDP的贡献有限,虽然其非政府组织的单位数在全国位居前列,但是就业总规模、单位平均就业规模在全国排位都较低。因此,全国横向比较来看,河南省非政府组织在吸纳就业的直接效能("蓄水池"效应)偏低,与国内发达地区还存在较大距离。如果河南省每个非政府组织所提供的直接就业机会能够达到全国平均值,那么至少还能提供将近6万多个就业岗位,而如果能达到36国的平均水平,则至少能够提供240万个就业岗位。非政府组织丧失应具有的"非政府性"和"非营利性",缺乏筹资能力、管理能力、创新精神和社会公信力,是阻碍河南省非政府组织发挥直接就业效能的主要内在因素。在开发的创新机制上,可以在条件成熟的地方试行政府支持非政府组织运作、政府委托非政府组织经营、政府购买与非政府组织生产、政府发放就业培训消费券等新型治理模式。

2.河南省非政府组织促进就业的间接效能("催化剂"效应)较高。各类劳动就业服务类非政府组织、行业协会、民办学校、农村专业经济协会通过提供信息、培训教育、鉴定考试、中介代理、社区服务、交流咨询、协调引资等方式,发挥促进社会的间接效能,不仅是转岗分流、下岗失业人员、农民工、社会富余人员就业和再就业的广阔天地,也是对这些人员进行培训的重要基地。河南省是全国第一农业大省,有着近7000万的农村人口,在目前金融危机对河南农民工外出打工造成巨大影响的情况下,一方面,各类行业协会、技工学校、劳动就业服务类非政府组织应充分发挥培训服务、促进就业的功能,另一方面,应进一步扶持发展农村及农业发展类非政府组织,为返乡农民工提供更多的技术服务和创业支持。

3.在缓解目前突出的就业压力和矛盾上("减压阀"效应),河南省非政府组织优势显著,在某种程度上是社会系统实现均衡就业、公平就业的一大标志。主要体现在：非政府组织是缓解河南省"无就业增长"压力的突破口，能够帮助缓解河南省劳动力总量长期供大于求的矛盾，缓解河南省劳动力素质结构与市场需求结构之间的矛盾，帮助纾解河南省高校毕业生和社会弱势群体的就业问题，缓解河南省公共就业服务体系与实现充分就业目标不适应的矛盾。

4. 就业问题不仅是经济问题，也是社会问题。纵然是经济问题的解决，也不能仅从经济系统内部寻找答案，而要打破"传统思路"，通过社会系统的适应性优化行为，提高全社会系统对劳动力的承载力，化解非均衡增长的就业压力。社会系统最大规模的就业容量，不独取决于营利部门，还取决于政府部门和非政府组织的就业容量。过去那种单纯依靠经济部门解决就业问题的观念和政策要做出相应调整，树立经济社会的协调发展包括三部门就业协调发展的思想。基于社会系统和网络治理的逻辑，以及国内外发达地区的经验，可以预见，非政府组织势必成为河南省未来增加就业机会、解决就业问题的主要途径之一。政府应该主动与非政府组织建立合作伙伴关系，将共同开发非政府组织的就业效能作为一项中长期战略。但是就目前而言，河南省应将开发非政府组织在促进就业方面的"催化剂"效应、"减压阀"效应作为主要路径，在此基础上，随着中长期政府治道变革的推进、市场经济的日益完善、非政府组织自身的发展壮大，非政府组织在直接吸纳就业方面的"蓄水池"效应才能充分体现出来。

（二）余论：制度创新——河南省非政府组织在促进社会就业方面发挥效能的关键

综合以上对河南省非政府组织就业的直接效能、间接效能、潜在效能的评估以及开发策略的探讨，笔者认为，非政府组织促进社会就业的效能不是一个固定不变的数值，而是一个在上下限区间内游离、移动的动态值。某种程度上讲，非政府组织就业效能的发挥，取决于政府对非政府组织的一定的制度安排。借助于国家层面的强制性制度变迁，可以极大地催生非政府组织的就业规模和承载能力。

目前，《河南省就业促进条例》已经河南省第十一届人民代表大会常务委员会第八次会议于 2009 年 3 月 26 日审议通过，2009 年 5 月 1 日起正式施行，这是国家颁布《就业促进法》后全国出台的首个地方性法规。但是，《就业促进条例》中并没有涉及政府购买非政府组织提供的服务等通过政府与非政府组织的合作促进社会就业的可行性选择。王名认为,通过政府购买服务也许可以解决部分就业问题,但是目前政府并没有这方面的举措或者行动。就全国而言,4万亿的经济刺激计划中没有任何政府购买服务的相关内容。目前,河南省关于非政府组织的制度供给尚显不足,有些初始的制度路径设计不尽合理,这在很大程度上阻碍了非政府组织的可持续发展。

从问卷调查结果看(见表4-8),目前河南省非政府组织发展面临的前五个主要问题可概括为:第一,缺乏资金;第二,缺乏人才;第三,缺乏活动场所与办公设备;第四,政府的支持力度不够;第五,组织内部管理混乱。

表4-8 河南省非政府组织面临的主要问题(多选)

类　型	比例(%)	排　序
缺乏资金	67.3	1
缺乏人才	20.8	2
缺乏活动场所与办公设备	11.6	3
缺乏项目	3.3	9
缺乏信息交流与培训机会	5.3	6
组织内部管理问题	7.5	5
政府的行政干扰太大	2.0	11
政府的支持力度不够	10.6	4
相关法律、法规不健全	4.0	8
开展的活动得不到社会的回应	5.0	7
不存在问题	1.7	10
其他	8.6	

此外,问卷调查还显示(见表4-9),当前河南省非政府组织最需要的是政府财政支持与项目经费。当然,政府对非政府组织的财政支持应当与传统的财政拨款有所区别。例如,采用政府向非政府组织购买服务的方式进行财政支持,并采用公开招标、公平竞争的原则,建立制度化的评估机制;其次,有52.5%的非政府组织希望政府提供开展活动或进行信息交流的场所,有49.2%的非政府组织希望政府提供开展活动所必需的设备和物资。显然,在河南省非政府组织发展的起步阶段,政府提供这些支持对非政府组织的发展有着至关重要的作用。然而,政府的这些支持也应当是建立在政府购买服务

的基础之上,并引入竞争与评估机制;另外,还有 45.5% 的非政府组织希望政府组织和开展提高组织能力的培训,36.0% 的非政府组织希望政府提供有关政府管理及政策、法律的信息等。总体来说,这些数据表明现阶段河南省非政府组织不同层面的需求,理应引起政府有关部门的高度重视与回应。

表 4-9　河南省非政府组织需要政府支持的类型与比例(多选)

类　型	比例(%)	排　序
提供开展活动或进行信息交流的场所	52.5	2
提供财政支持和项目经费	71.3	1
提供开展活动所必需的设备和物资	49.2	3
提供有关政府管理及政策、法律的信息	36.0	5
向市民及企业进行宣传和普及活动,促进社会对非政府组织的理解和参与	20.8	7
建立相应的体制和机制,使市民和企业能够获得有关活动的信息	16.2	9
建立和完善对民间组织活动的评估和表彰体系	18.8	8
建立对民间组织活动中发生的意外事故等的保险制度	14.5	10
组织和开展提高组织能力的培训	45.5	4
提供使广大市民能亲身体验和参与各种活动的机会	25.4	6
其他	3.3	11

对此,政府应该立足于制度创新,为开发非政府组织在促进社会就业方面的效能做好以下基础性工作。(1)对非政府组织的重新定位。非政府组织实质意义的发展有赖于自身独立性、自主性"人格"的生成。政府部门要认识到,非政府组织是承接政府部门社会职能的组织,是发育中的公民社会的最活跃的部门,是和谐社会建设的题中之意。充分发挥非政府组织在促进社会就业中的效能,并不是在与政府争权,而是在帮助政府治理社会、解决社会问题。对各自的功能加以界定,充分发挥各自的优势,最终非政府组织的发展将增强而不是削弱政府的能力。因此,需要明确政府的职能定位,有所不为,切实转变职能,培育社会自治能力。凡是不需要一个有权威的政府去实施的公共事务,比如慈善事业、信息沟通、社区服务、青年和特殊人群的教育、弱势群体救助、老年人关照、学术研究、政府监督、文化发展、环境保护等,政府都可以通过

向非政府组织购买服务的方式来实现公共责任和义务。(2)政府与非政府组织关系明晰化。首先,政府应该承担非政府组织发展所需的大部分资金,且财政拨款不应以左右非政府组织自身运作为条件;第二,政府是非政府组织发展的监督者,但是监督要依法进行;第三,政府不是非政府组织的领导者,而是合作伙伴。(3)健全非政府组织发展的相关法律法规,优化非政府组织的法律治理环境。第一,调整登记管理策略,逐步放松对非政府组织过多的行政干预和全面控制;第二,调整资源调控策略,打破公共资源的行政垄断,培育开放的竞争性公益市场,兑现法律已经承诺的税收优惠,对非政府组织开放财政资源,使非政府组织与政府职能部门有同等竞争机会,主动迎接社会选择;第三,鼓励自下而上兴起的民间草根组织的发展壮大,在注册登记、筹措资金、改进技术等方面予以扶持,为其创造一个宽松的制度环境。(4)培育公众的公共意识和公共精神,广泛动员和整合社会资本,为非政府组织发挥就业效能创造良好的舆论、生存和发展环境。

建构主义认为,合作开发关系是在双方沟通、双向互动、彼此协调的过程中形成并发展的。非政府组织自身的健康可持续发展是其发挥其扩大就业效能的前提条件、内在因素。因此,非政府组织也应该加强自身的制度建设,提升治理公共事务的能力,完善自身的激励监督机制、自律机制、财务管理机制和绩效评估体系,扩大社会参与,拓宽筹资渠道,承担部分社会公共物品的生产和提供,建立良好的社会公信力。

在做好上述基础性工作的同时,政府要树立经济社会的协调发展包括三部门就业协调发展的思想,有意识地改变社会就业的"部门"结构,打破市场力量和政府力量对社会就业的绝对垄断,有重点地培育和发展教育、卫生、社会服务、文化等领域的非政府组织,在条件成熟的地方,试行前文中所探讨的政府支持非政府组织运作、政府委托非政府组织经营、政府购买与非政府组织生产、政府发放就业培训消费券等新型治理模式,构建政府与非政府组织合作的新型公共就业服务体系。[1]

---

① 本研究系河南省哲学社会科学规划课题"河南省非政府公共组织状况及其管理研究"(编号:2007FZZ002)的部分成果。

第五章
社会建构下的公民性塑造：
理念与文化

在社会建构的语境下，当代的治理变革不仅是自上而下的，也是自下而上的；不仅取决于政府强制性制度变迁的主动行动，也取决于公民主体性意识的发展，公民社会权利意识和社会责任感的增强，公民对本国核心价值体系的理解和认同，及其对国家发展、社会进步形成的"共识"和广泛的政治参与。尤其在共和主义者看来，所谓"共和国"，其"公共"就在于"它使得人们作为一个共同体或政治共同体的成员而卷入进来——是因为人们出于共同的关怀而参与进来"①。由此，本章中我们所说的"公民性"在根本上是一个目的论体系下的政治哲学和德性伦理概念，指的是作为道德存在的人通过对"自然"的理性探询和公共领域中的政治实践所体现出的整体德性。② 在"公民性"的召领下，人类生活的"良善"指向了公民政治的践行和建构，这就要求公民"应该懂得作为统治者，怎样治理自由的人们，而作为自由人之一又须知道怎样接受他人的统治"③。

在中国近代的公民教育中，事实上就包含着一种"民权、民主、民治"的理念诉求和社会治理的实践内容，它建基于对公民权利和民主政治的基本承诺，

---

① ［英］伊辛、特纳：《公民权研究手册》，王小章译，杭州：浙江人民出版社，2004年，第199页。

② 陈炳：《公民性与公民教育：古典政治哲学之维》，《哲学研究》2012年第4期。

③ ［古希腊］亚里士多德：《政治学》，吴寿彭译，北京：商务印书馆，1965年，第124页。

在发展过程中既与民族主义的爱国主义相互融合，又与公民积极参与的共和主义互为联盟，从而构成了近代中国公民教育浓重的本土特色。从这个意义上看，公共行政或者说社会治理本身与公民性的塑造、公民教育的进程密切相关。一个国家社会治理的变革能否成功，首先取决其能否"立公民"。在本章中，我们通过对古典公民性、中西方近现代公民理念、公民身份、公民教育、公民道德建构等问题展开探讨，以此为社会建构的公共行政引申出一个新的思考角度。

第一节　公民性与公民教育：古典政治哲学之维

公元前 5 世纪到公元前 4 世纪，古希腊的苏格拉底（Socrates）等人创立了古典政治哲学，其中包含的"公民性"思想深刻影响着古典公民教育的实践。然而，在经历了漫长黑暗的中世纪后，由西方文艺复兴运动所开启的"现代性"进程中，马基雅维利（Machiavelli）、霍布斯（Hobbes）、洛克（Locke）等人高扬个体主义、理性主义和自由主义的战旗，以"思想解放"之名和"积极的清道夫"姿态，与古典政治哲学实行了"决裂"，并一路狂飙突进，长期占据现代公民教育的至高领地。以至于有学者认为，"自由共和国里参加公益事业优先于公民的私人生活这一古老的观念已不再对持有更加消极和个人主义观念的自由主义者具有吸引力了"①。出乎意料的是，20 世纪下半叶，古典政治哲学回到对现代公民教育的"反弹性"建构中，这很大程度上是对现代公民性沦丧、私欲性泛滥和"伪民主"盛行的一种积极回应。同时，公民教育中古典德性的回归为"后现代性"支离破碎的理论图景注入了"重构"的智识资源。遗憾的是，学界在重启公民议题的"古今之争"时，多是将其简化为自由与共和的观念之争，这就无法揭示古今公民教育不同的政治哲学根基，以及现代公民教育的内在矛盾及其危机。因此，对公民教育的古典政治哲学之维及其价值进行思想史的解读就显得尤为重要。

---

① ［美］卡农万：《共和主义》，载［英］米勒、波格丹诺主编：《布莱克维尔政治学百科全书》，邓正来译，北京：中国政法大学出版社，2002 年，第 700 页。

一、作为概念工具的"公民"与"公民性"

一般认为,"公民性"对应于英文的 citizenship,但很多国内学者在现代性的语境下将其汉译为"公民"、"公民权"、"公民身份"、"公民资格"、"公民制度"等。然而,这种译法无法传递出 20 世纪后期兴起的公民共和主义,更不可能揭示"公民性"在古希腊政治哲学中的意蕴。此外,亦有学者将英文的 civility 译作"公民性",解释为市民在社会网络中为了获取社会支持、社会资本而需学习或因袭的人际技能、文明修养、良好风尚等,有时也强调了城市生活开启民智和教化礼仪的功能。实际上,这里的 civility 与其说是"公民性",毋宁说是人的"社会性"的一种表征和要求,因为它未能真正揭示"人既是理性动物又是政治动物"这一本质属性。与上述界定有所不同,我们所说的"公民性"在根本上是一个目的论体系下的政治哲学和德性伦理概念,指的是作为道德存在的人通过对"自然"的理性探询和公共领域中的政治实践所体现出的整体德性。"公民性"是一个整全概念,它的核心是公民内在的本质属性,同时还涵摄了由之所统领的德性行为、德性制度。"德行"是一种活动,是人存在的方式,公民唯有在实践活动中才能展现人的存在方式;"德制"并不是德性的外在环境,而是深入到公民的行为(德行)之中的,是作为人的行为模式的质而存在的的。换言之,德性、德行、德制作为一个整体而存在于道德主体之中。

在概念工具的使用上,我们应该注意对"公民"与"公民性"予以区分。"公民"强调的是一个不同的文化、政治和历史语境下的特殊范畴;"公民性"则重在揭示公民的本真目的和普适价值。首先,从文化差异的视角来看,不同国家对公民资格的认定依据有所不同。例如,欧洲大陆的法国所依据的是属地主义,而德国依据的是血统主义,由此,"法国将移民纳入公民范围的总体比率十倍于德国……但与此同时,来自东欧和苏联的德意志血统的新近移民(在 1988—1991 年间超过了 100 万人)很快被界定为合法的德国人,自动被授予全部公民权利和政治权利"[①]。其二,从政治境遇的视角来看,在独裁政治和

---

① P. W. Brubaker. *Citizenship and Nationhood in France and Germany*. Cambridge, MA and London: Harvard University Press, 1992, p. x.

极权政治的蛊惑下,所谓的"好公民"受到统治精英的绝对权力的操纵,完全成为"驯服听命的木偶",这样的"好公民"在民主体制下无疑会是个"坏公民"。其三,从历史变迁的视角来看,"公民"的内涵也大相径庭。古希腊文中的"公民"(polites)源自"城邦"(polis),原意是"属于城邦的人",一个人能否称之为"公民",关键要看其是否参与了公权机构和公民政治,因而,它带有强烈的直接民主诉求和政治建构的意义。另一方面,在古希腊的城邦中,人们参与公共事务的治理本身就是一种良善的生活方式,是对人的本真目的、本质属性的写照。但在现代性语境下,"公民"不再是目的论的,而是吊诡地指向了以公民权为核心的物化体系。按照马歇尔(Marshall)对英国公民权的型构历史的考察,现代公民权主要包括发展于 18 世纪的公民权利、19 世纪的政治权利和 20世纪的社会权利,等等。① 现代"公民"概念正是聚焦于如何建立一套保障性制度来确保公民拥有上述权利,却很少关涉公民如何内在地理解和主动践行这些权利,因而无涉于对人的本真目的和良善生活的追求。"公民性"这一概念就是要缝合"好公民"与"好人"之间的断裂,这里的"好"昭示了一种超历史、超民族、超地域的人的普适价值。

在概念之间的动态关系上,"公民"范围的扩展并不代表"公民性"的提升。在思想史上,现代自由主义与公民共和主义的观念之争不能完全说明公民议题的"古今之争",因为两者所争议的实质内容早在从古希腊城邦到罗马帝国的变迁轨迹中已初现端倪。一般说来,古希腊城邦中的公民范围仅限于具有本邦血统的成年男子。这一范围界定固然狭窄,但诸如"自然"、"善生"、"德性"和"城邦主义"等公民性诉求无不蕴含其中。更为重要的是,在公民性的召领下,人类生活的"良善"指向了公民政治的践行和建构,这就要求公民"应该懂得作为统治者,怎样治理自由的人们,而作为自由人之一又须知道怎样接受他人的统治"②。但在希腊化时期,罗马人开始把个人和国家区分开来,国家被假定为法律的产物并以保障公民权为本位,罗马法成为保护个人财产和契

---

① T. H. Marshall & T. Bottonmore. *Citizenship and Social Class*. London and Concord: Pluto Press, 1992, p.8.

② [古希腊] 亚里士多德:《政治学》,吴寿彭译,北京:商务印书馆,1965 年,第 124 页。

约关系的基本准则。由此，"公民性"逐渐淡出公民政治的舞台，人类生活"良善"的标尺开始从公民政治转向私人领域。这样一来，公民范围日益扩大：罗马时代的被释奴自动地加入公民团体，外来团体也能轻易地获得公民权。但随之而来的是，罗马人与公共领域日益疏远，转而在私域生活中通过个体欲望的满足来寻求解脱，于是，"公民性"不断衰微，爱国心消失殆尽。另一方面，当罗马帝国将公民资格几乎授予整个罗马世界时，公民权已除掉了公民政治的意蕴，只剩下所谓"自由民"的私性权利。到了中世纪，封建制度彻底成为一种分封依附、等级神化的私人关系，"臣民"替代了"公民"，也就谈不上对"公民性"的现实诉求了。近现代的国家以"天赋人权"之说和法律制度的形式进一步强化了公民权的至上性、神圣性，强行剥离了"好公民"与"好人"的内在关联，这就致使公民唯私主义的泛滥和公民生活的日益空乏。可见，无视"公民"与"公民性"的区别，或离开"公民性"而空谈或臆想所谓的"公民"和"公民权"，就不仅背离了人类的历史经验，也将导致公民在私性权利的声张和满足中变得"金玉其外，败絮其中"，最终堕入自我贬损和本真丧失的境地。

二、古典公民性的发端：荷马时代的启示

逻辑上看，判断古典公民性发端的基本标准在于：其一，用来表述公民性的条目或观念之显现。其二，这些条目或观念要在一定程度上突破神格化的世界观，并体现出对世界始原和人类本真问题的合理性思考。其三，这些条目或观念具有"公"的特质，即与共同体的精神指引发生耦合，并被公民普遍地认同和践行。以此观之，古典公民性的发端至少可以追溯到古希腊的荷马时代。

（一）荷马史诗中所推崇的德性条目是古典公民性的先声和外在表征

荷马的两部史诗《伊利亚特》和《奥德赛》是希腊文化不朽的巨著，也是西方公民性思想的源头。诗中对于英雄人物的英勇尚武、舍生取义、崇尚智慧和认同命运的讴歌，体现了希腊人的英雄主义审美倾向和主智主义特点。对于古希腊的城邦公民来说，荷马史诗就如同《圣经》般的存在，史诗中被传颂的英雄以及诸神对于人的命运的君临，为城邦公民树立了道德楷模和宗教原则。古风时代的苏格拉底和柏拉图（Plato）所述说的"智慧"、"正义"、"节制"、"勇敢"的公民"四主德"，都能从荷马史诗中找到精神原点。比荷马稍后的赫希奥

德(Hesiod)在《神统记》中进一步叙述了宇宙生成与诸神的关系以及诸神谱系的形成,从而完成了统一的希腊神话体系,为希腊人提供了全部的信仰内容,城邦公民也在此基础上形成了自己的道德思考,树立了相应的道德标准。事实上,无论是古代社会还是现代社会,"公民性"的意涵都或多或少地投射到"德性条目"的具体规定当中。

(二)自然观念对人类本真生活的观照是古典公民性发端的重要标志

在古典"自然"观念产生之前,人类的世界观中充斥着宿命论和不可知论的宗教式色彩,"德性条目"也总是以一种不可置疑、永远正确的"习俗"或"神圣"的形式支配着人们的观念、行为和社会结构。因此,好的德性似乎仅仅隐含在对习俗或祖传之物的怀想之中。然而,习俗与神圣的多样性导致了相对主义和无所适从的危机,一种法典无条件地称颂的行为,另一种法典却可能是无条件地加以谴责。如何创制一种新的观念以缓解习俗主义的危机呢?古典自然观念便由此而生。荷马史诗中,正义女神狄凯和惩罚女神忒弥斯分别是"正义"和"习俗"的象征,而它们之间是一种主从关系,正义作为神人共守的秩序,是习俗的基础,而习俗作为人间的秩序,则是正义的体现和化身。在稍晚期的赫希奥德的《神统记》中,宙斯之女狄凯所主张的正义不仅是神界必须遵循的规则,也是人类制定良好法制的基础。由此可见,荷马史诗已隐晦地表达了古典"自然法"的思想。"自然"并不是具体的、多样的德性条目或道德准则,而是一种本然和自足的初始之物,它引导人们对德性条目和法典产生何谓好、好谓坏的质疑,继而引发对现实政体是否合法与正当的严肃拷问。

需要指出的是,希腊人对"自然"的发现只是古典公民性孕育胎动的一个前提,从思想史的发展来看,公民性的发端还依托于另外两个条件:一是自然观念与人文思想的交汇;二是自然观念与"善生"理念的结合。就前者而言,在早期的自然哲学家中,无论是米利都学派的"物活论",还是毕德哥拉斯(Pythagorean)的"天体和谐论",人都只是作为自然界的一种自然存在,而没有区别于其他自然物的固有性。自然哲学家只是从自然世界中理解人,并没有对人的本真生活直接地进行伦理探索。但是,梭伦改革之后,由于雅典逐渐实现了奴隶主民主制度,以及希波战争的胜利使参加战争的平民阶层的自主意识得到高扬,人的"优秀性"成为一种新的个人评估的标准。在此背景下,一群被称为"智者"的职业教师出现在雅典城邦,他们就是宣言要教育青年人学习"齐家治国之道,能在公共场合发挥自己的优秀性"①。这种"优秀性"就是广义的德性。正如文德尔班(Windelband)所言,以智者为标志,希腊哲学和科学"走上了人学的道路,或者说走上了主体性的道路:研究人们的内心活动,研究人们的观念和意志力"②。伴随着智者运动,普罗泰戈拉的"人是万物的尺度"学说被青年狂热地传播,这也成为自然观念与人文思想交汇的思想界标。"尺度说"体现的是人的主观思考与特权意志,它完全属于人本主义的世界观。但是,无条件的"尺度论"包含着自我与他者在认识上必然产生自相抵消的缺陷,从而决定了这种世界观必然产生价值的无政府状态和道德混乱。因此,公民性的发端还依托于自然观念与"善生"理念的结合,也就是说,德性的意义不只取决于个人的自由意志与社会评价标准,而应该超越这种现象的外在机制,从人的灵魂机制中寻找内在的、本质的根据。

(三)德性教育、德行实践、德制建构是古典公民性塑造的主要途径

荷马社会是迈锡尼文明的君主专制分崩瓦解后产生的一种社会形态。这一时期,军事首领、长老议事会、民众大会的政治建构初步成型,为日后城邦的公民政治奠定了基石。与之相应的,一方面,如前文所述,荷马史诗中所推崇的德性条目为公民教育提供了原则性规定;另一方面,荷马史诗中描绘的民主参与机制为后人参与公共生活、实现政治自由提供了宝贵的实践经验。由此可见,荷马时代的德性教育、德行实践、德制建构是相辅相成的。如果荷马倡导的德性条目缺少广大民众的认同和践行以及德制建构的保障,就只会流于神化之虚构,即使德性条目确已存在,它的价值也仅属于个体,而不能代表一个群体或社会在整体意义上的德性化。

那么,德性教育、德行实践、德制建构的耦合机理和纽带到底是什么? 对此,亚里士多德(Aristotle)指出:"在我们所曾讲到的保全政体诸方法中,最重大的一端还是按照政体的精神实施公民教育……这里所谓按照政体的精神教

---

① [古希腊]柏拉图:《普罗泰戈拉篇》,载北京大学哲学系外国哲学教研室编译:《古希腊罗马哲学》,北京:商务印书馆,1961 年,第 136 页。

② [德]文德尔班:《哲学史教程(上卷)》,罗达仁译,北京:商务印书馆,1987 年,第 97 页。

育公民，并不是说要公民们学习寡头党人或平民党人的本领。应该培养公民的言行，使他们在其中生活的政体，不论是平民政体或者是寡头政体，都能因为这类言行普及于全邦而收到长治久安的效果。"①正如其所言，上述三维均由政体精神所统领和联结。一方面，古希腊的公民属于城邦，公民只有融入城邦、面向政制时才可能具备完满的德性。城邦政体精神指引公民要不遗余力地献身国家，战时献出鲜血，平时献出年华；而古希腊人则是把身为城邦公民作为一种优秀和卓越的象征，换言之，公民性就孕生于对政体精神的践行之中。在这个意义上，正是城邦塑造了公民。另一方面，这里的政体精神也必须受到人的自然观念的审判，因为真正的公民性只能为"自然的人"所拥有："如果一个人是受自然支配，而不是受习俗、世袭的见解或传统所支配，更谈不到受一时兴致的支配，这个人就被认为是自然的人"②。只有以自然的眼光审视政体及其精神，才能唤醒公民的理性意识、人文思想和"善生"理念，这时的人才能真正从"臣民"转化为"公民"。从这个层面看，不仅是城邦塑造了公民，而且公民同时具有建构城邦的德性潜能。

三、在政治与哲学之间：古典公民教育的双重面向

古典自然观念昭示了哲学的精神实质在于探询本真、追求真理，这就决定了它要质疑习俗、拷问意见。古典政治哲学作为哲学的一个分支，当然就是要追求关于政治活动的真理，而不是关于政治活动的意见。这样，政治哲学就与一般的政治思想有了区分，它实质上是对所有政治活动及其对象化形式的合法性与正当性的理性设计和实践模构。在古希腊，古典公民性论说的标志性人物是古风时代的苏格拉底、柏拉图和亚里士多德，他们深刻把握了古典公民性的哲学面向和政治面向以及两者之间既"外部勾连"又"内在紧张"的特质，并揭示了公民教育旨在对公民进行德性培养、对政治进行哲学导引的本性。

---

① ［古希腊］亚里士多德：《政治学》，吴寿彭译，北京：商务印书馆，1965 年，第 275 页。
② ［美］施特劳斯：《什么是政治哲学》，载［美］古尔德、瑟斯比：《现代政治思想：关于领域、价值和趋向的问题》，杨淮生等译，北京：商务印书馆，1985 年，第 72 页。

（一）古典公民教育秉持"中道"的政治哲学，以此缓和城邦政治与哲人教育的势不两立

阿里斯多芬（Aristophanes）的《云》剧中描写的苏格拉底是一个"癫狂"的自然哲人和智者的形象。他总是坐在悬空吊篮里，在空中行走，举止怪异，衣衫褴褛，观天测地，开办私学，向学生教授颠倒黑白的"诡辩"。① 我们无意于也不可能求证历史上苏格拉底的真实面貌，但我们可以从中意会到自然哲人和智者们对城邦政治而言的危险性、破坏力乃至颠覆性。首先，自然哲学凸显了冒险、怀疑、批判和反权威的气质，而政治的力量来自于不证自明的意见、不容置疑的神圣。如果哲学完全彻底地趋向"自然"，并旨在以自然知识取代政治意见、打破一切由政治规定的道德教条，那么它无疑对政治稳定和社会关系具有颠覆性的危险并将造成双方决然抵触的情绪。在"苏格拉底之死"中，安奴托斯、米利托斯、吕康代表雅典公民控告苏格拉底并最终以"毒害青年"和"亵渎神明"为名判处其死刑，实际上就是城邦政治对自然哲学的危险性、破坏力之控告，也是教人驯服政治教育对教人"不安分"的哲学教育决裂的宣言。

再者，自然主义哲人与智者派的联盟，使人的自然探询行为受到激情和欲望的役使，从而使哲学本身异变为一种背叛了自身初衷的彻底的相对主义。以普罗泰格拉（Protagoras）为代表的智者派着重培养公民使任何一种流俗或意见都能获胜的善辩能力，因此获得了"诡辩家"的称号。在他们看来，自然正当完全是由每个人的尺度所决定的。正如美国哲学家弗罗斯特（Frost）所言："他们知道雅典伯里克利时期需要有效的演说，有效的演说需要精确的思想，而这样做的目的在于实现个人的快乐而不是对国家的忠诚。"② 诡辩术的表面正义与实质不正义的巧妙结合，也就使具体城邦（无论是否正义）、具体个人（无论是否良善）的私性欲望的释放和利益的最大化成为公民教育的核心。今天的公民教育难道不是一种如智者的公民教育那样，只重视向学生讲授表达、

---

① ［古希腊］阿里斯多芬：《云》，《阿里斯多芬喜剧全集（上）》，张竹明译，南京：译林出版社，2007年，第315－360页。

② ［美］弗罗斯特：《西方教育的历史和哲学基础》，吴元训等译，北京：华夏出版社，1987年，第58－59页。

证明、反驳等形式技术以维护学生的自我保存权而忽视引导学生节制自身的肉体欲望、以敬畏的眼光去瞻望客观的自然正当吗?为了解决自然主义和人文主义可能使哲学与政治二元对立的危险,柏拉图笔下的苏格拉底被称为奉行"中道"或者说"适度原则"的政治哲人。政治哲人不是高悬于空中,而是行走于城邦,以一种改善政治社会、维系社会团结的基本立场,对趋向于偏激和诡辩的自然哲学进行了调适。但是,下降到"常识世界"的政治哲人并没有放弃教导公民的使命,他们对包括自己政治见解在内的诸多政治意见进行检审和辩难,不渝地探询城邦的自然正义,并以此展开反求诸己的"自我知识"的教育,而这正是哲学之政治生存和哲学对政治的导引所必需的。

(二)古典公民教育中哲学与政治之维的内在张力不会随着古典政治哲学的产生而消失

尽管在公民教育的牵引下,哲学与政治发生某种程度上的"外部勾连",但两者之间却存在着一种永恒的内在张力。可是,总是有人对此提出质疑并怀想起柏拉图的"哲人—王"。的确,柏拉图在《理想国》中这样写道:"除非哲学家成为我们这些国家的国王,或者我们目前称之为国王和统治者的那些人物,能严肃认真地追求智慧,使政治权力与智慧合而为一……否则的话……我们前面描述的那种法律体制,都只能是海客谈瀛,永远只能是空中楼阁而已。"[①]从中我们可以引申出:哲学是从意见上升为知识,好的政治必须听命于哲学。那么,柏拉图真的认为哲学与政治、哲人与"王"可以无缝地结合起来吗?事实上,他本人也承认"哲学—王"在很大程度上是"言语中的乌托邦",它中间的连字符指明了:在哲学与政治各自所能达到的最高境界之间有不可缩减的差异。为了说明这一点,柏拉图从智者派主张的"人是万物的尺度"退返到"神是万物的尺度",也就是说,"哲人—王"的实现与否只是受到命运之神的掌控而并非人之所及。可见,"哲人—王"观念中包含了一种类似于黑格尔提出的哲学本身的"二律背反":一方面,哲学高于政治,哲学家应该做王;另一方面,政治的哲学化不由人控制,政治不可能完全哲学化。由此,我们可以把古典政治哲学的核心洞见简单总结为:哲学高于政治,但是哲人不能幻想把政治完全建立在

---

① [古希腊]柏拉图:《理想国》,郭斌和、张竹明译,北京:商务印书馆,1986 年,第 214—215 页。

哲学的基础上。

现代世界中,哲学与政治紧张与冲突主要表现在两个方面。一是"哲学颠覆政治"。现代政治哲学偏重于公开教诲,充满了偏激之言,其著述更像是党派纲领和革命宣言。不断释放颠覆性力量的现代政治哲学使自身走火入魔,也使政治在无休止的现代性革命浪潮中变乱不堪。倘若哲学对自然的探询脱离了德性伦理的牵引,丧失清明和温良的气质,那就势必蜕变为危害政治也毁灭自身的"恶"。二是"政治压迫哲学"。事实上,不仅在德国纳粹主义和苏联斯大林主义下存在政治压迫,在任一时期、任一国家,对哲学的政治压制和对哲人的政治迫害都是存在的。许多思想家认为,政治压迫是政治体制不健全所造成的偶然结果。因此,他们完全希冀通过激进言说打破政治限制,实现彻底的言论自由。实际上,哲学与政治之间的内在张力永恒存在、不可消弭。而且,这种内在张力或者说哲学与政治的"有界化"在很大程度上是一种"善",通过它动态牵引,将哲学与政治皆置于流动性之中。一方面,哲学的知识导引和真理坐标功能得以凸显,并由于政治的反作用力而使哲学的理性自身不至于僵硬对立;另一方面,这种张力也迫使政治能够朝向知识和真理的方向不断进发,避免了政治意志的专断独行。因此,现代世界愈发需要一种由"中道"的政治哲学所指引的公民教育,从而发挥哲学与政治、此界与彼岸的"船渡"功能。哲人通过审慎、自识和节制的哲学教育在幕后改善政治教育,由此赋予公民以卓越的德性,建构优良的共同体;哲人通过导引城邦政治教育、城邦政治生活而获得自我知识,完善和深化对整全自然的研究。

(三)古典公民教育主张政治哲人在教育实践中兼顾扮演"好公民"和"好人"两种角色

首先,古典政治哲人是以"好公民"的面貌切入公民教育的。这里的"好公民"就是按照律法生活在政治共同体中的成员,用亚里士多德的话说,"凡有权参加议事或审判职能的人,我们就可以说他是那一城邦的公民"①。简言之,"好公民"就意味着哲人要转向政治,对城邦要有责任担当。但有所不同的是,古希腊的城邦律法来自于普遍的律法或者说来自于客观的自然法、道德法,这

---

① [古希腊]亚里士多德:《政治学》,吴寿彭译,北京:商务印书馆,1965年,第110页。

种意义的"好公民"也是一种在更高意义上有着自然德性和善恶评价标准的"好人"。而现代律法源自于维护个体权利的社会契约,因此仅具有形式理性,而缺失实质价值。由是观之,个体欲望和贪婪诡异地变身为一种律法保护下的"自然权利"和"无辜的恶",并直接构成了现代国家的道德基础。因此,现代意义的"好公民"与"好人"是相互割裂的。因此,我们更需要奉行"中道"的政治哲人肩负起对欲望政治、私性公民进行哲学导引和德性塑造的责任,但其前提是,哲人应当树立并倡导爱国意识,也就是说,既要对共同体政治作出清醒而审慎的哲学洞察,又应倾向于一种"隐微教导"的中庸风格,力避偏激思想和激情言说对政治基础和社会团结的颠覆。

"好公民"与"好人"两种角色在政治哲人身上的融合,是通过其"导引"和"教育"功能的发挥而体现出来的。首先,政治的最高知识即立法的知识,获得这种知识的政治哲人是政治立法者的导师。也就是说,政治哲人虽然不对政治产生直接影响,但能通过教育方式对政治产生间接影响。从这个层面上看,哲人教育就是最高意义上的公民教育。其次,政治本身也是一种教育,因此,哲人的政治参与实际上就是对政治教育的参与,或者说,是政治哲人对城邦政治教育的一种导引。最后,我们也要注意到,政治生活的最高目标并不是政治本身所能达成的,只有哲学才能真正理解它,因此公民教育中的政治哲人不仅要"从哲学走向政治",也要能够"从政治皈依哲学",只有通过"行动"和"沉思"的反复循环,才能完成教导公民、导引政治的崇高使命。

(四)古典公民教育的内容彰显了"公民性"中理论智慧、实践智慧与伦理德性三个层次

无论是苏格拉底的"美德是知识",还是柏拉图主张的"灵魂教育",都是将公民德性放置于理论智慧的根本指引下。在实践哲学的创始者亚里士多德那里,理论智慧或沉思活动的根本性(而不是"优先性")也是十分明晰的。他认为,沉思是最高级的神性生活,因为理论理性是人身上属神的部分,属人的实践理性部分的活动因此是第二好的。[①] 正因为此,古典政治哲人倡导一种"哲

---

① [古希腊]亚里士多德:《尼各马科伦理学》,廖申白译,北京:商务印书馆,2003年,第305-307页。

学教化人性"的立场、"教育生活化"的主张和以对话沟通为主要方式的辩证法教育。此处的"教化"不是现代公民教育中自说自话、知识灌输的"政治独白"和教人追名逐利的人性误导,而是教育者与求教者在对话交流中共同提升灵魂、追求理论智慧的生活方式。在方法上,古典政治哲学主张在辩证法的指导下,运用反讽(刺激学生感到离真理甚远)、催产(通过问答逐渐使真理显明)和发掘真理的方法,从而既体现了对学生的尊重,也体现了对真理的敬畏。苏格拉底就是这样,他经常走向街头、集市、广场,与众多持有政见的公民开展对话,追求真理,这种卓越的辩证法教育成为他终生坚守的教育生活方式。

然而,"理论智慧"的根本性并不能说明它在现实路径中的优先性。如前文所述,德性教育、德行实践、德制建构三位一体地存在于道德主体之中。"理论智慧"只是人的一个"超越性向度",按照俞吾金先生的阐释,这是人的理性在超越经验的、形而上学层面上的运用。换言之,"超越性向度"涉及理性在宗教信仰、哲学思考和艺术创造方面的运用。① 沉思的生活固然优越,但那是一种神性的生活,从事这种生活的人必定仅仅属于斯巴达人所崇拜的少数"神人"。与之不同,"公民性"是人的整全德性,自然与沉思只是赋予人们实现德性的潜质,德性是人的现实活动而不是潜能。在这一问题上,古典政治哲人也存有分歧。柏拉图没有把德性与德行联系起来,他的政治哲学研究的是与政治实践没有直接关联的善的理念,只能为"哲人—王"体制中的少数公民所追求。这将导致了哲学思辨与政治行动的割裂,"公民性"成了少数人的理论智慧,而非大众的实践品质。亚里士多德的实践哲学则力图在尊重和理解政治常识和公民行动的基础上,实现理智德性的提升。因此,亚氏格外注重对公民的"实践智慧"和"伦理德性"的培养。透过实践智慧,努斯和智慧的光也照亮了伦理德性,使伦理德性的领域拓宽、层次加深、目光放远,使它们不再局限于个别而成为普遍。另一方面,伦理德性也不仅仅是"对父亲般的顺从"②,必须在习惯训练与个体选择之间找到平衡点。从习惯训练的视角看,共同体必须

---

① 俞吾金:《理性在现代性现象中的四个向度》,《求是学刊》2004年第4期。

② [古希腊]亚里士多德:《亚里士多德:伦理学卷》,苗力田译,北京:中国人民大学出版社,1999年,第28—29页。

为公民创造优良的德制，公民要反复从事善的实践（德行）。从个体选择的视角看，公民还必须在处于某种"内在状态"下去行动：有所选择且因其自身而选择，以及勉力坚持到底，这才能确保善的实践中的知行统一。

综上所述，古典"公民性"是一个在理论智慧、实践智慧、伦理德性之间不断下降和上升的整全概念：理论智慧作为最高的善，观照并指导着公民政治的实践，此为"下降"；实践智慧与伦理德性不可分离，它们是成为确认和升华理论智慧的阶梯，此为"上升"。公民性的实现需要具备"三位一体"的主客观条件：一是诉求于道德主体的价值和认知，即德性之维，主要表现为公民道德理性的提升。二是诉求于道德主体的意志和行为，即德行之维，主要表现为公民积极的政治参与。同时，因为公民的善与共同体的善是相互统一的，所以公民性自然地衍生出第三个维度：公民政治的制度建构，即德制之维。当然，人们更愿意在德性的外在环境中来认识德性的意义，认为"欲海横流"、"功利滔滔"方显君子本色和圣贤地位，不道德的环境更能够衬托出道德的价值。但是，这绝不是制度层面的理解，任何时候，制度都不是环境，而是深入到人的德性和德行之中的，是作为人的行为模式的质而存在的。离开了公民政治的制度建构，只依靠修身克己、独善其身，"公民性"就如同没有受精的卵，永远无法孕育出公共的善。

四、现代吸纳古典：对现代性公民教育的一种调适

现代性处于历史的流变当中。西方的"现代"开始于 14 到 16 世纪的文艺复兴。从那时起，古典政治哲学及其公民教育思想发生历史的断裂，取而代之的是近现代政治哲学及其公民教育思想。概而观之，汹涌澎湃的现代性浪潮势必将公民教育带入相对主义、空虚主义和具有极权倾向的"伪民主"的泥沼，因此亟待从政治哲学的根基及其主要声张中考察其局限性，并以一种"现代吸纳古典"的开阔胸襟对现代性公民教育予以调适。对此，我们主要从三个方面加以论证。

（一）现代公民教育中"公民性"的话语更张

现代性的核心话语是"自由理性"和"个体权利"，它不仅试图唤醒人们的理性精神，还鼓励人们大胆运用自身理性，获得康德（Kant）所言的"程度更大

的公民自由"。这种自由就是公民之为公民的根本，就是现代国家的起源与基础，就是国家用合法权力加以保障而非禁止的"权利"。在康德那里，权利的普遍法则被表达为："外在地要这样去行动：你的意志的自由行使，根据一条普遍法则，能够和所有其他人的自由并存"①。这就使人类在摆脱了臣民身份并彻底迈入"去魅无神"时代的同时，又陷入了"强人类中心主义"的意志霸权和人类理性自身的"二律背反"，这与古希腊的智者派们所倡言的"人是万物的尺度"论调有颇多相似。相应地，现代公民教育的根本任务就是"自由解放"，它所扮演的角色只是"消极的清道夫"而非"积极的引领者"。古典传统中的"德性"、"善生"的观念被一律清扫出门，"好公民"与"好人"也被强行剥离，从而使"公民"变成了一个无涉善好的相对主义的概念。

自由和权利所构成的狂躁的现代性话语逻辑，导致公民在共同体中的角色失去了自然本性和连续性，以至于道德贬值、信念消逝、价值危机、世风颓败。现代人实际上处于自利与正义的自我分裂之中，"作为一个自然人，他受自利的感情驱使；而作为一个公民，他又担当着公共的义务"②，由此导致的自我分裂只会瓦解自我和共同体。另一方面，在整个社会成为巨大饲养场的情况下，官僚和政客通过对公民欲望的蛊惑、煽动和操纵，使公民在所谓的自由权利的保障下变成失去自主性的"木偶"，这就为现代极权政治埋下了伏笔。其三，当现代公民成为马克思所言的"独立的个人"、"利己的市民"、"法人化的公民"时，他就离开了公共生活和公民政治，从而陷入萎靡、虚无和孤独的威胁之中。因此，所谓的"思想解放"，实际上只为人们戴上"伪公民"的面具，并被再一次囚禁于韦伯所说的"合理化牢笼"③。

其实，在现代人强调"自由理性"和"个体权利"的背后，我们也可洞察到现代政治哲学对"自然"的界定与古典传统有着本质区别。现代性的"自然"是全能的和囊括一切的东西，例如，斯宾诺莎（Spinoza）认为，"自然之力就是上帝

---

① ［德］康德：《法的形而上学——权利的科学》，沈叔平译，北京：商务印书馆，1997年，第40页。

② ［美］布鲁姆：《巨人与侏儒》，秦露等译，北京：华夏出版社，2007年，第14页。

③ ［德］韦伯：《新教伦理与资本主义精神》，于晓、陈维纲等译，北京：生活·读书·新知三联书店，1987年，第143页。

之力,上帝之力有治万物之权;因为自然之力不过是自然中个别成分之力的集合,所以每个个体有最高之权为其所能为,换言之:个体之权达于他的所规定的力量的最大限度。"①与之不同,古希腊政治哲人所说的"自然"虽是可思的,但绝不是万能的。正因为既看到了理性的崇高,又认识到人类在探询理性过程中的限度,苏格拉底和柏拉图主张"爱智慧"而不是"拥有智慧",换言之,公民虽有追求智慧的灵魂,但却永远处于匮乏和圆满之间,处在审慎地追求优异、高尚、永恒的漫漫路途上。古典政治哲学的对待"自然"和"智慧"的观念应该为现代公民教育所借鉴。

(二)现代公民教育中哲学与政治的融合倾向

作为现代性的奠基人,马基雅维利(Machiavelli)对古典政治哲人的批判集中体现在:他们只知道"幻想那些从来没有人见过或者知道在实际上存在过的共和国和君主国",他们不知道"人们实际上怎样生活同人们应当怎样生活,其距离是如此之大"②。简言之,马基雅维利认为古典政治哲人的哲学理论不能保证在政治实践中得到实现。如何解决这一问题呢?在他眼中,这就全靠我们自己去弥合哲学与政治的张力,让哲学造就政治,让理想成为现实。但是,现代政治哲学试图让哲学为政治设计的目标一定能实现,它为此付出的代价则是,必须降低目标。这就要求哲学不再依据哲学本身,而是根据政治自身来设计其目标,也就是说,能成功指导政治的哲学在本质上不再高于政治,哲学与政治由此实现了彻底的融合。

哲学与政治的融合倾向使公民教育面临着三种危机。一是泛政治化的教条主义。它是以政治来"遮蔽"教育,甚至直接将公民教育定位为一种纯粹的工具性的政治操纵手段。哲学为政治服务,从属政治形势之需,这就造成哲学批判精神的泯灭和政治专制极权的滋长。二是纯知识化的形式主义。当主流哲学之外的言说不能为政治采纳时,哲人的另一种现代性出路就是"去政治化"。实际上,它就是从"泛政治化"的极端走向另一个极端,从"行走于城邦"的公民教育转向于"高悬于空中"的神性教育,这显然无法实现哲学导引政治、

---

① [荷]斯宾诺莎:《神学政治论》,温锡增译,北京:商务印书馆,1963年,第212页。
② [意]马基雅维利:《君主论》,潘汉典译,北京:商务印书馆,1985年,第73—74页。

哲学教育改造政治教育的初衷。三是趋世俗化的经验主义。它把科学性等同于知识性,取中性的教育标准;教育内容市场化,取中性的教育实践观;躲避崇高,取中性的教育态度;价值的多元化,取中性的教育理念。然而,趋世俗化的经验主义只注重政治技艺的传授,而不考虑对人的本真目的和良善生活的引领,此种把知识的学习与人的精神建构分离开来的教育,无疑会销蚀公民性的有机成长。正因为此,现代公民教育需要重新审视哲学与政治之维、哲人教育与政治教育的关系。事实上,马基雅维利的上述观点歪曲了哲学与政治的本然关系:哲学与政治之间的内在张力永恒存在、不可消弭。只有通过"中道"的公民教育,即通过哲学与政治的"有界化"区分以及相互之间的动态牵引,哲学教育才能导引政治教育并完善自我知识,政治教育也不至于走向固守僵化乃至专断独行。

(三)现代公民教育中理智与实践的层次断裂

由于哲学与政治的融合倾向所致,现代公民教育实际上是为现代政治张目,因此,探询自然正当的理论智慧反倒成了公民教育的敌人,而公民实践教育缺少"智慧"之光的观照也会显得无关良善、黯然消沉。古今对比之下,我们可以发现习俗主义的公民教育颇类似于现代人所实施的公民教育:关注个人欲求的满足,注重谋生技能的培养,承认学生所选择的各种生活方式的正当合理性,不干涉他们的自由选择,同时把维护公共生活所需要的规范、律法和技能传授给学生,对于特别者还会传授进入政府、管理国家等所需的特殊技能,这一切无不是从维护和拓展公民的个人权利出发的。所以,我们没有一般意义的良善生活,只有基于个体欲望的具体的、平等的好生活,彼此之间关于美好生活的争论变得没有任何意义。不是吗?既然快乐即善,痛苦即恶,而快乐又是私己的,无等级之分,那么大家都是自由而平等的,凭什么认为你的生活才是最好的呢?在这种逻辑指示下,现代公民教育培养的不是在广泛政治参与中追求卓越的好公民,而是追求平等、无约束的、追求私人利益满足的普通公民,即"群众",以及掌握政治技术的高级公民,即"精英"。事实上,纵然是那些声称已然建立了现代公民教育和现代民王政治体系的西方国家,其绝大多数普通公民因为不是技术层面的官僚和专家,而被合理排斥在公民政治之外,沦为一架投票机器。这种西方现代意义上的公民教育已然堕落为"伪民主"制度下的政治技术教育和毫无高贵可言的平庸教育,最终有可能变成一种助力于新型极权政治的操纵工具。

综上所述,面对公民教育深刻的现代性危机,我们理应尝试以一种"现代吸纳古典"的态度重释和重构公民教育。古典政治哲学中包含的"德性"、"善生"、"自然正当"等观点以及"哲学教化人性"、"哲学导引政治"等观点无疑对现代公民教育的调适具有重要的参考价值。当然,古典政治哲学毕竟不是包治百病的万灵丹,因此,要想对现代性公民教育进行"典范式"的超越,决非一日之功,更不能轻言"回归"。只有对公民教育在三次现代性浪潮中的变化、问题、意义和走向展开进一步的梳理和探究,我们才能最终得到超越性的方案。①

第二节 西方现代的公民理念:三维视阈之透析

"人权"、"责任"和"民主参与"是西方现代公民理念的三个重要构成。对这三个概念的不同理解,会使得我们对社会建构中公民性含义的理解以及公民性建构的路径选择不同。其中,"人权"一度成为现代主义盛行之下的公民的重要表征。时代变化促进了人权理念的不断丰富,现代人权已发展成为涉及公民权利与政治权利,经济、社会文化权利,以及民族自决权、生存权与发展权等多方面内容的意识复合体。可以说,在西方传统的公民理论和治理话语体系中,对"权利"的强调程度要远胜于"责任"。但随着现代性危机的凸显、全球化时代的到来,各种公共事务和公共问题日益增多并复杂化,使得传统的"权利本位"的公民理念不断受到挑战。西方现代社会中消费主义的盛行,个人主义和无政府主义的泛滥,社会失序、道德混乱和生态危机的现实等现象和问题都在使人们重新思考和定位公民的责任问题,美英法等国家都不约而同地开始重视对"公民责任"意识的教育和培养,传统的权利本位的公民观开始悄然向责任本位的公民观转向。再者,"民主参与"是实现公民权利和公民责

---

① 本章第一节内容原载《哲学研究》2012 年第 4 期,题为《公民性与公民教育:古典政治哲学之维》。

任的一条重要途径,对社会治理的变革及其发展走向发挥着重要的影响力,但同时也面临诸多危机,实质上乃是一种现代民主的危机,也是现代国家的政治危机。本节将对上述问题进行探讨,为我们理解公民性的含义和把握社会建构中公民性塑造的目标提供智识基础。

一、人权理念

"人权"这一概念主要发源于欧洲,与"权利"的关系密切。英语中"权利"(right)的基本意义,一是正当(rectitude),即应该获得的;二是资格(entitlement),即可以获得。人权所表达的不仅是一种渴望、建议、要求和值得称颂的思想,而且是对于社会变化的以权利为基础的要求。

(一)国外学界对"人权"的界定

现代世界,"人权"(human right)已经算得上是一个流行的词汇。可对于什么是人权却众说纷纭、莫衷一是,关于人权定义不下数百种。在 1988 年版的《牛津法律大辞典》中,"人权"条目的解释是:"要求维护或者有时要求阐明那些应在法律上受到承认和保护的权利,以便使每个人在个性、精神、道德和其他方面的独立获得最充分和最自由的发展。作为权利,它们被认为是生来就有的个人理性、自由意志的产物,而不仅仅是由实在法所授予的,也不能被实在法所剥夺或取消。"① 美国学者库珀(Kuper)等主编的《社会科学百科全书》中,"人权"条目的解释说,人权是指"全体人类的权利和自由";"人权经常被称为基本的和普通的权利,'基本'意味着这些权利不可剥夺,亦即在任何情况下都不容否定";"普遍性表示一种理想、一种目标,而不表示人权的现有性质"②。英国的麦克法兰(Macfarlane)认为:"人权是那些属于每个男女的道德权利、它们之所以为每个男女所有,仅仅因为他们是人。"③ 澳大利亚的卡曼卡(Kamenka)认为:"人权原理是提出一种关于在道德上合适地对待人和有组织

---

① [英]沃克:《牛津法律大辞典》,邓正来等译,北京:光明日报出版社,1988 年,第 426 页。

② [美]库珀等:《社会科学百科全书》,林勇军等译,上海:上海译文出版社,1989 年,第 338—339 页。

③ Macfarlane. *The Theory and Practice of Human Rights*. London: Maurice Temple Smith, 1985, p. 3.

的社会的建议。"①美国学者范伯格(Feinberg)认为,人权是"基于人的一切主要需要的有效的道德要求"②。而霍勒曼利(Holleman)认为:"人权是个多方面的概念。西方委实欣赏那些方面的东西:个人对国家的权利,人有按照自己的良知行事的权利……然而,西方必须大大扩展对人权其他方面的欣赏范围:集体的权利、物质必需品的权利。"③英国的米尔恩(Milne)认为,人权是最低限度的普遍道德权利,而联合国《世界人权宣言》体现的是西方社会的价值和制度,这在"许多国家,尤其在组成所谓'第三世界'国家,这种理想的标准不可避免地成为乌托邦"④。美国学者亨金(Henkin)指出:"所谓'人权',我的意思仅仅指依照当代共同意见,每个人都要对他的社会和政府提出的或被认为应当提出的那些道德上的和政治上的要求。现代国际文件——《世界人权宣言》和一些国际协定——已列举了这些要求。"⑤

上面列举的仅是国外学术界关于人权的几种有代表性的释义或定义。就共同点而言,其一,他们大多数拥有人本主义的思想基础:之所以有人权就因为是人。其二,他们大多数主张只有将人权作为一种道德权利(或伦理权利)时,它才同时具有法定权利的性质。

从人权与权利、公民权和特权的区别中,可以进一步推论出人权的几个基本属性。其一,从人权与权利的原则中,我们可以推论出人权的普遍性质。人权与其他一般权利的一个根本区别就在于权利主体和内容的普遍性。它不是哪一个阶级、民族和特定社会、国家成员享有的权利,而是一切人都享有的权利。因此,它打破了阶级、民族、社会和国家的界限。其二,从人权与公民权的区别中,我们可以推论出人权的道德性。人权本质上是道德权利,是人们依据一定的道德观念和价值观念,认为一定社会关系中的人们应该享有的权利。人权在根本上是由道德而不是由法律来支撑的权利。人权可以而且应该表现

① Kamenka. *Human Rights*. Edward Arnold Victoria,1978,p. 12.

② Feinberg. The Nature and Value of Right. *The Journal of Value Inquiring*,1970(4).

③ Holleman. *The Human Rights movement*. New York:Praeger Publisher,1987,p. 6.

④ [英]米尔恩:《人的权利与人的多样性》,夏勇、张志铭译,北京:中国大百科全书出版社,1995 年,第 3 页。

⑤ [美]亨金:《美国人的宪法权利和人权》,《法学译丛》1981 年第 6 期。

为法定权利,但法定权利不等于人权。因此,人权本身不依据法律而存在。其三,从人权与特权的关系中,我们可以推论出,人权具有反抗性,是一种反抗的权利。在观念上,人权诉求反映了人们反抗特权,即反抗统治者压迫和剥削的愿望。在现实中,法律权利逐步增长乃至进化为人权,是人们反抗人身依附、政治专制和精神压迫的斗争不断取得胜利的结果。

（二）人权理念的渊源

作为一种理念和意识,人权的历史渊源主要来自古希腊罗马时期的自然法和自然权利思想,斯多葛学派就是这种思想的代表。该学派在继承柏拉图"理想正义"、亚里士多德"自然正义"的基础上,认为自然世界存在一种自然法,它赋予每个人以相同的理性,受理性的支配,人不但按照自然生活,而且也按照公正生活,人们拥有平等的公民权。由于这一理论开始注意个人在社会生活中的地位和对个人价值的尊重,学界比较一致地认为,它是人权意识的最初萌芽。① 进入中世纪后,自然法原理按照神学传统被重新加以解释,人权传统成为了宗教意识的附属物,人仅仅被当作忠实的基督徒来看待。

人权意识的真正觉醒发生在近代。17 世纪,随着资本主义关系萌芽的出现,文艺复兴中理性主义开始兴起,旨在清除封建特权与僧侣神学的自然权利学说逐渐形成。这一时期,以荷兰法学家霍布斯(Hobbes)和英国政治家洛克为代表创立发展的自然权利学说理论,有力推动了自然法从神学化走向世俗化。他们主张,人只要作为人,不管出自什么时代或什么地域,也不管其民族、宗教、职业、性别,都天然具有生命自由和财产的权利,这种权利在人处于自然状态时就存在,但它的实现要借助于通过社会契约形成的国家,这是因为只有通过社会契约形成国家和政府,才能帮助人们从原始纷争的状态中摆脱出来,以强力维护和组织个人自然权利的实行。这个社会契约论中隐喻的一个重要原则是:国家和政府只是作为人的自然权利的保护者时才是合法的,一旦它侵吞了人们在订立契约时让渡给它的自然权利,它就变成了罪恶和非法的存在。

自然权利学说在整个 18 世纪继续发展。康德在"善良意志"这一绝对原则之下,将真正的个人权利理解为一个人为他自己的自觉而尽义务,在这里,

① 徐德刚:《西方人权理论评析》,《湖南科技大学学报(社会科学版)》2004 年第 5 期。

自由变成了通向自律的最佳途径;而对卢梭(Rousseau)而言,人权的神圣不可侵犯性在于它形成外化为主权的"公共意志",而且凝聚了整个社会理性与良心的"公共意志"一旦形成,个人的主观权利便从属于集体的公共意识。可见,康德将对个人权利的关注深入到了权利和义务的关系层次,而卢梭则将个人权利深入到了个人权利与社会权利的层次。

自然权利学说还通过美法两国资产阶级革命而取得了时间上的重大突破。1776年,美国《独立宣言》宣称:"人人生而平等,他们都从他们的'造物主'那里被赋予了某些不可转让的权利,其中包括生命权、自由权和追求幸福的权利。"1789年,法国《人权宣言》在关于"自然的无限制的和不可剥夺的"权利方面作出了相似的宣称,这表明自然权利学说在资产阶级革命过程中起到了理论支柱的作用。

19世纪,除了潘恩(Paine)、杰斐逊(Jefferson)、罗伯斯庇尔(Robespierre)等人仍坚持并发展了天赋人权说外,还出现了各种人权学说。英国功利主义代表人物边沁(Bentham)提出了"法定权利说",以否定权利的天赋性和先验性。他指出,"权利是法律的产物,而且仅仅是法律的产物——不存在与法律相抗衡的权利,也不存在先与法律的权利"。黑格尔主张"理性权利",并且指出"权利和义务相结合那种概念是最重要的规定之一,并且是国家内在力量之所在"。柏克(Burke)、孔德(Comte)、狄骥(Duguit)等都反对"自然权利说",而主张"无权利说"。实证主义社会学家孔德从"团结支配着社会"的观点出发,竭力反对个人权利,提出"以坚持人权来推翻旧封建军事政体和破坏神权神话是有用的,但人权不可能涉及任何实证的概念来代替它所毁灭的那些概念。"穆勒(Mill)则在坚持功利主义人权观的基础上,更多地向自由人权观中注入了平等观,向个人人权中注入了社会人权观,从而开创了政府以"社会福利职能"代替"不干涉原则"的理论先河。而马克思主义人权观从自然人权所包括的利己性、虚伪性出发,指出没有真正平等的社会状况,不废除私有制,不置身于阶级集体,人权便无法真正实现。可以看出,在19世纪后期和20世纪初,自然权利说在普遍性、绝对性、个人性、先验性等几个立足点上都遭到了质疑。因此,这个时期是自然权利说相对黯淡的一个阶段。

（三）人权理念的现代发展

根据马克思主义的人权理论，人权不是一个超历史、超阶级和超社会的抽象概念，而是一定社会经济结构与文化发展的产物。人权概念和人权意识在不同历史与社会条件下具有不同的内容和含义，并随着历史和社会的发展不断发展与丰富。20世纪中后期是自然权利学说趋向复兴并推动法律、社会、政治发展的时期，其主要背景是：两次世界大战尤其是纳粹大屠杀重新激起了世俗的道德情感；作为两种意识形态斗争的内容之一的人权学说斗争不断升温；此外还有随着经济发展带来的人们的归属意识——宗族意识、民族意识、性别意识的觉醒。

在各个现代国家，人权原则被涵盖在宪法体系中。而在国际上，1948年12月联合国大会通过的《世界人权宣言》指出：人人有资格享有本宣言所载的一切权利和自由。它第一次将人权分为两大类：一类是公民和政治权利，即西方传统人权理论所称的"基本权利和自由"；另一类是经济、社会和文化权利，主要包括工作权、享有公正和良好的工作条件权、组织和参加工会权、体质和心理健康权、受教育权、参加文化生活权、享受科学进步之利益权等。

20世纪60年代以来，随着世界范围内非殖民化运动的胜利，广大第三世界国家登上了世界舞台，进一步推动了世界范围内的人权运动。发展中国家在人权问题上并不是盲目附和西方国家的传统人权观点，而是旗帜鲜明地提出和坚持自己的立场，积极倡导和主张民族自决权、生存权、发展权、和平权、环境权等新的权利，从而使人权概念又增添了一系列新的内容。例如，1960年联合国大会通过了《给予殖民地国家和人民独立宣言》，该宣言和1966年联合国的两个人权公约均在第一条宣布："所有人民都有自决权；依据这个权利，他们自由地决定他们的政治地位，自由地发展他们的经济、社会和文化。"1986年，第41届联合国大会又通过了《发展权宣言》，确认"发展权利是一项不可剥夺的人权，由于这种权利，每个人和所有各国人民均有权参与、促进并享受经济、社会、文化和政治发展"，"发展机会均等是每个国家、每个民族和所有个人都应享有的权利"。民族自决权和发展权的提出和形成，是广大发展中国家同西方发达国家进行坚决斗争的结果，从而又一次突破了西方传统人权概念的内涵。20世纪90年代，联合国大会几乎每年都以决议形式强调发展权。除此之外,还提出了"和平权"、"环境权"、"人道主义援助权"等等,这些权利代表了集体人权,又是对国际依存与合作的一种回应,因此被认为是"连带的权利"(rights of solidarity)。

由于人权概念和人权意识的不断发展,国际上出现了一种"三代人权"(third generation rights)的理论。该理论于 1978 年由法国学者瓦萨克(Vasak)首先提出,得到了第三世界国家和联合国教科文组织的支持。三代人权的理论认为,近代社会以来人类经历了三次大的革命运动,在这三次革命中产生了三代人权。具体而言,第一代人权是受法国资产阶级革命的影响,主要在欧美 18 世纪人权运动中产生,其内容基本属于公民权利与政治权利的范畴,实践中以 1776 年美国《独立宣言》和 1789 年法国《人权和公民权宣言》为标志。第二代人权是在俄国革命时期形成的,后来受到西方"福利国家"概念的影响,基本内容是经济、社会和文化方面的权利。它在宪法上的反映主要有前苏联的《被剥削劳动人民权利宣言》和德国的《魏玛宪法》。第三代人权是在第二次世界大战以后的反对殖民主义压迫的民族解放运动中产生并发展起来的,其内容主要涉及人类生存条件面临的各种重大问题,如民族自决、维护和平、保护环境和促进发展等,需要通过国际合作来加以解决。这类权利主要是在一些国际公约和有关文件中表现出来的。

三代人权理论在一定意义上表明了人权概念和人权意识的历史发展趋向。在过去的很长时期内,西方国家遵循传统的人权观念,把人权仅仅看作是公民权利和政治权利,而不承认经济、社会和文化权利属于人权的范畴。但随着现代社会人权保护运动的发展,特别是 1976 年《公民权利与政治权利国际公约》和《经济、社会、文化权利国际公约》的正式生效,一些西方国家也逐渐改变了态度。它们除了继续强调某些"真正普遍性权利"或"核心权利"外,也开始承认或接受另两大类权利也是人权。发展中国家由于刚走上民族发展的道路,更加关注民族独立、经济发展等第三代人权的内容,但同时也逐渐重视公民的基本权利和自由。

综上所述,国际社会对于人权内容的广泛性与多样性的理解与认识在某种程度上已经开始趋于一致。实际上,现代人权意识已发展为一个既包括公民权利与政治权利,又包括经济、社会和文化权利,还包括民族自决权、生存权与发展权等多方面内容的意识复合体。这些权利相互联系、相互依存,构成一个不可分割、不可或缺的人权整体。当然,在现实社会中,各国之间、各民族之间由于经济、社会、政治和文化等方面的差异而对人权保护的侧重点会各不相同,但上述人权概念和人权意识的整体性是不可否认的。

二、责任理念

(一)从"权利"到"责任":公民资格观的转型

在西方传统的公民理论和自由主义政治理论的话语体系中,对"权利"的强调程度要远胜于"责任"。马歇尔在其著作《公民资格与社会阶级》中指出,公民资格的本质就是保证人人都能作为完整和平等的社会成员而受到对待。而要确保这种成员资格感,就要把日益增长的公民资格权(citizenship rights)赋予人们。马歇尔把公民资格权分为三类,即公民权利、政治权利和社会权利。马歇尔的公民资格权的观念是西方社会"权利"本位的公民意识的典型代表。权利本位的公民资格观认为,权利独立存在,具有绝对优先性,优先于任何社会责任感或促进公共利益的要求,不能为了普遍利益的理由而牺牲个人的权利。由于公民资格就是拥有权利的权利,因而公民是具有民主权利与正义诉求的人。在这种观念的影响下,西方现代公民教育中极为注重对公民的权利意识及其捍卫自身权利的行动能力的培养。这种传统的观点认为,只要有制衡原则下的政治权力分立,即使缺少特别有道德品质和责任感的公民群体,民主制也可以通过权力制衡来有效地运转。这是一种强调公民自由和抗衡强大政治权力的公民观念,由此,"公民责任"被冷落到一旁。

新公共管理运动的兴起,全球化时代的来临和各种公共事务和公共问题的日益增多,使得传统的"权利本位"的公民资格观不断受到挑战。民主行政不断发展,任何公共政策的制定和执行都需要对社会和公共事务负责任的公民和第三部门的支持。如果公民们不以有利于自己健康的方式负责地生活,譬如,摄取健康饮食、经常锻炼、限制自己的烟酒量等,国家就无法提供足够的保健措施;如果公民们不同意分担照顾亲属的责任,国家就无法满足儿童、老年人或残疾人的需要;如果公民们不愿意降低自己的消费量、重新使用循环再生的产品,国家就无法保护环境;如果公民们不节制自己的贷款或对工资增长提出过分要求,政府管理经济的能力就要受到削弱;如果公民们逐渐对差异性失去宽容并且普遍缺乏正义感,创建一个更公平社会的企图就会困难重重。西方社会以往对个人的权利和自由的过分关注产生的负面效应也在逐渐浮现,政治冷漠、消费主义盛行、个人主义、无政府主义泛滥,社会失序、道德混乱、生态危机等现象和问题都在使人们重新思考和定位公民的责任问题,美英法等国家都不约而同地开始重视对"责任公民"意识的教育和培养,传统的权利本位的公民资格观开始悄悄转向。

(二)公民责任的内容建构

西方学者对"公民责任"的研究主要集中在政治生活和道德生活两方面,对公民责任的政治内涵和道德内涵予以界定和分析,探讨了公民责任的核心内容,并对如何培养公民责任阐述了他们的观点。

首先,公民责任是公民维护民主政治的义务。民主法治制度的建立和运行不仅取决于政治构架,更取决于公民的性质、公民的道德。民主法治制度为每一个公民提供了大量进行判断、选择和行动的机会,公民个体如果没有相应的文化水平和道德素质,不能通过承担相应的道德责任进行理性的判断、选择和行动,民主法治制度就不能进步,甚至不能维系。

民主法治制度的运行有赖于所有公民在拥有高水平的道德素质和知识素质的基础上发挥高度的政治主体性,比如它要求公民在公共事务中能够独立思考和进行理性的反思与批判。法国社会学家迪尔凯姆(Durkheim)指出:"民主并不取决于支配国家的人有多少;民主的本质及特征,是人们与整个社会的沟通方式。"[1]他认为:"民主政体似乎是这样一种政治体系,社会可以通过它获得有关其自身的最纯粹的意识。思考、反思和批判精神越是能够在公共事务中发挥重要的作用,国家就越民主。"[2]每个社会成员只有行使了公民责任和义务,才算是一个真正的公民。换言之,不行公民之职即不是公民。公

---

① 〔加拿大〕吉姆利卡、诺曼:《公民的回归——公民理论近作综述》,载许纪霖主编:《共和、社群与公民》,南京:江苏人民出版社,2004年,第91页。
② 〔加拿大〕吉姆利卡、诺曼:《公民的回归——公民理论近作综述》,载许纪霖主编:《共和、社群与公民》,南京:江苏人民出版社,2004年,第94页。

民是一种行为，一种实践，不只是一种形式身份。

一些西方学者将"公民不服从"也视为公民责任的一个重要内容。"公民不服从"是指在政治权力机构出现损害国家利益或公共价值的情况下，公民承担起不服从的义务。这些西方学者认为，一般的道德义务强调公民对政治权力的服从，而为了反抗政治权力机构对公共利益的损害而实行"公民不服从"，实际上是一种超道德义务。公民道德与非公民道德的一个重要区别在于，"公民不服从"这种超道德义务是民主国家中公民道德体系内备受推崇的行为，而在非民主国家，比如威权国家，就缺少真正的公民道德体系，它们的非公民道德体系中只有对政治权力机构或强权的服从，根本就没有"公民不服从"的位置。约翰·罗尔斯(John Rawls)提出公民不服从的三个条件：第一，当政府的法律和政策违反公正、平等、自由和机会均等原则时，才有可能产生公民不服从的行为；第二，在合法的手段已经用尽而又无济于事时，才有可能产生公民不服从的行为；第三，当实施这一行为不会导致对法律和宪法的破坏，不产生对所有人而言不幸的后果时，才可以实行。① 这三个条件是民主法治社会中"公民不服从"所必须具备的条件。他认为，"公民不服从"是对民主制度道德基础的一种至关重要的检验。

其二，公民责任被视为公民美德的体现。埃蒙·凯伦(Eamonn Callan)认为："未来的公民需要增强对同胞的凝聚力，因为他们的经历和身份使他们能够以不同的方式去看待政治问题。必须培养人们具有一种对合理差异的尊重、一种需要温和与妥协的精神。必须树立一种'设身处地为实现别人的权利着想'的责任意识和一种'以个人的权利保护自身'的尊严意识。"②这些责任意识也是公民美德的集中体现，它们是公民教育的重要内容，体现了公民教育与公民道德教育的共通性。公民履行对他人、社会和国家的责任需要正确认识权利和义务的关系。美国学者莫西度(Macedo)认为，一个良善的公民必须具有某些特点：愿意尊重他人生活、将个人的计划和承诺服从于公正的法治

---

① ［美］罗尔斯：《公民不服从的定义、证明与作用》，载何怀宏主编：《西方公民不服从的传统》，长春：吉林人民出版社，2001年，第163—166页。

② 孙兰芝：《埃蒙·凯伦"公民教育与道德政治"观评析》，《国家教育行政学院学报》2002年第4期。

等。此外，广泛的同情心、自我批判的反省力、愿意尝试并接受新事物、自制和积极自主地自我发展、欣赏传承的社会理想、对其他公民的关怀等等，这些德行有助于个人在自由主义社会的发展，他们是负责任的公民美德的体现。罗尔斯也承认公民品德对公民履行责任至关重要，他所强调的公民品德包括：礼貌、容忍、合理性、公平感。① 威尔·凯姆利卡（Will Kymlicka）总结出公民责任的四种美德："公共精神，包括评价政府工作人员表现的能力以及参与公共讨论的愿望；公正意识以及辨别并尊重他人权利从而缓和自我要求的能力；礼貌与宽容；团结与忠诚的共享意识。"② 威廉·盖尔斯敦（William Galston）认为，公民责任所要求的德性可以分为四种：(1)一般德性：勇气，遵纪守法，忠诚；(2)社会德性：独立性，开放精神；(3)经济德性：职业伦理，暂缓自我满足的能力，对经济与技术变革的适应性；(4)政治德性：辨明并尊重他人权利的能力，评价公职人员表现的能力，从事公共讨论的意愿。正是后两种德性，即质疑权威的能力及从事公共讨论的意愿，构成了自由主义德性理论最重要的特点。质疑权威之所以是必要的，部分原因在于如下事实：代议制民主下的公民选举出以他们的名义进行统治的代表。因此，公民的一个重要责任就是监督这些官员并评判他们的行为。而从事公共讨论之所以必要，是因为民主政府应该通过自由而开放的讨论公开地作出决策。公共讨论这种德性并不仅仅是参与政治或公开自己观点的意愿，而且它"还包括认真听取各种观点的意愿（鉴于自由社会中的多样性，在这些观点中，听者一定会发现有些观点稀奇古怪甚至令人讨厌）以及坦率而又能为人理解地发表自己观点的意愿"③。

其三，公民的核心责任是政治参与。自由主义所持的公民参与观是低调的。罗尔斯认为，公民与群体的依存形式与其说体现为个人的公民认同，还不如说体现为体制的运作。他指出，"在妥善治理的国家中，只有一小部分人能用大部分时间从事政治"，大可不必人人关心政治，每个公民尽可以按自己的

---

① 林火旺：《自由主义社会与公民道德》，见生命教育全球资讯网：http://life.ascc.net。
② ［加拿大］凯姆利卡：《论公民教育》，载马德普主编《中西政治文化论丛（第3辑）》，天津：天津人民出版社，2003年，第279页。
③ ［加拿大］吉姆利卡、诺曼：《公民的回归——公民理论近作综述》，载许纪霖著《共和、社群与公民》，南京：江苏人民出版社，2004年，第256—257页。

兴趣去追求其他形式的善,其中甚至包括对政治的冷漠。① 但是,自由主义又强调公民参与的工具性意义。威尔·凯姆利卡认为,"自由主义的民主制和自由主义的正义要求有一个至关重要的、积极负责的参与底线。"②他说:"自由主义的公民应该承认自己有义务在正义制度尚不存在的地方去进行创造,在正义制度受到威胁的时候去进行捍卫。但对很多人而言,这种义务是间歇性的;只是在危机出现、宪法变更或有外在威胁的严重情况下这种义务才会变得最强。"③

美国学者阿伦特(Arendt)的公民观,继承了古典共和主义的基本主张——公民参与。她认为,公民参与是健康公众生活的标志。对于有效的民主政治来说,关注公民参与和关注权力制衡同样重要,两者相辅相成,缺一不可。甚至可以说,普遍积极参与的公众生活比权力制衡制度更能体现民主政治文化的精髓。④ 阿伦特的公民参与观重在公民制创性的两大因素:实质和程序。从实质上看,当一个公民把握自己的制创性时,这是一种"个人发起、众人讨论"的制创性。从程序上看,相互说服或适应,要求一种尽量能保护这种制创性的非强制的决策过程。阿伦特认为,"真正的公民社会还要求从两个方面来检验公民性:公民身份和公民能力。在当今不同性质的政治群体中,这两个方面普遍处于不和谐的状态之中。一种情况是有公民身份的名义,但无实质性的公民行为。它表现为自由民主国家中的政治冷漠(包括'经济移民'的政治不入籍现象)或威权、极权国家中因政治压制而造成的缺乏自由和厌恶政治。另一种情况是民众因缺乏能力而无法有效地从事公民参与行为。它表现为民主自由国家中大众共识和精英共识之间的大落差,也表现为威权和极权国家中以国民素质不够为理由来限制大众民主参与。"⑤美国学者库珀(Cooper)认为:"公民的核心责任之一是参与建构政体的过程。在这里,参与

---

① John Rawls. *A Theory of Justice*. Oxford: Oxford University Press, 1971, pp. 227—228.

② [加拿大]凯姆利卡:《论公民教育》,载马德普主编:《中西政治文化论丛(第3辑)》,天津:天津人民出版社,2003年,第279页。

③ [加拿大]凯姆利卡:《论公民教育》,载马德普主编:《中西政治文化论丛(第3辑)》,天津:天津人民出版社,2003年,第540—542页。

④ 徐贲:《阿伦特公民观述评》,见世纪中国网:http://www.cc.org.cn。

⑤ 同④。

的质量和类型比单纯的参与数量更为重要,因此,参与不能仅仅限制在投票、运用选举制度或投入政治活动中。它要求一个可以于其中交流思想的政治社群,以便维持民主的建构和政体重构。参与的政治学强调个体公民对其他所有公民的自由的责任。"①

其四,培养公民责任具有多种途径。一些国外学者将教育分为哲学教育和公民教育。哲学教育是以理性的追求和探究真理为目的;公民教育则不是以追求真理为目标,而是为了陶冶社会成员的人格,使其能在所属的政治社群中,有效地实现个人的生命理想,并因此强化和支持其社群。公民教育的目的就是有意识的社会再造。② 而通过什么样的途径再造公民呢? 学者们的研究可以归纳为以下途径:市场、公民参与、家庭、公民社会、学校教育等等,然而每一种途径都有学者对其提出质疑。

有学者认为:"市场作为公民品德的学校,它的局限性是显而易见的。可以论证的是,市场管制的放松造就了一个前所未有的贪婪和经济上不负责任的时代,美国的存贷和垃圾债券丑闻即可为证。市场教导创新,但却不教导正义感或社会责任。"③他们对公民参与的教育作用也持有怀疑态度,认为"这种对政治参与的教育功能的信仰似乎是过于乐观了。对参与的强调并没有解释如何才能确保公民是在进行负责的参与——也就是说,是以充满着公共精神的方式而不是以自利和偏见的方式"④。一些批评家认为,没有证据表明,像"守护"这样的母性态度会促进民主价值——如"积极的公民资格、自我管理、平等主义和对自由的运用"等的形成。对于家庭在培养公民责任方面的作用,有的学者认为,如何使适用于母子亲密关系的品德转化成不看重特殊关系的公民社会或政治参与所需要的品德——如公民礼仪和公共合理性也令人怀疑。针对许多学者对公民社会培养公民责任的过高期望值,威尔·凯姆利卡(Will Kymlicka)提出了不同的意见,他说:"人们之所以要进入教会、要组成家

---

① 王云萍:《库柏对公民品德的研究及其启示》,《厦门大学学报(哲学社会科学版)》2002 第 3 期。

② 林火旺:《自由主义社会与公民道德》,见生命教育全球资讯网:http://life.ascc.net。

③ [加拿大] 金里卡:《当代政治哲学(下)》,刘莘译,上海:上海三联书店,2004 年,第 551 页。

④ [加拿大] 金里卡:《当代政治哲学(下)》,刘莘译,上海:上海三联书店,2004 年,第 548 页。

庭或形成种族组织,其理由并不是为了学习公民品德。相反,人们是为了尊重某些特定的价值或享受某些特定的人类成果,而这些动机与促进公民资格几乎没有什么关系。期望夫妻组建家庭或牧师组织群体生活是为了最大限度地促进公民资格,不过是在漠视这些群体存在的理由。"①而对于学校教育,自由主义的公民教育观较倾向于对各种特殊价值观予以合理的宽容和尊重,保持中立,因而主张学校教育应向学生介绍不同的观点,讨论争议性问题。社群主义则认为政治社群中存在一个实质的共善价值观,因此主张学校教育应向学生传授这种共善价值观,鼓励成员选择与社群价值相符合的生活方式。

综上所述,似乎所有争论的问题都没有一个令人完满的答案,但也正因为学者们多角度、多层次的讨论,为我们提供了一个更为宽泛的视角来深入思考公民责任问题。

(三)当代西方学者对公民责任研究的特点

第一,公民责任在西方的复兴是作为罗尔斯"社会正义"理论的补充而出现的。在当代西方正火热地展开的政治思潮中,无论是以麦金太尔(MacIntyre)、沃泽尔(Walzer)、桑德尔(Sandel)等为代表的社群主义,还是以波考克(Pocock)、斯金纳(Skinner)、佩迪特(Pettit)、米歇尔曼(Michelman)等为代表的公民共和主义,都将公民责任视为公民在政治生活和社会生活中的道德体现,并以此作为"社会正义"的补充和完善。罗尔斯的社会正义强调制度正义的绝对作用,这当然是非常重要的。但是对于民主制度的稳定和繁荣而言,仅有制度正义似乎还有欠缺。学者们日益认识到,现代民主制的健康和稳定不仅依赖于基本制度的正义,而且有赖于民主制下公民的素质和态度。譬如:他们的公民身份感以及他们如何看待潜在竞争的其他民族、地区、种族或宗教;他们对不同于自己的他人予以宽容和共事的能力;他们为了促进公共利益以及为了使政治权威承担责任而参加政治活动的愿望;他们在私人生活里自我约束和实施责任的行为等等。如果没有良好素质的公民支持,民主制的发展将会步履维艰。

---

① [加拿大]凯姆利卡:《论公民教育》,载马德普主编:《中西政治文化论丛(第3辑)》,天津:天津人民出版社,2003年,第553—554页。

第二,公民责任的提出是对过度强调的公民权利的纠正。古典自由主义者相信,即使缺少有道德品质的公民群体,自由主义的民主制度也可以通过制度与程序的设计,如权力分立、两院制的立法机构以及联邦主义等,推动其有效运转。即使每个人只追求他自己的利益而不考虑共同利益,私人利益之间也会形成相互遏制。恰如《蜜蜂的寓言》所说,私人的恶德可以造就公众的利益。然而,太多的事实给古典自由主义者以打击,公民对政治的冷漠已经在一定程度上威胁了自由政体的民主本质,对权利的极度要求,也在一定程度上,导致人们对社会公益事业的漠不关心。基本结构的正义依然不能解决层出不穷的社会问题,而公共政策的有效落实更有赖于公民个人对自己的生活方式作出负责的决定。因此,学者们"自20世纪90年代,就开始关注公民的行为和身份,包括他们的责任、忠诚对象和角色"①。

第三,自由主义、社群主义、共和主义的学者对公民责任的理解存在分歧。传统自由主义的词典中只强调权利不注重责任,因此自由主义所理解的公民责任是低调的、补充的、工具性的。自由主义首先强调对个人权利的绝对维护,行使公民责任只是为了达到这一目标必不可少的工具。自由主义者从来不主张公民积极参与政治,他们更重视私领域的生活,认为绝大多数人都是在自己的家庭生活、工作或宗教活动中享有最大的幸福,而不是在政治生活中。他们认为政治参与只是偶然为之、旨在保障政府尊重和支持个人权利而不得不付出的代价。共和主义和社群主义都主张公民责任,但是前者认为公民责任是公民实现自身价值,追求优良生活的体现。后者的公民责任主张建基在对新自由主义和以个人主义为基础的政治固有缺陷的批判上,因此主张更为圆通,强调公民的认同、公民美德对正义制度的支撑以更好地实现个人权利。

从西方学者的研究中我们得到这样的启示:首先,公民责任是历史的、具体的,其内容与国家政体的性质和发展的阶段密切相关。公民要承担怎样的责任与国家的政治体制要培养什么样的公民有着直接的关系。在威权体制下,要培养的是俯首帖耳的顺民,公民责任就体现为臣民的美德——服从。民主体制视公民为行使国家权力的主人,因此公民必须以对民主制度和公共利

---

① [加拿大]金里卡:《当代政治哲学(下)》,刘莘译,上海:上海三联书店,2004年,第548页。

益负责的态度和品德参与公共生活。其次,在良序社会,对公共善的追求,使公民责任可以成为罗伯特·帕特南(Robert Putnam)所说的"使民主运转起来"的社会资本,即公民的信任能力、参与愿望、正义感等,它们促进了善治、经济繁荣以及公民幸福生活的获得。再者,在追求公共善的过程中,公民责任可以成为社会团结的纽带,公民参与有益于形成一个日益成长起来的、与政治国家共生、互补的公民社会,它体现了公民的主体价值,是民主制度存在和发展的基石。下面我们将对此展开进一步论证。

三、民主参与理念

(一)民主参与的理念溯源及其发展

民主参与源于古希腊雅典的直接民主模式,古希腊的政治哲学家认为民主便是人民的统治。在公元前五世纪的雅典,其民主政治的核心制度,根本上就是所有公民都有权利参加"公民大会",直接决定重要政策。除此之外,全体公民(所谓城邦公民是指具有"公民"身份,有权参加公民大会的男性成员,不包括外邦人和奴隶)也有资格参加抽签,以期出任"审议委员会"委员,从而按月轮流主持"审议委员会",决定经常性的政治事务。这样的政治参与,也是古罗马共和国的核心制度。

民主参与的政治传统在中世纪的欧洲中断,随着近代公民社会的兴起和民主政体的建立发展,公民参与的理念重新回到西方政治文明中,不断发展,并成为现代民主制度的核心要素和重要表征。卢梭提出著名的人民主权的原则,认为民主就是人民主权,就是人民大众享有国家权力。他的社会契约论认为,社会公约赋予政治共同体及其成员以绝对的权力,但这种权力只有代表"公意"时才称为主权。主权的一切行为,必须是真正属于"公意"的行为。"公意"是一切公共行为的出发点和归宿。"公意"有两种产生的途径:一种是直接民主,如古代民主就是通过简单多数规则,使公共权力总是掌握在大多数人手中;另一种是间接民主,如近代产生的代议制度,公民通过行使选举权来表达他们的利益和意愿,从而使公共权力得以体现民意。密尔的代议制民主理论认为,代议制政府是理想上最好的政府。"但是既然在面积和人口超过一个小市镇的社会里,除去公共事务的某些极次要的部分外所有的人亲自参加公共事务是不可能的，从而就可得出结论说，一个完善的政府的理想类型一定是代议制政府了"①。

但是，随着现代西方社会的发展，学者对代议制民主提出了异议，他们认为，在传统代议制理论中，行政几乎属于非民主化的领域，其传统观念是"立法民主化、行政集权化"，这种模式强调执行的效率，却使得行政权的过分强大，使公民与政府之间的距离越来越大，公民与政府处于一种陌生和相互不了解的状态，公民对政府决策只有服从的义务，而没有参与决策。他们认为，代议制违背了自由的原则。"因为自由意味着自主，而代议制恰恰是由某些人代表人民行使政府职权，人民在本质上丧失了自主"②。巴伯（Barber）认为民主有两种形式，"一种是现存的自由主义民主，他称这种民主为'弱民主'；另一种是理想的，但尚未实现的民主，巴伯称之为'强民主'"③。这种强民主的实质就是扩大人民对政治的直接参与。而这种强民主在经济与技术条件快速发展的今天不再是一种理想，它已经成为当代民主理论的主要模式。行政民主化理论由此逐渐兴起，具有代表性的是新公共行政学派的观点。

1968年，美国行政学家沃尔多（Waldo）召集了几十位公共行政领域的学者和官员，在美国锡拉丘兹大学的密鲁布诺克会议中心举行研讨会，希望在社会发展中重新寻找公共行政研究的方向，他们在《迈向新公共行政：明诺布鲁克观点》的论文中提出了"新公共行政"观点，即打破传统公共行政的效率观，建立以民主、公正为价值取向的新公共行政。沃尔多提出了建构"顾客至上的官僚"、"参与式官僚"、"代表式官僚"等观点。

强调参与是新公共行政的主要观点之一，"新公共行政提供在公共事务中广泛程度的公民与公务员参与，它寻求增加在组织事务和公共政策形成过程中所有公共部门员工的参与。它鼓励公民以个体或集体的形式广泛地参与公

---

① ［美］潘恩：《潘恩选集》，马清槐译，北京：商务印书馆，1981年，第246页。
② 刘军宁、王炎：《直接民主与间接民主》，北京：生活·读书·新知三联书店，1998年，第3页。
③ 刘军宁、王炎：《直接民主与间接民主》，北京：生活·读书·新知三联书店，1998年，第12页。

共行政,从而使公共行政更响应公众呼声和以顾客为中心",①这既为公共政策提供了民主性与合法性,又可以带来公共政策的高效率。行政民主化的发展是对传统政府行政模式的重大挑战。

这种参与型的治理模式塑造了一种新型的政府与公民关系,加强公民参与,实现行政民主化正在成为新时代全球性的公共管理改革的发展趋势。民主行政强调行政要受到法制化和标准化原则的约束,行政组织一旦与公民个人处于平等的同样的地位,行政决定的作出要更多地诉诸合同和协议。越来越多的行政决定要采取合约的形式,甚至连维持经济管理的决定也要采取合约的形式;同时也要求行政向公民公开,通过各种方式让公民表达意见,包括在咨询机构中接纳公民代表,在面向公众的行政程序中让公民表达意见,通过行政公决让公民作出决定等。在一些国家,公民参与已扩大到规制活动领域,例如在美国有"规制谈判"制度,听证权在行政规制谈判过程中具有重要的政治意义。在法国和英国,80年代出现了"公共质询"制度。公民参与行政决策程序使行政更加接近公民并有义务满足公民的要求。

民主行政强调和关注公民基层参与的途径。社区建设和服务被认为能够比政府与市场提供更快、更好和更有效的公共服务,因此公民参与社区发展是其参与社会事务治理的最有效的途径。在社区发展中,实行社区组织的自治本身就是一种参政,公民直接参与社会管理是社会进步的体现,同时也是社会现代化的直接政治后果。公民参与社区的发展与建设是公民参与的基本途径之一,如城市居民参与城市的建设与管理。美国加州政府规定,城市综合规划过程必须有公民参加,而且尽可能是在规划制定的早期就广泛收集公民的意见。市民委员会成员是社区中的积极分子,由特殊才能者或对综合规划有特殊兴趣者组成。

民主行政重新确立了公民与行政的关系,20世纪80年代以来,欧美国家的民主行政实践发展表明:看一个政府的民主化程度,不仅要看其代议制的发展状况,更要看其行政民主的发展状况,要看公民直接参与行政的程度。加强

---

① [美]康特妮等:《新公共行政:寻求社会公平与民主价值》,《中国行政管理》2001年第2期。

公民参与和实现行政民主化正在成为新时代全球性的公共治理变革的发展趋势。

(二)公民参与的现代内涵

现代意义的民主参与,即公民参与,通常又称为公共参与、公众参与,就是公民试图影响公共政策和公共生活的一切活动。公民参与有三个基本要素。一是参与的主体。公民参与的主体是拥有参与需求的公民,既包括作为个体的公民,也包括由个体公民组成的各种民间组织。二是参与的领域。社会中存在一个公民可以合法参与的公共领域,这一公共领域的主要特征是公共利益和公共理性的存在。三是参与的渠道。社会上存在着各种各样的渠道,公民可以通过这些渠道去影响公共政策和公共生活。

公民参与最主要的就是参与国家的政治生活和政治决策,因此,在公众的所有参与中,政治参与尤其重要,最具有实质性的意义。也正因为这样,不少人直接就把公民参与等同于政治参与。然而,严格地说,公民参与和政治参与之间不能完全画等号,公民参与的范围比政治参与更大。除了政治生活外,公民参与还包括公共的文化生活、经济生活和社会生活。特别是在公民社会越来越发达的今天,公民参与的范围正在日益扩大,已经从国家的正式领域,扩大到社会的非正式领域。

公民资格是公民参与的基础,如果公民没有体认到其所具有的公民资格,没有体认到自己的权利和责任,没有体认到公民资格是公民权与公共责任的相互统一,那么公民参与就会变成一种盲目的甚至危险的行动,而且还会影响到公共利益的实现。从现代到当代的公民权利与义务所发生的变化来看,公民权利在量上是显著增加的,出现了近代政治中所没有的全民公决权、创制权、复决权、罢免权等。在这些权利的保障下,公民参与达到了前所未有的程度。公民参与既是实现民主理想的有效方法,更是学习如何发挥权利与义务的最佳途径,透过公民参与,使得公民个人对自身公民资格的认识与理解得到了教育和发展。公民参与是对公民资格的一个积极的实践过程。在这个过程当中,积极的公民资格取代了代议制民主下的公民委托政府来负责公共事务管理的消极的公民资格,而是真正地付诸实践行动来履行公民的权利与义务,来实现社会的公共利益。

公民参与有许多种不同的形式,而且随着信息和科学技术的发展,参与的形式也在不断增加。凡是旨在影响公共决策和公共生活的行为,都属于公民参与的范畴。投票、竞选、公决、结社、请愿、集会、抗议、游行、示威、反抗、宣传、动员、串联、检举、对话、辩论、协商、游说、听证、上访等等,是公民参与的常用方式。在信息和网络技术日益发达的今天,一些新的公民参与形式正在出现,如电视辩论、网络论坛、网络组织、手机短信等。

凡是有集体生活的地方,就有公民参与的领域。首先是参与国家的政治生活,如参加各种政治组织、选举各级人民代表、讨论政府政策、评议政府官员、举报违法行为、管理公共事务等等;其次是参与社会的经济生活和文化生活,如参与工厂管理、发起环境保护行动、组织公益文化活动、救助弱势群体等等;最后是参与居民的社区生活,如社区管理人员的选举、社区的互助合作、小区的治安保卫和环境卫生等等。

公民参与受许多条件的制约,其中最主要的是以下几个:首先,公民的参与跟社会的经济发展水平以及公民自己的社会经济地位密切相关。许多研究表明,在不同的经济条件下,公众参与的程度及政策偏向可以极不相同。虽然经济发展的程度与公民参与的程度不存在简单的对应关系,但从各国政治发展的长远过程来看,一般而言,经济发展程度越高,公民的参与程度也越高。其次,公民的参与也跟其传统文化背景密切相关。鼓励公民参与的政治文化会促进公民的参政热情,相反,遏制公民参与的政治文化则会导致公民的政治冷漠。再次,公民的参与程度跟其教育水平密切相关。研究表明,教育程度越高,公民的参与积极性也越高;反之,教育程度越低,其参与积极性也越低。最后,特别重要的是,公民的参与状况与其所在国家或地区的政治环境直接相关,特别是国家的政治制度和政治当局的民主精神。公民参与必须有相应的政治制度保障和政治宽容精神,否则就难以有真正的公民参与。国家的政治制度为公民的参与提供合法的渠道、方式、场所,并且当公民的参与行为受到非法侵害时,保护公民的正当参与权。此外,一些技术性的手段和工具也会影响公民参与的质量和后果,例如,大众媒体和现代通讯技术能够在多大程度上服务于公民参与,直接关系到公众参与的效率和效果。

公民参与体现在公共行政领域,即新公共行政学派、新公共管理理论以及治理和善治理论所主张的"公民参与"，这些理论都认为公民参与可以使政府公共服务部门更能反映民众关心的问题，解决公民与政府的冲突，促使公共决策合法化，并提高政府的行政能力。但是，"大多数公民参与的研究只重视政治参与，即通常人们所理解的代议制政治下的参与形态，它局限于对民意代表、政务官员的选拔和监督上。而公共行政中的公民参与管理和决策却没有得到应有的重视或在政治与行政相分离下被肢解或模糊了"①。相应的，尽管大部分学者都对公民的政治参与进了界定，但很少有学者对公民的行政参与的内涵进行界定。而公民的行政参与与政治参与事实上还是有一定区别的。

公民政治参与的概念可界定为："普通公民通过合法方式参加政治生活，并影响政治体系的构成、运行方式、运行规则和政策过程的行为。它是政治关系中政治权利得以实现的重要方式，反映着公民在社会政治生活中的地位、作用和选择范围，体现着政治关系的本质。"②政治参与强调的是公民参与政治活动，而行政强调的是公民参与行政生活。古德诺（Goodnow）在《政治与行政》一书中指出，在所有的政府体制中，都存在着两种主要的政治功能，即国家意志的表达与国家意志的执行。他把这两种功能分别称之为"政治"与"行政"。因此，相对于政治参与，公民的行政参与更集中于国家在个别和细微事项方面即行政领域的活动。当然，行政参与与政治参与是有必然联系的。古德诺认为，政治与行政只能相对地分开，"以执行国家意志为主要功能的政府机关，经常地，事实上是通常地，又被赋予表达国家意志的具体细节的职责，尽管这些国家意志的具体细节在表达时，必须合乎由主要职责在于表达国家意志的机构所制定的一般原则。也就是说，尽管人们能够区分开政府的主要功能，但却无法严格地规定这些功能委托给哪些政府机关去行使。"③因此，公民在公共行政中的参与与政治参与也不能截然分开。

（三）公民参与的现代价值

随着经济的发展和公民知识文化水平的提高，越来越多的公民开始参与

---

① 魏娜：《公民参与下的民主行政》，《国家行政学院学报》2002年第3期。

② 孙关宏、胡雨春：《政治学》，上海：复旦大学出版社，2002年，第194页。

③ ［美］古德诺：《政治与行政》，王元译，北京：华夏出版社，1987年，第13页。

到社会公共事物的管理中来。这不仅仅是经济全球化发展的一种趋势,也是民主化发展的必然结果。广泛的公民参与在满足公民多元需求的同时,对一国的政治与行政都具有十分重要的价值和意义。

首先,从公民个体角度看公民参与的意义。公民参与能够保证公民权的实现。参与具有正面教育的功能,通过教育过程使公民了解个人的社会定位,以及权利与义务的意义,进而产生参与的动机,以通过实际的行动争取公民权。通过参与可以使公民体认到个人有让社会、公共官僚体制改变其行为的自主权利与能力,进而通过参与保证公民权的实现。公民参与能够促进公民意识的觉醒,提升公民的公共责任感。当公民最大限度地参与各个层面的管理运作时,他们可以受到民主教育的社会化或社会训练的过程,这样就有助于发展公民个人在民主生活中所具备的态度、心理素质与实际参与的技巧和知识。通过参与行政,一方面能够完善政府管理的不足之处,另一方面可以提升公民对政府及他人的责任感。没有参与,公民就会缺乏参与公共事务的"主人翁"意识和责任感,就会对政府产生一种疏离感。因此,参与可以使公民个人有机会学习或获得民主政治的知识和态度,并自觉地履行公民责任。

其次,从政治和社会角度看公民参与的意义。一是公民参与是实现公民权利的基本途径。在现代民主国家,虽然公民的权利都得到了宪法的确认和保障,但这些法定权利并不会自动实现。公民权利并不是与生俱来的,它是社会过程的产物,是人们奋斗争取的结果。政治参与是公民争取和扩大个人权利的最主要途径,只有通过积极的政治参与,公民的个人权利才能得到最充分的实现。正是从这个意义上,我们可以说,广泛的公民参与,特别是公众的政治参与,是现代民主政治的基础。二是公民参与可以增强政府合法性。政府作为公民权力的行使代表,其存在的合法性就在于社会公众对政府权威与行为的认同与满意程度。广泛的公民参与可以将公民的声音有序地传递给政府,让政府及时了解民意并积极地调适方针政策来满足公民的要求,使政府与公民之间形成一个良性的循环,使公民对政府权威与行为认同感不断加深、强化,从而增强政府的合法性。三是公民参与可以有效防止公共权力的滥用。权力不加制约就会被滥用,而权力一旦被滥用,既可能导致官员本身的腐败,也可能损害公民的合法权益。因此,制约权力是民主政治的一个基本要素。

有效地制约公共权力,一方面需要权力体系自身内部的相互制衡,如国家的立法、行政、司法权力之间的相互制约;另一方面,也需要权力体系之外的制约,即公民和公民社会的制约。公民对政治生活的积极参与,是实现对公共权力有效制约的基本条件。如果公众对政治漠不关心,不参加选举、讨论、听证、申诉、请愿等,公共权力就有失控的危险。四是公民参与可以促进民主政治发展。科恩(Cohen)认为,"民主是一种社会管理体制,在该体制中社会成员大体上能直接或间接地参与或可以参与影响全体成员的决策"①。也就是说,公民参与是民主的重要指标,参与的广度与深度直接反映着民主的广度与深度。同时,参与的广泛发展能从本质上提高公民的政治素养,提高公民对政治的积极性,公民参与的发展将促进民主政治的发展。五是公民参与可以促进社会的和谐与稳定。公共政策的制定过程,实质上是一个利益分配和调整的过程。大到国家的政治决策,小到工厂的分配政策,都涉及利益关系的协调。如果一项政策或一种制度导致了利益分配的严重不公正,那么利益相关者之间就会发生矛盾和冲突,利益受损的群体对公共政策就会产生抵触,从而损害公共权威的合法性,威胁社会的公共秩序。进而言之,即使一项公共政策或制度体现了公平和正义,但如若这种公平正义没有为公众所理解和接受,同样可能造成公众与公众之间,以及公众与政府之间的对立,带来社会的动荡。如果公众能够实质性地参与相关的决策过程,通过公众的参与,有效协调各种利益关系,这样的政策就容易为公众所接受,民众对公共政策就会有更多的共识,公众之间以及公民与政府之间就容易和睦相处。

再者,从公共行政角度看公民参与的意义。一是公民参与有利于优化公共行政效率。公民是公共事务的管理主体之一,与政府的行政管理手段不同的是,公民是通过对政府行政决策、行政过程、行政结果乃至对政府行政人员的有效监督来实现管理的权利。在公民监督政府行政行为的过程当中,政府必须时刻保持清醒的头脑及高度的自觉性,这些都有利于提高公共行政的效率。公民对政府的监督不仅是事后监督,还延伸到事前监督与事中监督。这样就能保证政策决策在形成阶段及实行阶段充分体现社会的共同利益,使政

---

① [美]科恩:《论民主》,聂崇信、朱秀贤译,北京:商务印书馆,1988 年,第 10 页。

府决策朝着健康的方向进行而不至于造成不必要的损失。同时,广泛的公民参与能够有效调动公民积极性,实现广泛的社会动员,使政府行动得到公众的有力支持,从而不断地为政府注入新鲜活力。公民参与有利于形成公众与政府良性互动关系,培养公民团结一致、奋发向上的团队精神。此外,由于公众参与能够使政府广泛吸纳众人智慧和经验,从而利于政府科学目标的形成,这无疑是提高政府效率的重要保证。二是公民参与有利于实现公共政策决策的民主化、科学化。在现代社会里,公民的利益要求和意愿表达是公共政策决策的重要依据,只有在广泛听取、吸收社会各阶层、各利益群体的利益要求的基础上,才能对社会各类利益要求、意愿进行协调与综合,使分散的特殊利益整合为国家和广大人民的整体利益,便于达到人们的相互谅解,寻求较一致的意见。而公民对公共行政的广泛参与,能够更加有利于保证政策体系正确反映社会各阶层、各利益群体的利益要求和意愿,作出比较正确的决策,及时发现和纠正决策中的失误,迅速解决政策体系和政策过程中的矛盾和问题。这就使得政策体系能够及时有效地进行功能转换,并可以最大限度地防止决策失误。因此,公民参与使政策体系能够与公民建立正常的沟通渠道,正确反映社会各种利益要求,并反过来也使公民在一定程度上监督了政策体系的政策过程,从而促进政策体系实现公共政策决策的民主化、科学化。三是公民参与有利于公民有效监督行政权力。在强国家—弱社会架构之下,政府相对公民来讲始终处于一种强势地位之上。绝对的权力导致绝对的腐败。这样的状况势必会造成政府权力腐败程度的加深,只会带来越来越低的行政效率和越来越多的权力腐败,以及对社会公共利益的忽视,最终损害社会公平与社会正义。社会是制约国家的核心力量,作为制约政府权力的重要力量,社会必须充分发挥其作用。社会发挥作用的前提是市民社会的壮大与发展,而市民社会的壮大与发展则必须依靠公民自治能力的提高。公民参与正是这样一个提高公民自我管理与参与社会管能力的重要方式。公民在市民社会力量的支持下,通过对公共行政的直接参与来实现对政府行政的及时、有效监督,从而弥补其他政府监督主体如人大、上级政府部门等的监督不足。四是公民参与有利于保证行政的公共利益取向。政府作为公共权力的代表机构,是公共权力的授予者和委托权力的执行者,公共利益作为政府的价值基础被提到特别突出的地位。虽然近年来公共选择理论的兴起对这一看法提出了挑战,认为政府也是经济人,也具有自利性,但无可否认,政府仍然是公共利益和实现社会正义的最合适的代表者。在市场经济和民主政治条件下,公民参与使公共政策能够更好地体现公共利益的要求,公民参与对于保证行政的公共利益取向有着重要的推动作用。

(四)公民参与的现代危机与对策

在政治现代化进程中,公民参与也会产生危机,主要体现在以下四个方面:第一,公民在政治上极为冷漠,没有参与热情。选举时投票率偏低,关心公益事业的人不多,政策对话和政策讨论不热烈,公民对政治腐败或官员违法熟视无睹,这些现象都是政治冷漠的后果。第二,公民有很高的参与热情和参与需求,但缺乏通畅的合法参与途径。公民正常的政治参与受阻,而非法的或非正常的公民参与则大量出现。第三,公民在政治参与中与政府发生大规模冲突。例如,当公众对某项政策不满,通过请愿、示威、静坐等方式要求政府调整该项政策时,如果政府不愿作出调整,或修正后的政策仍未满足公民要求,公民与政府之间极可能爆发剧烈的冲突,从而引发参与危机。第四,公民参与失去控制,危害社会的正常秩序。如果政府对公民参与没有正确的引导和规范,如果公众在参与过程中缺乏足够的理性,如果公民参与机制不健全,都可能使正常的公民参与演变为破坏社会秩序的政治事件。

在相当程度上可以说,公民参与的危机,就是民主的危机,也是国家的政治危机。这些危机最终的结果,或是剥夺公民正当的政治权利,或是酿成公民与政府的政治对抗,或是破坏社会的安定局面,甚至可能造成政府的下台或政府对公民的流血镇压。一旦发生上述危机,社会政治就可能动荡不定,社会的经济发展也会受阻,公民的正常生活也势必受到严重影响。从各国政治发展的经验教训来看,要使公民参与有利于维护公民的权利,有利于维持政治稳定,有利于促进社会和谐,国家通常要做到以下几点。

第一,政府要培育公民的民主精神和法治精神。要使公民真正具有当家做主的主人翁意识,充分认识到积极的政治参与是实现其民主权利的基本途径,它既是一种价值,也是公民的一种美德,从而始终保持高涨的参与热情;同时,要努力培育公民的法治意识,使"有序参与"的观念深入人心,养成自觉遵守国家法律的习惯,使自己的公共参与行为符合宪法和法律的规范。

第二,政府要健全和完善公民参与的制度和机制。要建立有效的利益表达机制,及时发现并适当疏导公民的参与需求;公民参与要有专门的法律制度,使公民的参与有法可依,从而维护公民的正当参与权利;要努力使公民参与制度化、规范化和程序化,使公民能够合法地参与社会的公共生活;要建立一套适当的激励机制,鼓励公民通过公民参与为国家的民主、富强、文明与和谐作出自己的贡献。

第三,政府要为公民的参与提供更多的渠道。随着社会经济的发展、民主政治的推进和公民文化素质的提高,公民的权利意识、法律意识和民主意识在不断增强,对政治生活和社会生活的参与要求日益增强。在社会转型时期,公民的参与需求与社会的参与渠道之间经常会构成一对矛盾,出现某种张力。解决这一矛盾的基本出路,就是开辟新的参与途径,运用现代的科技手段提高参与的效率,尽量满足公民的参与要求。

第四,政府要正确引导和规范公民参与。因为公民参与是集体行动,即使有良好的动机,如果没有统一的组织领导,公众的行动也可能会失去控制。在公民参与中,每个人的动机不可能完全相同,如果没有很好的协调,参与者之间也可能发生冲突和矛盾。在公民参与中,也难免个别人欲利用公众的行为达到其个人的目的,对此必须有防范的措施。所有这些方面,都需要政府采取有效措施,对公民参与进行引导和规范,防止公众行为的失控,保证公民参与能够在法律的框架内有序地进行。

第五,政府与公民在公民参与中要积极合作。公民参与的直接目的通常是影响政府的公共政策和政治进程,但其最终目的无非是最大限度地增进公共利益。要实现这些目标,公民与政府之间必须进行积极的合作。对于公众而言,如果没有政府的妥协、支持和合作,就无法达到改变政府政策,增进公共利益的目标;而对于政府而言,如果没有公民的理解、信任和支持,公众的参与行动就有可能演变为反政府的政治对抗,甚至可能导致政府的下台。因此,我们说,公民与政府在政治生活中的良好合作,是善治的实质所在,而善治就是使公共利益最大化的政治管理过程。

最后,公民要积极而有序地参与社会的公共生活。公民是公民参与的主体,也是公民参与最终的决定因素。良好的公共参与对公民自身也有许多要求。第一,公民要充分认识到公民参与对于维护自身合法权利的极端重要性,增强参与的自觉性和主动性;第二,公民在参与过程中必须遵守国家的法律,维护社会公共秩序,使参与具有合法性和有序性;第三,公民需要不断提高自身的参与能力,讲究参与技巧,提高参与的有效性;第四,公民应当具有合作精神,在参与中不仅要与政府合作,也要与其他公民合作;第五,公民在参与中要有足够的理性,既要维护自身的正当权益,也要为对方的权益考虑,防止因失去理智而导致秩序的失控。

第三节　中国近代公民身份与公民教育之建构

以政治哲学的视角审视,公民性的塑造过程既是"永恒范畴",也是"历史范畴",而对于公民性塑造的一种重要途径——公民教育——的研究和实践应该坚持历史与逻辑的统一。

所谓"永恒范畴",不仅可以从人类文明进展和公民教育本质的角度予以阐释,也可以从公民教育对国家建构和社会发展的持续功能上加以认识。"一个国家的前途,不取决于它的国库之殷实,不取决于它的城堡之坚固,也不取决于它的公共设施之华丽,而在于它的公民的文明素养,即在于人们所受的教育、人们的远见卓识和品格的高下"[①]。公民教育不仅是一个文明传承和人格教育的问题,它同时承担着培育公民、推进民主、振兴国家、增进和谐的重要使命。另一方面,"历史范畴"是指公民教育必然受到时代、地域、政治、文化的制约。对中国而言,在古代家国一体、君权至上的体制和文化下,"公民身份"和"公民教育"长期缺失。"智慧女神的猫头鹰总是在黄昏时刻飞起",在清末国家积弱不振、内忧外患的背景下,先进分子逐渐认识到中国要变法图强,"宜先立公民",而与之相应的公民教育则包含着"民权、民主、民治"的理念诉求和社会治理的实践要求。但是,"中国后发外生的现代进程,常常使人产生强烈的生存危机感,这或因列强的政治指责而出现,或由某种分合循环的政治信念所

---

① ［英］斯迈尔斯:《品格的力量》,宋景堂等译,北京:北京图书馆出版社,1999 年,第 1 页。

导致,或直接从政治欠发展的危机感应中酝酿而来"①,因此,近代中国的公民教育又被打上了急切寻找自我——民族主义思维进路——的时代印记。新中国成立前后,由于多方面的复杂原因,中国公民教育历经诸多曲折和坎坷,直至 20 世纪 90 年代,上至国家《公民道德建设实施纲要》的出台,下至学界和社会对公民教育问题的关注,我们迎来了自 20 世纪初公民问题大讨论以来的又一次热潮。

历史如同一面明镜,它可以给我们留下许多沉思和借鉴。本节对清末鸦片战争(1840 年)至新中国成立(1949 年)这一区间的公民身份与公民教育进行历史回顾,归纳其积极主张,省察其历史逻辑,从而为正在进行中的公民问题大讨论和社会治理过程中公民性的塑造提供启发、警示和借鉴。

一、公民身份与公民教育的互构性

我们选取"公民身份"来解读"公民教育"的历史逻辑,理应首先明晰这一研究视角的确切性,也就是说,要先证实公民身份与公民教育在语义、逻辑、历史等方面的相关性。而对此命题的证明,又需要合适的概念及其语境的支撑。

一般认为,"公民身份"发轫于西方世界,有着悠久的历史。最早将公民身份制度化并运作于实际政治生活的,是公元前 6 世纪以斯巴达、雅典为代表的希腊城邦世界。随着持续不断的扩张和帝国的出现,造成了罗马公民身份与希腊公民身份的重大差异,"希腊公民身份的本质是参与;罗马公民身份的本质是享有司法权","罗马公民身份的含义中绝不缺乏参与公共事务的原则,但社会的和地理的现实严重限制了公民参与的实践"。② 在西罗马帝国灭亡之后的漫长的中世纪,人们被称为上帝的"子民"、"选民"和君王的"臣民",公民身份出现了历史断裂。但随着城市的复兴和自治运动,中世纪晚期公民身份重又出现。之后,历经西方启蒙运动和资产阶级革命的洗礼,自由主义公民身份应运而生并至今占据主流。

较之西方,"在传统中国君主政治的法律规定和政治观念中,并无'公民'

---

① 任剑涛:《权利的召唤》,北京:中央编译出版社,2005 年,第 15—16 页。
② Derek Heater. *A History of Education for Citizenship*. London: Routledge, 2004, p. 2.

的踪迹"①。对此,马克斯·韦伯曾以东方主义的视角解释了东方社会公民身份缺失的原因,他认为,"城市的结社特征和与乡下人相对立的市民概念在东方始终未得到发展,而仅仅处在萌芽状态",因此,"(在东方,)作为古代和中世纪意义上的'公民'的城市居民的特殊地位是不存在的"。② 与之相应的,中国古代的乡土社会中也没有公民教育。尽管传统儒家倡导的圣人君子及其教育与共和主义公民身份所欲求的理想人格及其教育表象上有些许契合之处,甚至一些学者认为,儒家仁学"把个体独立人格,推衍到空前的高度"③,"'仁学'的外在方面突出了原始氏族中所具有的民主性和人道主义,而内在方面突出了个体人格的主动性和独立性"④,但如果我们不拘泥于儒家的只言片语,而将其放于儒家整个思想体系中,可以发现中国历史上"我们的最伟大、最杰出的思想家几乎都在为王编织各种各样的理论,并把历史命运和开太平的使命托付给王"⑤,因此沿着儒家的道路不可能导向个人尊严、个性解放、自由意志和独立人格。事实上,传统的儒家文化及其道德教育造就了一个顺民社会和一种臣民文化,从而成为君主专制生存的最好的文化土壤。正如牟宗三先生所认为的,"旧内圣开不出新外王",中国古代既缺失公民身份,亦没有公民教育。中国近代的公民思想及其实践首先是对西方这一体系的推介、吸纳、融汇,然后才是本土化应用和创新的过程,这一结论可以从后文对中国近代公民观念兴起及其演进的历史考察中得以证明。因此,在我们展开对中国近代公民身份和公民教育历史逻辑的省思之前,首先需要在西语世界中求证公民身份与公民教育的相关性。当然,这与我们对于公民教育在中国近代发展的本土化考察之初衷并不违背,因为以"规范概念"为形式的逻辑和以"本土叙事"为形式的历史总是在确切地互证、批判、和借鉴中才得以推进的。

首先,在逻辑起点上,"公民教育"(civic education)是以培养合格公民、塑

---

① 葛荃:《中国政治文化教程》,北京:高等教育出版社,2006 年,第 148 页。

② [英]伊辛、特纳:《公民权研究手册》,王小章译,杭州:浙江人民出版社,2004 年,第 157—164 页。

③ 周继旨:《论孔子和先秦儒家思想中的独立人格觉醒问题——兼论"仁"、"礼"关系与人性善恶问题》,《孔子研究》1986 年第 1 期。

④ 李泽厚:《中国古代思想史论》,北京:人民出版社,1986 年,第 31 页。

⑤ 葛荃:《中国政治文化教程》,北京:高等教育出版社,2006 年,第 66 页。

造公民身份、调控个体与共同体关系为宗旨的教育。现代公民教育是在现代民族国家和现代公民出现之后，即确认了国家与公民之间的法律关系之后才真正产生的。只有这时，抽象的公民才具有了实质性内涵，公民教育也就具有了现实意义。因而，对于公民身份的法律确认是现代公民教育的实践起点，"培养什么样的合格公民"、"塑造什么样的公民身份"、"旨在建构个体与共同体之间怎样的关系"成为公民教育首先要回答的问题。

其次，在语义联系上，"公民身份"作为政治理论的基本话语和政治实践的重要基础，源译自西方古希腊政治文明中孕育而生并随时代变换蕴意的citizenship 一词。由词源学的方法进行考察，citizenship"是由各种认同、义务和权利组合而成的概念，而不是一个单一的概念"①，其中，citizen 意指"公民"，而后缀-ship 则指涉"状态、性质、身份、关系、规范、技能"等多种含义。因此，在汉语世界中 citizenship 还经常被译作"公民性"、"公民观"、"公民意识"、"公民品德"、"公民地位"、"公民资格"、"公民权利"、"公民责任"、"公民责权"、"公民制度"、"公民能力"等。相应的，实践中的公民教育也涉及公民意识教育、爱国主义教育、公民权责教育、公民法制教育、公民素质教育等不同的向度和层面。由此可见，公民教育与公民身份在语义上是相互观照的。

再者，在内涵层次上，公民教育常被解读为三个层面：其一，"关于公民身份的教育"（education about citizenship），强调公民对国家历史、政体结构、政治制度、政治运作的知识性学习及其理解。此时，公民身份更多的是一种地位、国籍和相关权责制度的体认，而且公民在此处往往扮演着政治知识的承接者和接受者的被动角色，教育内容以政治知识的输入或意识形态的教化为主，因而是"最小限度的公民教育"。其二，"通过公民身份的教育"（education through citizenship），侧重于通过学校教育活动和社会公共实践来获得公民教育。此处的公民身份强调"人类共同体中的成员资格"及其理性实践，因此公民教育的主体性、实践性和社会建构色彩也得以加深。其三，"为了公民身份的教育"（education for citizenship），强调了教育的双重目的，即促进"公民的个体发展"和"公民的政治社会化进程"，旨在通过在知识与理解、能力与态度、

---

① ［英］希特：《何谓公民身份》，郭忠华译，长春：吉林人民出版社，2007 年，第 117 页。

价值与性向等各个方面"最大限度的公民教育"，使公民能够真正行使公民权利，掌握公民能力，践行公民责任，获得公民身份。此处的公民身份多了"政治上的自我治理"、"积极参与公共事务"等规范性意蕴。综上所述，无论哪种公民教育，都是以公民身份的概念为轴心架设其理论框架和研究范式，并立足于公民身份的不同面向，诠释出公民教育的目标、内容、机制、过程和方法；另一方面，不同内涵的公民教育又是基于对公民身份不同层次和语境的理解，因而两者在逻辑上是一种互释共诠的关系。

最后，在历史范式上，公民身份的嬗变史存在着共和主义与自由主义两大范式。其中，公民共和主义（civic republican）认为共和国优先于个体，因而所追求的自由是个人在共和国中的"真正自由"；强调美德在公民身份中的核心地位，倡导在个人之间建立友谊、和睦和兄弟般的爱。与之相应的，共和主义的公民教育秉承一种以亚里士多德为代表的"目的论"体系。它引导公民成为关心国家大事、积极参与公共事务的"积极公民"，强调通过严格的教育措施、宗教教化和军事训练来塑造公民的美德。相比之下，自由主义（liberalism）的公民身份是"革命暴动与契约主义的权利理论相结合的产物，英国是催生这一传统的助产婆"[①]。它建基于在个人主义之上，认为个人权利优先于公共的善（正义优先于善），私人领域优先于公共领域，并把公民身份视为一种法律地位，即一系列公民权利的获得和保障。与之相应的，自由主义的公民教育秉承一种启蒙思想家的"去目的论"体系。它旨在塑造一种"消极公民"的形象：即理想的公民不在于是否积极参与公共事务或具有公共美德，而在于是否纳税、守法、不侵犯他人权利、为经济作出贡献等等；坚持价值中立，强调自我保存，主张向公民传授为实现基本权利而必需的实用技能和知识，使他们头脑清明而自由地去追求自己认为善好的生活；反对学校教育与教化可能对思想自由等权利的妨碍，以及强势的公民教育可能对教育选择权利的侵犯。综上所述，公民身份与公民教育不仅在语义上相互观照，在逻辑上互释共诠，而且其历史范式也保持着互构共变的关系。

---

① ［英］希特：《何谓公民身份》，郭忠华译，长春：吉林人民出版社，2007年，第1页。

二、中国近代公民身份与公民教育的演进

中国近代公民教育史是一部打破臣民身份、衍生公民身份的"思潮"史。"凡'思'非皆能成'潮',能成'潮'者,则其'思'必有相当之价值,而又适合于其时代之要求者也。"[1]那么,近代"公民"思想之所以演变为历史思潮,一是源于其本身所蕴含的"民权"、"民主"、"民治"之价值,二是其与救亡图存、爱国兴邦的时代要求相契合。近代鸦片战争尤其是甲午战争以后,中华民族积贫积弱的形势日益严峻,在这一背景下,民权思潮泛起,传统的"贱民"、"庶民"、"草民"等概念也逐渐被"国民"、"新民"、"公民"等所替代。可以说,从"臣民"到"公民"的裂变不仅消除了对"民"的蔑视、贬损,将"民"从被治、被奴役的客体上升为独立自主自治的社会主体,同时也拉开了近代中国公民教育创世纪的帷幕。

从近代中国思想界的公民观演进来审视,对"国民"一词的使用可溯至1898 年康有为的《请开学校折》。后有论者对"国民"进行了界定,即"国民者,非望人之助而自助也,非求人之利而自利者也,非专欲自由而不能自治者也,非专求权利而不尽义务者也"。从而主张要塑造国民,必须根除我国数千年来的"最恶之两性","一曰去倚赖官吏之根性也","一曰取奴隶外人之根性也"。[2] 由此,"国民"的概念不仅有谋求个人利益的权利,还有参与公共事务和社会治理的权责。新文化运动中,亦有不少学者在更接近现代"公民"概念的意义上使用"国民"一词,并赋予其浓郁的民主政治内涵。例如,陈独秀认为国民政治之觉悟可大体划分为三个阶段:首先,国民必须有"国家为人民之公产,人类为政治动物"之意识,此为觉醒之第一步;"弃数千年相传之官僚的专制的个人政治,而易以自由的自治的国民政治也",此为觉醒之第二步;"自觉其居于主人的主动的地位"则为觉醒之第三步。[3] 其次,所谓"新民",梁启超在 1903 年发表的《新民说》中指出,"新民为今日中国第一急务","新民"不仅

---

① 梁启超:《清代学术概论》,北京:东方出版社,1996 年,第 1 页。
② 《论中国之前途及国民应尽之责任》,《湖北学生界》1903 年第 3 期。
③ 王人博:《近代中国与宪政文化》,北京:法律出版社,1997 年,第 408—419 页。

应该具有国家思想、权利思想、义务思想、政治能力、进取精神,还应包括公德、私德、自由、自尊、尚武、合群、生利、民气、毅力等品质。① 在这些人格特质中,梁启超特别看重国民的权利意识。他指出:"为政治家者,以勿催压权利思想为第一义;为教育家者,以养成权利思想为第一义;为私人者,无论士焉、农焉、工焉、商焉、男焉、女焉,各以坚持权利思想为第一义。"同时,权利与义务不可分割,"两者其量适相均"。② 可见,梁任公的"新民"所包含的国家与公民关系、公民权利与义务的关系等论述与西方国家的公民身份、公民教育理念一脉相承。不同的是,中国培育"新民"之目的更在于救亡图存和强国兴邦。再者,所谓"公民"一词,始现于康有为1902的《公民自治篇》中。为配合请政府推行新政,康有为提出朝廷要"立公民"之主张,并指出,"人人有议政之权,人人有忧国之责,故命之曰公民";"公民"的意义在于,"一举公民,则举国四万万之民,进于爱国,进于公益,进于自重,进于好施,进于学识,踊跃磨濯。如大海之鼓潮,如巨风之振山也,其熟能御之"。③ 可见,康有为此时所言之"公民"已具有议政参政、爱国主义的强烈意蕴。

从近代中国宪政制度的发展脉络来审视,1907年中国首部具有宪法性的文件《钦定宪法大纲》颁布,尽管其始终无法摆脱立宪与君权的矛盾缠绕,没有将民权条款放在更为显著的位置,也没有实现真正的君主立宪制,但是仍具有划时代的历史意义。有学者不失公允地指出,《钦定宪法大纲》并非宪法,仅是清王朝制定宪法的纲要,"大纲",它以根本法的形式使君权合宪化,以便巩固封建专制统治,其浓厚的封建色彩显而易见。但是,它以列举的方式确定了君主的权力范围,拟议设定议院以牵制王权,赋予臣民以基本的权利和自由,这样就使《钦定宪法大纲》略具近代宪法意义的色彩;④而"臣民按照法律有应得

① 梁启超:《新民说·论新民为当日中国第一要务》,载《饮冰室合集》,北京:中华书局,1989年,第2—5页。
② 梁启超:《新民说·论新民为当日中国第一要务》,载《饮冰室合集》,北京:中华书局,1989年,第104页。
③ 康有为:《公民自治篇》,载张枬、王忍之主编:《辛亥革命前十年间时论选集(第1卷上册)》,北京:生活·读书·新知三联书店,1960年,第173—176页。
④ 周叶中等:《宪法》,北京:高等教育出版社,2000年,第65页。

应尽之权利义务",更是中国古代法律制度开始现代性转换的重要标志。①
1911 年,清王朝在辛亥革命压力之下仓促出台了《重大十九信条》,当时的摄
政王载沣"还装模作样去太庙宣誓拥护",②形式上具有"效忠宪法"的味道。
在近代中国宪政制度发展史上,《钦定宪法大纲》《重大十九信条》常被看作清
王朝"假借立宪之名,行抵革命之实"的产物,但法律文本中从"臣民"到"国
民"、"公民"的转变却是在这一过程中悄然完成的。辛亥革命胜利以后,"中华
民国"临时政府于 1912 年制定实施了具有宪法性质的《中华民国临时约法》,
并宣称,"中华民国之主权,属于国民全体"。但是,除了该条之外,《临时约法》
在规定基本权利和义务时全部使用"人民"一词。有学者对此作阶级分析,认
为此处的"人民"实际上所指的"只限于资产阶级本身而不包括广大劳动人民
在内"③。尽管如此,《临时约法》从宪法角度界定了公民身份的基本内涵,从
而在宪法层面上否定了传统的臣民观念和臣民身份。之后,一系列旨在改善
国民地位和处境的法令相继颁布,这些法令进一步取消了公民身份性别、财
产、资历、文化等方面的限制。据考察,"公民"一词首次出现在"中华民国"的
正式法律条文,是在 1923 年颁布的《中华民国宪法》中第 12 章"地方制度"第
127 条第 4 款:"住居省内一年以上之中华民国人民,于省之法律上一律平等,
完全享有公民权利"④。同时,不少省份在不违背国家宪法的前提下制定了适
合本省的宪法。例如,1922 颁布的《湖南省宪法》多次在选举资格、选举办法
等方面出现"公民",强调了其政治参与的属性。

　　从近代中国公民教育的理念与实践来审视,甲午前后"新民德"的救国主
张开启了中国近代公民教育的篇章。"新民德"尤其强调了"民权"和"民责",
其中,"民权"之关键在于自由独立的国民人格之培育,"民责"之要义在于爱国
救亡的国民义务之履行。例如,严复指出,中国"积弱积贫"的原因在于"民力
已茶,民智已卑,民德已薄",究其根源,主要是君主专制统治剥夺了天赋的人
权,丧失了政治和思想上的自由,外在的奴化压制转化为内在的奴性,因而不

---

① 朱勇:《中国法制通史(第 9 卷)》,北京:法律出版社,1999 年,第 93—107 页。
② 蒋碧昆:《中国近代宪政宪法史略》,北京:法律出版社,1988 年,第 85 页。
③ 蒋碧昆:《中国近代宪政宪法史略》,北京:法律出版社,1988 年,第 130 页。
④ 岑德彰:《中华民国宪法史料》,上海:新中国建设学会,1933 年,第 70 页。

可能形成自觉的爱国心和正确的权利义务观念。因此,急需开展"鼓民力、开民智、新民德"的国民素质教育。[①] 所谓"新民德",就是用西方的自由、民主、平等、博爱等思想取代中国传统的宗法制度和伦理道德,重塑国民人格,其关键在于培养国民的自由精神和独立人格。1912 年,教育部颁布了"注重道德教育,以实利主义、军国民主义教育辅之,更以美感教育完成其道德"的新教育方针,旨在通过德、智、体、美四育,养成共和国民的健全人格。1915 年,教育部规定,修身科内兼授"公民须知",在修身科的第三、四年进行。此时,公民教育虽未成为一门独立课程,但其内容已进入课堂。1922 年 12 月在南京举行的第二次新学制课程标准起草委员会上,决定将"修身科"改为"公民科",列入小学课程;初级中学取消修身科,设立社会科。公民教育的主要内容包括:社会生活及其组织、宪政原则、"中华民国"之组织、经济生活、社会问题、国际关系以及道德问题等。至此,公民科作为一门独立的学科被确定下来。并使公民教育思想首次进入了国家的教育政策。20 世纪 20 年代中期以后,公民教育的发展遇到一些波折,国民党强力推行党化教育,把国民党的"三民主义"作为公民教育的核心内容。随着日本侵华战争的全面爆发,公民教育更加强调国家主义与公民义务,例如,张君劢曾认为,"国家之存在理由在一切之上,个人利益应因国家之利益而牺牲",[②]这无疑与"新民教育"时期对于民权的强调有着很大的不同。此外,为了重塑民族精神,增强民族信心,此时的公民教育提出重估中国的传统文化,尤其是对忠、孝、节、义等儒家传统的美德都进行了重新阐释以鼓舞民族士气,抵御外敌。

三、民族主义与民主意识的双重教育

通过前文的梳理可以看到,从晚清三次新政中基于"国民"、"新民"、"公民"等概念展开的素质教育,到民国伊始所颁布的教育强国政策,经国民党强力推行的党化教育,再到抗战时期侧重于国家主义和公民义务的国民教育,可以说,近代中国的公民身份演进与公民教育发展首先是"挑战—回应"的时代

[①] 严复:《严复集(第 1 册)》,北京:中华书局,1986 年,第 18—19 页。

[②] 张君劢:《民族复兴之学术基础》,北京:中国人民大学出版社,2006 年,第 121 页。

产物。在西方武力步步紧逼、西方思潮不断冲击、传统文化几近崩溃、社会秩序急剧解体、内忧外患接踵而至等综合挑战之下,近代中国的公民教育呈现出鲜明的现实主义传统和民族主义取向。

现代国家具有两个基本特性:"一是民族国家,一是民主国家,前者是现代国家的组织形式,以主权为中心;后者是现代国家的制度体系,以主权在民的合法性为基础。"①由此,公民教育也就具有内外两维,即对外的"民族建构"之维和对内的"民主建构"之维。有学者指出,"民主主义和民族主义,作为现代国家的基本原理,构成了现代公民产生和现代公民崛起的契机"②。但是,问题的关键是:民族主义与民主主义是相容的还是互斥的? 换言之,公民教育的民族主义取向能否保障公民权利的发展,又能否成为民主思想的启蒙教育呢? 对这一问题的考察,需要充分地对民族国家的主权与公民权之相关性进行考察。

吉登斯(Giddens)曾指出,在民族主义、主权和公民权之间可能存在着一系列的联系和张力,它们的发展方向取决于理念导引的路径。在他看来,民族主义具有两种具有紧张性的导向,即主权导向和公民权导向。如果单面推进主权导向的民族主义发展,公民权的发展就极有可能受到抑制,特别是当国家遭受侵凌争夺和整军备战时,公民权就可能发育孱弱,其政治权利就更有可能大受蔑视。另一方面,公民权的扩展可以制约主权对民族主义的影响,并刺激民族主义情感向着更为多元化的方向发展。③ 那么,吉登斯的这一判断对于中国近代是否具有解释的合理性和确切性?

逻辑上,民族国家处于由其他民族国家组成的联合体之中,它们之间利益争夺与利益对抗使世界陷入所谓的"霍布斯丛林"。因此,民族主义的首要问题就是民族自身的生死存亡问题,即国家主权问题。但是,应该注意到,主权导向的民族主义也具有两种可能:当军事暴力用来保家卫国和抵御外侮之时,主权导向的民族主义无疑具有合法性和合理性。另一方面,当军事暴力用以

---

① 徐勇:《"回归国家"与现代国家的建构》,《东南学术》2006年第4期。
② [日]熊谷一乘:《公民科教育》,东京:学问社,1992年,第4页。
③ [英]吉登斯:《民族国家与暴力》,胡宗泽等译,北京:生活·读书·新知三联书店,1998年,第262页。

领土扩张和对外侵略时,就显然违背了国际法上的国家主权原则,为此种目的的民族主义当然就具有非法性和侵略性。就吉登斯的论述来看,他显然对侵略性的民族主义抱有高度的警惕,但相对忽略了防御性民族主义的合法性和合理性。进一步讲,如若按照吉登斯的理论,认为主权导向的民族主义之侵略性、扩张性与公民权导向的民族主义之正当性、启蒙性相互对立和排斥,这种二分法就显得过于简单化,缺少确切性。

历史上,近代基于"国民"、"新民"、"公民"的教育首先是一种救亡图存、捍卫主权、转弱为强的路径,是"唤醒人民知御外以存国"的好办法。但是,正如时论者所言,"今欲强中国,绵华种,鼓爱力,结群谊,非兴民权不可"[①],国家主权与公民权利是相互关联的,"若人权尽复,民智大开,则人知爱国,下令流水,国权乃一张而不可仆,主权亦以隆而不可替"[②]。正是基于上述历史和逻辑的双重缘由,一方面,伴随着防御性主权在新兴民族国家内部渗透和扩展,作为个体的公民权意识逐渐觉醒,昔日的臣民逐渐向公民转化;另一方面,伴随着清末民初的诸次新政、立宪运动和公民教育实践,处于社会震荡转型期的民族国家"得以将公民权作为民族主义的一个方面加以动员"[③],公民权不仅"创造了一种新的法律团结基础,同时也为国家找到了世俗化的合法化源泉"[④]。整体上看,就近代中国而言,防御性主权导向的民族主义与公民权导向的民族主义并不是对立互斥的关系,更多时候表现出相互融合、相互促进的互构性。如果单独鼓吹民族主义而拒绝民主主义,公民教育就势必蜕变为扼杀自由民主、助纣极权专制的唯意识形态主义的婢仆;如果单独强调民主主义而忽视民族主义,公民教育就可能滑落为虚无主义和无政府主义的始作俑者。概言之,近代中国现实主义和民族主义取向的公民教育,离不开对公民权利和民主政治的基本承诺。

---

① 李振铎:《民权之界说》,《政艺通报》1902 年第 15 期。
② 先忧子:《说权》,《清议报》1900 年第 44 期。
③ [英]伊辛、特纳:《公民权研究手册》,王小章译,杭州:浙江人民出版社,2004 年,第 157－164 页。
④ [德]哈贝马斯:《包容他者》,曹卫东译,上海:上海人民出版社,2002 年,第 132 页。

四、公民运动和社会治理中的实践教育

正如梁启超所言，"凡时代思想，无不有'继续的群众运动'而成"，①近代中国的公民思潮不仅体现于思想界的呐喊和政制文本的载记，而且在实践中以公民运动的形式展开和推进。如果说现实主义传统和民族主义取向是我国近代公民教育在特殊时代背景下所呈现的外在线索，那么其下所蕴含的"民权、民主、民治"的公民社会的诉求和社会治理的实践则构成了其内在逻辑。

甲午战败之后，"民族民权二大主义之潮流，滔滔然急湍全国。惟使人人皆得享人权自由之幸福，脱专制之羁轭，而民权之说生焉"②。随着民权思潮的孕育和勃兴，公民教育与地方自治运动相互汇涌、互为依托，形成了"教育救国"、"自治救国"、"实业救国"等主张。一方面，公民教育推动了地方自治运动的发展，另一方面，地方自治运动又使公民教育彰显出政治参与和民主实践的智慧。有舆论指出，无论是立宪还是地方自治，都离不开国民的普遍参与，因为它们的推行，必先使全国之中人人有政治意识和能力，欲人人有政治意识和能力，就必先使人人有政治思想；欲使人人有政治思想，就必须从普及教育着手。于是说："教育既遍，国民胥智，政治上之知识皆磅礴于人人之脑中，而后自治之能力，随在可以发挥，以之充议员之选，闻国家之事，其恢恢乎游刃有余矣。"③其意表明，诸如地方自治之类的国民参与政治的制度建立，必须从公民教育着手。可见，地方自治的实践与公民教育之间互为内容，双向建构，公民教育所要塑造不仅仅是一种作为地位、国籍的公民身份，更在于塑造积极参与公共事务的好公民，或者说是理想的共和主义公民身份。

民国时期，与国家层面所开展的公民教育相比，民间推动的、丰富多彩的公民教育运动给人的印象更为深刻。这里仅举三例。一是胡适、陶行知等学者邀请实用主义思想家、公民教育家杜威（Dewey）来华讲学。杜威特别强调了民主同教育的关系："如果我们通常所想的狭义教育，没有我们所想的家庭

---

① 梁启超：《清代学术概论》，北京：东方出版社，1996年，第1—2页。
② 冯自由：《革命逸史（第4集）》，北京：中华书局，1981年，第117页。
③ 觉民：《论立宪与教育之关系》，《东方杂志》1906年第12期。

教育和学校教育,民主主义便不能维持下去。"① 为此,"我们应严肃地、认真大力地利用民主的学校与学校中的民主方法,并应在自由的精神中教育国家的少年和青年去参加一个自由的社会","并采取步骤,使学校成为标准自由人明智地参与自由社会的更完善的工具"。② 杜威的这一思想突破了"最小限度的公民教育"以政治知识的输入或意识形态的教化为要义的局限性,实质上在倡导"通过公民身份的教育"和"为了公民身份的教育",从而使公民教育增加了"政治上的自我治理"、"积极参与公共事务"等规范性意蕴。二是 1925 年江苏省教育会、上海家庭日新会和基督教青年会等民间社会团体联合举行的全国公民教育运动。其中,江苏省教育会为了切实推进公民教育,组织了公民讲习所,订立"公民信条",内容包括发展自治能力、养成互助精神、崇尚公平竞争、遵守公共秩序、履行法定义务、尊重共有财产、注意公共卫生、培养国际同情等。三是平民主义教育家晏阳初等人所搞的乡村建设运动。他认为,中国农村的问题在于"愚、穷、弱、私"四字,解决途径是"博士下乡",在农村中推行文艺、生计、卫生、公民四大教育,培养和提高农民的"知识力、生产力、保健力和团结力"。③ 梁漱溟也持有相似论点,并带领一批知识分子和青年深入农村,建立了山东建设研究院,并开辟了邹平、菏泽、济宁等实验区,这一做法这对于增强公民意识、提升公民自治能力起到巨大作用。尽管近代中国的公民社会还处于发育期,公民政治参与也处于较低的水平,但是,公民教育中呼吁"民治"的心迹,表明人们正在为民权和民主的诉求寻找一个切实的制度根基。从他们的内心深处来看,民权不是口号,民权实现的最好的教育方式就是让公民主体亲身去体验和实践。"从教育孩子的例子,我们知道,培养独立的习惯的最后的方法是给予独立权利。原则是,让不会游泳的人到河里去。如果把给予独立权利的机会拖到一个人成熟到这种程度的时候,那么这样的时刻永远不会到来"④。

① [美]杜威:《民主主义与教育》,王承绪译,北京:人民出版社,1990 年,第 27 页。
② [美]杜威:《人的问题》,傅统先、邱椿译,上海:上海人民出版社,1965 年,第 77 页。
③ 晏阳初:《晏阳初文集》,长沙:湖南人民出版社,1989 年,第 117—223 页。
④ [苏联]别洛策尔科夫斯基:《自由、权力和所有权》,林英译,长春:吉林人民出版社,1984 年,第 115 页。

如前所述,对于公民身份的诠释具有自由主义和共和主义两大传统,前者彰显公民权利,后者强调公民责任。联系到中国近代公民教育的现实主义传统和民族主义取向,公民权导向的民族主义"既可能与自由主义(突出公民的个人自由权)以及民主主义(强调公民的政治民主权)携手,也可能与重视公民美德的共和主义联盟"①。共和主义使民族主义将公民对于共和国的热爱导向于公民参与和公民自治上来。在共和主义者看来,所谓"共和国",其"公共"就在于"它使得人们作为一个共同体或政治共同体的成员而卷入进来——是因为人们出于共同的关怀而参与进来"②。因此,共和主义者所倡导的爱国方式应当将民族主义纳入到公民政治的轨道。可以说,近代中国的公民教育包含着"民权、民主、民治"的理念诉求和社会治理的实践内容,它建基于对公民权利和民主政治的基本承诺,在发展过程中既与民族主义的爱国主义相互融合,又与公民积极参与的共和主义互为联盟,从而构成了近代中国公民教育浓重的本土特色。

时值当代,中国国际地位不断提升、综合国力日益强大,如何在我国公民教育中找准对外"民族建构"与对内的"民主建构"的平衡点,平衡"主权"与"公民权"的关系,正确开展公民爱国主义教育和旨在推进公民参与的共和主义教育,理应成为当代公民教育实践中要认真思索和严肃应对的首要问题。另一方面,我们又面临着全球一体化的浪潮洗礼,必须同时克服极端排外的民族主义和纯粹包容的世界公民两个极端。同时,怎样处理中国传统文化与西方现代文明之间"公民身份"的张力,怎样化解公民教育实践中现实主义与理想主义之冲突,也是当代我国亟待探讨的重大课题。其实,中国近代的公民身份和公民教育史已然给予我们许多启示。所有的思想和传统都不是凝固的,它从过去延伸到未来。虽然传统的东西不能为以后的人们提供可以复制的模式和遵守的规则,但它可以给予我们多方面的"暗示",留给我们制度创新的足够空间。因此,"我们最崇高的敬意不是对它意义的挖掘,而是再现它所展示的那个时代国人最关注的问题与方式,以及最真实的心声或诉求,接着他们的思考

---

① 肖滨等:《现代政治中的公民身份》,上海:上海人民出版社,2010年,第116—121页。
② [英]伊辛、特纳:《公民权研究手册》,王小章译,杭州:浙江人民出版社,2004年,第199页。

再思考下去"①。②

第四节　和谐社会视阈中公民身份的双向建构

依现代政治文明的逻辑架构,个体是公共性与私人性的统合体,公民则是个体公共性的表达。所谓公民身份,按照不列颠百科全书的定义,是指"个人同国家之间的关系,这种关系是,个人应当对国家保持忠诚,并因而享有受国家保护的权利"③。安德鲁·海伍德(Andrew Heywood)在《政治学核心概念》中也作了相似的表述:公民身份是个人与国家之间的一种关系,在这种关系中双方通过交互的权利和义务而联系在一起的。④据此,我们可以认为,公民身份是个体与政治相连接的纽带,是沟通公民与国家关系的桥梁。

对公民身份的最早探讨源起于公民文化发达的古希腊城邦时代,在西方政治发展史上形成了两种鲜明对立的传统和模式:自由主义公民身份和共和主义公民身份。⑤公民身份是衡量社会发展与和谐程度的一把标尺。构建和谐社会⑥,需要以平等的公民身份为铺垫。本节试图将公民身份这一核心政治概念引入当代中国追求和谐社会的视阈之中,在和谐社会视阈中探讨公民身份理论的规范建构,透过公民与国家关系之维度试探析和谐社会的实现路径。

一、公民身份的历史变迁

自由主义传统的公民身份理论发源于近代西方资产阶级革命的过程中,是自由主义思想的重要组成部分。自由主义公民身份"起源于对个人权利的

---

① 汪太贤:《从治民到民治:清末地方自治思潮的萌生与变迁》,北京:法律出版社,2009年,第6页。

② 本章第三节内容原载《社会科学战线》2012年第3期,题为《中国近代公民教育的历史逻辑:基于对公民身份的省察》。

③ 《不列颠百科全书国际中文版(第4卷)》,北京:中国大百科全书出版社,1999年,第236页。

④ [英]海伍德:《政治学核心概念》,吴勇译,天津:天津人民出版社,2008年,第147页。

⑤ 这两种理论模式根据其特点,也可分别称为权利公民身份与责任公民身份。

⑥ 本文所使用的"和谐社会"概念表达的是包含政治、(狭义的)社会维度的中观含义。

抽象"①。洛克等政治思想家提出的自然权利和社会契约理论,与资产阶级革命实践相结合,使英、法等主要欧洲国家从君主专制国家转向资本主义自由民主国家。在此过程中,形成了以强调权利为核心的自由主义公民身份理念。法国大革命期间发布的《人权宣言》和美国的《独立宣言》成为宣示权利公民身份的经典文件。

历史上首次明确提出"公民身份"概念并进行研究的学者是英国社会学家马歇尔。1949 年,马歇尔发表关于公民身份的演说——《公民身份与社会阶级》,他将公民身份分解为公民的(civil element)、政治的(political element)和社会的(social element)三种分析要素(即三组权利)②,并分析了这三种权利在英国的演进顺序:公民权利发展于 18 世纪,政治权利发展于 19 世纪,社会权利发展于 20 世纪。马歇尔着重研究了社会权利,认为社会权利是其他两项权利的重要支柱。马歇尔的公民身份理论成为阐释自由主义公民身份的经典著述,并广泛影响到战后欧美各国建立福利国家的各项政策和实践。

共和主义的公民身份模式有着更为源远流长的历史和传统。"公元前 6 世纪和前 4 世纪的斯巴达和雅典城邦,以及罗马共和国统治时期的近五百年的太平盛世,开启了公民共和主义的序幕"③。生活于雅典城邦的亚里士多德,推崇城邦公共生活,认为"人类自然是趋向于城邦生活的动物"④。作为城邦的公民,必须具有良善的美德,积极地参与城邦的政治生活和各种公共事务,参加公民大会,在城邦的各种政治机构中担任公职。古罗马思想家西塞罗(Cicero)深受雅典政治理论的影响,认为"一名真正可敬而勇敢的公民",应当"完全献身于公共服务",⑤必须"用其演讲的天才、道德的天资和理性的思维成就其良善的行为"⑥。

---

① [英]希特:《何谓公民身份》,郭忠华译,长春:吉林人民出版社,2007 年,第 5 页。

② 此处指马歇尔所定义的公民权利(Civil Rights),指人身自由,言论、思想和信仰自由,拥有财产和订立有效契约的权利以及司法权利。广义上的公民权利则是指将政治权利与社会权利均包括在内的公民应享有权利的总称。

③ [英]希特:《何谓公民身份》,郭忠华译,长春:吉林人民出版社,2007 年,第 43 页。

④ [古希腊]亚里士多德:《政治学》,吴寿彭译,北京:商务印书馆,1965 年,第 7 页。

⑤ P. B. Clerke. *Citizenship*. London: Pluto Press, 1994, p.49.

⑥ 高力克:《卢梭的公民观》,《浙江学刊》2004 年第 4 期。

进入近代以后,权利公民身份成为新兴资本主义拿来反抗封建专制的武器,然而共和主义的公民身份观念依然不绝如缕。意大利文艺复兴时期的思想家马基雅维利(Machiavelli),认为公民的"德性"(意大利语:virt)对于共和国的维系具有重要意义,"virt"指一种涵摄"勇气、坚毅、胆识、技能"等品质的公民精神。法国思想家卢梭(Rousseau)的政治理想则以斯巴达城邦和日内瓦共和国为蓝本,"它由道德公民组成,他们是一些富有公共精神的爱国者、具有尚武精神和英雄气概的战士"[1]。在人民主权的政治理论中,卢梭认为"主权权威的参与者,就叫作公民"[2]。这些论述都充分表达了他强烈主张公民参与政治、肩负护卫共和国责任的观点。当代政治哲学家阿伦特则认为人在公共领域内的行动是真正自由的体现,"不参与分享够公共权力就不能说是幸福和自由的"[3]。

我们通过对两种公民身份主张的历史考察,可以发掘出它们各自的主要特征和核心要素。自由主义公民身份的核心观念是:公民拥有的各项权利具有首要价值,义务是为实现权利而付出的等价交换。即便一个国家缺乏品性好的公民,也可以通过权力制衡、制度设计来保持自由民主。共和主义的公民身份则强调公民对共同体承担的各种责任与义务,认为公民身份首先意味着是一种责任,公民应当具备优良的素质和美好的品德,赞同参与公共生活对公民的重要价值。共和主义的公民身份理念也在当代兴起的社群主义等思潮中得到了充分弘扬和体现。

近年来,随着经济全球化、环境污染、种族歧视及其他社会问题不断增多,公民身份日益成为争论的焦点问题,诸多学者从环境、文化、性别等各异的视角研究公民身份的构建模式,极大拓宽了公民身份理论的视野;同时,西方国家很多公共政策的制定与设计,其背后也都隐含着对构建公民身份的路径选择。而权利与责任依然是公民身份审视和关注的焦点与核心,使公民享有平等而完整的公民身份,实现公民与国家的和谐共生,是公民身份理论始终追寻

---

① 高力克:《卢梭的公民观》,《浙江学刊》2004 年第 4 期。

② [法]卢梭:《社会契约论》,何兆武译,北京:商务印书馆,2003 年,第 21 页。

③ [美]阿伦特:《论革命》,陈周旺译,南京:凤凰出版传媒集团、译林出版社,2007 年,第254 页。

的理想模式。

将公民身份这一概念植入我国构建和谐社会的现实视阈中,笔者认为,权利公民身份与责任公民身份并非是绝对对立的实质冲突。因为社会和谐的实现,既需要国家和政府对公民各项权利的合法保护与平等安排,亦不能缺乏公民的责任与合作。我们将权利与责任这两个维度转化成从"公民—国家"与"国家—公民"的双向度视角来分析,公民身份就可得到更为清晰的建构路径:国家(亦指代表国家行使公共权力的政府)面向公民个体时,应强调维护公民身份的权利要素,其政治理念和政策设计应优先注重保障公民自由、实现公民权利;公民面向国家时则更应将视点聚焦于自身所应承担的责任,并能够习得和具备一定的参与公共生活、审议公共事务和监督政府的能力,成为主动的责任公民。两个向度相互平行,相辅相成。我们将这一模式称为公民身份的"双向建构"。双向建构的目的在于追求平等的公民身份,实现社会的和谐状态。

二、公民身份的现实障碍

(一)从"公民——国家"的向度和历史、文化的维度看,依附型的臣民文化传统是实现平等公民身份的重要障碍

封建专制政治传统的长久积淀,是形成依附型臣民文化传统的主要原因。正如韦伯的判断:"国家的公民这一概念是伊斯兰世界、印度和中国所不知道的。"①对于古代中国来说,参与政治生活、追求自由民主的城邦公民文化是极为陌生的,不仅在政治实践中从未有过,即使是先秦诸子百家丰富的政治思想和学说中也从未有此设想。保留传承至现代汉语的"国家"一词,将"国"与"家"连用,即鲜明显示了中国封建时代建立在家国同构基础之上的集权专制的政治结构。在秦国统一中国后的两千多年里,朝代更替只意味着江山易主,"家天下"的政权结构却始终如一。"率土之滨,莫非王臣"(《诗经·小雅·北山》),任何国土上的个人,其身份只能是皇帝的臣民。

臣民身份与公民身份究竟有何差异?一言以蔽之,"一个公民既是统治者

---

① Derek Heater. *Citizenship: The Civic Ideal in World History, Politics and Education*. New York: Longman Inc. ,1990, p. 2.

又是被统治者"①，而臣民身份只意味着被统治、奴役，要承担赋税、徭役、军事作战等义务，臣民对皇权却无任何权利要求可言。这种与公民精神迥然相异的臣民文化，形成了一种特有的依附性。这种依附型文化意味着个人根本没有可以不受政治权力侵入的私人领域，也就丧失了独立性和自主性。"国不可一日无君"，臣民离不开君主，仰赖于君王的权威，希冀于皇帝的仁政和恩典。臣民的政治理想，不是脱离皇权的支配获得自由和权利，而是期盼"明主贤臣"来为民做主。通过君臣父子的纲常伦理规范的教育和塑造，以及特定的礼法和仪式对人身体的规训，"臣服不仅成为臣民自愿认同的正当的价值取向，而且成了某种铭刻在他们身体上的可遗传的生物性记忆"②，臣民文化传统已经深植于中国政治文化的深层土壤之中。

与臣民传统形成鲜明对比的是，作为舶来概念的"公民"出现在中国仅仅有百余年的时间。1954年颁布的《中华人民共和国宪法》开始在宪法中使用"公民"概念，直到1982年宪法，"公民"的含义才得到清晰的表述："凡具有中华人民共和国国籍的人都是中华人民共和国公民"（宪法第33条）。③"公民"概念的使用、法律规定都甚为短暂，与之相关的制度安排和文化认同在依附型臣民文化的土壤中要脆弱和浅薄很多，公民意识甚为欠缺。现实社会常出现的法治精神的淡漠、非制度化的政治参与、权利表达能力较弱等问题和现象，其中一个重要原因就是公民文化与公民精神的缺失。

（二）从"国家——公民"向度和现实、社会的维度看，存在的主要问题则是由城乡二元结构造成的公民身份分裂

城乡二元结构，是指我国的城市和农村居民，"由于户籍或居住地制度，形成两个相互独立的社会单元"④，在此基础上形成相关制度和政策，导致城乡在经济生产、文化教育、资源分配等方面产生并维持巨大差异的一种社会结构。城乡二元结构以造成城乡隔离的户籍制度为核心，形成于计划经济体制

---

① ［英］冈斯特仁：《公民身份的四种概念》，载［英］斯廷博根著：《公民身份的条件》，郭台辉译，长春：吉林出版集团，2007年，第44页。

② 张凤阳：《政治哲学关键词》，南京：江苏人民出版社，2006年，第137页。

③ 馨元：《公民概念在我国的发展》，《法学》2004年第6期。

④ 王莹、罗银利：《城乡二元社会结构研究回顾》，《合作经济与科技》2007年第1期。

环境中:1958 年,我国颁布《中华人民共和国户口登记条例》,在户籍制度上形成对农民迁徙权的限制。以此为基础,之后形成的人民公社、公共财政、社会保障、卫生医疗等一系列制度安排将这一结构固化,城乡二元成为稳定的社会结构框架。这样一种城乡分割制度将城乡之间的人口流动牢牢限制,使理应平等的公民身份分裂为现实中相对立和不平等的"市民"、"城市人"身份与"农民"、"农村人"身份。这种现实身份与生俱来且难以改变,决定着个人物质收入、生活方式和水准,以及获取各种社会福利和资源的程度。城乡二元结构是指令经济时代国家凭借政治权力追求工业化与现代化的过程中的产物,是国家工业化目标导向下对公民身份形成的一种弱权利、强义务的制度安排。

改革开放后,市场经济的发展形成对人力资源自由流动和有效配置的要求,户籍政策也逐渐开始转变。然而,城乡二元结构形成已久且匹配了强大繁复的制度体系,"具有巨大的稳定性和惯性,很难被打破和改变"①。20 世纪 80 年代中期后,城市经济体制改革开始进行,先于城市进行的农村体制改革逐渐滞后,与之伴生的后果是农民、农业和农村问题越发严重:城乡收入比例 1983 年为 1.82:1,不断扩大到 2003 年的 3.23:1,②2007 年我国城乡收入比扩大到 3.33:1,绝对差距达到 9646 元。③ 农村劳动力在向城市转移的过程中出现"农民工"等诸多问题。这些问题成为影响政治与社会和谐的负面因素,也引起了党和政府、社会的高度重视,但是仍然没有得到真正解决。这些问题的根本原因还在于造成农民与市民之间身份沟壑的城乡二元结构尚未根本改变。只有破除城乡二元结构和相关的制度体系,推进城乡化一体发展,以公民身份整合城市居民与农民身份,才能为解决"三农"问题奠定基础。

三、公民身份双向建构的现实路径

我们认为,在当代中国的政治社会环境中,公民身份的双向建构路径应当通过以下方面实现。

---

① 李佐军:《中国的根本问题:九亿农民何处去》,北京:中国发展出版社,2000 年,第 51 页。
② 柯炳生:《关于我国农民收入问题的若干思考》,《农业经济问题》2005 年第 1 期。
③ 2007 年数据参见:《去年我国城乡居民收入比为 3.33:1》,见新华网 www.news.cn。

（一）在国家面向公民的向度上，应当对现实存在的不平等的公民身份制度设置进行改革创新，推行和实现"以公民权利"为本的民主政治观念和公共行政理念

借鉴马歇尔的三组权利演进理论，我们可以看到，"社会权利"①这一为马歇尔所特别关注的权利要素的缺乏，亦是当今中国社会民生问题的根源：民众在市场过程中成为几乎完全依靠自身能力禀赋和私人资源来自我维持的消费者，卫生医疗、教育等公共服务匮乏、昂贵而难以有效满足需要，其他各种福利资源和社会保障体系也形成了农民与市民之间的不平等分配。这一系列问题的解决方案在于，一方面要加强对公共产品的供应和社会保障体系建设，切实保障公民的社会权利。只有社会权利作为基本保障，公民其他权利的实现才真正具有意义，才不至于沦为停留在法条上的权利空谈。另一方面，要尽快破除城乡二元结构的制度体系，避免在公共服务和福利资源分配中造成新的不公，并应给予农民群体以合理补偿，逐渐消解农民和市民之间形成的不平等身份。

在执政党提出"以人为本"的背景下，笔者认为，在面向公民的社会主义民主政治进程中，应当将这一执政理念具体化为"以公民权利"为本。这意味着民主政治和公共行政过程应当以维护公民的各项权利作为行动导向，政治与行政体制改革应当以保障公民各项权利的平等实现作为主要目标和基本取向。现实中，一些地方政府常严苛要求公民承担各种责任，却粗暴对待甚至侵害公民的合法权利和利益，这种对公民身份建构逻辑的颠倒和混淆常常会在政府与民众之间形成隔阂和积怨，成为引致社会冲突的重大隐患。政府部门的各项政策制定与设计，也要首先考量到公民权利的保障程度，绝不能以牺牲公民的权利为代价去追求经济发展和其他单一目标，这样的发展必然是不科学、不可持续的发展。

---

① 马歇尔对"社会权利"的定义是："从某种程度的经济福利与安全到充分享有社会遗产并依据社会通行标准享受文明生活的权利等一系列权利。"参见郭忠华、刘训练：《公民身份与社会阶级》，南京：江苏人民出版社，2007年，第8页。本文所论社会权利具体是指公民享有各种公共资源、公共产品和服务以及社会福利保障的一系列权利。

（二）在公民面向国家的向度上，公民应积极自觉履行义务和承担责任，以理性与智识参与公共事务和公共生活，维护社会秩序的和谐

完善公民的责任和义务在不同时代和地域有着不同的要求和体现。现代中国的公民责任清单上应该有哪些内容，又该如何实现，这是一个值得探讨的问题。我们认为，这份责任清单应当随着时代发展而不断更新，也应当基于国家与公民达成的共识而确定。但我们应当看到，在现实生活中，最容易被忽视、也是最重要的公民责任便是政治参与。积极参与公共事务，在公共生活中表达自己的政治见解和主张，是共和国公民义不容辞的责任，社会主义民主政治的发展也要求我们履行关注公共政策方案、监督政府运行和公共权力行使的义务。在公共政策制定和实行过程中，公民的理性思维和意见既是制定政策的智慧来源，也是促使公共政策更加高效、合理施行的压力器。只有通过公民和政府之间的积极互动和有效沟通，才能为社会绘出一幅和谐的政治图景。忘记、忽略和放弃参与公共事务的责任，公民性也就无法体现，民主政治也就成了无源之水、无本之木。

培养公民责任感的途径是多种多样的，我们应特别注重公民社会的发展为塑造责任公民提供的有效路径。在2008年发生的南方雨雪灾害、汶川大地震等公共危机事件中，勇于承担志愿服务责任的公民为救灾救人、服务社会发挥了积极而独特的作用。国内外的实践证明，志愿服务能有效培养公民对国家和社会的责任感和行动能力。公民还可以通过非政府组织联合起来，有效整合各种资源，集中表达各种利益偏好和主张意见，继而提高公民集体行动和协商谈判的能力——而以平等协商方式调解各种利益冲突的公民行动，正是实现社会和谐之要件。

（三）现代公民意识是双向建构公民身份的基石

无论是国家面向公民的权利保障，还是公民面向国家的责任承担，都需要建筑在以现代公民意识作为普遍共识的沃土中。公民意识是国家与公民的价值指引和行动向导，对公民和政府行为构成了文化与伦理层面的软约束。在我国，它应包括对所享权利和承担义务的全面认知和准确理解；对法律制度、公共道德和社会基本规则的尊重意识；对社会主义核心价值体系的认同意识；

对于政治公共生活和公共事务的参与意识；对于不同文化、观念和生活方式的包容意识等。系统的公民意识需要由系统的公民教育所涵育。适应时代与社会的要求发展公民教育，使得传统的臣民理念转化为公民意识，才能为公民身份的双向建构夯实心理和文化基础；只有心理和文化层面的公民认同，才能使旨在实现公平正义的法治和民主制度真正履行功能。

经过改革开放以来义务教育的普及，全民的受教育水平和科学文化素质已经有了明显的提升。然而公民教育长期以来未成体系，较为薄弱。当今时代，公民教育问题已成为各国政府极为关注的问题，欧美国家纷纷颁布各项多元化、国际化和交互化特征的公民教育纲领，①迎接全球化时代的挑战。在推进公民教育的实践中，我们应当注重教育形式的创新，注重教育内容与时代精神的同步，充分借鉴美国、欧盟、澳大利亚等公民教育走在前列的国家和地区的教育经验。很多国家都有健全丰富的公民教育组织，而我国仅有为数极少的公民教育研究和促进机构。我们应当充分重视公民教育的发展研究，尽快出台促进公民教育的政策与法规，建设有效、完整、形式多样、内容常新的公民教育体系。

如学者朱迪思·施克莱（Judith Shklar）所言，"没有什么概念像'公民身份'那样居于政治的核心地位，也没有什么概念像公民身份那样在历史上那么富于变化、在理论上那么充满争议"②。公民身份不同的理论取向既为我们设置了诸多冲突和矛盾，但同时也为实现公民身份的平等建构提供了极具借鉴价值的思想资源；亦如学者周光辉所言，"共和国建立在平等的公民身份基础上"③，因而更加迫切需要我们认真思考公民身份的理论内涵和现实意义。只有把握好公民权利与责任的平衡点，通过"国家—公民"与"公民—国家"的双向度建构路径，跨越现实的藩篱与束缚，实现平等的公民身份，才能为和谐社会的光明道路铺设好最为坚实的路基。④

---

① 袁利平：《国际视野中的公民教育策略》，《外国中小学教育》2007 年第 3 期。

② Judith N. Shklar. *American Citizenship: the Quest for Inclusion*. New York: Harvard University Press, 1991, p. 1.

③ 周光辉、彭斌：《认真对待共和国》，《吉林大学社会科学学报》2005 年第 4 期。

④ 本章第四节内容原载《学术论坛》2009 年第 3 期，题为《和谐社会视阈中公民身份的双向建构》。

第五节　中国人的"耻感"向度与公民道德建构

耻感是一种道德感,是中华伦理文化的重要范畴。道德,是人们关于善与恶、正义与非正义、公正与偏私、光荣与耻辱的观念和规范的总和,体现为人们的道德意识、道德良心、道德情感和道德理性①。现实生活中,人们知耻明耻、知耻改过的过程,就是以否定性的方式来把握"善"和诠释人性的过程,如同"荣"和"辱"是一个问题的两个方面,它们在公民道德建构中殊途同归,相辅相成。在中国道德哲学传统中,耻感是"道德体系的原素和原色","几乎具有与伦理道德的文化生命同在的意义"②。可以说,"耻"是架通"道德"与"伦理"分野传统的桥梁,也是公民道德建构中重要的现实性概念依托。

一、耻感的逻辑起点

在中国的道德哲学体系中,儒家和法家代表了两大主流传统。在儒家眼中,中国人的耻感具有两层意义。首先,耻感作为个体的心理行为规范,具有道德内律的功能。两千多年前,孔子曰:"君子耻其言过其行"(《论语·为政》)。孟子曰:"耻之于人大矣"(《孟子·尽心上》)。明末清初的顾炎武也说:"士而不先言耻,则为无本之人"(《与友人论学书》)。其次,耻感通过"家国一体"的传递和渗透,与国家治理发生联系,具有社会外控的功能。孔子曰:"邦有道,贫且贱焉,耻也;邦无道,富且贵焉,耻也"(《论语·泰伯》)。他还说:"道

---

①　德国哲学家黑格尔(Hegel)指出,道德是主观精神领域,伦理是客观精神领域。与"道德"相比,"伦理"强调了具体的人与人之间的客观关系,比如财产、家庭、经济、政治等人伦关系及其形成的一种制度体系,把人们的日常生活行为都纳入其中。它们是人们的自由意志得以实现、行使权利、履行义务的制度环境,具有正义的伦理价值。参见〔德〕黑格尔:《法哲学原理》,王哲等译,北京:北京出版社,2007年。笔者认为,只有在我们有了道德意识和树立了主体的道德人格之后,我们才致力于使自己的社会关系伦理化;但是,道德若不以伦理为实体性归属,就只能停留在主观的道德意识和良心情感的层面。本节对"道德"和"伦理"的异同不进行具象探讨,意在寻求道德(强调主观情感)与伦理(强调社会关系)的相互契合,主张将"他控"与"自律"结合起来。后文对"双向度"的讨论正是基于此逻辑而来。

②　樊浩:《耻感与道德体系》,《道德与文明》2007年第2期。

之以德,齐之以礼,有耻且格"(《论语·为政》)。齐国宰相管仲把礼、义、廉、耻称作"国之四维"(《管子·牧民·国颂》),顾炎武又明确点出,"四者之中,耻为尤要"(《日知录·廉耻》)。可见,儒家所言的"耻",体现了人的自然属性与社会属性的统一性,也体现了"道德内律"与"社会控制"的统一性。

在"人性善"的假设下,耻感的逻辑起点是"从善",是一个以肯定性的方式来把握"善"的过程,耻感正是通向"仁"之境界的必由之路。孟子曰:"恻隐之心,仁之端也;羞恶之心,义之端也;辞让之心,礼之端也;是非之心,智之端也。人之有是四端也,犹其有四体也"(《孟子·公孙丑上》)。根据朱熹的诠释,"羞,耻己之不善也;恶,憎人之不善也"(《四书集注》)。也就是说,"羞恶之心"即羞耻感或羞耻心。孟子所说的"恻隐"、"羞恶"、"辞让"、"是非"属于道德情感,是"善"的种子;"仁"、"义"、"礼"、"智"属于道德理性,是"善"的果实。道德理性不能脱离道德情感,道德情感也需升华为道德理性,这是一个由情及理、连续发展的过程,正所谓"仁义礼智根于心"(《孟子·尽心上》)。从这一逻辑起点出发,儒家的道德教育主张"存心养性",即保持人的天赋"良心",尽力使之不受外界的不良影响,并通过"反求诸己"的方法,以"知耻"而修身,促进道德情感向道德理性的升华。

诸子百家中亦有不少人秉持"人性恶"的观点。荀子认为,人性就是"生而有好利焉","生而有疾恶焉","生而有耳目之欲、有好声色焉"(《荀子·性恶》),而人性之"善"则是后天人为(即"伪")的。法家也很注意借用耻感进行国家治理。商鞅说:"夫刑者所以禁邪也,而赏者所以助禁也。羞、辱、劳、苦者,民之所恶也;显、荣、佚、乐者,民之所务也"(《商君书·算地》)。商鞅主张用刑罚来禁止奸邪,用官爵来劝励功业,其根据在于,人们的耻感会给人带来一种痛苦体验,促使人终止不当行为。可见,在"人性恶"的假设下,耻感的逻辑起点是"驱恶",它颁布了道德的禁令,划清了善的底线,是一个以否定性的方式来把握"善"的过程。首先,"不知耻者,无所不为"(《魏公卿上尊号表》),耻感先是对"恶"的抑制,然后才是对"善"的激发;再者,"知耻近乎勇"(《礼记·中庸》),在"有所不为"的基础上,才可能进一步做到"有所为"。荀子基于此提出了"化性起伪"的道德教育主张,他认为人的本性虽然是恶的,但是经过主观的努力、"修身"和教化,也能改变自己的本性,成为道德高尚的人。

二、耻感的双向度

"耻",《说文解字》曰:"辱也。从耳,心声。"《广韵》曰:"耻,惭也。"《集韵》曰:"耻,从辱。"《六书总要》曰:"耻,从心耳,会意,取闻过自愧之意。凡人心惭,则耳热面赤,是其验也。"可见,耻感属于人类最基本的心理经验之一,它的形成过程与心、耳、闻、思、止、惭等有关,通常伴随着紧张感、悔恨感和焦虑感,并通过人的内心感受引起行为的变化。

国内外学者的诸多研究成果与上述结论相互呼应①。例如,谢夫(Scheff)对许多社会学取向的耻感观点进行了分析,他将耻感定义为一个"情绪大家族"(困窘、羞辱、羞怯、失败、无能),这个大家族通过一种"对社会契约的威胁"联系起来②。波尔森(Poulson)则指出:"羞耻是一个经常被忽视和误解但却非常强大的促进因素。"③从功能主义的观点来看,耻感是一种信号,它使我们避免那些可能导致它的行为——因为羞耻是令人痛苦的(即上文所说的"止")。这一观点在一定程度上也表明,耻感可以被看成一种社会控制的机制。

我们认为,耻感的心理机制包含"向外看——寻找差距"、"向内看——知耻改过"两个过程,它们相互联结、彼此呼应,可以称之为"双向度"。马克斯·舍勒(Max Scheler)从存在本体论的维度出发,认为羞耻感之所以发生,首先在于人是不同于动物的存在,人不仅有生命本能,还有精神;另一方面,人有羞耻感是因为人的精神能使人意识到自身与作为完满存在的"神"的差距④。克

---

① 国内外学者对耻感的研究,成果集中呈现于哲学、伦理学、心理学、社会学、精神卫生等领域。如:舍勒(Max Scheler),1913;萨特(Jean Paul Sartre),1943;本尼迪克特(Ruth Benedict),1946;威特金(Herman A. Witkin),1971;考夫曼(Gershen Kaufman),1989;来维斯(Michael Lewis),1992;朱岑楼,1972;金耀基,1986;胡凡,1997;陈少明,2006;高兆明,2006;沙莲香,2008,等等。

② T. Scheff. *Shame and the Social Bond: A sociological Theory*, Sociological Theory, 2000, 18(1).

③ C. F. Poulson. Shame and Work, in N. M. Ashkanasy, C. E. J. Hartel & W. J. Zerbe (eds.). *Emotions in the Workplace*. Westport, CT: Quorum Books, 2000, pp.250—271.

④ [德]舍勒:《论害羞与羞感》,载《价值的颠覆》,罗悌伦等译,北京:生活·读书·新知三联书店,1997年。

罗泽(Crozier)强调,在耻感的心理过程中,个体主要是通过自我来实现自我体验。他认为耻感主要依赖于三个因素:归因于他人,自己对行为的判断与对他人判断的知觉之间的对应关系,以及被判断的自我内容(核心)①。从这个观点上来看,当自我的核心内容受到质疑(向内看),就会体验到羞耻,但是只有当个体采用了自身之外的其他的观点时(向外看),羞耻才会发生。

笔者认为,耻感的个体心理过程中包含着本我、自我、超我三者的关系②。首先,耻感的素材来自于"本我",它使人们彰显自己的本性,遵循"快乐原则"行事,于是人们显露出各种先天或后天的不足,甚至其行为会僭越社会能允许的尺度,这正是耻感发生的前提。其次,耻感产生的关键是"社会自我"(即弗洛伊德所说的"自我")。这个阶段是"向外看"的过程,是自我反思的前奏,即通过向社会看、向身边看、向他人看、向未来看,确定耻感的标尺,进一步激化耻感的产生。再者,耻感产生的终极指向是"理想自我"(即弗洛伊德所说的"超我")。耻感正是产生于应然理想完满与实在的落差、矛盾或冲突,产生于本质要求与现实生活、本真意义与世俗存在之间的不和谐,③正所谓由"思"而"耻","思"与"耻"一体,此为人之存在。

综上,耻感中不仅蕴含着"向外看"的心理机制,也蕴含着"向内看"的心理机制,体现了内省性与外生性的矛盾统一。"向内看"是耻感的本质,"向外看"是耻感的导火索。耻感既是主体对良心、完满、善的自我意识的过程,也是主体对自我进行反思反省的意识过程,两者浑然一体,闭合循环。缺少任何一个过程,都会使耻感脱离其本义,成为一种畸形的道德感。

三、单向度——耻感的曲解与异化

一些学者指出,东西方文化的一个普遍性的差别在于耻感文化与罪感文化的差别。美国学者鲁斯·本尼迪克特(Ruth Benedict)认为,西方文化是一

---

① W. R. Crozier. Self-Consciousness in Shame: The Role of the Other. *Journal for the Theory of Social Behaviour*, 1998, 28(3).

② "本我、自我、超我"三个概念源自于弗洛伊德的人格理论的构成要件。

③ [德]舍勒:《论害羞与羞感》,载《价值的颠覆》,罗悌伦等译,北京:生活·读书·新知三联书店,1997年。

种罪感文化,这种文化中的人格特征表现为一旦有过失、罪恶等行为时,他们主要感受到内心良心上的谴责。东方文化是耻感文化,耻感是对外人批评、嘲笑、摒弃等的一种反应,因此人们必须密切注意别人行动所作出的暗示,并强烈地意识到他人对自己行为的评价。这就意味着正确的行为很少由内在的强制力来决定,而往往是从社会关系中去把握,由社会来决定,所以耻感文化总是借助于外部强制力来行善①。日本学者森三数三郎论述了"耻的文化"的真正发源地是在中国。上述学者的论断表明,东西方文化在"导人以善"的作用机制上有着显著差别。但是,笔者认为,将东西方文化中的"罪"、"耻"采取简单的二元对立是不恰当的。耻感是一种普遍的心理现象,所谓"罪"和"耻"只是耻感本身的两个维度。

我国古有廉颇负荆请罪;司马迁受宫刑之辱;越王勾践心压亡国奇耻,身受敌国凌辱,并甘受卧薪尝胆之苦。这些典故不一而足。何以至此?这正源于他们超脱了庸常的耻感的束缚,将外向型的耻感升华为内向型的耻感,因此他们的精神才能跨越时空,亘古不废。司马迁在《报任安书》中说,"人固有一死,或重于泰山,或轻于鸿毛,用之所趋异也","所以隐忍苟活,幽于粪土之中而不辞者",是"恨私心有所不尽,鄙陋没世,而文采不表于后世也"。可见,司马迁的耻感从本质上与个人价值、个人信仰、道德自律相联系,具有明显的"向内看"特征。西方学者爱伯华(Eberhard)也意识到了这一点,他说:"中国传统精英所有的义理中,耻扮演了一个重要的角色,但不是传统意义上的非道德性的耻。相反地,耻在儒家中是一个道德概念……本质上,耻与罪的作用是相同的。"②从这个角度看,中国人的耻感本身也包含着"罪"的意识。而且,在中国人理想主义的价值判断中,这种"罪"的意识——我们称之为"向内看"的耻感,似乎拥有着更加本质的地位。

当然,不可回避的是,在事实判断中,外向性的耻感并不一定升华为内向性的耻感,尤其是在社会的转型期,中国人的耻感确实具有一些"单向度"的

---

① Ruth Benedic. *The Chrysanthemum and the Sword*. Boston: Houghton Mifflin, 1946, pp. 2—5.

② 金耀基:《"面"、"耻"与中国人行为之分析》,载杨国枢主编:《中国人的心理》,南京:江苏教育出版社,2006 年,第 254—269 页。

特征。

首先，中国人格外重视他人的看法和评价，在社会转型期更容易出现内向性的耻感与外向性的耻感相互割裂的现象，想尽办法"脱耻"成为耻感的主要补救措施。例如，公共组织中往往存在一类"圆人"，他们善于阿谀奉迎、八面玲珑，精于权术游戏、面子功夫，却不学无术、无德无能，甚至堕落腐化、搞权钱交易，但仍然在组织中拥有相当分量的"面子"，在群众当中作威作福。"在中国这个情理社会中，国人通过'面子'的运作，放弃的是规则、理性和制度，得到的却是不可估量的社会资源、非制度性的社会支持、庇护及欺压人的日常权威"①。近年来，"神道文化"盛行，一些政府官员乐此不疲，甚至家中内室也供有佛龛，以祈福求运，以脱掉自己的"耻感"。"脱耻"的行为还包括对做过的事情百般抵赖，抑或是为了补救耻感带来的痛苦体验而做出更加恬不知耻的恶行。此时，耻感就异化为人性"超载"的保护。这些分裂变异的耻感心理引发了虚无主义的道德观，加速了社会的伦理失范，侵犯了法制的权威，给我国公民道德建构提出了严峻的挑战。

其次，中国人的耻感具有较重的社群取向和从众倾向，这就给耻感赋予了团体意识，如家耻、国耻等。这种强社群性特征在一定程度上有利于强化公民社群内的凝聚力，激励公民和社群自觉设置参照体，逐渐形成个体间以及社群间的竞争机制，推动公民社会的发展；但是，这种特征也经常使社群内部呈现出类似于个体耻感分裂异化的现象，强社群取向本身也意味着不同社群之间存在剧烈冲突的可能。社群间的互动呈现负和博弈，严重阻碍了公民社会整体福利最大化目标的实现。我们经常看到的集体腐败的"保护机制"，小圈子主义和地方保护主义，缺乏公共责任感的公民行为等，都是这一特征的深刻体现。

再者，从儒家传统文化的视角看：首先，传统儒家基于"礼"勾画的人伦社会是尊卑有别、各尽本分的，因此，公民角色自我形成过程中，互动双方经常出现地位、义务、态度等方面的不对称；公共权力过于集中和泛化，以及"官本位"的传统都加剧了这种特性。因此，一旦违反法制和道德的行为被套上"官本

---

① 翟学伟：《人情、面子与权力的再生产》，《社会学研究》2005 年第 5 期。

位"的保护伞时,就马上焕发了"合理性"的容光,人们就"不以为耻,反以为荣"。第二,儒家注重通过"礼治"达到社会的和谐稳定,故人们更倾向于通过人情、"面子"整合社会关系,而人伦社会的一个鲜明特色就是家庭本位。而在西方社会,衡量"耻"的核心价值与平等、自由、诚信等市场价值相呼应,"耻"的要旨则在于建立内在信仰——韦伯所说的"资本主义的精神"。费孝通先生认为,中国传统社会是"差序格局",就像是小石头砸在水面上,以小石头为圆心,依次往外环状延展。每一个环离圆心的距离大小就是人们拿捏行为的标准①。在这种类初级群体的格局中,站在任何一圈里,向内看可以说是公、是群;向外看就可以说是私、是己,两者之间没有清楚的界限。因此,这就使中国人的耻感显现出一种难以捉摸的逻辑:既具有强社群取向,又恰恰是本位主义的(本位主义与个人主义不同),也就是说,是为了个人、小团体的功利性目的或情感性支持而采取的策略行为。第三,在以往的公民道德建构中,"君子像"的道德主张过于苛刻和理想化,为了避免"失礼",人们一个自然的反应就是尽量做到"表面的无违",把自己装扮成"道德完人"以规避耻感带来的惩罚,这就锻造了人们的"戏剧才能"。此时,人们格外注重从外界的评价中获得心理平衡,人们之间只要达成一个心理契约,"你不说我,我也不说你","人人皆圣贤"的社会也就来到了眼前。"礼的原则乃是给予生命以德性,并以防止形式主义,但事实上反而造成了形式主义"②。在这种情境下,耻感就如同没有受精的卵,永远不可能孵化出"公共的善"。第四,"文化"具有发展性和变革性的特征,在一个国家和民族发展的不同阶段,耻感的双向度有时会凸现为某个向度的特征。我们认为,中国社会自从 1840 年鸦片战争开始,经历了一系列的动荡和巨变。社会转型期是很容易出现社会失范的。在这样的背景下,一些背弃道德,不顾礼义,不要"脸"的无耻之徒可能会取得成功而爬进上流社会,获

---

① 费孝通:《乡土中国》,北京:生活·读书·新知三联书店,1985 年,第 254—269 页。
② W. S. A. Pott. *Chinese Political Philosophy*. New York: Alfred A. Knopf, 1925.

得"面子"①。但是,社会转型不是常态,一旦社会稳定,道德重建,背弃道德的无耻之徒是不会获得发展机会的。

四、耻感与公民道德建构

如上文所述,"双向度"体现了耻感的普遍性,"单向度"则是指耻感的特殊性。从本质上讲,单向度耻感是对耻感的曲解和异化。由此,我们可以明晰公民道德建构的两个向度:从肯定性的方向看,我们可以选择积极倡导诚信、公正、平等、廉洁、责任、民主、程序正当等价值的路径,促进道德情感向道德理性的转化,我们称之为"美德伦理"的建构;从否定性的方向看,则可选择法制规范以及引导公民知耻明耻、耻不从枉、祛恶从善的路径,我们称之为"规范伦理"的建构。道德建构应当遵循由"他控"到"自律",由"规范伦理"到"美德伦理"的路线。当然,在公民社会道德体系的不同发展时期,道德建构的侧重点有所区别。一般来讲,在稳定期和上升期,应当顺势推舟,更多地采取肯定性的建构路径,强调道德自律,促进道德升华;在下落期或失范期,则应当更多地采用法制和耻感规范等否定性的路径。龚自珍曾针对鸦片战争前社会道德衰败、士大夫多缺乏羞耻之心的现状,提出了"教之耻为先"的理念,他说:"欲挽道德狂澜于既倒,开新风而济于世,莫过于重知耻而分荣辱,善善恶恶而张是非。"他认为唯有让人们先知耻,将培育人的知耻意识放在道德教育的首位,才可能改变社会道德堕落和沦丧的现状。

德莫斯(DeMause)曾分析了新英格兰从以羞耻为基础的社会控制到以内疚为基础的社会控制的变迁。伴随着以自我贬低为基础的宗教信仰,以名誉、嘲笑以及他人的看法为基础的大众文化,清教徒的道德观导致了公众批判的出现。伴随着大众对名誉损害的关注,法律诉讼大多基于毁谤和中伤。到19世纪前半叶,宗教信仰发生了一些变化,由对原罪的关注逐渐转向了

---

① 国内学者翟学伟认为:西方人在社会互动中,自身形象的塑造(脸)和在他人心目中产生的心理地位(面子)是一体的。而中国社会在重情轻理、等差主义、形式主义的文化因素影响下,导致了"脸"和"面子"的分裂,从一个统一连续体变成两个维度。在此基础上,翟学伟创见性地提出了"脸"、"面"四分模型。参见翟学伟:《人情、面子与权力的再生产》,《社会学研究》2004年第5期。

牺牲和受难。人们相信信仰上的缺陷将会导致其他人徒然受累——结果就产生了内疚。因此,外源性的社会控制转化成了依赖于内部道德的内源性控制。

然而,在"他控"与"自律"之间似乎总是有着无法越过的鸿沟和壁垒,怎么才能将两者融合、衔接起来呢?耻感的双向度为整合道德教育理念提供了某种契机。我们认为,道德建构是目的所在,道德规范只是道德建构的一种手段。在我国当前的公民道德建构中,要积极发挥法制、耻感、道德三种规范的整合效应,以最终实现公民心灵品质的教化成型。

第一,法制规范建构。公民道德建构必须同法制教育、法治观念的导入措施结合起来进行。与道德规范不同,法制规范的要旨不在于塑造"真君子",其惩罚力更集中地体现于对"真小人"的规制过程中。法制规范实行的是正式的社会控制,目的是使公民"不为恶",首要任务就是明晰公民的权利和义务、维护公共空间、公共利益、公共精神的"公共性"。此乃善之开端。放眼当今世界,伦理的制度化问题已成为一种大趋势。所谓伦理制度化,是指在道德建设中,以系统化的规则建构强化道德职权、责任关系,并形成奖惩督促等机制。2005 年初,中共中央颁布实施《建立健全教育、制度、监督并重点惩治和预防腐败体系实施纲要》明确提出"加快廉政律法进程,研究制定反腐败方面的专门法律"。2008 年 6 月,中共中央印发未来 5 年反腐败工作规划,推动了反腐败法规化的进程。

第二,道德规范建构。在现实生活中,道德理想主要对"君子像"才起作用,之所以对公民进行道德的正面引导、教育、重塑,目的是加速公民慎独反省的过程,唤醒内心"善"的种子,将其耻感升华为道德理性。在社会主义荣辱观教育中,我们既要通过"知耻明耻"的方式促进公民道德情感的升华,又必须通过"荣"的示范教化作用,借助理想主义来改造功利的现实主义,使公民从"免而无耻"走向"有耻且格"。这属于一个问题的两个方面。道德规范实行的是非正式的自我控制,主要目标群体是接近于"君子像"的公民群体,使之为了公民社会的福祉而义无反顾、不辱使命,并堪为其他公民的"行为典范"。

第三,耻感规范建构。耻感弥补了道德与法制的不足,将"他控"与"自律"

衔接起来，正像哈耶克（Hayek）所言，"外控与内律只有在为自律而外控而不是运用外控反对自律的时候，才能够结合起来"，因此，我们既不赞成"反对自律的外控——用以代替自律的外控"①，也反对绝对化的道德自律。耻感规范在"他控"和"内律"之间架起了一座桥梁，为公民道德建构找到一条现实之路。伴随着耻感的心理过程，耻感规范对大多数公民起到了非正式的社会控制效果，同时又指引公民在"有所不为"的基础上"有所为"。当公民真正做到"知耻而后勇"时，公民道德建构中的"规范伦理"也就让位给了"美德伦理"。此乃善之路径。

耻感的双向度打破了"价值判断"与"事实判断"的壁垒，开辟了"应然逻辑"与"实然逻辑"相连的通途。在公民道德建设中，重视耻感研究并发挥耻感规范的作用，使公民知耻明耻、知耻后勇，意味着公民社会和民族国家的希望。正如马克思所言："羞耻是一种内向的愤怒。如果全民族都真正感到了羞耻，那它就会像一头准备向前扑去而往后退缩的狮子。"②③

---

① ［英］哈耶克：《通往奴役之路》，王明毅、冯兴元译，北京：中国社会科学出版社，1997年，第45页。

② 《马克思恩格斯全集（第1卷）》，北京：人民出版社，1957年，第407页。

③ 本章第五节内容原载《哲学与文化（台湾辅仁大学学报）》2009年第5期，题为《中国人的耻感与公民道德建构》。该文被 A&HCI 全文检索。

主要参考文献

一、中文著作

［瑞典］埃尔弗森:《后现代主义与社会研究》,甘会斌译,上海:上海人民出版社,2011年。

［美］埃尔金、索乌坦:《新宪政论——为美好的社会设计政治制度》,周叶谦译,上海:上海三联书店,1997年。

［美］阿伦特:《公共领域和私人领域》,刘锋译,载汪晖、陈燕谷主编:《文化与公共性》,北京:生活·读书·新知三联书店,2005年,第73页。

［美］阿伦特:《论革命》,陈周旺译,南京:凤凰出版传媒集团、译林出版社,2007年。

［美］巴泽雷:《突破官僚制——政府管理的新愿景》,孔宪遂等译,北京:中国人民大学出版社,2002年。

［爱尔兰］班农等:《信息社会》,张新华译,上海:上海译文出版社,1991年。

暴景升:《当代中国宪政改革研究》,天津:天津人民出版社,2007年。

［美］贝尔:《资本主义文化矛盾》,赵一凡等译,北京:生活·读书·新知三联书店,1989年。

［加拿大］贝淡宁:《二十一世纪的儒教民主制》,载刘军宁等编:《自由与社群》,北京:生活·读书·新知三联书店,1998年,第378-392页。

［德］贝克、威尔姆斯:《自由与资本主义——与著名社会学家乌尔里希·贝克对话》,路国林译,杭州:浙江人民出版社,2001年。

〔美〕彼得斯：《政府未来的治理模式》，吴爱民等译，北京：中国人民大学出版社，2003年。

〔美〕彼德斯：《官僚政治》，聂露、李姿姿译，北京：中国人民大学出版社，2006年。

〔英〕波兰尼：《大转型：我们时代的政治与经济起源》，刘阳、冯钢译，杭州：浙江人民出版社，2007年。

〔新西兰〕波普：《制约腐败——构建国家廉政体系》，清华大学公共管理学院廉政研究室译，北京：中国方正出版社，2003年。

〔苏联〕别洛策尔科夫斯基：《自由、权力和所有权》，林英译，长春：吉林人民出版社，1984年。

〔美〕布鲁姆等：《有效的公共关系》，明安香译，北京：华夏出版社，2002年。

〔英〕布洛克：《西方人文主义传统》，董乐山译，北京：生活·读书·新知三联书店，1997年。

蔡立辉：《政府法制论》，北京：中国社会科学出版社，2002年。

蔡树堂：《河南就业形势分析与对策建议》，载林宪斋主编：《2009年河南社会形势分析与预测》，北京：社会科学文献出版社，2009年，第200—202页。

岑德彰：《中华民国宪法史料》，上海：新中国建设学会，1933年。

程心锦：《旧时代的杭州商会》，载浙江省政协文史资料委员会编：《浙江文史集粹经济卷（下）》，杭州：浙江人民出版社，1998年，第58页。

陈独秀：《吾人最后之觉悟》，载《陈独秀文章选编（上）》，北京：生活·读书·新知三联书店，1984年，第105—109页。

陈独秀：《再答常乃德》，载《独秀文存（第3卷）》，合肥：安徽人民出版社，1987年，第649页。

陈良瑾：《社会保障教程》，北京：知识出版社，1990年。

〔美〕达尔：《公共行政科学：三个问题》，载彭和平、竹立家主编：《国外公共行政理论精选》，北京：中共中央党校出版社，1997年，第155—160页。

邓大松、刘昌平：《新农村社会保障体系研究》，北京：人民出版社，2007年。

邓国胜:《非营利组织评估》,北京:社会科学文献出版社,2001 年。

邓国胜:《民间组织评估体系:理论、方法与指标体系》,北京:北京大学出版社,2007 年。

邓国胜:《中国 NGO 问卷调查的初步分析》,载王名主编:《中国 NGO 研究 2001——以个案为中心》,北京:联合国区域发展研究中心、清华大学 NGO 研究所 2001 年,第 24 页。

[美] 登哈特:《新公共服务——服务,而不是掌舵》,丁煌译,北京:中国人民大学出版社,2004 年。

邓小平:《邓小平文选(第 2 卷)》,北京:人民出版社,1993 年。

邓小平:《邓小平文选(第 3 卷)》,北京:人民出版社,1993 年。

丁煌:《西方行政学理论概要》,北京:中国人民大学出版社,2005 年。

丁煌:《西方行政学说史》,武汉:武汉大学出版社,2004 年。

[美]杜威:《民主主义与教育》,王承绪译,北京:人民出版社,1990 年。

[美]杜威:《人的问题》,傅统先、邱椿译,上海:上海人民出版社,1965 年。

[法] 多斯:《从结构到解构:法国 20 世纪思想主潮》,季广茂译,北京:中央编译出版社,2004 年。

[美] 方纳:《美国自由的故事》,王希译,北京:商务印书馆,2003 年。

[美] 法默尔:《公共行政的语言——官僚制、现代性和后现代性》,吴琼译,北京:中国人民大学出版社,2005 年。

费孝通:《乡土中国》,北京:生活·读书·新知三联书店,1985 年。

[德]费希特:《论学者的使命、人的使命》,梁志学、沈真译,北京:商务印书馆,1984 年。

冯崇德、曾凡贵:《辛亥革命时期的汉口商会》,载湖北历史学会编:《辛亥革命论文集》,武汉:湖北人民出版社,1981 年,第 41－76 页。

冯契:《哲学大辞典》,上海:上海辞书出版社,1992 年。

冯自由:《革命逸史(第 4 集)》,北京:中华书局,1981 年。

[美] 福克斯、米勒:《后现代公共行政——话语指向》,楚艳红等译,北京:中国人民大学出版社,2003 年。

[英] 冈斯特仁:《公民身份的四种概念》,载[英] 斯廷博根著:《公民身份

的条件》,郭台辉译,长春:吉林出版集团,2007年,第44页。

葛荃:《中国政治文化教程》,北京:高等教育出版社,2006年。

[美]古德诺:《政治与行政》,王元译,北京:华夏出版社,1987年。

国家行政学院国际合作交流部:《西方国家行政改革评述》,北京:国家行政学院出版社,1998年。

郭忠华、刘训练:《公民身份与社会阶级》,南京:江苏人民出版社,2007年。

[美]古特曼、汤姆森:《审议民主意味着什么》,载谈火生著:《审议民主》,南京:江苏人民出版社,2007年,第4—77页。

[德]哈贝马斯:《包容他者》,曹卫东译,上海:上海人民出版社,2002年。

[德]哈贝马斯:《公共领域的结构转型》,曹卫东译,上海:学林出版社,1999年。

[德]哈贝马斯:《诠释学的普遍性要求》,载洪汉鼎编:《理解与解释——诠释学经典文选》,北京:东方出版社,2001年,第298页。

[英]海伍德:《政治学核心概念》,吴勇译,天津:天津人民出版社,2008年。

[美]汉密尔顿、杰伊、麦迪逊:《联邦党人文集》,程逢如、在汉、舒逊译,北京:商务印书馆,1980年。

[英]哈耶克:《通往奴役之路》,王明毅、冯兴元译,北京:中国社会科学出版社,1997年。

[英]赫尔德:《全球大变革》,杨冬雪译,北京:社会科学文献出版社,2001年。

[德]黑格尔:《法哲学原理》,王哲等译,北京:北京出版社,2007年。

[美]何梦笔:《德国秩序政策理论与实践文集》,庞健、冯兴元译,上海:上海人民出版社,2000年。

[美]亨利:《公共行政与公共事务(第8版)》,张昕等译,北京:中国人民大学出版社,2002年。

[美]亨廷顿:《变革社会中的政治秩序》,王冠华等译,北京:生活·读书·新知三联书店,1992年。

［美］亨廷顿：《难以抉择——发展中国家的政治参与》，汪晓寿等译，北京：华夏出版社，1989年。

［美］亨廷顿：《文明的冲突与世界秩序的重建》，周琪译，北京：新华出版社，1999年。

何增科：《公民社会与第三部门》，北京：社会科学文献出版社，2000年。

何增科：《全球公民社会引论》，载李惠斌主编：《全球化与公民社会》，桂林：广西师范大学出版社，2003年，第124—125页。

洪谦：《现代西方资产阶级哲学论著选辑》，北京：商务印书馆，1964年。

黄光国：《人情与面子：中国人的权力游戏》，载杨国枢主编：《中国人的心理》，南京：江苏教育出版社，2006年，第241页。

黄晓勇、潘晨光、蔡礼强：《中国民间组织报告（2009—2010）》，北京：社会科学文献出版社，2009年。

胡国枢：《光复会与浙江辛亥革命》，杭州：杭州出版社，2002年。

胡锦涛：《在"三个代表"重要思想理论研讨会上的讲话》，北京：人民出版社，2003年。

蒋碧昆：《中国近代宪政宪法史略》，北京：法律出版社，1988年。

江泽民：《论"三个代表"》，北京：中央文献出版社，2001年。

江泽民：《论有中国特色社会主义（专题摘编）》，北京：中央文献出版社，2002年。

江泽民：《江泽民文选（第3卷）》，北京：人民出版社，2006年。

［英］吉登斯：《民族国家与暴力》，胡宗泽等译，北京：生活·读书·新知三联书店，1998年。

［英］吉登斯：《失控的世界》，周红云译，南昌：江西人民出版社，2001年。

［英］吉登斯：《现代性：吉登斯访谈录》，尹毅译，北京：新华出版社，2001年。

［英］吉登斯：《现代性与自我认同》，赵旭东等译，北京：生活·读书·新知三联书店，1998年。

［加拿大］吉姆利卡、诺曼：《公民的回归——公民理论近作综述》，载许纪霖主编：《共和、社群与公民》，南京：江苏人民出版社，2004年，第91—94页。

金观涛、刘青峰:《兴盛与危机》,长沙:湖南人民出版社,1984年。

[加拿大]金里卡:《当代政治哲学(下)》,刘莘译,上海:上海三联书店,2004年。

金耀基:《"面"、"耻"与中国人行为之分析》,载杨国枢主编:《中国人的心理》,南京:江苏教育出版社,2006年,第254-269页。

[美]凯尔纳、贝斯特:《后现代理论——批判性的质疑》,张志斌译,北京:中央编译出版社,2011年。

[美]凯尔纳:《媒体文化——介于现代与后现代之间的文化研究、认同性与政治》,丁宁译,北京:商务印书馆,2004年。

[加拿大]凯姆利卡:《论公民教育》,载马德普主编:《中西政治文化论丛(第3辑)》,天津:天津人民出版社,2003年,第553-554页。

康有为:《公民自治篇》,载张枬、王忍之主编:《辛亥革命前十年间时论选集(第1卷上册)》,北京:生活·读书·新知三联书店,1960年,第173-176页。

[美]科恩:《论民主》,聂崇信、朱秀贤译,北京:商务印书馆,1988年。

[美]克罗利:《美国生活的希望:政府在实现国家目标中的作用》,王军英、刘杰译,南京:江苏人民出版社,2006年。

[美]库恩:《必要的张力》,纪树立等译,福州:福建人民出版社,1981年。

[美]库珀等:《社会科学百科全书》,林勇军等译,上海:上海译文出版社,1989年。

[美]库珀:《行政伦理学:实现行政责任的途径》,张秀琴译,北京:中国人民大学出版社,2001年。

蓝维:《公民教育:理论、历史与实践探索》,北京:人民出版社,2007年。

[日]蜡山正道:《行政学总论》,黄昌源译,上海:中华书局,1934年。

梁景和:《清末国民意识与参政意识研究》,长沙:湖南教育出版社,1999年。

梁启超:《清代学术概论》,北京:东方出版社,1996年。

梁启超:《先秦政治思想史》,北京:东方出版社,1996年。

梁启超:《新民说·论新民为当日中国第一要务》,载《饮冰室合集》,北京:

中华书局,1989年,第104页。

李大钊:《新的！旧的！》,载《李大钊文集(上)》,北京:人民出版社,1984年,第538页。

[美]里夫金:《工作的终结》,王寅通等译,上海:上海译文出版社,1998年。

李惠斌:《全球化与公民社会》,桂林:广西师范大学出版社,2003年。

[英]里杰斯特:《危机公关》,陈向阳、陈宁译,上海:复旦大学出版社,1995年。

林嘉:《社会保障法的理念、实践与创新》,北京:中国人民大学出版社,2002年。

林语堂:《吾国与吾民》,西安:陕西师范大学出版社,2002年。

李培林:《另一只看不见的手:社会结构转型》,北京:社会科学文献出版社,2005年。

李涛:《美国的梦想》,北京:新华出版社,2008年。

刘军宁、王炎:《直接民主与间接民主》,北京:生活·读书·新知三联书店,1998年。

刘建明等:《宣传舆论学大辞典》,北京:经济日报出版社,1992年。

刘俊祥:《人本政治论》,北京:中国社会科学出版社,2006年。

刘燕生:《社会保障的起源、发展和道路选择》,北京:法律出版社,2001年。

李泽厚:《中国古代思想史论》,北京:人民出版社,1986年。

刘贞晔:《国际政治领域中的非政府组织》,天津:天津人民出版社,2005年。

李佐军:《中国的根本问题:九亿农民何处去》,北京:中国发展出版社,2000年。

刘祖云:《社会转型问题解读》,武汉:武汉大学出版社,2005年。

[美]罗尔斯:《公民不服从的定义、证明与作用》,载何怀宏主编:《西方公民不服从的传统》,长春:吉林人民出版社,2001年,第163-166页。

[德]洛维特:《世界历史与救赎历史》,李秋零、田薇译,北京:生活·读

书·新知三联书店,2002 年。

[美] 罗西瑙:《没有政府的治理》,张胜军、刘小林等译,南昌:江西人民出版社,2001 年。

[美] 罗扎斯克:《信息崇拜——计算机神话与真正的思维艺术》,苗华健、陈体仁译,北京:中国对外翻译出版公司,1995 年。

[法] 卢梭:《卢梭民主哲学》,陈惟和等译,北京:九州出版社,2004 年。

[法] 卢梭:《社会契约论》,何兆武译,北京:商务印书馆,2003 年。

[美] 麦全太尔:《追寻美德》,宋继杰译,南京:译林出版社,2003 年。

[美] 麦克斯怀特:《公共行政的合法性——一种话语分析》,吴琼译,北京:中国人民大学出版社,2011 年。

马骏:《经济、社会变迁与国家治理转型:美国进步时代改革》,载马骏、刘亚平主编:《美国进步时代的政府改革及其对中国的启示》,上海:格致出版社,2009 年,第 20－68 页。

马克思、恩格斯:《马克思恩格斯全集(第 1 卷)》,北京:人民出版社,1956 年。

马克思、恩格斯:《马克思恩格斯全集(第 42 卷)》,北京:人民出版社,1979 年。

马克思、恩格斯:《马克思恩格斯全集(第 46 卷)》,北京:人民出版社,1979 年。

马敏:《官商之间:社会剧变中的近代绅商》,武汉:华中师范大学出版社,2003 年。

毛泽东:《毛泽东选集(第 1 卷)》,北京:人民出版社,1991 年。

毛泽东:《毛泽东选集(第 3 卷)》,北京:人民出版社,1991 年。

毛泽东:《毛泽东选集(第 4 卷)》,北京:人民出版社,1991 年。

[英] 米尔恩:《人的权利与人的多样性》,夏勇、张志铭译,北京:中国大百科全书出版社,1995 年。

[英] 米勒:《开放的思想和社会——波普尔思想精粹》,张之沧译,南京:江苏人民出版社,2000 年。

[美] 明思溥:《中国人的素质》,秦悦译,上海:学林出版社,2001 年。

宓汝成:《中国近代铁路史资料》,北京:中华书局,1963年。

[美]默顿:《官僚制结构和人格》,载彭和平、竹立家主编:《国外公共行政理论精选》,北京:中共中央党校出版社,1997年,第94—104页。

农业投入总课题组:《农业保护:现状、依据和政策建议》,北京:中国社会科学出版社,1996年。

[美]潘恩:《潘恩选集》,马清槐译,北京:商务印书馆,1981年。

[美]帕特南:《使民主运转起来》,王列、赖海榕译,南昌:江西人民出版社,2001年。

[瑞士]皮亚杰:《发生认识论原理》,王宪钿等译,北京:商务印书馆,1997年。

[瑞士]皮亚杰:《结构主义》,倪连生等译,北京:商务印书馆,1989年。

[美]全钟燮:《公共行政的社会建构:解释与批判》,孙柏瑛等译,北京:北京大学出版社,2008年。

任剑涛:《权利的召唤》,北京:中央编译出版社,2005年。

[美]瑞泽尔:《后现代社会理论》,谢立中译,北京:华夏出版社,2003年。

[美]萨拉蒙:《第三域的兴起》,于海译,载李亚平、于海编:《第三域的兴起》,上海:复旦大学出版社,1998年。

[美]萨拉蒙:《全球公民社会:非营利部门视界》,贾西津、魏玉等译,北京:社会科学文献出版社,2002年。

[美]桑斯坦:《网络共和国》,黄维明译,上海:上海人民出版社,2003年。

绍兴县档案馆:《商务档案集锦第四册》,北京:中华书局,2004年。

[德]舍勒:《论害羞与羞感》,载《价值的颠覆》,罗悌伦等译,北京:生活·读书·新知三联书店,1997年。

沈雨梧:《民族魂——浙江百年反侵略斗争纪实》,北京:中国广播电视出版社,1997年。

世界银行专家组:《公共部门的社会问责:理念探讨及模式分析》,宋涛译校,北京:中国人民大学出版社,2007年。

[美]斯卡皮蒂:《美国社会问题》,刘泰星等译,北京:中国社会科学出版社,1986年。

［英］斯迈尔斯：《品格的力量》，宋景堂等译，北京：北京图书馆出版社，1999年。

宋涛：《社会规律属性与行政问责实践检验》，北京：社会科学文献出版社，2010年。

苏力等：《规制与发展——第三部门的法律环境》，杭州：浙江人民出版社，1999年。

孙柏瑛：《当代地方治理——面向21世纪的挑战》，北京：中国人民大学出版社，2004年。

孙关宏、胡雨春：《政治学》，上海：复旦大学出版社，2002年。

苏绍柄：《山钟集》，上海油印本，1906年。

［加拿大］泰勒：《市民社会的模式》，载邓正来等著：《国家与市民社会——一种社会理论的研究路径》，北京：中央编译出版社，1999年。

陶水木：《浙江商帮与上海经济近代化研究（1840—1936）》，北京：生活·读书·新知三联书店，2000年。

陶水木：《浙商与中国近代工业化》，北京：中国社会科学出版社，2009年。

童星、张海波等：《中国转型期的社会风险及识别——理论探讨与经验研究》，南京：南京大学出版社，2007年。

［美］托夫勒：《力量的转移——临近21世纪的知识、财富与权力》，孟广均等译，北京：新华出版社，1991年。

［美］托马斯：《公共决策中的公民参与》，孙柏瑛等译，北京：中国人民大学出版社，2005年。

王名等：《民间组织通论》，北京：时事出版社，2004年。

王名：《非营利组织管理概论》，北京：中国人民大学出版社，2002年。

王名：《中国NGO研究2001——以个案为中心》，北京：联合国区域发展中心、清华大学NGO研究所2001年。

王人博：《近代中国与宪政文化》，北京：法律出版社，1997年。

王绍光：《多元与统一——第三部门国际比较研究》，杭州：浙江人民出版社，1999年。

王世刚：《中国社团史》，合肥：安徽人民出版社，1994年。

汪太贤:《从治民到民治:清末地方自治思潮的萌生与变迁》,北京:法律出版社,2009 年。

王文宏、高维钫:《网络文化研究》,北京:中国言实出版社,2006 年。

王亚南:《中国官僚政治研究》,北京:中国社会科学出版社,1981 年。

王云斌:《网络犯罪》,北京:经济管理出版社,2002 年。

[德] 韦伯:《社会科学方法论》,朱红文等译,北京:中国人民大学出版社,1992 年。

[德] 韦伯:《支配的类型》,康乐等编译,台北:远流出版事业股份有限公司,1996 年。

[德] 韦伯:《支配社会学》,康乐、简惠美译,桂林:广西师范大学出版社,2010 年。

温铁军:《三农问题与世纪反思》,上海:上海三联书店,2005 年。

温艳萍:《民间非营利组织的社会与经济效能研究》,上海:上海人民出版社,2008 年。

温州政协文史资料研究委员会:《温州文史资料第三辑》,杭州:浙江人民出版社,1987 年。

[德] 韦伯:《经济与社会》,林荣远译,北京:商务印书馆,1998 年。

[美] 温特:《国际政治的社会理论》,秦亚青译,上海:上海人民出版社,2001 年。

[英] 沃克:《牛津法律大辞典》,邓正来等译,北京:光明日报出版社,1988 年。

吴玉宗:《服务型政府建设研究》,北京:经济日报出版社,2007 年。

夏基松:《现代西方哲学教程新编》,北京:高等教育出版社,1998 年。

肖滨等:《现代政治中的公民身份》,上海:上海人民出版社,2010 年。

[美] 希斯:《危机管理》,王成、宋炳辉、金瑛译,北京:中信出版社,2004 年。

[英] 希特:《何谓公民身份》,郭忠华译,长春:吉林人民出版社,2007 年。

薛澜、张强、钟开诚:《危机管理》,北京:清华大学出版社,2003 年。

徐美恒、李明华:《公共关系管理学》,北京:中国人民公安大学出版社,

2002年。

徐勇、吴理财：《走出"生之者寡，食之者众"的困境——县乡村治理体制反思与改革》，西安：西北大学出版社，2004年。

〔古希腊〕亚里士多德：《物理学》，载苗力田主编：《亚里士多德全集（第2卷）》，北京：中国人民大学出版社，1991年，第129页。

〔古希腊〕亚里士多德：《政治学》，吴寿彭译，北京：商务印书馆，1965年。

严复：《严复集（第1册）》，北京：中华书局，1986年。

杨伯淑：《全球化：起源、发展和影响》，北京：人民出版社，2002年。

晏阳初：《晏阳初文集》，长沙：湖南人民出版社，1989年。

杨海坤：《市场经济、民主政治和法治政府》，北京：中国人事出版社，1993年。

杨雪冬等：《全球化与风险秩序重建》，北京：社会科学文献出版社，2006年。

杨雪冬：《风险社会与秩序重建》，北京：社会科学文献出版社，2006年。

〔英〕伊辛、特纳：《公民权研究手册》，王小章译，杭州：浙江人民出版社，2004年。

虞和平：《商会与中国早期现代化》，上海：上海人民出版社，1993年。

俞可平等：《中国公民社会的兴起和治理的变迁》，北京：社会科学文献出版社，2002年。

俞可平：《民主与陀螺》，北京：北京大学出版社，2006年。

俞可平：《权利政治与公益政治》，北京：社会科学文献出版社，2005年。

俞可平：《协商民主：论理性与政治》，北京：中央编译出版社，2007年。

俞可平：《治理与善治》，北京：社会科学文献出版社，2003年。

郁建兴等：《民间商会与地方政府——基于浙江省温州市的研究》，北京：经济科学出版社，2006年。

张彩云、郭晓峰、王存银：《公共危机与治理》，兰州：兰州大学出版社，2009年。

张凤阳：《政治哲学关键词》，南京：江苏人民出版社，2006年。

张君劢：《民族复兴之学术基础》，北京：中国人民大学出版社，2006年。

张康之：《公共行政中的哲学与伦理》，北京：中国人民大学出版社，2004年。

张千帆：《西方宪政体系（上册·美国宪法）》，北京：中国政法大学出版社，2000年。

张锐昕：《政府上网与行政管理》，北京：中国大百科全书出版社，2003年。

赵晖：《转变政府职能与建设服务型政府》，广州：广东人民出版社，2008年。

郑功成：《社会保障学——理念、制度、实践与思辨》，北京：商务印书馆，2000年。

中国海南改革发展研究院：《民间组织发展与建设和谐社会》，北京：中国经济出版社，2005年。

中共中央马克思恩格斯列宁斯大林著作编译局：《马克思恩格斯论中国》，北京：人民出版社，1997年。

中共中央文献研究室：《科学发展观重要论述摘编》，北京：中央文献出版社、党建读物出版社，2008年。

周叶中等：《宪法》，北京：高等教育出版社，2000年。

朱英：《中国早期资产阶级概论》，开封：河南大学出版社，1992年。

朱英：《转型时期的社会与国家——以近代中国商会为主体的历史透视》，武汉：华中师范大学出版社，1997年。

朱勇：《中国法制通史（第9卷）》，北京：法律出版社，1999年。

左任侠、李其维：《皮亚杰发生认识论文选》，上海：华东师范大学出版社，1991年。

二、中文报刊论文

［美］安格尔：《合宜的民主集中制》，刘智利、吕增奎编译，《经济社会体制比较》2006年第4期。

陈炳、高猛：《网络时代政府与公民社会的沟通问题》，《探索与争鸣》2010年第12期。

陈炳、高猛：《结构主义与官僚制：对传统公共行政的话语透析》，《中国行政管理》2011 年第 2 期。

陈炳：《公民性与公民教育：古典政治哲学之维》，《哲学研究》2012 年第 4 期。

陈炳、全永波：《民主理念、公民教育与美国进步时代改革》，《经济社会体制比较》2012 年第 5 期。

陈炳：《中国近代公民教育的历史逻辑：基于对公民身份的省察》，《社会科学战线》2012 年第 3 期。

陈发桂：《我国基层维稳运行机制的理性化建构探析》，《长白学刊》2010 年第 5 期。

程斌：《色情网站的末日——有感于公安部打击淫秽色情网站专项行动》，《信息网络安全》2004 年第 8 期。

程燎原：《"法律人"之治："法治政府"的主体性诠释》，《西南民族学院学报（哲学社会科学版）》2001 年第 12 期。

陈梅清：《浙江第一个商会：杭州商务总会》，《杭州商学院学报》1981 年第 4 期。

陈思坤：《论"保障和改善民生"的思想渊源和理论内涵》，《理论月刊》2010 年第 3 期。

陈斯喜：《现状与未来——我国社团立法状况述评》，《环球法律评论》2002 年夏季号。

陈兆仓：《治理理论视角下的中国廉政建设：经验、挑战与创新》，《河南社会科学》2011 年第 4 期。

党秀云：《公民精神与公共行政》，《中国行政管理》2005 年第 8 期。

邓国胜：《非营利组织评估体系研究》，《中国行政管理》2001 年第 10 期。

丁元竹：《公益部门：蕴藏巨大就业潜力的部门——关于扩大我国就业途径的一些思考与建议》，《经济社会体制比较》2002 年第 6 期。

樊浩：《耻感与道德体系》，《道德与文明》2007 年第 2 期。

冯桂林：《试论灾后重建过程中 NGO 与政府的合作模式建构：以陕西省妇源汇的实践为例》，《广西大学学报（哲学社会科学版）》2011 年第 6 期。

傅允生、葛立成：《复合主体的创业动力与发展能力——基于特定准公共产品及服务需求与供给的考察》,《浙江社会科学》2008 年第 7 期。

高力克:《卢梭的公民观》,《浙江学刊》2004 年第 4 期。

高猛:《耻感的向度与公民道德建构》,《江西社会科学》2008 年第 9 期。

高猛:《从贤人之治走向民主治理——儒家治道学说的反思与价值重构》,《江淮论坛》2010 年第 1 期。

高猛:《公共危机下的政府公共关系》,《湖北社会科学》2009 年第 4 期。

高猛:《面子文化下的权力再生产——基于社会互动与资本交易的理论视角》,《行政论坛》2008 年第 5 期。

高猛:《双向建构:政府与非政府组织合作的逻辑与现实》,《行政论坛》2009 年第 3 期。

高猛:《儒家贤人治国学说的现代民主转型》,《中国社会科学报》2010 年 3 月 18 日。

高猛、赵平安:《政府与 NGO 合作关系的逻辑与生成——建构主义的视角》,《学术探索》2009 年第 2 期。

高猛:《中国人的耻感与公民道德建构》,《哲学与文化(台湾辅仁大学学报)》2009 年第 5 期。

高鹏程:《人情规范的功能与公共管理》,《中国行政管理》2005 年第 10 期。

葛玮:《公众崛起:社会治理的新环境》,《理论学刊》2009 年第 6 期。

耿相魁、高猛:《我国问责官员复出机制的构建问题研究》,《中国行政管理》2012 年第 4 期。

[美] 亨金:《美国人的宪法权利和人权》,《法学译丛》1981 年第 6 期。

何增科:《治理、善治与中国政治发展》,《中共福建省委党校学报》2002 年第 3 期。

侯保龙:《服务型政府理论渊源的马克思主义考察》,《理论月刊》2008 年第 9 期。

黄凤兰:《"问责官员"复出机制研究》,《中州学刊》2010 年第 1 期。

黄小勇:《中国政府与公民的关系:现状与思考》,《国家行政学院院报》2010 年第 5 期。

黄志坚、吴健辉、方文龙:《公共危机的社会资本作用分析》,《华东经济管理》2008 年第 9 期。

胡德平:《政府流程再造的理论探讨及其实践路径》,《四川行政学院学报》2006 年第 4 期。

胡国枢:《浙江在辛亥革命中的作用与地位》,《浙江学刊》2001 年第 5 期。

胡锦涛:《在纪念党的十一届三中全会召开 30 周年大会上的讲话》,《人民日报》2008 年 12 月 19 日。

胡联合、胡鞍钢:《科学的社会政治稳定观》,《政治学研究》2004 年第 4 期。

胡连生:《公民权利本位:现代民主政治的基本走向》,《长白学刊》2004 年第 3 期。

胡杨、陈兆仓:《和谐社会视阈中公民身份的双向建构》,《学术论坛》2009 年第 3 期。

金冲及:《辛亥革命研究的回顾和展望》,《中国社会科学报》2010 年 12 月 16 日。

金锦萍:《论非营利法人从事商事活动的现实及其特殊规则》,《法律科学》2007 年第 5 期。

觉民:《论立宪与教育之关系》,《东方杂志》1906 年第 12 期。

[美]康特妮等:《新公共行政:寻求社会公平与民主价值》,《中国行政管理》2001 年第 2 期。

柯炳生:《关于我国农民收入问题的若干思考》,《农业经济问题》2005 年第 1 期。

孔繁斌:《治理与善治制度移植:中国选择的逻辑》,《马克思主义与现实》2003 年第 3 期。

[美]里格斯:《公共行政比较研究的趋势》,《国际行政科学评论》1962 年第 2 期。

李剑锋等:《中国民间组织发展现状:就业的视角》,第三届中国管理学年会论文集,2008 年。

林莉、刘祖云:《政府与公民关系研究:回顾与延展》,《深圳大学学报》2010

年第 3 期。

林尚立、王华:《创造治理:民间组织与公共服务型政府》,《学术月刊》2006年第 5 期。

李松林:《论新公共服务理论对我国建设服务型政府的启示》,《理论月刊》2010 年第 2 期。

李松:《问题官员凭什么东山再起:厘清官员复出机制是关键》,《决策探索》2008 年第 10 期。

刘金源:《从全球化的后果看全球治理》,《探索与争鸣》2005 年第 2 期。

刘美萍:《论问责官员复出机制的构建》,《陕西行政学院学报》2010 年第 2 期。

刘熙瑞、段龙飞:《服务型政府:本质及其理论基础》,《国家行政学院学报》2004 年第 5 期。

刘彦:《城市与农村福利的财政差异》,《中国新闻周刊》2006 年第 48 期。

刘祖云:《历史与逻辑视野中的"服务型政府"——基于张康之教授社会治理模式分析框架的思考》,《南京社会科学》2004 年第 9 期。

李亚昆、史贵生、李春玲:《完善北京市就业服务组织的发展对策》,《北京社会科学》2006 年第 3 期。

李友梅:《民间组织与社会发育》,《探索与争鸣》2006 年第 4 期。

李振铎:《民权之界说》,《政艺通报》1902 年第 15 期。

刘智勇、张志泽:《论政府公共危机治理能力的缺失和再造》,《电子科技大学学报》2004 年第 3 期。

罗来武、雷蔚:《社会稳定的制度分析与政策建议》,《经济社会体制比较》2007 年第 1 期。

钱茂竹:《略述绍兴酒业公会》,《绍兴学刊》2006 年第 2 期。

秦亚青:《国际政治的社会建构——温特及其建构主义国际政治理论》,《欧洲》2001 年第 3 期。

[美]赛里格曼:《信任与公民社会》,《马克思主义与现实》2002 年第 5 期。

[美]斯托克:《作为理论的治理:五个论点》,《国际社会科学(中文版)》1999 年第 2 期。

宋林飞:《中国社会风险预警系统的设计与运行》,《东南大学学报(社会科学版)》1999 年第 1 期。

孙柏瑛:《走向民主治理:公共行政精神再思考》,《公共行政评论》2008 年第 5 期。

孙兰芝:《埃蒙·凯伦"公民教育与道德政治"观评析》,《国家教育行政学院学报》2002 年第 4 期。

唐铁汉:《我国开展行政问责制的理论与实践》,《中国行政管理》2007 年第 1 期。

唐小松:《建构主义:解读外交政策决策的一种方法》,《国际观察》2002 年第 1 期。

谭莉莉:《公共精神:塑造公共行政的基本理念》,《理论与改革》2002 年第 5 期。

谭永生、杨宜永:《"十二五"时期应充分发挥社会组织促进就业的作用》,《宏观经济管理》2010 年第 2 期。

王华:《治理中的伙伴关系:政府与非政府组织间的合作》,《云南社会科学》2003 年第 3 期。

王建友:《"社会复合主体"与地方治理:关系、路径与边界》,《安徽行政学院学报》2010 年第 2 期。

汪林茂:《辛亥革命中浙江各地的光复活动》,《浙江档案》2001 年第 10 期。

王名:《非政府组织 90% 在法律框架之外》,《公益时报》2006 年 6 月 22 日。

王名:《中国的非政府公共部门(上)》,《中国行政管理》2001 年第 5 期。

王书明、李岩:《汶川地震中环境 NGO 的表现及评价》,《佳木斯大学社会科学学报》2009 年第 2 期。

王莹、罗银利:《城乡二元社会结构研究回顾》,《合作经济与科技》2007 年第 1 期。

王勇:《略论政府信用理性支出——以"奶粉事件"为例》,《华东经济管理》2009 年第 2 期。

王云萍:《库柏对公民品德的研究及其启示》,《厦门大学学报(哲学社会科学版)》2002 年第 3 期。

[美]威尔逊:《行政学研究》,《国外政治学》1988 年第 1 期。

韦芳、胡迎利、万涛:《论中国环境保护公众参与制度的建设》,《环境科学与管理》2007 年第 10 期。

[英]威廉姆斯、杰克逊:《治理:世界银行与自由主义理论》,《政治研究》1994 年第 42 期。

魏娜:《公民参与下的民主行政》,《国家行政学院学报》2002 年第 3 期。

温家宝:《全面推进依法行政努力建设法治政府》,《光明日报》2004 年 7 月 6 日。

吴锦良、孙建军、汪凌云、丁友良:《网格化治理:基层社会管理的全面创新》,《决策参阅》2009 年第 37 期。

吴忠民:《现代阶段中国的社会风险与社会安全运行报告》,《科学社会主义》2004 年第 5 期。

先忧子:《说权》,《清议报》1900 年第 44 期。

肖立辉:《县委书记眼中的中央与地方关系》,《管理科学》2008 年第 5 期。

肖群忠:《"小康""大同"与"政通人和"——传统社会政治理想对当代和谐社会建设的启示》,《齐鲁学刊》2005 年第 6 期。

笑蜀:《天价维稳成本为何降不下来》,《东方早报》2009 年 7 月 9 日。

夏志强:《公共危机治理多元主体的功能耦合机制探析》,《中国行政管理》2009 年第 5 期。

谢舜、赵少钦:《网络虚拟社会伦理问题的成因与控制》,《广西大学学报》2002 年第 6 期。

馨元:《公民概念在我国的发展》,《法学》2004 年第 6 期。

熊光清:《当前中国社会风险形成的原因及其基本对策》,《教学与研究》2006 年第 7 期。

徐德刚:《西方人权理论评析》,《湖南科技大学学报(社会科学版)》2004 年第 5 期。

徐辉:《5·12 汶川大地震,NGO 联合投入赈灾》,《学会》2008 年第 5 期。

徐勇：《"回归国家"与现代国家的建构》，《东南学术》2006年第4期。

杨翠迎：《中国社会养老保障制度实践、评价及改革》，《山东农业大学学报》2005年第3期。

杨敏：《我们何以共同生活——"中国经验"中的"杭州经验"》，《探索与争鸣》2009年第5期。

杨庆华：《中国非政府组织立法概况及存在问题分析》，《中共杭州市委党校学报》2007年第6期。

杨团：《促进非营利部门就业是新社会政策时代的社会产业政策》，《学习与实践》2009年第10期。

应松年：《非政府组织若干法律问题》，《北京联合大学学报（人文社会科学版）》2003年第9期。

袁利平：《国际视野中的公民教育策略》，《外国中小学教育》2007年第3期。

虞和平：《商会与中国资产阶级的"自为化"》，《近代史研究》1991年第3期。

俞可平：《全球治理引论》，《马克思主义与现实》2002年第1期。

俞可平：《治理和善治引论》，《马克思主义与现实》1999年第5期。

俞可平：《中国公民社会成长的制度空间和发展方向》，《中国社会科学》2006年第1期。

于建嵘：《如何实现从"刚性稳定"到"韧性稳定"的转变》，《中国改革》2011年第1、2期合刊。

郁建兴、周俊：《中国公民社会在参与中成长》，《学习时报》2008年7月28日。

虞维华：《非政府组织与政府的关系——资源相互依赖理论的视角》，《公共管理学报》2005年第5期。

曾令辉：《网络虚拟社会的形成及其本质探究》，《学校党建与思想教育》2009年第4期。

翟学伟：《人情、面子与权力的再生产》，《社会学研究》2005年第5期。

张斌贤：《进步主义教育运动：概念及历史发展》，《教育研究》1995年第

7 期。

　　张成福:《公共危机管理:全面整合的模式与中国的战略选择》,《中国行政管理》2003 年第 7 期。

　　张国清:《公共危机管理和政府责任——以 SARS 疫情治理为例》,《管理世界》2003 年第 12 期。

　　张慧卿:《社会主义新农村视野下乡村治理模式的重构》,《中共福建省委党校学报》2009 年第 5 期。

　　张康之:《论公共管理中的服务价值》,《社会科学研究》2003 年第 2 期。

　　张康之:《论"新公共管理"》,《新华文摘》2000 年第 10 期。

　　张康之:《限制政府规模的理念》,《行政论坛》2000 年第 4 期。

　　张康之:《行政道德的制度保障》,《浙江社会科学》1998 年第 4 期。

　　张康之:《走向合作治理的历史进程》,《湖南社会科学》2006 年第 4 期。

　　张练:《新公共服务视角下的服务型政府建设》,《长春理工大学学报》2009 年第 5 期。

　　张勤:《公共危机治理的社会组织参与耦合机制探微》,《理论探讨》2010 年第 2 期。

　　张晓敏、郑曙村:《当前我国问责复出机制存在的问题及对策》,《桂海论丛》2010 年第 2 期。

　　赵理文:《制度、体制、机制的区分及其对改革开放的方法论意义》,《中共中央党校学报》2009 年第 5 期。

　　赵涛:《腐败侵入低龄阶段,中国青少年廉洁教育缓缓前行》,《中国青年》2007 年第 10 期。

　　浙江省青少年工作领导小组办公室:《网络犯罪低龄化:平均年龄 23 岁》,《中国信息界》2003 年第 12 期。

　　郑芸:《网络政治视野中的公民政治参与》,《苏州大学学报》2006 年第 1 期。

　　周定财:《新公共管理视野下我国政府与公民关系的重塑:新公共服务理论的视角》,《中共桂林市委党校学报》2010 年第 1 期。

　　中共杭州市委调研组:《和谐社会主体建设的新模式——关于杭州市培育

社会复合主体的调查》,《光明日报》2009 年 7 月 2 日。

中共浙江省委政法委员会课题组:《重大事项社会稳定风险评估机制的实践探索与研究》,《公安学刊》2010 年第 1 期。

中国国务院新闻办公室:《中国互联网状况白皮书》2010 年 6 月 8 日。

周光辉、彭斌:《认真对待共和国》,《吉林大学社会科学学报》2005 年第 4 期。

周兼明:《降低社会管治成本才能长期稳定》,《凤凰周刊》2010 年第 14 期。

周继旨:《论孔子和先秦儒家思想中的独立人格觉醒问题——兼论"仁"、"礼"关系与人性善恶问题》,《孔子研究》1986 年第 1 期。

周学锋、高猛:《社会组织促进就业的功能与制度路径》,《中国行政管理》2012 年第 11 期。

周永康:《关于社会稳定问题》,《学习时报》2004 年 8 月 2 日。

庄德水:《廉政政策的理论基础:含义、形态与功能》,《求实》2008 年第 1 期。

祝灵君、聂进:《公共性与自利性:一种政府分析视角的再思考》,《社会科学研究》2002 年第 2 期。

朱英:《清末商会与辛亥革命》,《华中师范大学学报(哲学社会科学版)》1988 年第 5 期。

左兵团、沈承诚:《和谐社会框架下对新公共服务理论的价值考量》,《云南行政学院学报》2006 年第 4 期。

三、外文资料

A. F. Davis. *American Heroine*:*The Life and Legend of Jane Addams*. New York:Oxford University Press,1973.

Auguste Comte. *System of Positive Polity*. London:Longmans Green,1975.

Barber. *Strong Democracy*:*Participatory Politics for a New Age*. Berkeley:University of California Press,1986.

B. E. McClellan. Schools and the Shaping of Character: Moral Education in America, 1607—Present. *ERIC Document Reproduction Service*, 1992.

Benjamin Gidron, Ralph M. Kramer & Lester M. Salamon (eds.). *Government and the Third Sector: Emerging Relationships in Welfare States*. San Francisco: Jossey Bass Publishers, 1992.

Benjamin Schwartz. Some Polarities in Confucian Thought, in D. Nevinson. *Confucianism in Action*. California: Stanford University Press, 1960.

Burton Weisbrod. Toward a Theory of the Voluntary Nonprofit Sector in Three-Sector Economy, in E. Phelps (eds.). *Altruism Morality and Economic Theory*. New York: Russel Sage, 1974.

Cassie J. Moore. Nonprofit Organization Are Hiring Workers at a Faster Pace Than Government, Business. *Chronicle of Philanthropy*, 2004(4).

C. F. Poulson. Shame and Work, in N. M. Ashkanasy, C. E. J. Hartel & W. J. Zerbe. *Emotions in the Workplace*. Westport: Quorum Books, 2000.

Claude Levi-Strauss. *Structural Anthropology: Vol. 1*. New York: Basic Books, 1963.

Derek Heater. *A History of Education for Citizenship*. London: Routledge, 2004.

Derek Heater. *Citizenship: The Civic Ideal in World History, Politics and Education*. New York: Longman Inc. , 1990.

D. Kettle. *Sharing Power: Public Governance and Private Markets*. Washington: Brookings Institution, 1993.

Donald F. Kettl. *The Transformation of Governance: Public Administration for Twenty-first Century America*. Baltimore: The Johns Hopkins University Press, 2002.

E. Goffman. *Interaction Ritual: Essays on Face to Face Behavior*. New

York: Pantheon Books, 1967.

Emile Durkheim. *The Rules of Sociological Method*. New York: Free Press, 1964.

Feinberg. The Nature and Value of Right. *The Journal of Value Inquiring*, 1970(4).

F. Fukuyama. *Trust: The Social Virtues and the Creation of Prosperity*. New York: Free Press, 1995.

G. Pozzetta. *Education and the Immigrants*. New York: Garland Publishers, 1991.

Hannah Arendt. *The Recovery of the Public World*. New York: St Martin's Press, 1979.

Helmut Anheier, Marlies Glasius & Mary Kaldor. *Global Civil Society Yearbook* 2001. New York: Oxford University Press, 2001.

Herbert Spencer. *The Principle of Sociology*. New York: D. Appleton and Company, 1925.

H. Haldedorn. *The Free Citizen: A Summons of the Democratic Ideal by Theodore Roosevelt*. New York: Mac Millan, 1956.

Holleman. *The Human Rights movement*. New York: Praeger Publisher, 1987.

Jennifer M. Coston. A Model and Typology of Government-NGO Relationships. *Nonprofit and Voluntary Sector Quarterly*, 1998, 27(3).

J. Kooiman & M. Bavinck. Governance Perspective, in Kooiman et al. *Fish for Life: Interactive Governance for Fisheries*. Amsterdam: Amsterdam University Press, 2005.

John Rawls. *A Theory of Justice*. Oxford: Oxford University Press, 1971.

J. Pierre & B. G. Peters. *Governance, Politics and the State*. Stuttgart: MacMillan Press, 2000.

Judith N. Shklar. *American Citizenship: The Quest for Inclusion*. New

York: Harvard University Press, 1991.

J. Y. Lin. An Economic Theory of Institutional Change: Induced and Imposed Change. *Cato Journal*, 1989(9).

Kooiman and Vliet. Governance and Public Management, in Kooiman, (eds.). *Debating Governance*. New York: Oxford University Press, 1995.

Larry M. Preston. *Freedom and the Organizational Republic*. Berlin: Walter de Gruyter, 1992.

L. C. Gawthrop. Civis, Civitas and Civilitas: A New Focus for the Year 2000. *Public Administration Review*, Mar. , 1984a(44).

L. M. Salamon. The Rise of the Nonprofit Sector. *Foreign Affairs*, 1994, 73(4).

L. Yahil. *The Rescue of Danish Jewry*. Philadelphia: Jewish Publication Society of America, 1969.

Macfarlane. *The Theory and Practice of Human Rights*. London: Maurice Temple Smith, 1985.

M. A. Flanagan. *America Reformed: Progressives and Progressives 1890—1920 s*. New York: Oxford University Press, 2007.

Manuel Castells. *The Rise Of The Network Society*. Malden: Blackwell Publishers, 2000.

Max Nieman. *Defending Government: Why Big Government Works*. New Jersey: Prentice Hall, 2000.

Michael Ledeen. Common Sense. *American Spectator*, 1992(7).

N. M. Cowan. *Our Parents' Lives: The Americanization of Eastern European Jews*. New York: Division of Harper Collins Publishers, 1989.

Osborne. The New Public Governance? *Public Management Review*, 2006(3).

Paul A. Samuelson & William D. Nordhaus. *Economics*. Boston: McGraw Hill Higher Education, 2009.

P. B. Clerke. *Citizenship*. London: Pluto Press, 1994.

Peter. *What is Governance*. Stuttgart: MacMillan Press, 2000.

R. Kramer. *Privatization in Four European Countries: Comparative Studies in Government-third Sector Relationships*. New York: M. E. Sharpe, 1993.

Robert B. Denhardt & Janet V. Denhardt. The New Public Service: Serving, not Steering. *Public Administration Review*, 2006(6).

Ruth Benedic. *The Chrysanthemum and the Sword*. Boston: Houghton Mifflin, 1946.

S. J. Dinner. *A Very Different Age: Americans of the Progressive Era*. New York: A Division of Farrar, Status and Giroux, 1998.

T. Scheff. Shame and the Social Bond: A Sociological Theory. *Sociological Theory*, 2000, 18(1).

Tu Weiming. *Confucian Traditions in East Asian Modernity*. Cambridge, Mass: Harvard University Press, 1996.

Ulrich Beck. *Risk Society: Towards a New Modernity*. London: Sage Publication, 1992.

Uriel Rosenthal. *Coping with Crises: The Management of Disasters, Riots and Terrorism*. Spring Field: Charles C. Thomas, 1989.

Waldermar Nielsen. *The Endangered Sector*. New York: Columbia University Press, 1979.

Warren Bennis. *Beyond Bureaucracy*. New York: McGraw-Hill, 1973.

W. R. Crozier. Self-Consciousness in Shame: The Role of the Other. *Journal for the Theory of Social Behaviour*, 1998, 28(3).

W. S. A. Pott. *Chinese Political Philosophy*. New York: Alfred A. Knopf, 1925.

图书在版编目 (CIP)数据

走向社会建构的公共行政 / 高猛等著. —杭州：
浙江大学出版社，2013.1
　ISBN 978-7-308-10859-1

　Ⅰ. ①走… Ⅱ. ①高… Ⅲ. ①行政学－研究
Ⅳ. ①D035

中国版本图书馆 CIP 数据核字（2012）第 286386 号

走向社会建构的公共行政

高　猛　陈　炳　等著

责任编辑	陈丽霞
文字编辑	殷　尧
封面设计	伊祁放勋
出版发行	浙江大学出版社
	（杭州市天目山路 148 号　邮政编码 310007）
	（网址：http://www.zjupress.com）
排　　版	杭州中大图文设计有限公司
印　　刷	富阳市育才印刷有限公司
开　　本	710mm×1000mm　1/16
印　　张	30
字　　数	475 千
版 印 次	2013 年 1 月第 1 版　2013 年 1 月第 1 次印刷
书　　号	ISBN 978-7-308-10859-1
定　　价	72.00 元